本书是以下项目的研究成果：

2017 年广东省本科高校教学质量与教学改革工程立项建设项目——特色专业“汉语国际教育”（粤教高函〔2017〕214 号）

2016 年广东海洋大学汉语国际教育专业综合改革试点项目（校教务〔2016〕75 号）

高等学校语言文学教材系列

# 语言学理论与训练

# Linguistics Theory and Training

安华林　编著

暨南大學出版社
JINAN UNIVERSITY PRESS

中国·广州

**图书在版编目（CIP）数据**

语言学理论与训练／安华林编著．—广州：暨南大学出版社，2015.2（2020.2 重印）
ISBN 978－7－5668－1272－8

Ⅰ.①语…　Ⅱ.①安…　Ⅲ.①语言学—高等学校—教材　Ⅳ.①H0

中国版本图书馆 CIP 数据核字（2014）第 263224 号

**语言学理论与训练**
YUYANXUE LILUN YU XUNLIAN
**编著者：安华林**

出 版 人：徐义雄
策划编辑：杜小陆
责任编辑：潘江曼
责任校对：陈丽娟
责任印制：汤慧君　周一丹

出版发行：暨南大学出版社（510630）
电　　话：总编室（8620）85221601
　　　　　营销部（8620）85225284　85228291　85228292（邮购）
传　　真：（8620）85221583（办公室）　85223774（营销部）
网　　址：http：//www. jnupress. com
排　　版：广州良弓广告有限公司
印　　刷：佛山市浩文彩色印刷有限公司
开　　本：787mm×1092mm　1/16
印　　张：21.75
字　　数：425 千
版　　次：2015 年 2 月第 1 版
印　　次：2020 年 2 月第 3 次
定　　价：45.00 元

# 前　言

随着中文信息处理、对外汉语教学和汉语国际传播事业的发展，人们越来越认识到语言学科的重要性，对语言类人才的需求量在逐年增加。在高校语言类课程中，语言学概论占有重要地位，这门课程学好了，可以指导古代汉语、现代汉语甚至外语的学习。此外，多年来“考研热”一直高温不减，报考语言类硕士研究生的人数逐年攀升，语言类专业的研究生入学考试一般都考这门课程。但这门课程理论性很强，知识点细碎，学习者普遍觉得不大好学。在这种形势下，为满足广大读者学习或备考的需要，我们积二十年的教学和辅导经验，编写了这本《语言学理论与训练》。

全书除绪论外共分九章，每章分为理论讲解和技能训练两部分。在理论讲解部分，讲授语言学的基本的理论、知识、方法和技能。每章前面都有教学提示，给教师提供参考，也帮助学习者把握重点和难点；每章后面附有建议阅读的文献，用于提供课外阅读索引，延伸课堂教学。本书的内容讲解不在于求新求异，而在于力图讲清这门课程的基本理论、基本知识和基本技能。当然有些内容可能是编者的一家之言，但也可以启发读者换一个角度思考问题。

技能训练部分既是对理论的训练和巩固，也是对知识的补充和延伸。这部分汇集自 2000 年以来若干名校语言学概论考研试题以及自编习题，分章按题型编排，相同知识点的试题放在同一题目之下，分别注明出题的学校、时间。题目表述不同的，在学校后注明原题。每题都给出我们力所能及的解答。由于不同教材体例不同，知识覆盖面、对具体问题的阐述都不尽相同，因此我们尽量标明解答所本。有些问题回答得比较简略，请读者朋友根据提供的文献线索自己补充完善。需要特别强调的是，我们的答案只是参考性的，既不敢说权威，更不敢说唯一正确，只想为读者开启解题思路提供一点帮助。这部分无论是对一般的学习者还是对考研者来说，都是系统的训练和提高，也可以为教师出题和解题提供参考。希望读者朋友做题时先不看答案，尽己所能解答，然后比对答案，互相补充，这样效果会更好。

书后列有参考文献，并附有语言学术语汉英对照表、外国人名汉外对照表、国际音标表、三种记音符号对照表，以方便读者查阅。

从 1994 年硕士毕业时起，笔者就一直在高校语言学概论这块园地里勤勉耕耘。

从第一次讲授这门课程开始，笔者就动手编写讲义，在随后的教学生涯中，结合教学体会、学生反馈意见以及语言学发展的新动态，二十年来对讲义常修不辍，终成本书理论部分现在的这个模样。作为讲授这门课程的老教师，深知讲、学本课程之不易和教材之重要。以往教材大多重理论、轻训练，让学习者动手练习的机会太少。即使章节后附有习题，或题量小，或没有答案，终不能满足学习者的需求。笔者尝试编写过《语言学概论考研题解》，专门面向考研同学，试用的效果不错。编一本将理论和训练结合起来的语言学概论教材是笔者多年的希冀，终得如愿，甚感欣慰。书名将“理论”与“训练”并列，即为此意。

在编写过程中，参阅了相关方面的教材、专著、文章、工具书等大量文献，由于体例所限，未能一一注明出处，谨向这些作者表示诚挚的谢意！本书能够面世，特别要感谢孟建安先生的热情推荐以及杜小陆先生的鼎力相助，感谢编校人员的悉心编校，感谢暨南大学出版社的慷慨出版。借此机会，还要感谢我的硕士导师瞿霭堂先生和博士导师李葆嘉先生，是他们的辛勤培养才有我今天的些许成绩。

尽管我们的编写态度是严肃认真的，但由于编者水平有限，对有些问题的思考还不够成熟，对有些习题的解答尚不能令自己满意，更遑论让读者朋友满意了。另外，还有不少名校的试题付之阙如，最近几年的试题也未能全面增补。这些都是有待以后改进的地方。本书可能存在错谬之处，恳请您的批评和指正！您若有什么意见和建议，请发到编者电子信箱：anhlzj@163.com。在您的帮助下，我们会不断完善本书，以便更好地为您服务。

安华林

2014年5月31日于湛江淡宁斋

# 目　录

# 绪论　语言和语言学

**一、教学目的与要求**

要求学习者对语言的重要性和复杂性有初步的感性认识，增强学习语言学的积极性和自觉性；掌握语言学的学科分类，理解语言学在科学体系中的定位。

**二、教学重点**

1. 语言学在科学体系中的定位。
2. 语言学的学科分类。
3. 语言学是一门领先的学科。
4. “语言学概论”的学科性质及学习方法。

**三、教学难点**

语言学在科学体系中的定位。

“语言”（language）一词，生活中经常听到用到，用法也很多，比如“她会说好几种语言”，“他俩没有共同语言”，动物语言、肢体语言、阶级语言、文学语言、绘画语言、建筑语言……其中有些是基本用法，有些是引申或比喻用法。

对人来讲，无论是个体还是种族，语言都是至关重要的。就个体而言，只有在会说话以后，才能成为社会的真正一员，才能表达自己，让别人理解，才能通过语言理解别人。当今社会，可以毫不夸张地说，语言运用能力的高低，一定程度上决定了事业的成败。西方的竞选演说，靠的不就是语言吗？一些职业如律师、教师、作家、相声小品演员、节目主持人、播音员、演说家等吃的就是“语言饭”。就人类而言，语言的产生，使人类脱离了动物界，成为真正意义上的人；语言又促进了思维的发展；语言在巩固思维成果、传承文化方面功莫大焉。可以断言，没有语言，人类今天还处在蒙昧蛮荒时代。

世界上的语言极其丰富复杂，对大多数语言我们还知之甚少。粗略估算，世界上的语言大约有五、六千种（包含方言，因为有时语言或方言无法判定），但研究较多的只有几十种。语言的复杂性和多样性不是我们凭空能够想象出的，比如我们都用呼气说话，但非洲的有些民族却用吸气说话（这种说话方式仅存于我们语言中的“啧啧”之声、呼唤小猫小狗等特殊场合）。从使用的人数看，众寡悬殊：使用汉语的人口约有10亿，有的语言只有几千人甚至几百人使用，如我国西藏珞巴族使用的珞巴语，赫哲族使用的赫哲语。20世纪70年代初，在菲律宾棉兰老岛一个岩洞中发现的塔桑代人，当时只有24人，他们使用的语言恐怕是世界上使用人数最少的语言。从分布的区域看，广狭殊异：英语是世界上分布区域最广的语言。就中国境内而言，大约有130种语言，分属汉藏、阿尔泰、南岛、南亚、印欧5个语系①，另有三种语言（朝鲜语、京语、回辉话）系属不定②。汉语方言也极其复杂，声调少则3个，多则10个以上，一些方言保留古入声读法，有些方言保留古全浊辅音声母。许多方言之间交流困难，甚至不能通话。

语言的多样性和差异性，给人们的交流带来了不便。联合国确定英语、法语、俄语、汉语、西班牙语、阿拉伯语6种语言为工作语言。

当然，世界语言也存在共性和一致性，这样便可以互通互译。语言共性研究是语言学的重要课题。

语言既然是客观存在的又与人类关系极为密切的现象，人们自然就会研究它，于是形成了语言学。人不同于动物的一个重要之处，就是人会用理智清醒地认识外界和自身，能动地探索客观存在的各种现象和规律，这或许就是各种学科或科学产生的根本原因。科学的宗旨就在于探究各种现象的本质及其发生、发展、变化的规律。语言学（linguistics）就是研究语言现象和语言规律的科学。

检验一门学科是不是科学，其中重要的标准是看其研究对象是否固定，有没有一套独特而系统的研究方法。语言学的研究对象主要是语言的结构和功能，在长期探索中形成了自己独特的研究方法，如对比分析、替换分析、分布分析、变换分析、层次分析、中心词分析和历史比较等，所以语言学具有科学的品位。在人文社会科学中，语言学的科学品位最高。

一般把科学分为自然科学和人文社会科学两大类。通常认为，语言学属于人文社会科学，主要是因为语言为人类社会所独有，不仅能够深刻地反映语言使用者的文化特点，而且语言行为本身就是一种文化行为，社会人文属性是语言的本质属性。但语言的物质形式——语音，具有自然属性（物理属性和生理属性）的一面，可以而且必须从物理角度和生理角度对其进行研究，用实验仪器（频谱仪等）分析音高、音强、音长、音质物理要素，用生理解剖的办法分析发音部位。从研究对象的特点和研

---

① 孙宏开．用科学的眼光来看待我国的语言识别问题．语言文字应用，2005（3）．

② 李荣．中国的语言和方言．方言，1989（3）．

究方法上看，可以说语言学是介于自然科学和人文社会科学之间的一门学科，更确切地说，语言学是最接近自然科学的人文社会学科。

现代科学的发展有这样的特征：学科内部划分越来越细，而学科之间的交叉越来越多，体现出分化与整合的辩证统一。语言学内部有许多分支学科，按研究对象的结构要素分，有语音学（phonetics）、语义学（semantics）、词汇学（lexicology）、语法学（grammar）；按研究对象的范围分，有普通语言学（general linguistics）、具体（个别）语言学（particular linguistics）；按研究对象的时间分，有共时语言学（synchronic linguistics）、历时语言学（diachronic linguistics）；按研究的宗旨分，有理论语言学（theoretical linguistics）、应用语言学（applied linguistics）；按研究的方法分，有描写语言学（descriptive linguistics）、历史语言学（historical linguistics）、比较语言学（comparative linguistics）、历史比较语言学（historical comparative linguistics）；从学科交叉的角度看，有心理语言学（psycholinguistics）、神经语言学（neurolinguistics）、社会语言学（sociolinguistics）、文化语言学（cultural linguistics）、计算语言学（computational linguistics）、数理语言学（mathematical linguistics）等。“语言学概论”具有普通语言学、理论语言学的性质。

语言学古老而又年轻。说它“古老”，因为它已有两千多年的历史了。公元前4世纪，古印度出现巴尼尼（Pānini）的《梵语语法》。约公元前3世纪，古代中国出现第一部训诂学著作《尔雅》。但那时还只是研究书面语，忽略口语；主要采用逻辑和经验的方法；目的是为读书解经服务。为了突显它重视书面文献的特点，习惯上称古代语言学为“语文学”。语言学真正成为一门科学，还是19世纪初期的事情。随着历史比较语言学的兴起，人们开始用语言学的方法来研究语言本身，迄今大约有200年，因此说它“年轻”。语言学尽管年轻，但已为多种学科做出了重大贡献，它的许多方法已为别的学科所借鉴。历史比较语言学为历史学、考古学、人类学的研究提供了有价值的素材和重要的证据，为系列比较学科，如比较文学、比较人类学、比较神话学等的建立提供了方法论基础，马克思、恩格斯曾借鉴历史比较语言学的方法研究经济学，取得了成功；结构主义语言学的方法对众多学科，如哲学、人类学、逻辑学、文学、美学、心理学、符号学等产生了广泛影响，甚至影响了人们的思维方式；转换生成语言学的研究模式以及功能语言学、认知语言学的研究成果，对信息论、控制论、系统论、人工智能、认知科学等现代科学的建立和发展都起到了重要作用。难怪有人说“语言学是一门领先的科学”①。瑞士心理学家皮亚杰（J. P. Piaget，1896—1980）也说：“语言学，无论就其理论结构而言，还是任务之确切性而言，都是在人文科学中最先进而且对其他各种学科有重大作用的带头学科。”②随着信息时代的到来和信息高速公路的开通，语言学会越来越显示出它的重要性。

中国现代的语言科学相对落后，理论和方法多是“进口”的。美籍华裔语言学家王士元说：“在中国语言学的这个范围里，有一种严重的不平衡现象，这就是资料丰富而理论贫乏。”③落后的原因既跟中国的政治、历史、经济有关，也跟中国的学术传统有关，中国人倾向于“务实”、“致用”，重考据、轻理论，缺乏从个性中提炼共性的思路和精神。这跟中国拥有极其丰富的语言材料（各民族语言）和方言材料极不相称，也跟悠久的语言研究历史形成强烈反差。中国是语言大国、强国，却是语言学小国、弱国，我们有责任改变这种局面。

“语言学概论”是高等学校汉语言文学、汉语国际教育、外国语等专业的基础理论课，地位与“文学概论”相当。由于重“文”不重“语”的思想作怪，导致许多人的语言理论素质不高，一定程度上影响了语文实践能力的提高。对我们来说，学习这门课，不仅可以增强对语言现象的理性认识，有助于“知其所以然”，而且可以指导我们的语言学习和实践，如古代汉语、现代汉语、外国语的学习，语言的书面和口语表达。

由于这门课程理论性较强，学习时应该多动脑筋，勤学善思，增强分析问题和解决问题的能力。尽量多阅读课外书刊，多用学过的知识思考生活中的语言现象。书中知识、材料比较多，有的材料甚至很陌生，不能满足于记住“是什么”，还要明白“为什么”。

**建议阅读文献：**

1. 岑运强．语言学概论（第二版）．北京：中国人民大学出版社，2009.
2. 高名凯，石安石．语言学概论．北京：中华书局，1987.
3. 刘伶等．语言学概要．北京：北京师范大学出版社，1984.
4. 彭泽润，李葆嘉．语言理论．长沙：中南大学出版社，2002.
5. 王远新．语言学教程．北京：民族出版社，2003.

---

① ［美］J. H. Greenberg. 语言学是一门领先的科学．傅怀存译．国外语言学，1983（2）；伍铁平．语言学是一门领先科学——论语言与语言学的重要性．北京：北京语言学院出版社，1994.

② 转引自王远新．语言学教程．北京：民族出版社，2003. 8.

③ 转引自王远新．语言学教程．北京：民族出版社，2003. 13.

6. 伍铁平．普通语言学概要．北京：高等教育出版社，1993.
7. 邢福义，吴振国．语言学概论．武汉：华中师范大学出版社，2002.
8. 叶蜚声，徐通锵．语言学纲要（第3版）．北京：北京大学出版社，1997.
9. 叶蜚声，徐通锵．语言学纲要（修订版）．北京：北京大学出版社，2010.
10. 赵元任．语言问题．北京：商务印书馆，1980.
11. 语言学期刊、中国人民大学报刊复印资料《语言文字学》。

# 第一章　语言的本质

**一、教学目的与要求**

要求学习者从功能和结构两大方面认识语言的本质。功能上，语言是人类最重要的交际工具和思维工具；结构上，语言是一套音义结合的符号系统。

**二、教学重点**

（一）识记

交际　思维　符号　线条性　组合关系　聚合关系　共时　历时　言语　口语　书面语　内部言语　外部言语

（二）理解

1. 语言是人类最重要的交际工具。
2. 人类语言和动物“语言”的根本区别。
3. 语言是人类最重要的思维工具。
4. 语言与思维的联系和区别。
5. 语言符号的特点。
6. 语言的层级体系。
7. 口语和书面语的特点及其相互关系。
8. 语言与言语的联系和区别。

**三、教学难点**

语言与思维的关系；语言的层级体系；语言与言语的关系。

本章探讨语言是什么的问题。对一个事物，可以从两方面来观察：从内部看其结构，从外部看其功能。就语言来说，其内部是由语音、语义、词汇、语法构成的结构，这个结构本质上是个符号系统。从外部功能看，语言是个中介物，置于人与人、人与世界、人与文化之间，起着联结作用。人与人之间主要靠语言传递信息、交流思想和感情，这是语言的交际功能。语言既是思维的工具，又是认知世界的工具，语言里的实词是对事物的分类，虚词是给事物、过程及关系加上的标记，我们认知的世界很大一部分是“语言的世界”，这是语言的思维功能和认知功能。语言还是创造艺术世界的媒介，如东坡诗“我持此石归，袖中有东海”，其中所指不是真实的世界，而是艺术的世界，这是语言的创造功能。语言也是文化信息的载体，语言中蕴藏着人类文明的成果，语言的口头形式（如说唱文学）和书面形式使得人类文化绵延不绝，这是语言的文化功能。①

以下从交际、思维、符号三个角度探讨语言的本质。

## 第一节　语言是交际工具

### 一、语言是“交际”的工具

所谓“交际”（communication），这里指人们之间交流思想、沟通信息、传情达意的社会活动。交际靠什么？主要靠语言。运用语言进行交际的过程，就是语言信息的编码（encode）、发送（transmit）、传递（transfer）、接收（receive）和解码（decode）的过程。我们结合信息论的奠基人之一韦弗（W. Weaver）的“信息传输过程图”，将言语交际过程进行图解，如图 1－1 所示：

**图 1－1　言语交际过程图**

1. *编码*

将恰当的语码（词语）按一定的语法规则编排起来，组成正确的句子。也就是把一定的语义内容用一定的语言形式“包装”起来。要求明确、有条理，避免“词不达意”或言语混乱。常用的写提纲、打腹稿，都是为了使编码明确。

2. *发送*

将编好的语句通过发音器官发送出去。要求清晰、准确，避免含混不清。发送必须考虑接收效果，视接受方的情况而做适当调整。例如，话务员将“1”说成“幺”，

---

① 参见中国大百科全书编委会．中国大百科全书·语言文字“语言”条．北京：中国大百科全书出版社，1988. 475～476.

“7”说成“拐”，“零”说成“洞”，就是为了增加区分度。

3. 传递

发出的语句通过某一信道（空气或电波等）进行传输。要避免干扰，防止失真。传递方式的变化，如距离的长短、空间的大小、环境的静噪、电波或空气波的选择，对发话和受话都有一定的影响。

4. 接收

语句的振动波作用于受话人的听觉器官，使之产生语音知觉。接收者应正确辨认语言形式，避免“张冠李戴”、打岔等接收误差。

5. 解码

把接收到的语音形式转换为语义内容，从而理解发话人传达的信息。解码质量的高低，取决于形式到内容的转换程度，转换得越彻底，理解就越准确。由于语言形式与内容的不完全对应，存在大量多义、歧义、言外之意的现象，这就要求不仅要“解”准语言形式本身的“有形码”，还要参照交际情景“解”好语言形式之外的“无形码”。例如，古代一个秀才把写好的作文交给老师，老师的批语是：“两个黄鹂鸣翠柳，一行白鹭上青天。”秀才以为是赞语，老师的本意却是“不知所云”、“愈看愈远”。尽管说的是书面语，但道理跟口语相同。

言语交际的五个环节，环环相扣，一个环节出现失误和偏差，便会影响交际的正常进行。

## 二、语言是“人类”的交际工具

“人类”有两层含义：其一，着眼于“类”，语言是一种特殊的社会现象，没有阶级性，只有工具性，它一视同仁地为全社会、各阶级、各阶层的人服务，服务得都同样好。所谓的“阶级语言”、“上层语言”、“下层语言”等，只是习惯说法，实际上并不存在为某一阶级、阶层服务的专门语言，只能看作阶级对语言的影响，或说语言的社会变体，后面“社会方言”有关内容将会涉及。其二，着眼于“人”，像人类语言这样高效全息的语言只为人类社会所独有，自然界“别无分店”。之所以如此，取决于人的特点和语言的特点。

首先，人不同于动物。人有高度发达的思维，为语言提供心智条件；人又具有精密的发音器官，这是长期进化的结果，为语言提供物质基础。两者合一，这是任何动物都无法相比的。

【补充材料 1－1　黑猩猩与幼儿比较】有位动物学家认真地训练黑猩猩的幼仔说话，让它生活在与人类婴儿相似的生活环境中，用食物奖赏和嘴唇操作结合起来的办法教小猩猩说最简单的词。小猩猩长到两岁半，能说“爸爸”、“妈妈”、“杯子”。最后终于在恰当的情景中说出这三个词。当它想喝水时，能小声地说出“杯子”。艰巨的试验过程一直持续到小猩猩 6 岁半的时候，它的词汇量终于增加到 7 个词。

人类的幼儿 15 个月左右开始说话。最初只能说几个简单的词，但是他的词汇量很快就以惊人的速度积累起来。到两岁左右，儿童能说的词达到 300 个。到三岁时词汇量增加到两倍。4 岁时会使用大约 1 600 个词，到 5 岁时能掌握 2 100 个词。这是人类特有的能力。①

其次，人的语言不同于所谓的动物的语言。尽管动物会嘶鸣，能传达某些信息，如泰国北部的一种长臂猿用几种不同的叫喊表达不同的信息，有些甚至会说人话，如鹦鹉通过模仿，会说“雪雁，快掀帘子，姑娘来了”②，但这些所谓的动物“语言”和人类语言有着本质的区别。

与动物“语言”相比，人类语言具有以下特点：

1. 任意性

人类语言音义的结合是任意的，某音和某义结合是社会约定俗成的，就初始符号而言，一般说不出理据。尽管“草鞋”、“皮鞋”可以说出命名之由，但为什么“鞋”当初不叫别的什么，很难说清楚。再如汉语“shì”这个音，可以表示“事、式、市、柿、室、是”等多种意义。汉语的“猫”用的是拟声造词法，似乎音义之间有些联系，但叫声相同的“猫”，英语单词却用“cat”。同是拟声造词，汉语是“布谷”，英语为“cuckoo”。而动物表示暴怒、惊恐、警告等的叫喊是在感官受到刺激之后直接的本能反应，声音和表达的内容之间有必然的联系。

2. 离析性

人类语言的结构具有二层性，即音系层和符号层。不管哪个层面，都可以切分为大大小小的不同单位，单位明晰，可拆可装。各种单位按一定规则灵活组合，表达所要表达的内容。动物“语言”单位含混，是个不可分离的连续体，难以离析，传递固定而有限的信息。

3. 传授性

人类具有先天的语言习得机制（LAD）和潜在的语言能力③，但这种潜能还必须

---

① 杨国章．原始文化与语言．北京：北京语言学院出版社，1992. 128.

② 曹雪芹，高鹗．红楼梦．北京：人民文学出版社，1982. 474.

③ 乔姆斯基持这种观点。

经过后天学习的激发才能转化为实际的语言运用能力。没有语言环境，就不可能掌握任何一种语言。外语之所以难学，是因为没有语言环境。而麻雀从小离开群体仍会鸣叫，说明动物“语言”与生俱来，毋需学习。

**【补充材料 1－2 印度狼孩儿例】**19 世纪 20 年代，在印度加尔各答附近的森林发现两个 3 岁的“狼孩儿”，他们只会吼叫不会说话。后来人们费了很大的劲儿也没能使他们完全恢复正常的语言能力。

4. 创造性

人类学习语言不仅仅是模仿，还常有创新。人可以说出从未接触过的新的话语，表达需要表达的任何思想；人类语言可以利用有限的材料和规则生成无限的话语，是个开放的系统；人类语言不受时地限制，可以漫谈古今，自由驰骋。而动物“语言”是个封闭的系统，难以创新，八哥也只是一味模仿，没有思想，动物的叫声与时地有固定的联系。这些说明动物“语言”不具有创造性。

## 三、语言是人类“最重要”的交际工具

人类用来交际的手段很多，大致可分为五类。

1. 体态类

也称体态语（body language），包括面部表情、手势、身体动作和姿势，也能起到一定的交际作用。如眉飞色舞表示高兴，递眼色、暗送秋波表明眼神的作用；翘大拇指表示称赞，拇指和食指张开表示数目“八”，西洋人打“V”、“OK”的手势可以分别表示“预祝成功”、“行，可以”；汉人的点头、摇头，西洋人的耸肩等，都能表达一定的意义。聋哑人有一套完善的手势语作为交际工具，但聋哑人的手势语是建立在有声语言的基础上的，是有声语言的派生物。体态语的作用很有限，首先需要看得见才行，双手、身体要能够自由活动，不能被占用；更重要的是它不能充分表达思想，抽象复杂的内容难以精确表述。所以，体态语只是辅助性的交际工具。

**【补充材料 1－3 体态语反映内心真实的小诗】**

不

流沙河

她来向他告别，
低下羞红的脸。
脚在雪地上画来画去。

“我们还是分手的好。”
她说，同时，
用脚画着……

“你最好把我忘掉吧！”
她说，同时，
用脚画着……

假如这是真心话，
为什么他却看见，
雪地上画了两个“不”字？

2. 实物类

实物类有红绿灯、旗语、信号弹、信号树、哨声、铃声、电报代码等，也只是在一定条件下、一定范围内发挥作用，都是辅助性的交际工具。

3. 图标类

图标类有图案、符号、公式等，例如，网络上使用笑脸、哭脸等图标表达感情，在燃烧的香烟上面打个叉表示严禁烟火，在包装箱上面画把伞表示防潮，画个玻璃杯表示是易碎品，在字母 P 上面打个叉表示禁止停车等。

4. 文字类

文字出现后，产生了书面语，使语言的使用有了口语和书面语两种途径，扩大了语言的交际职能，而且突破了有声语言的时空限制。有些场合，人们宁愿使用文字。

**【补充材料 1－4　夫妻闹别扭】**有对夫妻闹了别扭，几天不说话。丈夫要出差，怕睡过了头误车，睡前给妻子写了张便条：“孩儿他妈，我明天要早起赶车，六点钟喊我。”睁眼一看，已经八点了。正要发火儿，见枕边有张纸条：“孩儿他爸，已经六点了，快起来！”

但是，不能证明文字的重要性超过语言，因为：

其一，从产生的时间看，语言要远远早于文字。一般认为，语言产生于距今约 5 万年以前，而文字大约只有 5 000 年的历史。在文字产生之前这段漫长的时间里，人们只能靠有声语言来交际。

其二，从基本的职能看，语言是为满足交际的需要而产生和存在的，是第一性的，占主导地位；文字是为记录语言而产生和存在的，是第二性的。

其三，从使用的范围看，有人就有语言。但迄今为止还有很多民族和部落没有自己的文字，还存在许多文盲。例如，我国境内，共有民族语言130来种[①]，只有30多种少数民族文字[②]。

总之，文字也是辅助性的交际工具，但在所有的辅助性交际工具之中是最重要的。

5. 语言类

语言类指有声语言。语言使用的便利性、范围的广泛性和结构的精密性是其他任何交际手段所不能比拟的。因而，语言是人类最重要的交际工具，文字是人类最重要的辅助性交际工具，其他手段都是辅助语言文字进行交际的工具。

有的教材将语言之外的其他交际手段称为副语言（paralanguage），又分为依附性副语言和独立性副语言。[③]

## 第二节 语言是思维工具

### 一、思维的类型

思维是在表象、概念的基础上进行判断、推理等认识的精神活动，是人脑能动地反映客观现实的机能和过程。根据思维活动的不同形态，可将思维相对地分为三种类型。

1. 动觉思维

指在从事某种活动时通过对现场情景的直观感知，控制和调整动作去影响思维对象的思维活动。又叫“动作思维”、“直观动作思维”或“技术思维”。例如，机械修理师在工作时、运动员在打球时用的就是这种思维。

2. 形象思维

指在头脑中唤起表象并在想象中对表象进行加工改造的思维活动。文学家、艺术家就充分利用这种思维活动进行创作。日常生活中，着手布置房间之前，就利用形象思维思考着布置方案。

---

① 李荣认为有80来种，见李荣．中国的语言和方言．方言，1989（3）；戴庆厦等认为有92种，见戴庆厦．中国少数民族语言文字应用研究．昆明：云南民族出版社，2000；孙宏开认为有130来种，见孙宏开．用科学的眼光来看待我国的语言识别问题．语言文字应用，2005（3）．

② 戴庆厦等认为有33种，见戴庆厦．中国少数民族语言文字应用研究．昆明：云南民族出版社，2000.

③ 邢福义，吴振国．语言学概论．武汉：华中师范大学出版社，2002. 11～12.

3. 抽象思维

指以某些抽象的符号为工具，运用逻辑形式对事物进行理性认识的思维活动。现代思维科学研究表明，语言是抽象思维最重要的工具，但不是唯一的工具，算珠、棋子、牌具、公式等都可以作为抽象思维的工具。数学家、哲学家主要靠这种思维思考抽象复杂的问题。

有人把前两种思维统称为非语言思维，后一种称为语言思维。

## 二、语言与思维的关系

语言与思维的关系十分复杂，其中的奥秘目前还没有被完全揭开。传统观点认为，语言与思维密不可分，语言是思维的工具，如果没有语言，思维就无所依附。20世纪30年代，美国语言学家萨丕尔、沃尔夫发表系列论文，进一步强调语言对思维的作用，提出“萨丕尔—沃尔夫假说”（Sapir－Whorf hypothesis），又称“语言相对论”（linguistic relativity），这反映在1956年结集出版的《语言、思想与现实》一书中。他们认为，语言不同，思维也不同，语言结构决定思维的方式。真实世界在很大程度上是不知不觉地建立在该族人的语言习惯之上的，语言是认识社会现实的指南。使用不同语言的各社会成员所生活的世界是多种多样的许多个世界，而不是具有不同标志的一个同样的世界。操不同语言的人借助语言来对现实世界进行分类。由于语言不同，人们对世界的认识也各不相同。例如，美洲印第安语中的河皮语只用一个词来表示昆虫、飞行员、飞机，爱斯基摩语有三个表示雪的词，反映他们对世界的不同认识。这种观点把语言对思维的作用绝对化了。

如果考虑到思维活动的复杂性，“语言与思维密不可分”的传统观点就有失片面。实验表明，婴幼儿在会说话之前，能对事物进行初步的概括和归类，如能把分别画有各种衣服、植物、动物的一些图片按类归堆；黑猩猩会用去掉树叶的茎作为“钓竿”去“钓”洞中的白蚁，说明他们（或它们）能简单地归纳和推理，却不需要语言的参与。球类运动员在进行球类运动时，靠的主要是“感觉”（动觉思维），没有时间进行理性思考；文学家、画家在创作时有时主要用形象思维。这些都说明思维和语言可以分离。

但是，总体来说，语言和思维关系密切。人类发展到今天，思维高度发达，抽象程度很高，有待处理的问题有的十分复杂，要离开语言进行复杂的思维几乎不可能，因为动觉思维和形象思维的抽象程度毕竟有限。

语言和思维的联系表现在：

（1）一定的思维水平是语言产生和发展的必要条件，而且思维能力是语言表达的基础。没有思维，语言既没有产生的可能，也没有表达的内容。

（2）语言促进思维的发展。语言的出现加快思维发展的速度。一般认为人类已有300万年的历史，直到约5万年前语言才出现。语言出现之前，人类思维的发展十分缓慢，基本呈水平状；语言出现之后，人类思维发展的速度突然加快，发生质的飞跃，如图1－2所示。

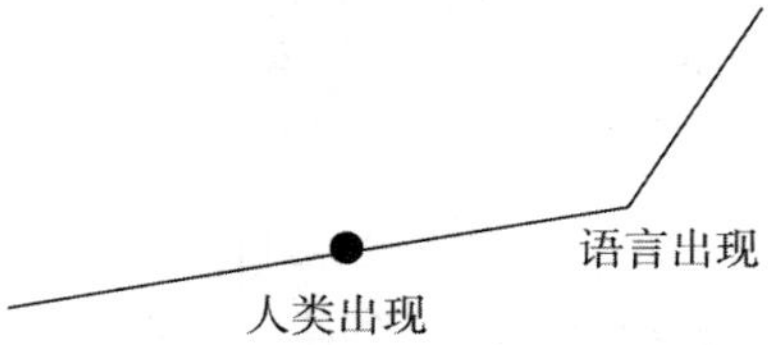


**图1－2　语言促进思维发展的示意图**

可见，语言对思维的促进作用何等巨大！原因在于：①语言使思维成果定型化。语言可以巩固思维的成果，如用词表达概念，使后人得以继承前人的成果，在此基础上向前发展。②语言有助于思维条理化、清晰化。③语言使思维成果公开化。语言将思维的成果表达出来，让别人理解，得以传播。

（3）总体而言，思维离不开语言的参与。尽管婴幼儿及高等动物可以只有非语言思维，但就掌握语言的人来说，情况就不同了。虽然球类运动员、机械师较多运用动觉思维，艺术家、文学家较多运用形象思维，数学家、哲学家较多运用抽象思维，但只是暂时有所侧重而已，并不是说运用非语言思维就不用语言思维了，相反，在实际的思维过程中，三种思维互相渗透，很难截然分清，以语言为工具的抽象思维起着主导作用，组织和制约着思维的全过程。因此，语言是人类最重要的思维工具。

语言和思维的区别表现在：

（1）出现的时间不同。如果把思维作为人类的本质特征之一的话，就可以认为人类一出现便具有一定的思维能力；而语言是思维发展到一定水平并在其他条件的作用下产生的结果。

（2）范畴不同。思维是隐性的心理现象，语言是显性的习惯系统。语言有时并不能真实地反映思维成果，如"铁路"、"铁笔"其实是钢的，而"钢笔"实际上是合金的，"鲸鱼"并不是鱼，"太阳东升西落"实际是"地球自西向东运转"。不是人们认识不了，而是语言习惯使然。这些说明语言和思维是两个范畴的东西。

（3）机制不同。思维可以分为思维行为和思维成果（即思想）。思维行为对客观世界进行编码成为思想。语言是表达思维的工具，它是思维成果即思想的代码，它“编”的是思想的“码”，是对客观存在的“再编码”。两次编码过程都不可避免地会受到经验、社会等因素的影响，因此，无论是思想还是语言，它们和客观存在的同一性都是相对的、有条件的。语言和编码对象是有一定距离的。因此，概念不等于词、逻辑不等于语法。①

（4）单位不同。由于思维和语言的机制不同，导致两者的单位不同。尽管概念常用词表达，判断常用单句表达，推理常用复句表达，但各组并不等同。以概念和词语为例，表达“男子的配偶”这一概念，说法很多：妻子、爱人、夫人、太太、老婆、拙荆、贱内、糟糠、孩子他妈、我家那口子、屋里人、后面人、我女人、做饭的……前面几个是词，后面几个是词组，而且它们有风格、感情等色彩上的差别，但概念却没有色彩差异。有时，一个词表达多个概念，“这朵花很红”、“她这几年很红”，两个“红”的概念义不同。句子有多义句、同义句、省略句、变式句等多种情况，与判断和推理也不能一一对应。

（5）作用不同。语言作为人类最重要的交际工具和思维工具为人类服务，思维则是人脑反映外界事物的行为和结果。

（6）特点不同。思维规律具有共性，语言具有个性。思维规律全人类基本相同，由 A > B，B > C，得到 A > C，全世界都一样，所以奥林匹克数学竞赛才能进行。而语言具有民族性和地方特色。这就是为什么需要翻译却又能够翻译的道理。举两例说明：

英语的 uncle 是汉语的“伯父、叔父、舅父、姑父、姨父”的统称，英语没有分称，汉语没有统称。但并不是说英语的人没有能力分别，只要稍加解释他们就会明白。这是语言的民族性。

英语的 fat 既可以跟人搭配，如 fat man，也可以跟动物搭配，如 fat pig，但汉语普通话说“肥猪、胖人”，“肥”、“胖”有别（“减肥”的说法例外），汉语粤方言的用法同英语：“肥猪、肥仔”，显示了语言的民族性和地方特色。

综上，语言是人类思维最重要的工具，但不是唯一的工具；语言和思维联系密切，但又有区别。

---

① 瞿霭堂．语言思维和语言接触．邹嘉彦，游汝杰．语言接触论集．上海：上海教育出版社，2004.

## 第三节　语言是符号系统

### 一、语言的符号性

什么是符号？符号（sign/symbol）是社会约定的代表某事物的标记。用甲代表乙，甲便是乙的符号。例如，人的姓名是人的符号，交通路口的红绿灯，用红、黄、绿三种颜色的灯光分别代表“禁止通行”、“准备或慢行”、“可以通行”三种交通指令，也是符号。

符号的种类很多，旗语、信号灯、文字是视觉符号，汽笛、军号声、哨声是听觉符号，六个凸点的盲文是触觉符号等。

符号有两个基本特征：

一是任何符号都是形式和内容的统一体。符号的形式叫能指（signifier），是人的感官可以感知的物质外壳，如颜色、声音、形体等；符号的内容叫所指（signified/reference），是形式所表达的意义。只有形式没有意义不能称为符号。用于交通的红绿灯是符号，室内装饰用的彩灯不是符号。

二是符号和它代表的事物之间没有必然的联系，即能指和所指之间具有任意性（arbitrariness）。两者联系是社会约定的，而不是客观事物本身的因果关系。这点和自然界的征候有别。“鱼儿跳”预示“大雨到”，大雁南飞预示冬天即将来临，浓烟预示大火，这些都是征候。但是如果约定一下，把点火作为报警则成为符号，比如古代的烽火（如周幽王烽火戏诸侯）。也就是说，符号的意义是社会赋予的，而不是本身固有的。任意性不等于随意性，能指和所指的关系一旦约定，对使用者个人便具有强制性。

语言也是符号，是一种听觉符号（指有声语言），能指是语音，所指是语义，语言符号是音义的统一体，音、义之间没有必然的联系。为什么汉人用“shuǐ”这个声音，英语用 water 代表“由氢和氧构成的无色无味的透明液体”？只能解释为约定俗成。

与一般的符号比较，语言符号还具有以下特点：

1. 线条性（linearity）

指语言符号按时间先后依次出现，呈线性排列，不在空间的面上铺开。红绿灯，横排、竖排、排成三角形皆可，旗语，上下、左右、前后都可以运转，但说话只能一个音节一个音节地说。例如，“一件新大衣”，尽管“一件”和“新”都修饰“大衣”，但汉语只能按这样的先后顺序排列。语言中也含有非线性因素，如声调、语调、轻重音。

2. 层次性（hierarchy）

指语言符号的地位是不平等的，组合时分先后次序。线条性只是语言符号的外在表现，层次性才是语言符号的内在本质。层次性来源于语言结构的包孕性，大结构套小结构，一层套一层，就构成层次性。例如：

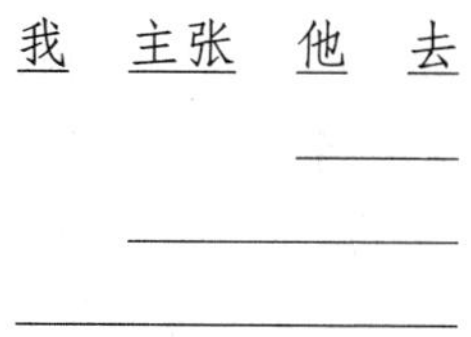


既然有层次性，就不是简单的 A + B + C，而可能是（A + B）+ C 或 A +（B + C）。相邻的两个符号可能没有直接关系，“一朵红花”中“朵”和“红”就没有直接关系。其他符号的层次性不太明显。

3. 生成性（generativity）

指利用简单的单位和规则可以造出复杂的单位。生成性根源于语言的递归性（recursion），是语言的生命源泉。假定有已知单位“我、爱、妈妈”，已知规则“主谓、偏正、述宾”，可以得出：

a. 我爱、妈妈爱（主谓）

b. 我妈妈（偏正）

c. 爱我、爱妈妈（述宾）

d. 我爱妈妈、妈妈爱我、爱我妈妈（综合运用）

生成性使人类能够以简驭繁，用有限掌握无限。其他符号的生成能力很弱甚至没有。

4. 开放性（opening）

指实际话语的无限性和语言系统的变动性。生成性必然导致实际语句的无限性。语言还是个动态的不断创新的系统，新质要素不断产生，旧质要素逐步消亡，整个系统不断完善。变动性并不排斥稳固性，语言中的基本单位和基本结构是相当稳固的，语言的发展、变化是在稳定基础上的变动。语言作为社会交际工具的性质，决定它只能采取渐变的方式，而不能采取突变的方式。其他符号，如暗号，一旦得知被敌方破译，可以立即更改。

以上四点，语言符号比其他符号表现得更为明显。

有些教材将任意性和强制性也作为语言符号的特点。我们认为这两点是所有符号共有的特点，而非语言符号独具的特点。

## 二、语言的系统性

1. 语言结构要素及其单位

对语言的结构要素，学界有不同的看法。20 世纪 50 年代以前，一般是语音、词汇、语法三分法。20 世纪 50 年代转换生成语言学产生之后，很多学者主张语音、语义、语法三分法。当然，也有人主张语音、语义、词汇、语法四分法。从形式和内容着眼，语言是由语音和语义构成的系统；从实体和规则着眼，语言是由词汇和语法构成的系统。总括起来，语言是由语音、语义、词汇和语法四要素构成的系统，也可以说，语言是由词汇和语法构成的音义结合的符号系统。各结构要素都有自己的单位，从语音系统划分出来的单位是音素（或音位）、音节等，从语义系统划分出来的单位是义素、义位等，从音义结合体划分出来的单位是语素、词、词组、句子、句群等。

2. 语言的层级体系

语言结构要素的各个单位，并非一盘散沙，互不相干，而是互相关联，处于不同的层和级，共同构成一个层级装置，即语言的层级体系（hierarchical system）。语言层级装置图如图 1－3 所示。

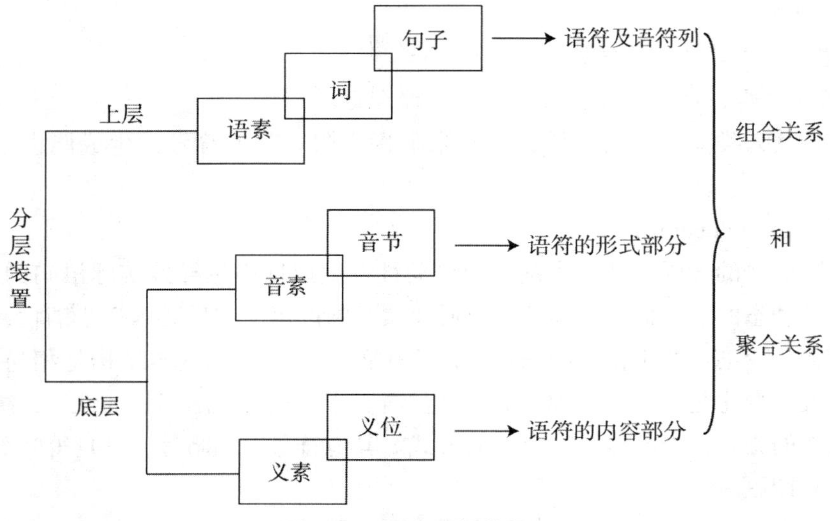


**图 1－3　语言层级装置图**

首先，这个层级体系可以分为底层和上层两层。底层是一套音素和由音素组成的音节，为语言符号准备了形式部分；另一套是义素和由义素组成的义位，为语言符号准备了内容部分。无论是语音层还是语义层，都是单面体。上层是音义结合体，即语符和语符列。上层是双面体。由底层到上层发生了质的飞跃。

其次，上层分为三级：第一级是语素，是构词材料；第二级是由语素构成的词，是造句材料；第三级是由词构成的句子，是交际的基本单位。

再次，这个层级体系中，越是下级单位数量越少，音素（常用的，一般归纳为音位）几十个，音节几百个，语素几千个，词几万个，句子无穷个。简单的下级单位和规则构成复杂的上级单位，以至无穷，便是这个层级体系提供的效能。

最后，这个层级体系靠组合关系和聚合关系运转。

由于语言符号具有系统性的特点，研究一个符号的结构和功能时就应该放在系统之中来观察，因为一个符号的价值取决于该符号在系统中的地位以及跟其他符号的关系。例如，英语的 mutton 来源于法语的 mouton，但两者并不等值：法语 mouton 既指“羊肉”，也指“羊”，没有专指“羊”的词；英语 mutton 只指“羊肉”，指“羊”时用 sheep/goat/ram。因此，两者在不同的系统中获得的价值不同。

3. 组合关系和聚合关系

这两种关系是语言层级装置的运转机制。

组合关系（syntagmatic relation）是符号之间线性的搭配关系。不同的组合关系，形成不同的结构体。“伟大祖国”与“祖国伟大”不同。组合关系构成符号链。这种关系往往是显性的。

聚合关系（paradigmatic relation）是功能相同的符号之间能够互相替换的类聚关系。类聚成群的聚合体成员有某些共同的特征。例如，*X* 一下（*X* = 来、去、看、打、喊、动、笑……）。这种关系往往是隐性的。

广义的组合关系还包括语言符号形式的组合和意义的组合。例如，汉语音节 mā 是由辅音 m 和元音 ɑ 组合而成，“吃饭”是由表示动作的义位“吃”和表示受事的义位“饭”组合而成。广义的聚合关系还包括语言符号形式的聚合和意义的聚合。例如，同音词（如“公式”和“攻势”）、异形词（如“唯一”和“惟一”）是形式的聚合，teacher、reader、leader 是同后缀词的聚合，同义词、反义词、类义词、语义场是意义的聚合。

组合关系和聚合关系犹如几何学中的横轴和纵轴，借助这两个轴，更容易说明某符号在语言系统中的地位。组合关系和聚合关系如图 1－4 所示。

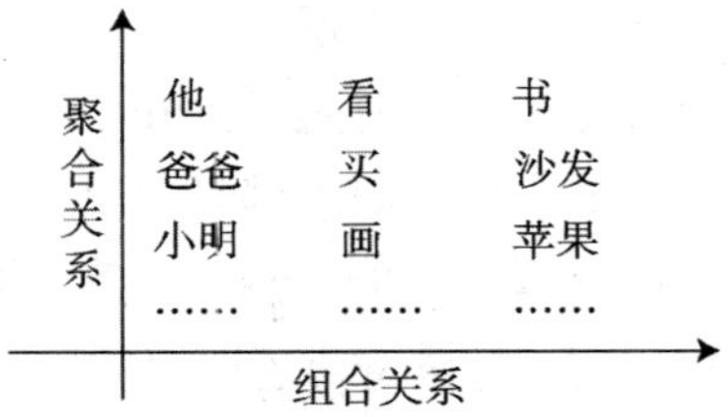


**图1－4　组合关系和聚合关系**

任何一个词语都处在横、纵两种关系之中。例如，“看”，跟“他”构成主谓关系，跟“书”构成述宾关系，同时与“买”一类词类聚成群，能够互相替换。每个符号就这样处于“网”中，构成一个网络系统。

组合关系和聚合关系是语言系统的两种根本关系，语言这部机器就靠它们来运转。掌握它们，就掌握了剖析语言现象的一把总钥匙。

## 第四节　语言的存在形式

### 一、共时态和历时态

语言这个系统在时间上表现为两种状态：相对静止和绝对运动。这就是共时态和历时态。共时（synchrony）是指假定不发生任何变化的特定时期的静态状况。历时（diachrony）是指发生了变化的不同时期的动态过程。

可把语言比作一棵大树，把树干横着截断，在横断面上看到的是千万条纤维交织而成的关系网络，这就是共时的语言结构；竖着劈开，在纵切面上看到的是上下相连的一条条纤维的脉络，这就是语言要素的历时变化。共时语言学用描写的方式研究具体语言在某个时间点上“各条纤维”之间的差别与联系，如现代汉语；历时语言学用比较的方式研究具体语言在某个时间链上“一条条纤维”的发展与变化，如汉语史。

共时和历时既是语言系统存在的两种状态，又是人们观察和研究语言的两种视角、两种方法。

## 二、口语和书面语

口语（spoken language）是以语音为物质材料，主要在口头上应用的语言。口语是第一性的，是书面语形成的基础。口语可以有书面形式，如谈话记录材料。与书面语相比，口语的特点是：①变化、发展比较快，创新的成分比较多；②比较粗糙，有不准确、不规范或多余的成分；③用于直接交际，可借助语言环境和肢体、表情等辅助手段，简化、省略的情况比较多。

书面语（written language）是以文字为物质材料，主要在书面上应用的语言。书面语是在口语的基础上形成的。书面语可以有口头形式，如新闻播音。与口语相比，书面语的特点是：①变化、发展比较缓慢，规范性相对较强而创新成分相对较少；②由于有较长的加工过程，因而比较细密、精确，长句和复句使用频率高；③用于间接交际，对实际情境的依赖性较小，所以简化和省略的现象较少。

口头语体和书面语体有时也称为口语和书面语。作为语体风格的口头语体和书面语体，与作为语言存在形式的口语和书面语不是完全对应的。有的口语形式采用书面语体风格，如教学语言；有的书面语形式采用口头语体风格，如话剧。

## 三、语言和言语

### （一）言语及其存在形式

日常生活中，“言语”常跟“语言”混用。例如：

a. 这部小说的言语十分接近民众。

b. 作家的语言要有自己的风格。

在语言学中，它们是两个不同的概念。先从“说话”谈起。“说话”有这样几层意思：①“说”是一种行为，怎样说是个人行为；②“话”是“说”的结果，说成什么样的“话”各人有选择的自由；③“说话”所用的词语和语法规则是全社会共同的。其中，①和②属于言语，③属于语言。也就是说，言语（parole/speech）是运用词汇材料和语法规则交流思想的行为和结果，包括“言语行为（speech act）”（或叫“言语活动”）和“言语作品（speech works）”；语言是从言语中抽象概括出来的词语和规则的总和。

言语既可以表现为内部形式（内部言语），也可以表现为外部形式（外部言语）。

内部言语（internal speech）是“无声言语”，指不出声的、听不见的言语，如默读、默默地思考问题；外部言语（external speech）是“有声言语”或“有形言语”，指听得见（借助语音）的或看得见（借助文字）的言语。前者是言语存在的个人主观形式，是一种对自己的、供自己思考问题而不直接发挥交际作用的言语，不具有外部的实际表现，但具有相应的听觉、视觉或动觉形象等外部表现的对应物，能引起相应的神经生理活动，结构上具有跳跃性、简缩性、不完备性等特点；后者是言语存在的客观形式，是对他人交谈的、供交际使用的言语，表现为口头或书面形式，结构上具有连贯性、完整性、严密性等特点。简言之，前者为内隐的言语形式，后者为外显的言语形式。两者可以相互转化。

### （二）语言和言语的联系

1. 两者之间是抽象和具体的关系

言语是人类交际的具体形式，是个别的，语言是对言语进行抽象概括形成的系统。所以言语和语言是具体和抽象、个别和一般的关系，语言存在于言语之中，言语是语言的存在形式。没有言语，就没有语言。如下所示：

$1' + 1'' + 1''' + \cdots\cdots = 1$

1′、1″……代表个别的言语，每人的说法各不相同，但其中都含有共同部分“1”，将“1”抽象出来得到语言。

语言学中区分的“素单位”（具体表现的单位，如“音素”）和“位单位”（理论概括的单位，如“音位”），也是从言语和语言的角度加以区别的。

2. 两者之间是工具和运用的关系

语言是供人们交际时使用的工具，言语是人们根据交际的需要运用语言这套工具产生的行为和结果。同一套工具，使用的人不同，产生的结果就会不同。

3. 两者之间是规约和变异的关系

语言是一套为言语集团所共同接受的规约系统，言语是与社会生活密切相关的生动丰富的变化样式。从发展的角度看，言语可以突破固有的语言系统，推动语言向前发展；语言对言语起着规范、制约作用，引导言语健康地发展。

### （三）语言和言语的区别

1. 语言具有社会性，言语具有个人性

各人说话口音不同，遣词造句方式不同，带有个人风格。比如孔乙己说的“多乎哉？不多也”，半文不白；有人爱卖关子：“一人一杆枪——那是不可能的！”韩复榘有一次对众人说：“今天是什么日子？今天是演讲的日子。开会的人到齐了没有？

大概有五分之八啦，没来的举手。……”但话是说给别人听的，必须用社会共同理解的词语和共同遵守的规则说话，别人才能理解和接受。所以，社会性是语言的本质属性。

2. 语言具有有限性，言语具有无限性

人们在说话的时候，可以根据需要造出任何说法，实际的句子是无限的。

**【补充材料 1－5 句子的数量】**英语句子的平均词长为 20。米勒（G. Miller）认为，如果每个词后面平均有 10 种不同的搭配（平均数为 10，还是较保守的），就可以有 $10^{20}$ 个句子。

言语的无限性可以用组合关系和聚合关系加以说明。

就组合关系说，一个成分可以不断添加另外的成分，造出许多个句子。例如：

狗。

养狗。

我养狗。

我养了一条狗。

我养了一条小黄狗。

我去年养了一条小黄狗。

我去年特意盖一间小屋养了一条可爱的小黄狗。

……

从理论上讲，句子可以无限长，但实际上句子长度是有限的，受人类瞬时记忆规律制约（7±2）。仅从长度上讲，句子是无限的。

即使不增加长度，只改变内部组合关系，也可形成一批句子。例如：

热爱人民军队

人民热爱军队

军队热爱人民

军队，人民热爱

人民，军队热爱

就聚合关系说，句子中的词可用同类替换，如将前文例子中的“狗”换为“猫”，或将“我”换为“他”，如此等等，又可形成另外一系列句子，使句子的数量大大增加。

总之，由于组合关系和聚合关系的运转，言语具有无限性。无限性使言语具有灵活多变性。

但语言结构要素的基本单位及其结构规则是有限的。一种语言，在某一历史阶段，其音位、音节、语素、词和组合规则，都是有限的、固定的。拿现代汉语来说，只有32个音位和4个调位，基本音节400来个，加上声调的区别1 000多个；语素的数目不详，若以汉字类比，最多也不过5万个（《中华大字典》收字4.8万多个）；词的数量大概以10万计，在一定时间内，词的数目总是有限的；尽管具体词组和句子是无限的，但所用材料和结构规则是有限的，所以可以总结出结构类型和句型句式。语言中的音位、音节、语素、词及结构规则的有限性，使语言具有稳固性。

语言的有限性，免除了人们不必要的过重的记忆负担，便于学习和掌握；言语的无限性，使人们能够造出各种各样的句子，充分满足交际的需要。语言和言语就是这样神奇而有效的工具。

3. 语言具有现成性，言语具有临时性

言语是表达者根据交际当时场景的需要临时创造出来的，语境因素不同，说出的话（或写出的话）就不同。但这些话语所用的词汇材料和语法规则早已存在于社会集团的语言之中。因此，语言单位如语素、词、固定词组是现成的，言语单位如自由词组、具体的句子是临时组织的。

此外，语言和言语的区别还表现在其他一些方面，如潜存性和显现性，结构规则性和语境制约性，单位意义的抽象性和具体性等。

## 本章小结

对语言，可以从功能和结构两大方面来认识。功能上，语言是人类最重要的交际工具和思维工具；结构上，语言是由词汇材料和语法规则构成的音义结合的符号系统。语言是个层级体系，语言符号处在组合和聚合两种根本关系之中。语言存在共时和历时、口语和书面语、抽象的语言和具体的言语等不同形态。

**建议阅读文献：**

1. 岑运强．言语的语言学的界定、内容及其研究的方法．北京师范大学学报（人文社科版），2000（4）．

2. 罗常培．语言与文化．北京：语文出版社，1989.

3. 潘文国．语言的定义．华东师范大学学报（哲学社会科学版），2001（1）．

4. 施建基．关于语言与思维关系问题的不同见解．语文导报，1986（7）．

5. 孙艳．语言符号的任意性和音义联想原则．人文杂志，2000（3）．

6. 王德春．论语言单位的任意性和理据性：兼评王寅《论语言符号象似性》．外国语，2001（1）．

7. 王寅．语言符号象似性研究简史：认知语言学讨论之一．山东外语教学，2000（3）．

8. 王寅．再论语言符号象似性：象似性的理据．外语与外语教学，2000（6）．

9. 邢公畹．论语言普遍性的研究．中国语文，1990（6）．

10. 张国宪．语言单位的有标记与无标记现象．语言教学与研究，1995（4）．

11. ［瑞士］索绪尔．普通语言学教程．高名凯译．北京：商务印书馆，1982.

12. ［苏］兹维金采夫．普通语言学纲要．伍铁平等译．北京：商务印书馆，1981.

13. ［美］科姆里．语言共性和语言类型．沈家煊译．北京：华夏出版社，1989.

14. ［日］桥本万太郎．语言地理类型学．余志鸿译．北京：北京大学出版社，1985.

## 知识与技能训练

**一、名词解释**

1. 交际

2. 思维（北京师范大学 2003）

3. 动觉思维

4. 形象思维

5. 抽象思维

6. 萨丕尔—沃尔夫假说（苏州大学 2002）

7. 符号

8. 能指

9. 所指

10. 象似性（清华大学 2008）

11. 组合关系（中国人民大学 2000、苏州大学 2002、华中师范大学 2004、南开大学 2006）

12. 聚合关系（苏州大学 2002、中国人民大学 2003）

13. 共时（南京大学 2002）

14. 历时（南京大学2002）
15. 语言（北京语言大学2000）
16. 言语
17. 口语
18. 书面语（中国人民大学2001、山东大学2007）
19. 副语言（华中师范大学2004：依附性副语言。）

## 二、术语比较

1. 符号/征候（北京语言大学2000、苏州大学2001、南京师范大学2011）
2. 能指/所指
3. 组合关系/聚合关系（北京语言大学2001、华中师范大学2008. //南京师范大学2009：举例说明什么是组合关系和聚合关系？有什么作用?）
4. 语言/言语
5. 素单位/位单位（南京师范大学2000）
6. 内部言语/外部言语（华中师范大学2001）

## 三、填空

1. 语言是人类最重要的（　　）工具和（　　）工具；文字是人类最重要的（　　）工具。
2. 语言是一种特殊的文化现象，其特殊性就在于语言具有（　　）功能和（　　）功能。(华中师范大学2007)
3. 言语交际过程可以分为（　　）、（　　）、（　　）、（　　）和（　　）五个环节。
4. 思维可以分为（　　）思维、（　　）思维和（　　）思维三种类型。(华中师范大学2002)
5. 语言符号具有（　　）性、（　　）性、（　　）性和（　　）性。(华中师范大学2007)
6. 语言的四要素分属不同的层面：从形式和内容方面看，语言包括（　　）和（　　）两个要素；从材料和规则方面看，语言包括（　　）和（　　）两个要素。

## 四、判断正误并说明理由

1. 不同阶级的人说不同的话，可见语言是有阶级性的。(苏州大学2000)

2. 语言对思维会产生影响，可以说有什么样的语言就有什么样的思维。（中国人民大学 2002）

3. 任何一种符号，都是由形式和内容两方面组成的。（中国传媒大学 2006）

4. 交通规则中，红灯表示禁止通行，绿灯表示可以通行，所以红绿灯是一种符号而不是征候。（苏州大学 2000）

5. 语言存在于言语之中，没有语言，就没有言语。

## 五、分析

1. 根据下列句子回答问题：

a. 小明　学习　计算机。

b. 老陈　研究　书法。

c. 叔叔　修理　汽车。

（1）在这三句话中，哪些词的关系是组合关系？是靠什么句法关系组合的？

（2）在这三句话中，哪些词的关系是聚合关系？有些什么共同特点？

（3）“修理”能否跟“书法”组合？为什么？

2. 按照聚合关系生成三个如例句的句子。（华中师范大学 2003）

例：我　买到　了　最近　非常　流行的　一本　语法　书。

## 六、问答

1. 语言是什么？（北京语言大学 2000：语言。）

2. 论述语言的社会本质。（北京语言大学 2003）

3. 为什么说语言是一种特殊的社会现象？（南京大学 2009）

4. 为什么说语言是人类最重要的交际工具？（北京师范大学 2003：简述你所知道的人类交际常用的工具，比较它们的重要性，并说明你是如何理解语言作为“工具”的含义的。//北京语言大学 2006：举例说明语言在人类交际工具中的地位。）

5. 人类语言和动物“语言”有哪些本质区别？（苏州大学 2000、中国人民大学 2002、南京师范大学 2010。//华南师范大学 2013：人的语言与动物的信息表达有什么差别？）

6. 为什么说语言是人类特有的交际工具？（中国人民大学 2000）

7. 为什么说语言是人类最重要的思维工具？

8. 试述语言与思维的联系与区别。（华中科技大学 2003：语言和思维的不对应性表现在哪些方面？//中国人民大学 2005：就词义与概念的联系和区别，谈谈你对语言和思维关系的认识。//中国人民大学2006：论述语言和思维的关系，并说明语言在人们认知活动中的作用。）

9. 语言在思维认知活动中的作用主要表现在哪几个方面？（华中科技大学2002。//中国人民大学2006：论述语言和思维的关系，并说明语言在人们认知活动中的作用。）

10. 语言除了交际功能、思维功能之外，还有哪些功能？（华中师范大学2002：举例说明语言的文化传承功能。）

11. 谈谈语言符号的系统性。（北京语言大学2003。//复旦大学2007：为什么说语言是符号系统？//南京师范大学2011：请谈谈语言符号的系统性表现在哪些方面。）

12. 与一般的符号相比，语言符号具有哪些特点？（武汉大学2007：请谈谈语言符号的性质和特点。//华南师范大学2013：语言的线性特征。）

13. 你是如何理解语言符号的任意性的？（北京师范大学2002）

14. 英国的莎士比亚说："名称有什么？那些我们叫做玫瑰的，如果换上别的名称，还是一样的芬芳。"从语言学的角度看，你同意这种说法吗？为什么？（中山大学2006）

15. 简述语言符号与非语言符号的联系和区别。（中国人民大学2005）

16. 简述语言符号的层级体系。（华中科技大学2002、北京师范大学2003、南京大学2006。//北京语言大学2009：语言的层级装置。）

17. 论述组合关系、聚合关系在语音、语义、语法中的地位和作用。（北京语言大学2000。//北京语言大学2009：比较语言的组合关系和聚合关系，说明它们的作用。）

18. 什么是组合递归性？举例说明。（中国人民大学2001、北京语言大学2003。//中山大学2008：递归性。）

19. 词语正确组合要符合哪些条件？（北京大学2003：词语组合要受到哪些方面的支配与限制？谈谈你对第二语言教学中要遵循的语言规则的理解。//南京大学2006：制约词语组合的语义条件有哪些？请举例说明。）

20. 试述语言和言语的联系和区别。（中国人民大学2001、苏州大学2002、华中科技大学2003、华中师范大学2004。//北京师范大学2002：你是如何理解语言和言语的？//南开大学2005：论述语言和言语的关系。//中国人民大学2006：简述语言和言语的概念，并说明二者的关系。）

21. 区分语言和言语的意义。（华中科技大学2003）

22. 联系近年来比较常见的“很＋名词”现象，如“很中国”、“很淑女”等，谈谈你对语言和言语的关系的看法，并写出一篇600字以上的小论文。（华中师范大学2003、2004）

23. 谈谈口语和书面语的不同和联系。（山东大学2005。//中国人民大学2005：简述语言的口头形式和书面形式的联系和区别。//北京语言大学2007：以汉语为例，阐述书面语和口语的关系。//南京师范大学2009：口语和书面语有什么样的区别与联系？）

## 参考答案

**一、名词解释**

1. 交际：人们之间交流思想、沟通信息、传情达意的社会活动。主要以语言为工具。

2. 思维：思维是在表象、概念的基础上进行判断、推理等认识的精神活动，是人脑能动地反映客观现实的机能和过程。

3. 动觉思维：在从事某种活动时根据对现场情景的直观感知，通过控制和调整动作去影响思维对象的思维活动。又叫“动作思维”、“直观动作思维”或“技术思维’。

4. 形象思维：在头脑中唤起表象并在想象中对表象进行加工改造的思维活动。

5. 抽象思维：以某些抽象的符号为工具，运用逻辑形式对事物进行理性认识的思维活动。语言是抽象思维最重要的工具，但不是唯一的工具。

6. 萨丕尔—沃尔夫假说（Sapir－Whorf hypothesis）：20世纪30年代，美国语言学家萨丕尔、沃尔夫在语言与思维关系的问题上提出的假说，又称“语言相对论”或“语言相关论”（linguistic relativity）（反映在《语言、思想与现实》一书中，1956年结集出版）。他们认为，语言不同，思维也不同，语言结构决定思维的方式。操不同语言的人借助语言来对现实世界进行分类。由于语言不同，人们对世界的认识也各不相同。这种观点把语言对思维的作用绝对化了。

7. 符号：社会约定的代表某事物的标记。符号是能指和所指的统一体。

8. 能指：符号的形式叫能指，是人的感官可以感知的物质外壳，如颜色、声音、形体等。

9. 所指：符号的内容叫所指，是形式所表达的意义或所指示的对象。

10. 象似性：认知语言学术语，指语言符号的能指和所指之间，也就是语言的形式和内容之间有一种必然联系，或说语言符号是客观世界的象征性“清单”。与“任意性”相对。

11. 组合关系：符号之间线性的组配关系。符号靠组合关系构成符号链。不同的组合关系，形成不同的结构体。这种关系往往是显性的。又叫“句段关系”。

12. 聚合关系：功能相同的符号之间在某一环节上能够互相替换的类聚关系。类聚成群的聚合体成员有某些共同的特征。这种关系往往是隐性的。又叫“联想关系”。

13. 共时：假定不发生任何变化的特定时期的静态状况。

14. 历时：随着时间变化而变化的不同时期的动态过程。

15. 语言：作为人类最重要的交际工具和思维工具使用的音义结合的符号系统，是从言语中抽象、概括出来的词语和规则的总和。

16. 言语：运用词汇材料和语法规则交流思想的行为和结果，包括“言语行为”（或叫“言语活动”）和“言语作品”。

17. 口语：以语音为物质材料，在口头上应用的语言。口语是第一性的，是书面语形成的基础。口语可以有书面形式，如谈话记录材料。与书面语相比，口语的特点是：①变化、发展比较快，创新的成分比较多；②比较粗糙，有不准确、不规范或多余的成分；③用于直接交际，可以借助语言环境和体态、表情等辅助手段，简化、省略的情况比较多。

18. 书面语：以文字为物质材料，在书面上应用的语言。书面语是在口语的基础上形成的。书面语可以有口头形式，如新闻播音。与口语相比，书面语的特点是：①变化、发展比较缓慢，规范性相对较强而创新成分相对较少；②由于有较长的加工过程，因而比较细密、精确，长句和复句使用频率高；③用于间接交际，对实际情境的依赖性较小，所以简化和省略的现象较少。

19. 副语言：除了语言之外的人类的其他辅助性交际工具。可以分为两类：一类是依附性副语言，是在语言的基础上形成的，依附于语言，是语言的代码，一般可以准确地转换成语言，如文字、电报代码、旗语、灯语等；另一类是独立性副语言，不是在语言的基础上形成的，可以独立于语言使用，一般不能准确地转换成语言，如体态语、音乐语言等。

**二、术语比较**

1. 符号/征候：符号是由社会约定的代表某事物的标记；征候是发生某种情况的迹象。符号跟所代表的事物之间没有必然的联系，这种联系是社会约定俗成的；征候跟所代表的事物之间有必然的联系，一般是自然的因果关系。

2. 能指/所指：能指是符号的形式；所指是符号的意义。两者互相依存，共同统一在符号之中。两者的结合是任意的，是社会约定俗成的。

3. 组合关系/聚合关系：组合关系是符号之间线性的组配关系；聚合关系是同功能的符号在某一环节上能够相互替换的类聚关系。前者是显性的，后者是隐性的；前者是横向的，后者是纵向的。

组合关系和聚合关系的作用不限于符号，可以用于语言各个层面的分析。如 j、q、x 是普通话舌面声母聚合群（聚合）；能跟齐齿呼和撮口呼拼合，不能跟开口呼和合口呼拼合（组合）。

4. 语言/言语：语言是作为人类最重要的交际工具和思维工具使用的音义结合的符号系统；言语是运用词汇材料和语法规则交流思想的行为和结果。语言是对言语的抽象和概括，言语是对语言的具体运用。

5. 素单位/位单位：前者是自然性的具体单位，后者是功能性的抽象单位，如音素/音位。前者是后者的具体表现，后者是对前者的概括。

6. 内部言语/外部言语：①前者又称“无声言语”，指不出声的、听不见的言语，如默读；后者又称“有声言语”，指发出声音的、听得见的言语。②前者指言语存在的个人主观形式，不具有外部的实际表现，但具有相应的听觉、视觉或动觉形象等外部表现的对应物，能引起相应的神经生理活动；后者指语言存在的客观形式，表现为口语或书面语。③前者为内隐的言语形式，后者为外显的言语形式。两者可以相互转化。

**三、填空**

1. 交际　思维　辅助性交际
2. 交际　认知
3. 编码　发送　传递　接收　解码（或“译码”）
4. 动觉（或“动作”、“直观动作”）　形象　抽象
5. 任意　强制　线条　创造

【编者按：任何符号都是能指和所指的统一体，都具有任意性和强制性。除此之外，语言符号还具有线条性、层次性、生成性和创造性。】

6. 语音　语义　词汇　语法

**四、判断正误并说明理由**

1. 错误。阶级会对语言产生影响，形成阶级习惯语，这属于社会方言，是全民共同语的社会变体。本质上，语言具有全民性、工具性，不具有阶级性。

2. 错误。语言会对思维产生影响不错，但不能把这种影响夸大和绝对化。世界上有几千种语言，不能据此说世界有几千种思维。如果是这样，人们便无法沟通了。

3. 正确。任何符号都是能指和所指的统一体，能指即形式，所指即内容。

4. 正确。交通红绿灯的颜色是能指，“禁止通行”、“允许通行”是所指，两者的结合是社会约定的，所以是符号。

5. 错误。语言是从言语中抽象概括出来的系统，所以前半句是对的。但后半句不对，应该说成“没有言语，就没有语言”。

**五、分析**

1.（1）句子 a 中“小明”与“学习”既是组合关系，又是主谓关系；“学习”和“计算机”是组合关系，也是述宾关系。b、c 的分析仿此。

（2）“小明、老陈、叔叔”是聚合关系，都是表人的名词，充当施事，在句子中作主语；“学习、研究、修理”是聚合关系，都是动词，表示行为，在句子中作述语（谓语中心）；“计算机、书法、汽车”都是表物的名词，充当受事，在句子中作宾语。

（3）不能。原因是：“修理”的对象应是具体事物，一般为机器、车辆等，“书法”与“修理”语义不兼容，所以不能组合。

2. 仿造如下：

| | | | | | | | | |
|---|---|---|---|---|---|---|---|---|
| 她 | 卖掉 | 了 | 今年 | 十分 | 畅销的 | 十件 | 名牌 | 衣服。 |
| 小王 | 遇见 | 过 | 这几年 | 很 | 走红的 | 两个 | 歌坛 | 大腕。 |
| 老李 | 碰碎 | 了 | 多年 | 万分 | 珍惜的 | 两个 | 陶瓷 | 马。 |

六、问答

1. 对“语言”，可以从不同角度下定义。从功能方面着眼，语言是人类最重要的交际工具和思维工具；从结构方面着眼，语言是由词汇材料和语法规则构成的音义结合的符号系统；从与言语的关系方面着眼，语言是从言语中概括出来的词语和规则的总和。

综合起来，语言是作为人类最重要的交际工具和思维工具使用的音义结合的符号系统，是从言语中概括出来的词语和规则的总和。

2. 语言尽管有物理属性（如语音具有物理四要素）、生理属性（如发音靠发音器官协同动作）等自然属性，但社会性是语言的本质属性。表现在以下方面：

（1）交际功能是语言最基本的功能。没有社会交际的存在，就没有语言存在的价值。

（2）语言是人类社会发展到一定时期的产物，它的出现，又极大地促进了社会的发展。

（3）语言与社会是共变关系，社会的变化、统一、分化、接触都会对语言产生影响。

（4）语言的获得和习得也需要放在社会的环境里进行。

（5）语音和语义的结合具有约定俗成性，词汇和语法也具有民族性和地域性，都说明语言具有社会性。

3. 社会现象是指那些与人类群体的产生、存在和发展等活动密切联系的现象。一般分为经济基础和上层建筑两大类。

语言属于社会现象，但既不属于经济基础，也不属于上层建筑，而是一种特殊的社会现象。特殊性在于：语言具有全民性、工具性，没有阶级性，一视同仁地为全社会所有成员服务，为人们的交际服务。

4. 首先，语言是“交际”的工具。交际是人们之间交流思想、沟通信息、传情达意的社会活动。交际的主要工具是语言。语言不是生产工具、生活资料，“交际”是语言的基本社会功能。

其次，语言是“人类”的交际工具。有两层含义：其一，语言是全民的交际工具，没有阶级性，只有工具性。它一视同仁地为全社会、各阶级、各阶层的人服务，服务得都同样好。所谓的“阶级语言”、“上层语言”、“下层语言”等，只是习惯说法，实际上并不存在为某一阶级、阶层服务的专门语言，只能看作阶级对语言的影响，或说是语言的社会变体。其二，语言这种交际工具为人类所独有，是动物所不具备的。人有高度发达的思维，为语言提供心智条件；人又具有精密的发音器官，这是长期进化的结果，为语言提供物质基础。两者合一，这是任何动物无法相比的。而且，人类语言具有任意性、离析性、传授性、创造性，是动物所谓的“语言”无法具备的。所以，再聪明的动物，也无法掌握人类的语言。

最后，语言是人类“最重要”的交际工具。人类的交际手段很多，大致可分为体态类、实物类、图标类、文字类（书面语）、语言类（口语）五种。文字是在有声语言的基础上产生的。语言在使用的便利性、范围的广泛性和结构的精密性方面是其他任何交际手段所不能比拟的。

所以，语言是人类最重要的交际工具，文字是人类最重要的辅助性交际工具，其他手段都是辅助语言文字进行交际的工具。

5. 与动物的所谓“语言”相比，人类语言具有以下特点，而动物“语言”不具备。

（1）任意性。人类语言声音和意义的结合是任意的，就初始符号而言，一般说不出理据。而动物表示暴怒、惊恐、警告等的叫喊是在感官受到刺激之后直接的本能反应，声音和表达的内容之间有必然的联系。

（2）离析性。人类语言具有结构的二层性（音系层和符号层），单位明晰，拆装灵活，表达信息自由而丰富；动物“语言”单位含混，难以离析，传递信息固定而有限。

（3）传授性。人类具有先天的语言习得机制（LAD）和潜在的语言能力，但这种潜能还必须经过后天学习的激发才能够转化为实际的语言运用能力。没有语言环境，就不可能掌握任何一种语言。而动物“语言”与生俱来，毋需学习。

（4）创造性。人类学习语言不仅仅靠模仿，还常有创新。人可以说出从未接触过的新的话语，可以表达任何需要表达的思想；人类语言可以利用有限的材料和规则生成无限的话语，是个开放的系统；人类语言不受时地限制，可以漫谈古今，自由驰骋。而动物“语言”是个封闭的系统，难以创新。动物的叫声与时地有固定的联系，不具有创造性。

6.（1）人有高度发达的思维，为语言提供心智条件；人又具有精密的发音器官，这是长期进化的结果，为语言提供物质基础。两者合一，这是其他任何动物都无法相比的。

（2）人类语言具有任意性、离析性、传授性、创造性，是动物所谓的“语言”无法具备的。因此，再聪明的动物也无法掌握人类的语言。

7.（1）思维是在表象、概念的基础上进行判断、推理等认识的精神活动，是人脑能动地反映客观现实的机能和过程。

（2）根据思维活动的不同形态，可将思维相对地分为三种主要类型：动觉思维、形象思维和抽象思维。尽管人们在处理具体事情时运用的思维方式有所侧重，但总体而言，抽象思维在思维的全过程中起着主导作用。语言虽然不是思维的唯一工具，却是最重要的工具。

（3）语言对思维有巨大的促进作用。语言的出现加快了思维发展的速度；语言可以巩固思维的成果，使思维成果定型化，使后人得以继承前人的成果，在此基础上向前发展；语言有助于思维条理化、清晰化；语言将思维的成果表达出来，使别人理解，得以传播。

8. 语言和思维的联系表现在：

（1）思维是语言的基础。一定的思维水平是语言产生和发展的必要条件，而且思维能力是语言表达的基础。没有思维，语言既没有产生的可能，也没有表达的内容。

（2）语言促进思维的发展。语言的出现加快了思维发展的速度；语言使思维成果定型化，使思维条理化、清晰化；语言将思维的成果表达出来，使别人理解，得以传播。

（3）语言是人类最重要的思维工具。尽管婴幼儿及高等动物可以只有非语言思维，人们在短时间内思维方式可以有所侧重，但总体而言，思维离不开语言的参与，以语言为主要工具的抽象思维起着主导作用，组织和制约着思维的全过程。

语言和思维的区别表现在：

（1）出现的时间不同。（2）范畴不同。（3）机制不同。（4）作用不同。（5）单位不同。（6）特点不同。

【编者按：详见本章相关内容。】

9.（1）语言是人类最重要的思维工具。概念一般要靠词语存储，判断和推理等思维活动一般要借助句子进行。抽象思维是现代人最重要的思维方式，而抽象思维的主要工具就是语言。因此，语言在思维活动中的作用巨大。

（2）认知心理学认为，同化与适应是人类认知的基本机制。语言在认知过程中起着非常重要的作用。

首先，语言在信息输入的环节中起主要作用。人们获取知识的主要渠道就是语言，在一般人的知识结构中，通过语言获得的知识比通过其他渠道获得的知识要多得多。

其次，语言在信息匹配的环节中也起主要作用。信息匹配需要将预先储存的知识系统与新输入的信息及其特征的分析结果相互比较，而预先储存的知识系统主要是通过语言分类储存的。

最后，语言在对输入信息进行特征分析的环节中也起着重要作用。如果输入的是语言信息，要用已有语言知识作为分析的依据；如果输入的是非语言信息，一般也需要语言的帮助。

10.（1）语言除了作为人类最重要的交际工具和思维工具之外，还具有其他的功能。但交际功能是语言最基本的功能。

（2）①标志功能：语言是一个民族、地区、社团的标志，是一个人身份、文化素养的标志，还是作家个人言语风格的标志。②文化镜像功能：语言像一面镜子反映文化面貌，记录文化点滴。③文化传承功能：人类文明成果靠语言得以继承和传播，使后人能够站在前人的肩上向前迈进。④认知功能：人类很大程度上靠语言认知世界、获取知识、解决问题。⑤其他功能：如智力开发功能、心理调节功能、审美愉悦功能等。

【编者按：详见邢福义，吴振国．语言学概论．华中师范大学出版社，2002. 32～34.】

11. 首先，语言是符号。语言像其他符号一样，具有能指和所指两个方面，并且是两者的统一体。语言的能指是语音，所指是语义。也像一般符号一样，语音和语义的结合具有任意性和强制性。

其次，语言符号是个层级体系。语言的各个要素和单位互相影响，互相制约。

【编者按：关于层级体系的论述，详见后面相关题目。】

最后，语言符号的系统性既表现在组合关系方面，也表现在聚合关系方面。任何一个符号都处于由组合关系和聚合关系编织的网络当中，与其他符号有着千丝万缕的联系。组合规则是类的组合规则，如“老王买菜”反映的是“名＋动＋名”的组合规则，而不仅仅是例的组合规则；语言的发展变化往往按类而变。

12.（1）所有符号都具有两大特点：其一，是能指和所指结合的统一体。其二，能指和所指的结合具有任意性和强制性。

（2）语言符号除了具有以上特点之外，还具有线条性、层次性、生成性、开放性的特点，或者说比其他符号表现得更为突出。

【编者按：关于“线条性、层次性、生成性、开放性”的论述，请详见本章相关内容。】

13.（1）语言符号的任意性指语音和语义没有必然的联系，它们的结合是社会约定俗成的。

（2）任意性不等于随意性，某音和某义一旦结合，个人不得随意更改，否则会影响交际。因为语言是社会的交际工具，受使用语言的集体制约，个人的创新应在社会许可的范围之内。也就是说，由社会约定的音义关系对个人具有强制性。

（3）复合符号可能具有理据性，如之所以叫“草鞋”、“皮鞋”，不是任意的。但就初始符号“草”、“皮”和“鞋”而言，仍然是任意的。

（4）关于语言符号任意性和理据性问题从古到今一直存在不同的意见。例如，古希腊哲学家在谈到词与物的关系时，就有一派主张“按本质”，即名称反映事物本质，名称与事物相符，语言是合乎逻辑的。当今的认知语言学更认为语言不是自足的，是人们关于客观世界的经验的投射，提出了著名的句法象似性理论。所以这个问题还值得深入探讨。

14. 这种说法要一分为二地看。名称是事物的符号，在命名之初，是社会集体约定的，名称和事物之间没有必然的联系，所以中国古代哲学家荀子在《正名篇》中说：“名无固宜，约之以命，约定俗成谓之宜，异于约则谓之不宜。”这是符号任意性的体现。但一旦某个名称跟某个事物建立了联系，个人便不能随意改变这种关系，除非得到社会的认可。这是符号强制性的体现。

15. （1）既然是符号，就必然具有符号的基本特点：能指和所指的统一；能指和所指结合的任意性和强制性。这是两者的共同点。

（2）联系表现在：有时两者可以相互转化。例如：“是”、“好”等表示肯定的话可用点头替代；交通路口的红绿灯也可用语言表达。

（3）区别表现在：①并不是在所有情况下两者都能转化，如语言中的虚词就很难用非语言符号表达；音乐中的旋律也很难用语言精确地传达出来。②语言符号的线条性、层次性、生成性、开放性等特点比较突出，非语言符号不具备或不突出。

16. 语言是个层级体系（或比喻为层级装置）。首先，这个层级体系可以分为底层和上层两层。底层一套是语音层：音素和由音素组成的音节，为语言符号准备了形式部分；另一套是语义层：义素和由义素组成的义位，为语言符号准备了内容部分。无论是语音层还是语义层，都是单面体。上层是音义结合体，即语符和语符列，都是双面体。由底层到上层发生了质的飞跃。

其次，上层分为三级：第一级是语素，是构词材料；第二级是由语素构成的词，是造句材料；第三级是由词构成的句子，是交际的基本单位。

再次，这个层级体系中，越是下级单位数量越少，音素（常用的，一般归纳为音位）几十个，音节几百个，语素几千个，词几万个，句子无穷个。简单的下级单位和规则构成复杂的上级单位，以至无穷，便是这个层级体系提供的效能。

最后，这个层级体系靠组合关系和聚合关系运转。

【编者按：这里把底层加上了语义内容，觉得这样才能更好地解释上层符号单位语义的由来。这种处理仅是编者个人的见解。】

17. （1）组合关系和聚合关系是语言符号的两种根本关系，语音、语义、语法的各个单位都处在这两种关系之中。

（2）语音方面，音素的元、辅音分类以及下位分类是聚合关系的体现，音位是音位变体的聚合；复元音、复辅音、音节体现了组合关系。

（3）语义方面，多义词是多个义位在一个词上的聚合，语义场是多个词的意义聚合；语义结构关系是义位的组合，句子的逻辑意义一般表现为词义的组合。

（4）语法方面，词类是具有相同语法功能的词的聚合，短语、句子的功能类别都是聚合的体现；句法结构关系是句法成分的组合关系的具体体现。

【编者按：每个方面都有很多角度可说，请读者朋友自己补充具体例子。】

18. “递归”（recursion）本是数学术语，后为语言学借用。组合递归性是语言符号组合时的一种属性，指同样的组合规则可以反复使用，层层嵌套，从而生成无限的句子。例如，主谓结构“花开了”，可以通过偏正结构的递归性，将主语“花”扩展为“月季花”、“院子里的月季花”和“张三院子里的月季花”、“在同一个单位工作的张三院子里的月季花”等。谓语“开”也可以扩展，如“陆续地开了”、“这几天陆续地开了”等。这是语法结构规则的递归性。

19. （1）要符合语义搭配规则。“月亮吃石头”违背客观事理。

（2）要符合语法组织规律。“很桌子”不符合汉语的语法规则。

（3）要符合语音节律。“治病”可说，“治疗病”一般不说。

（4）要符合语用环境。“阿Q昨晚下榻在未庄的破庙里”，语体风格不协调。

【编者按：至于“第二语言教学中要遵循的语言规则”，可以按这些方面去发挥。】

20. （1）语言是作为人类最重要的交际工具和思维工具使用的音义结合的符号系统；言语是运用词汇材料和语法规则交流思想的行为和结果。

（2）语言与言语的联系表现在：①两者之间是抽象和具体的关系。②两者之间是工具和运用的关系。③两者之间是规约和变异的关系。

（3）语言与言语的区别表现在：①语言具有社会性，言语具有个人性。②语言具有有限性，言语具有无限性。③语言具有现成性，言语具有临时性。

【编者按：详见本章相关内容。】

21. 自索绪尔以来，语言学界就将语言现象区分为语言和言语两个既有联系又有区别的方面。区分二者的意义表现在：

（1）有利于指导语言学习。学习一种语言尤其是外语，要善于从丰富的言语现象中总结语言规律，梳理条理，以便以简驭繁。如果只知死记硬背，淹没于言语材料的海洋中，就会事倍功半。

（2）有利于指导语言运用。一方面，言语的丰富性、灵活性、多变性，使人们在交际时有充分选择的余地，使我们的言语生活丰富多样；另一方面，语言的社会性、规范性、系统性，又要求人们不能随意创新，应考虑言语的可接受性。语言和言语的辩证关系对语言规范化有重要意义。

（3）有利于指导语言研究。语言研究一方面要关注鲜活的言语现象，另一方面要对言语现象进行归纳和概括，抽象出语言系统，然后拿系统再去反观具体现象。如果只重前者，研究结果就会失去周遍性和解释力；如果只重后者，研究结果则失去了血肉。

（4）有利于指导词典编纂。词典收词、释义原则上立足于语言系统，但同样应该关注言语现象，如对通行面较广的新词、新义应酌情收录。

22.（1）关于汉语名词的语法特点，普遍的观点是：不能受程度副词“很”修饰。这种观点反映在以往的语言学著作或教材中。

（2）但新时期以来，“很＋名词”现象开始出现并有逐渐增多的趋势，如“很中国”、“很农民”、“很绅士”、“很淑女”等，尤其表现在文艺作品当中。

（3）学者们已关注这种现象并撰文探讨，如邢福义先生就有专文发表。

（4）“很＋名词”现象的出现最初应该属于个人的言语创新，突破了原来的语法规范。但这种用法之所以能够迅速流行，与它形式简洁、表意新颖有关。如果把“很中国”说成“很有中国特点”，“很绅士”说成“很有绅士风度”等，不仅形式拖沓，而且意义平淡，不能给人新鲜感。这种用法出现之后，一方面突破了原来表达上的欠缺，另一方面也满足了人们求新的心理需求，符合新时期的社会语言风尚，因此能够扩散开来，有升格为语言规则的势头。

（5）语言是言语的抽象和概括。如果这种“很＋名词”现象被社会普遍接受，就不得不归纳进语言系统。问题是如何调节跟传统观点的矛盾。解决的办法有二：一是仍然维护原来的一般名词不能受“很”修饰的说法，将“很”后的名词处理为形容词，或说临时活用为形容词；二是接纳这种新的组合规则，“很”后的名词仍然看作名词，不过处理为名词的一个小类，称为表属性义的名词。在分析名词的组合规则时，可说具有属性义的名词可以受“很”修饰。如何处理更好，还要考虑语法系统建构的需要。

（6）言语的创新是语言的生命之源。语言和言语本来就没有截然的鸿沟，应该及时将那些有生命力的言语成分吸纳到语言系统中，以使语言更富有表现力。

【编者按：此题提供的是答题思路，应试时宜增补完善。建议平时多写点感想式的小文章，以训练理论思维和语言表述能力。】

23.（1）口语是以语音为物质材料，在口头上存在的语言形式；书面语是以文字为物质材料，在书面上存在的语言形式。

（2）区别在于：①物质载体不同。口语以语音为载体；书面语以文字为载体。②口语变化、发展比较快，创新的成分比较多；书面语变化、发展比较缓慢，规范性相对较强而创新成分相对较少。③口语比较粗糙，有不准确、不规范或多余的成分；书面语由于有较长的加工过程，因而比较细密、精确，长句和复句使用频率高。④口语用于直接交际，可借助语言环境和身势、表情等辅助手段，简化、省略的情况比较多；书面语用于间接交际，对实际情境的依赖性较小，所以简化和省略的现象较少。

（3）联系在于：①口语是第一性的，书面语是第二性的，前者是后者形成的基础。②书面语可以丰富、发展口语，对口语起规范、引导的作用。③从总体上看，两者应保持基本一致，书面语不能脱离口语太远。

（4）口语和书面语是就语体说的，语言的口头形式和书面形式是就载体说的。粗略地说，口语和语言的口头形式、书面语和语言的书面形式大体一致。但严格说来，并非完全一致，口语也存在书面形式，如谈话记录，书面语也存在口头形式，如新闻联播。

# 第二章 语 音

**一、教学目的与要求**

要求学习者了解语音的结构和功能、分类和变化，掌握音素、音位、音节等基本概念，掌握音素的发音特征，能够运用国际音标注音，能够运用音位归纳的原则分析具体语言的音系。

**二、教学重点**

（一）识记

音高　音强　音长　音质　国际音标　音素　元音　基本元音　半元音　辅音　音位　音质音位　非音质音位　音位变体　区别特征　互补分布　音节　语流音变　同化　元音和谐　异化

（二）理解

1. 语音的属性及本质属性。
2. 音位和音素的异同。
3. 音位归纳的原则。
4. 对音位系统性的认识。
5. 非音质音位的类型。
6. 决定音节结构简单还是复杂的因素。
7. 常见的语流音变现象。

（三）运用

1. 掌握英、汉常见元音和辅音的国际音标。
2. 掌握常见元音和辅音的发音特征。
3. 会用国际音标给普通话音节注音。
4. 能够分析具体的语音现象。

**三、教学难点**

用国际音标注音；音素的发音特征；音位归纳原则及其运用。

语音（sound）是人的发音器官发出的负载一定社会意义的声音。自然界的风声、雨声，人的打呼噜声、咳嗽声等不是语音。

语音是语言符号的物质外壳，是人们赖以感知的物质形式，人们正是通过语音来感知意义。没有语音，语言就不复存在。语音和语义密不可分，没有意义的声音不是语音，分开讨论只是为了讲述的方便。

研究语音的科学叫语音学（phonetics）。它研究语音的性质、结构和单位，语音的分类和组合，语音的变化以及语音单位在具体语言中的作用等。近些年，现代意义上的语音学发展较快，音系学已成为一门独立的学科，实验语音学取得了可观的成绩，语音的识别、分析与合成也取得了一定的进展。现代科技的许多方面如电讯等依赖于语音学的成果。

## 第一节　语音的性质

语音要靠人的发音器官（vocal organ /articulator）协同动作发出来，因而具有生理性质；语音同一般声音一样靠声波传递，因而具有物理性质；语音的发出需要编码，接收需要识别、解码，因而具有心理性质；语音毕竟是人类社会的声音，与言语集团的社会特征密切相关，因而具有社会性质。也就是说，语音可以从这四个方面（或说“角度”）进行分析。

### 一、语音的生理性质

根据发音时的作用，发音器官可分为三部分。

（1）提供动力部分：肺、气管、支气管。

（2）振动发音部分：喉头、声带。

（3）加工共鸣部分：口腔、鼻腔、咽腔。

各发音器官的主要作用简介如下：

肺就像一架风箱，可以压缩或扩张，使肺部的空气与外界的空气产生气压差，从而通过气管和支气管排出或吸入空气，形成气流，为发音提供动力。气管和支气管是运输气流的管道。

声带是两片富有弹性的唇形带状肌肉，长约 13 ~ 17 毫米，位于喉头之中，受气流冲击时振动发声。它一头连在甲状软骨上，一头分别连着两块勺状软骨。两片声带之间的空隙是声门。勺状软骨可以来回转动，以此调节声带的松紧和声门的开闭。喉头是由一块甲状软骨、两块勺状软骨和一块连着气管的环状软骨组成的结构，对声带起着支撑、保护和调节的作用。

口腔、鼻腔、咽腔都是声音的加工车间，从声带发出的声音就像原材料，经过它们加工后形成声音产品，具有各种个性和色彩。其中，口腔是能力最强的语音加工车间，通过调节口腔的各个器官形成不同的阻碍或改变口腔形状，发出丰富多样的辅音或元音。发鼻辅音或鼻化元音时需要鼻腔共鸣。咽腔的作用小些，不过发有些音时需要用到咽腔。

发音时能活动的器官叫主动发音器官（active articulator），如双唇、舌头、小舌等，舌头是最主要、最灵活的发音器官；发音时不能活动的器官叫被动发音器官（passive articulator），如牙齿、齿龈、硬腭等。

结合“发音器官图”，弄清各发音部位的位置。发音器官如图 2－1 所示。

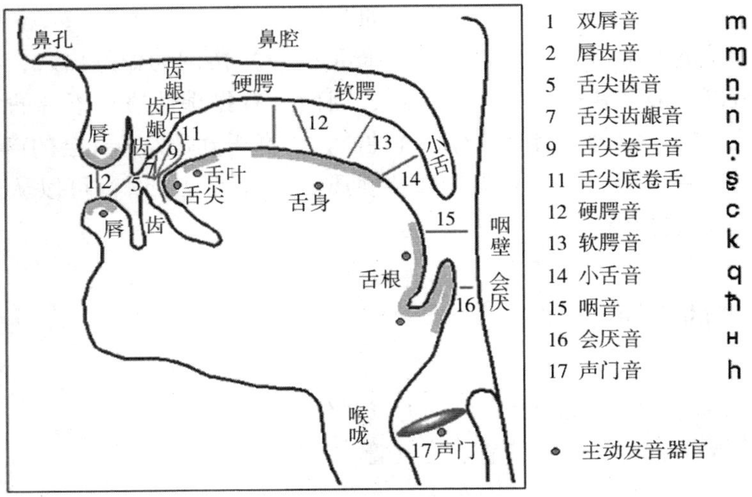


**图 2－1 发音器官图**

（根据 P. Ladeforged 及 I. Addieson，1996）

## 二、语音的物理性质

语音同一般的声音一样，具有音高、音强、音长、音质四个要素。

1. 音高（pitch）

音高指声音的高低，取决于发音体振动的频率（单位时间内物体振动的次数）。

频率的单位是赫兹（Hz），代表“次/秒”。频率快声音就高，反之就低。人耳能听到的声波范围大致是20～20 000Hz，低于20Hz的声波叫次声波，地震、火山爆发可产生这样的声波；高于20 000Hz的声波叫超声波，蝙蝠可发出这种声波。

大的、长的、松的、厚的、粗的物体振动慢，声音就低；反之，声音就高。小孩、女人的声带比成人、男人的声带短些、薄些，因而小孩、女人的声音就高些。同一个人可以通过调节声带的松紧产生音高变化。汉藏语系语言的声调、所有语言的语调就利用了音高变化 。

2. 音强（intensity）

音强指声音的强弱，取决于振幅（物体振动时离开平衡位置的最大距离）。振幅大，声音就强，反之就弱。振幅大小跟外力大小成正比。

计算振幅大小的单位叫分贝（dB）。一般谈话是60～70dB，如果高到120～130dB，就会振得耳朵发痛。

印欧语言里的轻重音就利用了音强，如英语content，发［ˈkɔntent］（n. 容量）和发［kənˈtent］（a. 满意的）时的意义不同。句子中强调词语时的重读也利用了音强，汉语的轻声跟音强也有关系。

3. 音长（length）

音长指声音的长短，取决于发音体振动时间的长短。

音长在英语中有区别词义的作用，如beat［biːt］（打）和bit［bɪt］（一点儿），不过元音的音质有细微差别，前者稍紧，后者略松。汉语方言中，粤语就利用音长区别词义，如“三”［saːm$^{55}$］和“心”［sɐm$^{55}$］。

4. 音质（quality）

音质指声音的品质、特色，又叫“音色（timbre）”或“音品（nuance）”。它取决于发音体振动的音波形式。从物理角度看，只要波形不同，音质就不同。波形的构成情况比较复杂，实验用的音叉发的是单纯波，自然声音一般是复合波，有基音和陪音，波形取决于它们之间的比例关系。如果陪音的频率是基音的整倍数，振动带有规律性，波形则有周期性，这个声音就是乐音，反之就是噪音。

从声音的产生方面看，音质取决于三方面：其一，发音体；其二，发音方法；其三，共鸣器的形状。任何一个方面发生变化，都会造成不同的音质。

## 三、语音的心理性质

研究表明，人们在说话过程中，发音器官不同部位是在0.05～0.1秒的极短时间里进行有规律的、精确的一次性位置变化，包括声带的松紧，软腭、小舌的升降，舌头的前伸后缩，共鸣器形状的改变等。发音器官这样迅速的调节活动，完全依赖于大脑中枢神经系统的自动控制来实现，这是一种复杂的心理过程。

大脑中枢神经系统的自动控制主要有以下几方面：

（1）指令。发音时，由言语中枢向言语运动分析区发出动觉冲动，然后由皮层向各发音器官发出指令信号。

（2）协调。发音是动力系统、振动系统、共鸣系统协同作用的结果，而控制三个系统的神经中枢并不相同，由大脑中央神经系统统一协调。

（3）监听。说话的声音不仅传到听话人的耳朵里，而且也被说话人接收。大脑指示听觉器官接收发音器官发出的声音，并重新送回说话人的大脑，这个循环过程叫声音反馈。大脑利用听觉的“监听”，根据反馈的声音判断发出的声音是否符合要求，如果不符合，就迅速发出指令，让发音器官做必要的调整。

（4）识别。人类听辨语音实际上有个“筛选”的过程，不是实际是什么音就听成什么音。同样的声波，由于注意力的集中点不同，或有人打岔，听辨结果可能不同。不同的声波也可能听成相同的音。如男女老幼发出的［a］，声波不可能完全一样，大脑却能够抓住本质特征，“过滤”掉那些非本质特征。

## 四、语音的社会性质

尽管对语音进行生理解剖学、神经心理学和物理声学的研究很有必要，但语音毕竟是人发出来的，需要接受社会的检验，社会性质才是语音的本质属性。这是因为：

（1）音义结合的约定俗成性显示语音的社会性。一个语音单位能不能表义，表什么义，是社会赋予的，所以不同语言和方言音义结合的情况各不相同。汉语的 mài（卖）英语是 my（我的），［pʻɿ］在普通话里无义，在合肥话里是“皮”。有人根据英语 little、bit、tip、thin 等词带［i］含“小”义，便认为音义之间有必然的联系。这种说法存在 big、thick、fill 等许多反证。

**【补充材料 2－1　“右文说”】**我国古代有“右文说”，为北宋王子韶首创，认为形声字“其类在左、其义在右”，也就是认为声符有表意功能。北宋张世南《游宦纪闻》卷九阐发了王子韶的观点：

自《说文》以字画左旁为类，而《玉篇》从之，不知右旁亦多以类相从。如戋为浅小之义，故水之可涉者为浅，疾而有所不足者为残，货而不足贵者为贱，木而轻薄者为栈。青字有精明之义，故日之无障者为晴，水之无溷浊者为清，目之能明见者为睛，米之去粗皮者为精。凡此皆可类求，聊述两端，以见其义。

这种解说只能限制在一定的范围之内，不能推而广之，如同样以“戋”为声符的“践、饯”，就没有“浅小”之义。这里虽然讲的是文字的音义关系，但与语言的音义关系有相通之处。

（2）语音的民族特征和地方特征显示语音的社会性。看似相同的音，不同语言或方言的发音可能有细微差别。试比较，英语 two［t‘uː］（二）和汉语普通话 tù［t‘u$^{51}$］（兔）的发音不完全一样，英语［t‘］的发音带点儿腭化色彩。同是英语，英国英语和美国英语也有些不同，美语许多单词的发音带有明显的卷舌色彩，如 reporter，writer。

（3）同一个音在不同系统中的地位不同显示语音的社会性。例如，［k］、［k‘］在汉语里不能互换，“狗头”不能说成“口头”；英语 skill［skil］（技巧）说成［sk‘il］不会改变意义。

（4）语音系统的差异性显示语音的社会性。汉语普通话辅音系统“送气/不送气”对立，有一套声调系统；英语辅音系统“清/浊”对立，有一套轻重音系统。粤语有成套的入声塞尾，如“十［sap］、一［jat］、六［lok］”，吴语有成套的全浊声母。

（5）语音的不同变化显示语音的社会性。古代见组和精组声母在细音前，今北京音都变为 j、q、x，但许多汉语方言仍分家。粤语“家”读［ka］，西南官话区的许多地方“街”读［kai］，“鞋”读［xai］。许多方言仍保留尖团分别，如精（z－）/经（j－）、清（c－）/轻（q－）、心（s－）/欣（x－）。

## 第二节 音 素

### 一、音素分类和记音符号

#### （一）音素分类

音素（phoneme）是从音质的角度划分出来的最小的语音单位。例如，汉语的 shū（书）包含［ʂ］和［u］两个音素，英语的 book 包含［b］、［u］、［k‘］三个音素。声调、重音不是由音质构成的，因而不是音素。

根据音素在发音时气流是否受阻，可以分为元音（vowel）和辅音（consonant）两大类。发音时气流不受阻碍的音是元音，发音时气流受到阻碍的音是辅音。两者的主要区别如表 2－1 所示。

表 2－1　元音和辅音主要区别表

| 分类 | 区别 | | | |
|---|---|---|---|---|
| | 有无阻碍 | 紧张状况 | 气流强弱 | 带音与否 |
| 元音 | 无 | 均衡紧张 | 弱 | 全部带音 |
| 辅音 | 有 | 局部紧张 | 强 | 部分带音 |

在表 2－1 的各项区别中，第一项区别是元音和辅音的根本区别。另有介于两者之间的无擦通音（frictionless continuant）如［ɻ］，半元音（semi－vowel）如［j］、［w］、［ɥ］。

在划分音素时，注意跟字母分开。尽管字母可以记录音素，但两者并非简单的一对一的关系，可以是一对多，同一个字母表示多个音素，如英文字母 a：［ə］（about）、［æ］（bad）、［ei］（name）、［ɑː］（fast），汉语拼音 ɑ：［a］（暗 àn）、［A］（爸 bà）、［ɑ］（棒 bàng）、［æ］（变 biàn）；多对一，不同字母表示同一个音素，如英语 car［k'ɑː］、keep［k'iːp］，c、k 都表示［k'］，字母组合表示一个音素，英语 ch［tʃ'］（chair）、汉语 ch［tʂ'］（吃 chī）；多对多，字母组合表示不同的音，如英语 gh：不发音（light）、［f］（enough）、［g］（ghost）。

### （二）记音符号

由于语音瞬时性的特点，研究语音必须有一套记音符号。前人创制过不少记音、标音的符号。就中国来说，曾使用过汉字（如直音、反切）、国语罗马字、注音字母，现在使用《汉语拼音方案》。西文字母也有标音的功能。但它们都有局限性，标音不精确，不能标记所有语言的语音。国际上通行的记音符号是国际音标。

国际音标是国际上公认的一套记音符号。最初由斯威特（H. Sweet）设计出草案，1886 年帕西（P. Passy）在此基础上进一步加工完善，国际语音协会（International Phonetic Association）于 1888 年 8 月制定公布。英文名称是“International Phonetic Alphabet”，简称 IPA。隔几年修订一次。

这套音标的特点（也是优点）体现为：

（1）记音精确。这套音标是根据“一个音素只用一个符号代表，一个符号只代表一个音素”的原则制定的，没有含混的毛病。jī（机）、zī（资）、zhī（知）的韵母，《汉语拼音方案》用一个字母“i”表示，国际音标三分为［i］、［ɿ］、［ʅ］。

（2）形体清晰。音标大部分采用世界上很多民族通用的拉丁字母的小写印刷体，所以易认、易记、易写。不够用时采用别的办法补充：字母合本（［æ］、［œ］），小写尺寸的大写字母（［ᴀ］、［ᴇ］），倒排字母（［ə］、［ɟ］），草体（［ɑ］），希腊字母（［β］、［θ］），变形（［ŋ］、［ʃ］），附加符号（［ʂ］、［ã］）。

（3）使用广泛。已为各国语言学界所公认，英语单词注音，语言、方言调查，创制文字等，都采用或参考这套音标。

国际音标在使用时，有宽式和严式之分，音位标音是宽式，音素标音是严式。如英语 teacher，标注为［ˈtiːtʃə］是宽式标音，标注为［ˈtʻiːtʃ·ə］是严式标音。为了跟其他字母相区别，用外加“［ ］”的办法显示。

## 二、元音的分类

### （一）分类概说

元音可以从不同角度加以分类。根据发音时是舌肌均衡用力还是主要由舌尖用力，可以分为舌面元音（dorsal vowel）和舌尖元音（apical vowel）。根据发音时是否带附加色彩，可以分为鼻化元音和口元音、卷舌元音和不卷舌元音。元音还可以分为长元音（如［aː］）、短元音（如［a］），松元音、紧元音（如普通话“哥哥”［kɤgə］的两个元音，前紧后松），单元音（如［i］）、复元音（如［ai］）等。

1. 鼻化元音与口元音

鼻化元音（nasalized vowel）是发音时鼻腔同时共鸣的元音，又叫口鼻元音。例如，兰州话“门”读［mə̃］，绍兴话“三”读［sæ̃］。法语里鼻化元音相当丰富，如 bon（好）［bɔ̃］，vin（酒）［vɛ̃］，un（一）［œ̃］。与鼻化元音相对的是口元音（oral vowel）。

2. 卷舌元音与不卷舌元音

在发普通元音的同时，舌尖翘起使这个元音带上卷舌色彩就成了卷舌元音（retroflexed vowel）。例如：普通话的 er［ɚ］，如“二”；汉语北方话的“儿化韵”，如“那儿”［nʌʳ］、“丝儿”［səʳ］、“玩儿”［wɐʳ］；美国英语的卷舌元音，如 hard［hɑʳd］、door［dɔʳ］。

与鼻化元音不同的是，元音带鼻化色彩不改变元音的舌位、唇形，只是改变共鸣方式，由口腔共鸣改为口、鼻腔同时共鸣，而卷舌作用使舌位有所改变，一般会影响元音的音质。如“瓜<u>子</u>［tsɿ$^{214}$］”，北京话说成“瓜<u>子儿</u>［tsə$^{r214}$］”。

与卷舌元音相对的是不卷舌元音。

还可能在一个音节里，鼻化与卷舌两种色彩同时出现，如北京话“缝儿”[f ə̃ʳ⁵¹]。

## （二）舌尖元音

主要有4个：

[ɿ] 舌尖、前、高、不圆唇元音。如北京话“思”[sɿ]，合肥话“皮”[pʻɿ]。

[ʮ] 舌尖、前、高、圆唇元音。如苏州话“诗”[sʮ]。

[ʅ] 舌尖、后、高、不圆唇元音。如北京话“师”[ʂʅ]。

[ʯ] 舌尖、后、高、圆唇元音。如湖北麻城话“鱼”[ʯ]。

## （三）舌面元音

舌面元音是最常见的元音，又称一般元音、普通元音。

舌面元音的分类有三个维度：舌位的前后、舌位的高低、唇形的圆展。

舌位指发音时舌面最高隆起点的位置。也叫“近腭点”。

### 1. 舌位的前后

舌位的前后分前、央、后三级，因此有前元音（如[i]、[y]）、央元音（如[ə]）、后元音（如[u]、[o]）。

### 2. 舌位的高低

舌位的高低与口腔的开闭成反比，因此高元音又叫闭元音，低元音又叫开元音，其余类推。舌位的高低粗分为三级：高、中、低，较粗分为五级：高、半高、中、半低、低，细分为七级：高、次高、半高、中、半低、次低、低。元音可以照此分类。

### 3. 唇形的圆展

细分为圆唇（如[y]）、自然唇（如[ə]）、展唇（如[i]）三级。一般把自然唇和展唇统称为不圆唇，便总体归为两级。

一个元音需要从三个方面综合说明才够全面。如图2-2所示的元音舌位图有助于掌握主要舌面元音。需要说明的是，图中的元音全用国际音标表示；外加“[ ]”的是基本元音，又叫标准元音或正则元音，共8个，是掌握其他元音的基础；不太常用的元音未标；位于竖线左侧的是不圆唇元音，右侧的是圆唇元音。舌位前后、高低情况如图2-2所示。

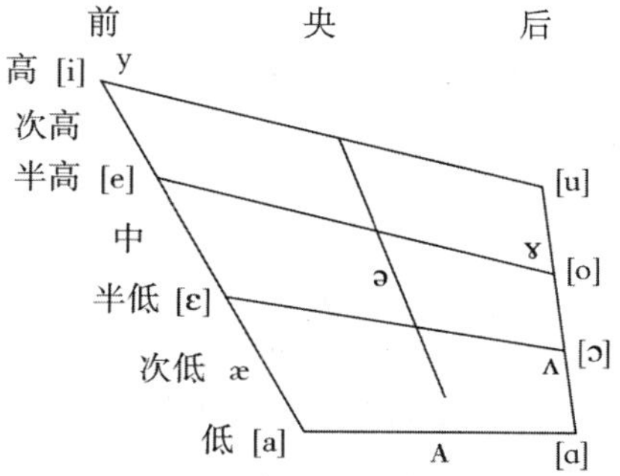


**图 2－2 常见舌面元音舌位图**

掌握了舌位图的原理，就可以轻而易举地描写舌面元音的发音特征。描写的顺序是：舌面＋舌位前后＋舌位高低＋唇形圆展＋元音。例如：

［y］舌面、前、高、圆唇元音。

［ə］舌面、央、中、不圆唇元音。

［ɔ］舌面、后、半低、圆唇元音。

［ɑ］舌面、后、低、不圆唇元音。

舌尖元音和卷舌元音也可以照此描写，只是根据情况把“舌面”换成“舌尖”或“卷舌”。例如：

［ɿ］舌尖、前、高、不圆唇元音。

［ɚ］卷舌、央、中、不圆唇元音。

## 三、辅音的分类

辅音可按发音部位和发音方法进一步分类。

### （一）按发音部位分类

发音部位（place of articulation）是发音时气流受到阻碍的部位。按发音部位从外到内辅音可分为以下几类。

1. *唇音*（labial）

（1）双唇音（上唇—下唇）：［p］、［pʻ］、［b］、［m］。

（2）唇齿音（上齿—下唇）：［pf］（西安“猪”［pfu］）、［pfʻ］、［f］、［v］。

2. *舌尖音*（apical）

（1）齿间音（舌尖—上下齿间）：［tθ］、［tθʻ］、［θ］、［ð］。

（2）舌尖前音（舌尖—上齿背）：[ts]、[ts‘]、[s]、[z]。

（3）舌尖中音（舌尖—上齿龈）：[t]、[t‘]、[d]、[n]。

（4）舌尖后音（舌尖—硬腭前部）：[tʂ]、[tʂ‘]、[ʂ]、[ʐ]。

3. 舌叶音（laminal）

舌叶音（舌叶—上齿龈）：[tʃ]、[tʃ‘]、[dʒ]、[ʃ]。

4. 舌面音（dorsal）

（1）舌面前音（舌面前部—硬腭前部）：[tɕ]、[tɕ‘]、[ɕ]。

（2）舌面中音（舌面中部—硬腭后部）：[c]（烟台“鸡”[ci]）。

（3）舌面后音（俗称“舌根音”）（舌面后部—软腭）：[k]、[k‘]、[ɡ]、[x]。

5. 小舌音（uvular）

小舌音（小舌—舌根前部）：［q］（贵州三都水语“乌鸦”［qa］/“龙”[ka]）、[χ]（浙江永康“虎”[χu]）。

6. 喉音（glottal）

喉音（喉下部—声门）：[h]（英语 horse）、[ʔ]（苏州“答”[taʔ]）。

**（二）按发音方法分类**

发音时形成阻碍以及排除阻碍的方法叫发音方法（manner of articulation）。辅音的发音有个动程，按时间分，可以分为“成阻—持阻—除阻”三个阶段。在动程的不同阶段采取不同的方式来发音，就形成了不同的辅音。分析辅音的发音方法，就是看在发音的整个动程中阻碍的方式以及其他方面都发生了哪些变化。又可分为阻碍方式、带不带音和气流强弱三个方面。

1. 阻碍方式

指形成阻碍以及气流冲破阻碍的方式。分为：

（1）塞音（stop）：完全阻塞，爆破成声。如[p]、[k‘]。

（2）擦音（fricative）：留有缝隙，摩擦成声。如[f]、[s]。

（3）塞擦音（affricate）：前段阻塞，后段摩擦成声。如[tɕ]、[ts]。

（4）鼻音（nasal）：口腔阻碍，鼻腔共鸣。如[n]、[ŋ]。

（5）边音（lateral）：中间阻碍，两边通气。如[l]。

（6）边擦音（lateral fricative）：中间阻碍，旁边通气时摩擦。如[ɬ]（拉萨话“神”[ɬa]）。

（7）颤音（trill）：发音部位连续颤动。如双唇颤音[ʙ]、舌尖颤音[r]（俄语、意大利语、藏语都有）、小舌颤音[ʀ]（法语 Paris [paʀi]）。

（8）闪音（flap）：发音部位快速弹动一次。如［ɾ］（英语 very［ˈveɾi］、西班牙语“但是”pero［peɾo］）。

（9）通音（approximant）：又叫“无擦通音”。摩擦轻微，甚至没有摩擦。如舌尖通音［ɹ］（英语 red［ɹed］）、卷舌通音［ɻu］（北京“人”［ɻu］）、唇齿通音［ʋ］（北京“文”［ʋən］）。另有半元音［j］、［w］、［ɥ］。普通话带不带半元音不是音位问题。英语“年”year［jiə］和“耳朵”ear［iə］的区别在于有无半元音［j］。

2. 带不带音

发音时声带颤动带音的音叫浊音（voiced sound），发音时声带不颤动不带音的音叫清音（voiceless sound）。

语言中浊的塞音、擦音、塞擦音与相对的清音一般是成对出现的，有浊音，一般有相对的清音，反之则不一定，如英语有［z］也有［s］，汉语普通话有［s］无［z］。比较汉语 bà［pA51］（爸）中的 b［p］/英语 bar［bɑː］（小酒吧）中的 b［b］，前清后浊。

英语浊辅音与清辅音形成比较系统的对立，如［b］/［p］、［d］/［t］、［g］/［k］、［dʒ］/［tʃ］、［v］/［f］、［z］/［s］；古代汉语有比较完整的清浊对立，现代普通话已不存在清浊对立，只有个别残留，如［ʂ］/［ʐ］（关于［ʐ］的发音还有不同看法），一些方言如吴语、老湘语比较完整地保留了古浊音。

3. 气流强弱

发音时气流较强的音叫送气音（aspirated sound）。国际音标用右上角加送气符号表示，如［□ʻ］或［□ʰ］。发音时气流较弱的音叫不送气音（unaspirated sound）。国际音标采用无标记形式。

一般语言只有塞音和塞擦音存在“送气/不送气”的对立。

汉语普通话辅音分送气/不送气两套系统，对立分明，如［p］/［pʻ］；清/浊却不构成对立，用同一个字母表示，如“爸爸”bàba［pA51bɐ］。英语跟汉语正好相反，送气/不送气不构成对立，所以英文可以用同一个字母表示，如 top［tʻɔp］（顶端）—stop［stɔp］（停止）；而清/浊对立，必须用不同字母以示区别，如 down［daun］（下来）—town［tʻaun］（城镇）。

一个辅音，只有从发音部位和发音方法的三个方面来描写才能定位准确，否则，可能会出现区分度不足的情况。如［t］，如果只描写为“不送气、清、塞音”，就跟［p］、［k］等区分不开；如果只描写为“舌尖中、清、塞音”，就跟［tʻ］区分不开。其余类推。描写的顺序是：发音部位＋（送气/不送气＋）清/浊＋阻碍方式＋音（只有塞音和塞擦音要说明送气或不送气，不是每个必讲，所以用外加圆括号表示）。

例如：

[pʻ] 双唇、送气、清、塞音。

[v] 唇齿、浊、擦音。

汉语和英语常用辅音如表 2－2 所示。

**表 2－2 汉语和英语常用辅音**

| 方法<br>部位 | 不送气、清、塞音/塞擦音 | 送气、清、塞音/塞擦音 | 不送气、浊、塞音/塞擦音 | 浊、鼻音 | 清、擦音 | 浊、擦音 | 浊、边音 |
|---|---|---|---|---|---|---|---|
| 双唇 | p | pʻ | b | m | | | |
| 唇齿 | | | | | f | v | |
| 齿间 | | | | | θ | ð | |
| 舌尖前 | ts | tsʻ | dz | | s | z | |
| 舌尖中 | t | tʻ | d | n | | | l |
| 舌尖后 | tʂ | tʂʻ | | | ʂ | ʐ | |
| 舌叶 | tʃ | tʃʻ | dʒ | | ʃ | ʒ | |
| 舌面前 | tɕ | tɕʻ | | | ɕ | | |
| 舌面后 | k | kʻ | g | ŋ | x | ɣ | |
| 喉 | ʔ | | | | h | | |

注：前三列单个符号的是塞音，两个符号的是塞擦音。

## 第三节 音 位

### 一、什么是音位

前面介绍的音素，是从语音的自然属性（音质）切分出来的最小单位，从物理声学的角度分析，只要振动波形不同，就是不同的音素。如 [ᴀ]、[a]、[ɑ]、[æ] 就是四个不同的音素。但它们在普通话中让人觉得没有太大的差别，也不区别词的语音形式和意义，如把“爸”[pᴀ] 说成 [pa] 或 [pɑ]，不会影响意义，只是听起来有些别扭。由于它们的作用相同，所以可以归纳为一个语音单位——音位。

但是有些音素就不能归并在一起，因为替换之后意义就会改变。如［pA］（爸）不能说成［pu］（不）、［pi］（毙）或［po］（簸）。也就是说，［A］、［u］、［i］、［o］在普通话里属于不同的音位。

同一个音素在不同的语言系统里所起的作用不同。如［k］，在汉语里与［k'］区分严格，“大狗”不能说成“大口”；英语则可以不加细辩，把 skill［skil］说成［sk'il］，只是发音不地道而不会引起意义的变化。也就是说，在汉语里［k］、［k'］分属两个不同的音位，在英语里可以归属同一个音位。因此，归纳音位要放在特定的语言系统里。

另外，音位不一定都由音素构成，声调、轻重音、长短音也能区别意义。

综上所述，音位（phoneme）是在一种语言（或方言）系统里具有辨义功能的最小的语音单位。

音位其实是一个音类（语音类别），是把辨义作用相同的音素（为叙述方便，暂以音素为例）归纳在一起而建立起来的抽象单位，即音素的功能分类。一个音位包括一个或多个音素，音位和隶属的音素是类和成员的关系。为了便于称说，一个音位选择一个典型音素作为代表，用外加“//”表示。音位符号的选择，应注意典型性，即选择那些限制条件较少、易写易认、便于印刷的符号作为音位代表。

音位的概念比较抽象，容易跟音素纠缠。两者区别如下：

（1）单位的性质不同。音位是抽象的语音类别，音素则是具体的语音个体。

（2）划分的角度不同。音位是从语音的社会属性（辨义功能）方面划分的，音素是从语音的自然属性（音质）方面划分的。

（3）划分的范围不同。音位的归纳要限定语言系统，不能把不同系统放在一起，所以汉语普通话的音位系统不同于英语，北京话不同于上海话，现代汉语不同于古代汉语。音素的确定由于基于语音的自然属性，可以把各种语言系统放在一起。

（4）构成的材料不同。音素必须由音质构成。音位可以不由音质构成，如非音质音位。

一种自然语言使用的音素及其变化形式可能有很多，如汉语“姑”［ku］、“刚”［kɑŋ］、“该”［kai］，由于协同发音的关系，三个［k］并不完全相同：第一个［k］舌位靠后，带圆唇色彩；第二个［k］舌位靠后，不圆唇；第三个［k］舌位前移，带展唇色彩。但这些细微差别可以忽略不计。我们讲一种语言的语音系统，一般指音位系统（音系）。自然语言的音位并不太多，一般为几十个，如汉语普通话是 32 个音质音位（10 个元音音位和 22 个辅音音位）和 4 个调位，英语是 44 个音质音位（20 个元音音位和 24 个辅音音位）。

## 二、音位的归纳

归纳音位讲的是怎样把作用相同的音素或其他最小语音单位概括成音位。语音系统概括成音位系统后，就能化繁为简，用最经济的符号记录语言。下面以音素为例，谈谈归纳音位应遵循的原则。

### （一）基本原则

1. 同系统原则

被归纳的音素必须同属特定的语言或方言系统，不能跨系统谈音位归纳。这条原则是音位归纳的前提条件。

2. 对立原则

凡是处于对立分布（contrastive distribution）的音素必须分成不同的音位。所谓“对立”，指具有辨义功能，一旦替换，便改变了意义。“对立”应该是“最小对立”，指被比较的语音单位不能再切分。例如，bài/bàn 中的 ɑi/ɑn 就不是最小对立。检验是否对立，最方便有效的方法是同环境替换法。例如，普通话 bà 中的 b 可用 p、m、f、d、t、n、l 等替换，但意义不同，因而都是不同的音位。英语 bat［bæt］中的 a［æ］，可用 i［i］、e［e］、u［ʌ］等替换，所以也是不同的音位。对立原则是分立音位最重要的原则。

如果几个音素不对立，那么可能处于互补或互混分布。

3. 互补原则

处于互补分布（complementary distribution）的音素可以合并成一个音位。例如，英语中的［p］［pʻ］、［t］［tʻ］、［k］［kʻ］，每组前者处于 s-后，后者处于其他环境中，呈互补分布，可以合并成三个音位；汉语/i/的三个成员［i］、［ʅ］、［ʅ］互补分布，所以合并。

4. 互混原则

处于互混分布的音素可以合并成一个音位。例如，汉语西南官话的 n、l，东北话的［ts］组与［tʂ］组声母，互相混淆，可以合并。

在使用互补原则和互混原则合并音位时，还应注意发音特点是否相似。

5. 相似原则

处于互补或互混分布的音素的语音特点必须相似才能合并为一个音位。否则，理论上虽无问题，但接受起来困难。例如，普通话 j、q、x 跟 g、k、h，z、c、s，zh、 ch、sh 都呈互补分布，可以处理为三套音位，但《汉语拼音方案》和现汉教材都处理为四套，是基于语音相似原则。

互补分布、互混分布和语音相似三个原则是合并音位的重要原则。

**（二）附加原则**

具体到某个音位的分合时，除了上述五条基本原则外，还可以参考以下附加原则。

1. 同源原则

考虑几个音素的历史来源是否相同。假使一个音素既可以跟有渊源关系的音素合并，也可以跟没有渊源关系的音素合并，就选前者。前面说过，j、q、x 跟 g、k、h，z、c、s，zh、ch、sh 三组都呈互补分布，如果要合并的话，最好归入前两组，因为近现代的 j、q、x 是从历史上的 g、k、h（见组）和 z、c、s（精组）演变来的。

2. 简明原则

归纳出的音位数量应该少而精，系统简洁明了。世界上的语言归纳出来的音质音位（包括元音音位和辅音音位）一般只有几十个。

3. 匀称原则

归纳出的音位系统应该整齐匀称，系统性强，不可杂乱。例如，普通话的三组塞音和鼻音就很整齐：

| | | |
|---|---|---|
| p | p‘ | m |
| t | t‘ | n |
| k | k‘ | ŋ |

总之，归纳音位时，放在特定的语言系统里是个前提；然后，看几个音是否对立，对立就分开，不对立就考虑合并。

音位是人归纳出来的，因而归纳音位带有一定的主观性。由于各人依据的原则和考虑问题的角度不同，因而同一种语言的音位系统各人归纳的结果不一定相同。例如，普通话［i］、［ɿ］、［ʅ］是三分还是合并，或是其他处理，就有不同的意见。现将音位归纳应遵循的基本原则和附加原则，绘出音位归纳流程图，如图 2－3 所示。

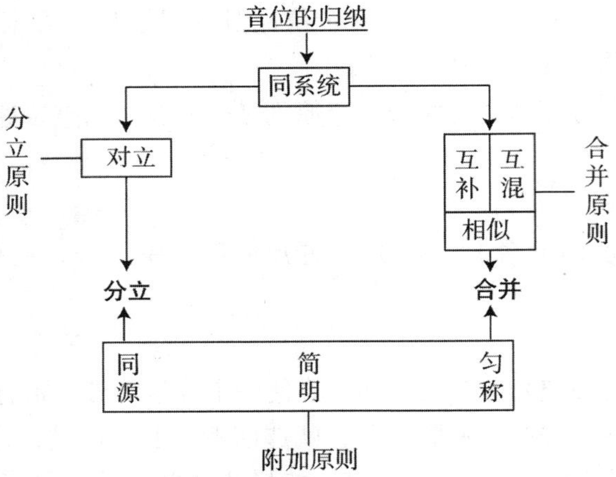


**图 2-3 音位归纳流程图**

说明：音位归纳的核心问题无非是分立和合并两种情况，不管是分是合，考虑的首要前提是同系统原则。若符合对立原则，则必须分立；若符合互补、互混和相似原则，则可以合并。无论分与合，都要参考附加原则。

## 三、音位类型

根据构成音位的材料，可将音位分为音质音位和非音质音位两大类。

1. 音质音位

以音素为材料，由音质构成的音位叫音质音位（qualitative phoneme）。由于音素发音需要占用一定的时段，又叫音段音位。前面多有论述和举例。

2. 非音质音位

由起辨义作用的音高、音强、音长构成的音位叫非音质音位（non-qualitative phoneme）。由于它们在发音时附着在音素（或音素组合）之上，不单独占用时段，所以又叫超音段音位（suprasegmental phoneme）。非音质音位主要有以下几种：

（1）调位。一般称声调，由音高构成。在汉藏语言里很重要。国际音标中多用五度制调值标示。例如，汉语普通话的“妈［$mᴀ^{55}$］、麻［$mᴀ^{35}$］、马［$mᴀ^{214}$］、骂［$mᴀ^{51}$］”就是靠调位区别意义的。

（2）重位。一般称轻重音，由音强构成。音长也起一定作用，重音一般稍长。例如，英语 conduct［kən'dʌkt］（v. 引导）/［'kɔndʌkt］（n. 行为）靠重音位置变化区别词义。汉语的轻声，与音长、音强和音质都有关系，如“帘子（liánzi）”/“莲子（liánzǐ）”，主要靠轻重音区别词义。

**【补充材料 2－2　关于“莲子”的对联】** 古时有一老父，临终前还不忘教子。将儿叫到面前，说：“我出上联，你对下联。上联是：莲子心中苦。”儿子泣对曰：“梨儿腹内酸。”（编者按：“莲子”谐“怜子”，“梨儿”谐“离儿”。此联既有语音双关，也有语义双关，而且形式工整。）

（3）时位。一般称长短音，由音长构成。例如：英语 bead［biːd］（n. 珠子）/ bid［bɪd］（v. 出价，投标），粤语“三”［saːm55］/“心”［sɐm55］。音质也略有区别。

## 四、音位变体

前面讲过，普通话［a］、［ʌ］、［ɑ］、［æ］属于同一音位/a/，四个音素都是/a/这个音位的成员，也就是音位变体。

所谓音位变体（allophone），就是构成同一个音位的若干语音变异形式。说“语音变异形式”而不说“音素”，是因为有非音质音位，这样说概括性更强。

音位和音位变体是概括和具体的关系，音位变体是音位个别的、具体的表现形式，音位是对音位变体进行抽象概括的结果。也可以理解为类和成员的关系。

音位变体分为条件变体和自由变体、典型变体和非典型变体。

1. 条件变体和自由变体

音位里的几个变体各有自己的出现条件，呈互补关系，这样的变体叫条件变体（conditioned variant）。例如：

普通话上声调位有 214、35、21 几个变体，条件是：单念、处在末尾是 214（如“厂”、“工厂”），在上声前是 35（如“厂长”），在非上声前是 21（如“厂房”）。

英语/p/音位的变体有［p］、［pʻ］，条件是：s-后是［p］（如 sport，运动），其他环境中是［pʻ］（如 port，港口）。

音位里的几个变体处在同样位置上，可以自由替换，呈互混关系，这样的变体叫自由变体（free variant）。例如：

北京话的［w］与［ʋ］，西南官话的［n］与［l］，都是同一个音位的自由变体。东北话、南方不少方言［ts］与［tʂ］、［tsʻ］与［tʂʻ］、［s］与［ʂ］互混，即通常所谓的“平翘不分”，也是自由变体。

有些自由变体是由社会因素造成的。同一语言社团中，受说话人的性别、年龄、职业、文化教养、社会阶层等外在因素的影响，也会形成自由变体。这样的变体可以叫社会变体。例如，北京话存在所谓的“女国音”现象，即有些女性把 j、q、x 发成 z、c、s 或接近的［tʃ］、［tʃʻ］、［ʃ］，与说话人的性别、年龄相关。

2．典型变体和非典型变体

音位里几个变体中最常见、最有代表性的变体叫典型变体，其余都是非典型变化。例如，普通话上声调的几个调值，214 是典型变体，35、21 是非典型变体；英语/p/音位中的［p］和［pʻ］，［p］是典型变体，［pʻ］是非典型变体。

## 五、音位的区别特征

音位之间能够互相区别，其实只是借助一种或几种发音特征。例如，/p/靠“双唇”与/k/等区别，靠“不送气”与/pʻ/等区别，靠“清”与/b/等区别，靠“塞”与/ts/等区别。

这种音位之间借以互相区别的发音特征就是音位的区别特征（distinctive feature）。区别特征是对音位认识深化和细化的表现。音位的区别特征并非完全等同于音素的发音特征。例如，“姑”［ku］，［k］的发音带有圆唇色彩，但这个特征并不具有区别不同音位的作用，只是在具体环境中为了发音相谐而产生的变化，算不上音位的区别特征。再如，普通话“爸爸”两个音节的声母分别是［p］、［b］，前清后浊，但在普通话音位系统中并不构成对立。

20 世纪 50 年代，美国语言学家雅可布逊（R. Jakobson）和哈勒（M. Halle）合作提出区别特征理论，主要从物理声学的角度将人类语言的音位的区别特征归纳为 12 对：元音性/非元音性、辅音性/非辅音性、突发性/延续性、急煞性/非急煞性、粗糙性/柔润性、浊音性/清音性、集聚性/分散性、沉钝性/尖锐性、降音性/平音性、升音性/平音性、紧张性/松弛性、鼻音性/口音性。

不过，从发音方面分析比较容易理解和把握，一般讲音位的区别特征多从这个角度分析。例如：

/tʃʻ/　舌叶、送气、清、塞擦音。

/y/　舌面、前、高、圆唇元音。

汉语普通话的四个调位可用“高/低、平/曲、升/降”三对特征加以区别，如表 2-3 所示。

**表 2-3　普通话四声区别特征表**

| | 阴平 55 | 阳平 35 | 上声 214 | 去声 51 |
|---|---|---|---|---|
| 高 | + | + | − | + |
| 平 | + | − | − | − |
| 升 | − | + | −/+ | − |

其中，阴平是高平调，阳平是高升调，上声是降升调，去声是高降调。

## 六、音位系统

音位系统（phonological system）是指一种语言或方言的全部音位及其由组合关系和聚合关系构成的整体。内容包括：①全部音质音位和非音质音位；②音位的主要变体及其出现的条件；③音位之间的聚合关系；④音位之间的组合关系。①和②两项内容前面已经谈过，第④项内容在“音节”部分里详谈，这里重点谈第③项内容，附带提一下第④项内容。

音位由聚合关系形成一个个聚合群。例如，双唇聚合群：/p/、/pʻ/、/m/，鼻音聚合群：/m/、/n/、/ŋ/。如果一个音位同时属于两种聚合群，如上举/m/，就是双向的聚合；如果一个音位只属于一个聚合群，就是单向的聚合，如普通话声母/ʐ/，只处于舌尖后聚合群中，因为没有浊擦音聚合群。聚合群之间呈现平行对称的特点。如普通话辅音音位：

| | | | |
|---|---|---|---|
| /tɕ/ | /tɕʻ/ | /ɕ/ | |
| /ts/ | /tsʻ/ | /s/ | |
| /tʂ/ | /tʂʻ/ | /ʂ/ | /ʐ/ |

横行与横行平行对称，竖行与竖行平行对称。平行对称性是音位系统的重要特点，也是音位系统性的重要表现。根据这个特点，可以推知其中的空缺。假如已知

| | | |
|---|---|---|
| /p/ | /b/ | /$0_1$/ |
| /t/ | /$0_2$/ | /n/ |
| /$0_3$/ | /g/ | /ŋ/ |

可以得出 $0_1$ 是 m，$0_2$ 是 d，$0_3$ 是 k。这一点具有重要的理论意义，可以帮助核查音位归纳中的缺漏，或观察音系演变的动向。

音位系统中，处于双向聚合关系的音位比较稳定，动则影响全局，处于单向聚合关系的音位则容易发生变化。系统中这种不规则现象（或称“例外”）是观察语言演变很好的窗口。例如，上面提到，普通话辅音系统中只有/ʐ/这一个浊擦音，是个“例外”，可以看作古清浊对立的遗存。现在有人认为/ʐ/不是擦音，而是卷舌通音［ɻ］。

再如，普通话的唇齿音只有/f/一个，不成系统。根据前人的研究可知，“古无轻唇音”（清代钱大昕提出），即上古没有唇齿音，到中古三十六字母时期（大约宋初）才分为双唇音“帮［p］、滂［pʻ］、并［b］、明［m］”，唇齿音“非［pf］、敷

[pfʻ]、奉 [bv]、微 [ɱ]”两套，再后来“非、敷、奉”演化为一个 [f]。从方言和汉字谐声偏旁中还能窥出一些信息。例如，梅县客家话：“飞”文读 [fi]、白读 [pi]，“房”文读 [fɔŋ]、白读 [pʻiɔŋ]；汉字：非 [f-] /排 [pʻ-]，奉 [f-] /捧 [pʻ-]。这些都反映出帮组声母和非组声母的纠葛。

请看下面的英语辅音音位系统表（为简明，不加“//”）：

**表 2-4　英语辅音音位系统表**

| | | | | |
|---|---|---|---|---|
| p | b | m | | |
| | | | f | v |
| | | | θ | ð |
| (ts) | (dz) | | s | z |
| t | d | n | | l |
| tr | dr | | | r |
| tʃ | dʒ | | ʃ | ʒ |
| k | g | ŋ | | |
| | | | h | |

音系中有一个“孤独”的喉部清擦音 [h]。根据音系推侧，可能来自舌根音 [x]。

**【补充材料 2-3　英语 [h] 的来源】**“在古英语时期，辅音中有个很重的软腭摩擦音 [h]，由字母 h 表示。到了 13 世纪，字母 gh 也发 [h]，[h] 的古英语发音一直延续到中古英语末期（编者按：以上的 [h] 应记为 [x]）。到了早期现代英语时代，[h] 的发音已演变为具有较轻声门摩擦的清辅音（编者按：“声门摩擦的清辅音”即 [h]）……”①

研究音位聚合关系，还可以观察共时语音系统的特点。聚合关系不仅把有共同点的音位聚合在一起，还反映了音位系统之间的差别与对立。例如，对比普通话和英语的语音系统，可以发现送气/不送气的对立是普通话语音系统的重要特征；对比普通话和上海话的语音系统，可以发现存在成套的全浊辅音是上海话语音系统的重要特征。上海话部分辅音音位如下：

① 倪明亮．人类语言纵横谈．北京：中信出版社，1990. 58.

/p/　　/pʻ/　　/b/　　/m/

/t/　　/tʻ/　　/d/　　/n/

/k/　　/kʻ/　　/g/　　/ŋ/

音位的系统性也表现在组合关系上。一个聚合群中，有一个音位可以跟某个（或某些）音组合，群中的其他音位一般说来也可以跟这个（或这些）音组合。如普通话：

/k/　　/kʻ/　　/x/　　　　+　　开口呼、合口呼

　　　　　　　　　　　　　－　　齐齿呼、撮口呼

/tɕ/　　/tɕʻ/　　/ɕ/　　　+　　齐齿呼、撮口呼

　　　　　　　　　　　　　－　　开口呼、合口呼

# 第四节　音　节

## 一、什么是音节

音节（syllable）是语音中最小的结构单位，也是听觉上能够自然辨别出来的最小的语音单位。

一个音节一般由多个音素组合构成，也可以由一个音素构成。能单独构成音节的音素一般是元音，如汉语［$i^{55}$］（衣）、英语 a［ə］（一个）。辅音中具有乐音性质的鼻音也能单独构成音节，如普通话叹词［m̩］（呣）、［ŋ̍］（嗯），信阳话［n̩］（你），但数量不多。多个音素构成的音节一般以元音为中心，或以主要元音为中心。鼻音、边音、擦音有时也充当音节中心，如英语 lesson［ˈlesn̩］、table［ˈtʻeibl̩］。

## 二、音节的划分

音节，尽管人们能够自然地感觉出来，但从理论上应该如何划分，尚无定论。有以下几种代表性的学说。

1. 元音说

由古希腊学者提出。这种学说认为，在一个词里有几个元音就有几个音节。这种学说对有些语言如日语、现代维吾尔语这样音节结构简单的语言基本适用，但不具有

普适性。例如，汉语、英语都有复元音，都有不以元音为中心的音节，如汉语的［ŋ̍］（嗯），英语的 little［ˈlitl̩］（小），无法用元音说分析音节。

2. 呼气说

19 世纪由奥地利语音学家斯托尔姆（J. Storm）提出。他认为，说话的时候用多少次呼气就有多少个音节，呼气力量最弱的地方就是音节的分界线。这种学说不完全符合发音的生理机制，因为人们可以一口气说出很多音节，一口气说出多少音节带有一定的随意性。

3. 响度说

由丹麦的语言学家叶斯柏森（J. O. H. Jespersen，1860—1943）等人首先提出，至今仍有影响。这种学说把音素按响度分为七级：第一级，清塞音、清擦音；第二级，浊塞音、浊擦音；第三级，鼻音、边音；第四级，颤音；第五级，高元音；第六级，半高元音；第七级，半低元音、低元音。

他们认为，在音素连续的序列中，响度最大的音是音峰，响度最小的音是音谷，有几个音峰就有几个音节。这种方法对一般的音节比较适用，但对元音相连的语音序列就不易判断是一个音节还是多个音节，如汉语普通话［$uai^{55}$］（歪）和［$u^{55}$］［$a^{55}$］［$i^{35}$］（邬阿姨），而且仅凭听觉也不易准确判定响度大小。

4. 肌肉紧张度说

由法国语言学家格拉蒙（M. Grammont，1866—1946）首先提出。这是目前在我国比较通行的音节划分理论。这种学说认为，每发一个音节喉部肌肉就紧张一次。根据每一次肌肉紧张过程的程度变化，一个音节可以分为三个阶段：①起音阶段，紧张逐渐增强；②领音阶段，紧张最强；③收音阶段，紧张逐渐减弱。如“uai”这个语音序列，由于肌肉的紧张次数不同，可以是“歪”、“哇一”、“无哀”或“邬阿姨”。

一个音节起音、领音、收音的结构方式无外乎这样几种：①领音，如［ᴀ］（“啊”）；②起音＋领音，如［iᴀ］（“呀”）；③领音＋收音，如［ai］（“哀”）；④起音＋领音＋收音，如［uai］（“歪”）。有时，起音和领音之间或领音和收音之间有过渡音，如汉语［kuai］（“乖”）、英语 task（任务）中的［u］、［s］都是过渡音。

一个音节中可以没有起音和收音，但不可缺少领音。领音必须有相当的响度，所以主要由元音充当，另外鼻音、边音、颤音及浊擦音在有些语言里也可充当领音。

没有收音的音节是开音节，如汉语“大”［$tᴀ^{51}$］、英语 two［tʻuː］（二）；有收音的音节是闭音节，如汉语“带”［$tai^{51}$］，英语 dog［dɔg］（狗）。另外一种理解是，收音为辅音的音节是闭音节，其余都是开音节。

## 三、音节的结构类型

一个音节内部音素和音素能不能组合，怎样组合，受人类的生理限制，如［k］和［i］很难组合，因为部位相离太远，即使组合，［k］也会腭化前移。更重要的是会受言语集团的发音习惯制约，如英语有 see［siː］（看见）、fee［fiː］（费用），汉语普通话则没有这样的音节。音节结构类型的差异是体现语音系统社会性的一个方面。

不同语言，音节结构类型不同，有的简单，有的复杂。音节结构的简与繁取决于以下几个方面。

1. 音节内部同类音素是否连用

音节内部连用的元音叫复元音，两个元音连用的叫二合复元音，三个元音连用的叫三合复元音。音节内部连用的辅音叫复辅音。

英、汉、藏、壮、蒙古等语言都有复元音，俄、法、日、彝、维吾尔、哈萨克等语言没有复元音。

复辅音在汉藏语系、南亚语系中比较少见，即使有，限制较多；在印欧语系中比较常见，且较自由。

复元音和复辅音是使音节结构复杂化的重要原因。如英语有 CCCVCC（C 代表辅音，V 代表元音）的音节结构，如 script［skript］（书写，剧本）。汉语没有真正的复辅音，［tɕ］、［ts］、［tʂ］这样的塞擦音因结合较紧，一般认为是单辅音；三合复元音的介音［i］、［u］、［y］位置固定，韵尾也只由［i］、［u］（［o］）充当，所以普通话的音节结构比较简单。

2. 辅音是否用于音节收尾

如果把没有收音或以元音收尾的音节叫开音节，以辅音收尾的音节叫闭音节的话，那么彝语、哈尼语、纳西语、日语等只有开音节，汉语普通话、苗语等开音节多于闭音节，英语、法语、俄语等闭音节占优势。

汉语普通话 400 来个音节中（不计声调），开音节有 230 多个，闭音节有 170 多个，且只以［n］、［ŋ］收尾。粤语还可用［m］、［p］、［t］、［k］收尾，因此音节结构比普通话复杂。

3. 单个音素的位置是否自由

英语元、辅音组合有 15 种情况，如 V、CV、VC、CVC、CCV、CVCC、CVCCC、CCCVCC 等；普通话只有 V、VV、VVV、VC、VVC、CV、CVV、CVVV、CVC、CVVC这 10 种情况；日语只有 V、CV 两种基本音节（还有一些特殊情况）。

单个音素的位置越自由，组合的样式就越多。同一个［ŋ］，傈僳语只在音节开头，如［$ŋa^{55}$］（掀开），普通话只在音节末尾，拉萨话头、尾皆可，如［$ŋa^{55}$］（五）、［$tuŋ^{13}$］（茅）。

总体上看，汉语普通话由于没有复辅音，没有真正辅音收尾的闭音节（［n］、［ŋ］具有一定的元音性质），音素的组合限制较多，所以音节结构相对简单，音节界线比较分明。

## 第五节　语流音变

语音在实际的使用当中，由于环境的影响会产生语流音变现象。所谓“语流音变”（contextual sound change），就是语流中一个音由于受到前音、后音或者说话的快慢、高低、强弱等因素的影响而在发音上产生的某种变化。常见的语流音变现象有同化、异化、弱化、脱落、增音等。

### 一、同化

语流中两个邻近的不同的音，其中一个受到另一个的影响而变得跟它相同或相近，叫同化（assimilation）。前音同化后音，叫顺同化（progressive assimilation）；后音同化前音，叫逆同化（regressive assimilation）。

英语 books［buks］（书）/dogs［dɔgz］（狗）：［s］受［g］的影响变为浊音［z］；looked［lukt］（看）/（be）obliged［əbˈlaidʒd］（感激，被迫）：［t］受［dʒ］的影响变为浊音［d］；普通话“贪”［tʻan］/“天”［tʻiæn］：［a］受［i］和［n］的双重影响部位抬高，口形变小。这些都是顺同化。

普通话“面条”［miæntʻiɑu］/“面包”［miæmpɑu］：［n］受［p］的影响变为［m］；英语 India［ˈindiə］（印度）/ink［iŋk］（墨水）/import［imˈpʻɔːt］（进口）：［n］受［k］的影响变为［ŋ］，受［pʻ］的影响变为［m］。这些都是逆同化。

还有一种特殊的同化现象，即“元音和谐”（vowel harmony）现象。主要见于阿尔泰语系和芬兰—乌戈尔语族诸语言等。这些语言中同一个词内的元音需要属于同一类别，词缀（或词尾）的元音需要跟词根（或词干）的元音在类别上保持一致。例如，土耳其语的复数词尾可以是 lar 或 ler，随词干的元音而定，如 at-lar（马）和 gül-ler（玫瑰花）；又如，匈牙利语名词与格词尾-nVk 中的元音 V 也取决于词干的元音，因此，“人”的与格是 ember-nek，而“动物”的与格是 allat-nak。个别的中性元音可以不受此限制。

## 二、异化

语流中两个邻近的相同或相近的音，其中一个受到另一个的影响而变得不同或不相近，这种变化叫异化（dissimilation）。例如，普通话两个上声相连，第一个上声变为阳平，如“小草”；俄语的 кто［kto］（谁）有人发成［xto］，因为［k］和［t］都是塞音，连发费力，［k］异化成擦音［x］；英语的 marble（大理石）来自拉丁语 marmor，后一个［m］异化为［b］，后一个［r］异化为［l］。

同化是为了顺口，异化是为了避免拗口。

## 三、弱化

语流中有些音由于所处的位置或受其他音的影响而变得较弱，不那么清晰，叫弱化（reduction）。

清辅音变成浊辅音，塞音变成擦音，前、后、高、低元音变成央、中元音，复元音变成单元音，重读元音变成非重读元音都是弱化。这些变化一般处于弱读音节当中。例如：

普通话的轻声音节中，辅音或元音往往发生弱化现象，如“爸爸”实际说成［pʌbɐ］，“哥哥”实际说成［kɤgə］，“木头”实际说成［mut˞o］，“棉花”实际说成［miænxo］。这些例子发生了清音浊化、元音央化、复音单化的现象。

英语的弱读音节中，不管是什么样的元音都要变成央元音，发音不那么清晰了。试比较：a̲ble［ˈei：bl］（有能力的）/a̲bout［əˈbaut］（关于，大约）；co̲ncept［ˈk‘ɔnsep‘t‘］（概念）/co̲nception［k‘ənˈsep‘ʃən］（概念，思考力）。

再如，英语冠词分强式发音和弱式发音。弱式发音中元音同样要央化。

| 英语冠词 | 强式发音 | 弱式发音 |
|---|---|---|
| a | ［ei］ | ［ə］ |
| an | ［æn］ | ［ən］ |
| the | ［ðiː］ | ［ðə］ |

## 四、脱落

语流中有些较弱的或不重要的音在发音时丢失了，或者为了发音的方便而省去某些音，叫脱落（loss）。例如：汉语普通话“豆腐”［$tou^{51}fu$］实际说成［$tou^{51}f$］，元音脱落；“五个”［$u^{214}gə$］有时说成［$u^{214}ə$］，辅音脱落。英语 I am→I'm，He is→He's，she is→she's，I shall→I'll，I have→I've 都是脱落后紧缩的结果。

## 五、增音

在语流里增加了原来没有的音，叫增音（epenthesis）。例如：

普通话语气词“啊”［ᴀ］，在不同的音节后读音会有变化，如“天哪”［t'iænnᴀ］、“好大呀”［xɑutᴀjᴀ］、“走哇”［tsouwᴀ］，读音就不同。由于增加了某个音，“啊”发生了音变。

英语 an 就是 a 在语流中增音的结果，an able leader 实际说成［æn ˈneibl ˈliːdə］（一个有能力的领导人）；表示复数和第三人称单数的词尾-s，当前面的音是［s］、［z］、［ʃ］、［ʒ］、［tʃ］、［dʒ］（有人称为“咝音”）时，就要读成［iz］。

除上述五种音变现象之外，还有一种换位（metathesis）现象，就是两个音前后位置对换。这种情况少见。例如，北京方言把“言语一声”中的“言语”说成［$yæn^{35}i^{214}$］，i 和 y 互换了位置。

## 本章小结

语音具有物理、生理、心理和社会性质，其中，社会性质是语音的本质属性。

研究语音，就要把它切分成一个个最小的单位，这就是音素，音素是从音质的角度划分出来的最小的语音单位。音素有元音和辅音两大类别，常见的元音是舌面元音，可从舌位前后、舌位高低、唇形圆展三个方面进行分析；辅音可从发音部位和发音方法两大方面进行分析。

根据能不能区别意义把音素或其他不能再切分的语音单位（如声调等）概括成一个个语音类别，这就是音位，音位是从辨义功能的角度划分出来的最小的语音单位。同系统、对立、互补、互混、相似等原则是归纳音位的基本原则。系统性是音位系统的重要特征。

单个音素或音素组合可以构成音节，音节是最小、最自然的语音结构单位。不同语言的音节结构样式有所不同。

在一定的语流中，语音会发生变化，这就是语流音变现象，常见的有同化、异化、弱化、脱落、增音等。

**建议阅读文献：**

1. 安英姬．汉语节奏的二三律．汉语学习，2000（1）．

2. 李兵．音系标记理论的产生与发展．新疆师范大学学报（哲学社会科学版），1990（3）．

3. 林焘，王理嘉．语音学教程．北京：北京大学出版社，1992.

4. 刘俐李．二十世纪汉语声调理论的研究综述．当代语言学，2004（1）．

5. 陆致极．试论普通话音位的区别特征．语文研究，1987（4）．

6. 罗常培，王均．普通语音学纲要．北京：科学出版社，1957.

7. 王理嘉．音系学基础．北京：语文出版社，1991.

8. 王洪君．汉语非线性音系学．北京：北京大学出版社，1999.

9. 吴宗济．试论普通话语音的“区别特征”及其相互关系．中国语文，1980（5）．

10. ［美］P. B. 邓斯，E. N. 平森．言语链——说和听的科学．曹剑芬，任宏谟译．北京：中国社会科学出版社，1983.

## 知识与技能训练

**一、名词解释**

1. 音高
2. 音强
3. 音长
4. 音质
5. 音素
6. 国际音标（中国人民大学2003、北京语言大学2003）
7. 元音（北京语言大学2001）
8. 基本元音（苏州大学2000）

9. 半元音（中国人民大学 2005）

10. 鼻化元音（中国人民大学 2006）

11. 辅音

12. 清音（暨南大学 2006）

13. 浊音

14. 音位（南开大学 2004）

15. 音质音位（首都师范大学 2002）

16. 非音质音位（中国人民大学 2001、华中师范大学 2001、首都师范大学 2002、北京语言大学 2003、中山大学 2008）

17. 音位变体（华中师范大学 2000、2004，北京语言大学 2001，南开大学 2005，南京师范大学 2009、2011）

18. 区别特征（首都师范大学 2001、北京语言大学 2006、华南师范大学 2013）

19. 互补分布（中国人民大学 2000）

20. 音节（暨南大学 2005）

21. 语流音变（北京语言大学 2001、南京师范大学 2010）

22. 元音和谐（中国人民大学 2005）

## 二、术语比较

1. 基音/陪音（苏州大学 2000、2002，北京师范大学 2003）

2. 基频/共振峰（苏州大学 2001。//中国人民大学 2000：共振峰。）

3. 音素/音位（华中师范大学 2005）

4. 重位/时位（苏州大学 2001）

5. 语流音变/历史音变

6. 同化/异化（北京语言大学 2000、华中师范大学 2008。//中国人民大学 2002：同化。）

## 三、填空

1. 语音四个物理要素是（　　）、（　　）、（　　）、（　　）。（清华大学 2008）

2. 音高在语音中的作用是构成（　　）和（　　），音强在语音中的作用是构成（　　）和（　　）。（华中师范大学 2008）

3. 音素是人类语言从（　　）角度划分出来的最小的语音单位。（南开大学 2005、华中师范大学 2006）

4. 元音和辅音最根本的区别在于发音时（　　）。（华中师范大学 2006）

5. 元音的音质可以从（　　）、（　　）、（　　）三个方面来描写。例如［y］可以描写为（　　）元音。（中国人民大学 2003）

6. 辅音的音质可以从（　　）和（　　）两大方面来描写。

7. 辅音的发音方法又可以分为（　　）、（　　）、（　　）三个方面。

8. 国际音标是国际语音协会最初在（　　）年制定公布的一套记音符号，英文全名是（　　），简称（　　），创制音标的基本原则是（　　）。

9. 音位可以分为（　　）和（　　）两类，其区别是（　　）。（华中科技大学 2005）

10. 由声音的高低、轻重、长短形成的音位分别叫（　　）、（　　）、（　　）。［华中师范大学 2000。//华中师范大学 2007：非音质音位包括（　　）、（　　）和（　　）。］

11. 主要由音高特征构成的音位叫调位，主要由（　　）特征构成的音位叫重位，由（　　）特征构成的音位叫时位。（华中师范大学 2006）

12. 普通话的"南部"［$nan^{35}pu^{51}$］中韵尾 n 实际发音是（　　），这种现象叫作（　　）。（北京师范大学 2007）

## 四、判断正误并说明理由

1. 汉语拼音中，j 和 q 音色的不同是因为发音方法不同。（苏州大学 2001）

2. 音位是从音质角度划分的最小语音单位。（北京语言大学 2009）

3. ［n］是鼻音，［l］是边音，它们的发音方法不同，所以它们应该分属不同的音位。（苏州大学 2001）

4. 英语/p/音位和汉语普通话/p/音位不是对等的。（中国人民大学 2001）

5. 音位的条件变体处于互混状态中。（南京大学 2002）

6. 语音区别特征是最小的语音单位。（南京大学 2002）

7. 汉语普通话中有 zhuang 这样的音节，因此汉语中有复辅音。（中国传媒大学 2006）

8. 语言中音节的高低升降就是声调。（南京大学 2002）

## 五、用国际音标注音

1. 标出下列汉语拼音的国际音标。（苏州大学 2001）

g　c　x　h　ü　ê　er　i（shi）

2. 用国际音标给汉语普通话的下列各词注音（说明：可不标声调，不能使用宽式标音法）。（南开大学 2006）

姐　面　纸　学　跑　蓝　割　赠　冤

3. 用国际音标注出下面一段话的普通话语音，声韵调全注。（首都师范大学 2001）

北京的四合院，是中国北方民居的代表。里面有树，有草，有金鱼，有朗朗的天空，一家人生活在其中，隐忍谦恭，尊卑有序，其乐融融。

4. 用国际音标标出下面句子的发音（包括声调），并指出可能发生语流音变的地方。（苏州大学 2000）

他给我哥哥买了一个面包。

**六、分析**

1. 分析下列音素的发音特征。（华中师范大学 2001、2002，上海外国语大学 2009 合并）

[d]　[t]　[m]　[n]　[ts]　[s]　[z]　[v]　[k]

[x]　[p]　[w]　[u]　[i]　[y]　[e]　[a]

2. 在 [　] 里写出相应的音标，在（　）里写出包含这个音的例子（语种不限）。（华中科技大学 2003）

（1）舌根、浊、鼻音：[　　]，（　　）。

（2）舌尖前、不送气、清、塞擦音：[　　]，（　　）。

（3）舌面前、清、擦音：[　　]，（　　）。

（4）舌尖后、送气、清、塞擦音：[　　]，（　　）。

（5）双唇、不送气、浊、塞音：[　　]，（　　）。

（6）唇齿、浊、擦音：[　　]，（　　）。

3. 根据发音特点描述，用国际音标写出下列元音。（华中师范大学 2008）

（1）舌面后、半高、圆唇元音；

（2）舌面前、半高、不圆唇元音；

（3）舌面前、低、不圆唇元音；

（4）舌面后、高、圆唇元音；

（5）舌面前、高、圆唇元音；

（6）舌面前、高、不圆唇元音。

4. 按照发音部位或发音方法分类，下列各组音标中都有一个音标要清除出去。请说明清除的理由。（华中科技大学 2002）

（1）[y e a æ]；（2）[o ɑ ɛ u]；（3）[k g h x]；（4）[t d s b]；（5）[m n l ŋ]。

5. 从生理特征角度给元音［a、i、y、o、u、ɔ］设计音位区别特征矩阵图。（北京师范大学 2005）

6. 写出普通话元音音位/a/的变体及其出现的条件。（南京师范大学 2000）

7. 试证明下列各组音素在汉语普通话中属于不同的音位，或者是同一个音位的不同变体。（华中科技大学 2003）

（1）[i] – [u]；（2）[a] – [ɑ]；（3）[t] – [tʻ]；（4）[m] – [n]；（5）[p] – [b]。

8. 分析下列音节的构成成分。（华中师范大学 2000、2004）

（1）[skuːl]；（2）[iɑu]；（3）[it]；（4）[tiɛ]；（5）[xɑu]；（6）[iɛ]。

## 七、问答

1. 语音具有哪些属性？为什么说社会属性是语音的本质属性？（北京语言大学 2009：语音有什么属性，举例说明。）

2. 声母、韵母的划分与元音、辅音的划分有何区别？（武汉大学 2006）

3. 比较音位和音素的异同。（华中师范大学 2003：音位的性质。）

4. 结合实例简述归纳音位应该遵循的主要原则。（北京语言大学 2000、2003：归纳音位的原则。//山东大学 2007：划分音位的原则。//武汉大学 2007：谈谈你对音位理论中对立和互补的理解。）

5. 什么是区别特征？汉语普通话中有哪些语音特征是区别特征？为什么？（中国人民大学 2001）

6. 音位的系统性表现在哪些方面？请以普通话为例说明。（中国人民大学 2000。//北京语言大学 2003：以北京话中擦音和塞擦音的分布为例分析语音系统的特点。）

7. 举例说明汉语音位系统中的不平行、不对称现象，并分析其出现的原因。（华中科技大学 2002）

8. 举例说明非音质音位的类型。（苏州大学 2002）

9. 北京话 g、k、h 与 j、q、x 是否一定要分立为 6 个音位？为什么？（首都师范大学 2002）

10. 六个音素［p］、［pʻ］、［t］、［tʻ］、［k］、［kʻ］在汉语中是几个音位，在英

语中是几个音位？为什么？（中山大学 2006）

11. 为什么“迂（ü）”与 j、q、x 拼合时两点省略，而与 n、l 拼合时却不省略？（复旦大学 2005）

12. 汉语普通话中，“机”、“姿”、“知”的韵母分别是［i］、［ɿ］、［ʅ］三个元音构成的。关于这三个元音的音位分合问题，学术界有以下两种不同的意见：

（1）应合并在同一音位里。

（2）应归并为两个音位，［i］为一个，［ɿ］、［ʅ］为另一个。

上述两种意见都有一定的道理。请对其立论根据分别做出分析。

（中国人民大学 2002。//中山大学 2005：汉语中的 i 代表哪些不同的音素？汉语拼音为什么可以用一个字母表示？你认为这几个音素分成几个音位好？为什么？//北京语言大学 2007：有人整理北京话的语音系统时，将“梯、资、知”中的元音归入一个音位，有的归入两个，有的归入三个，是否有道理？为什么？）

13. 就普通话韵母 er［ɚ］的音位归属，谈谈你的看法。（首都师范大学 2001）

14. 北京话“接、切、些、耶”等字的韵母在《汉语拼音方案》中为什么写成 ie 而不写成 iê？（首都师范大学 2002）

15. 举例说明汉语音位组合的情况。（中国人民大学 2004）

16. 一种语言音节结构简单还是复杂取决于哪些因素？（中国人民大学 2006：分析一种语言的音节结构可以从哪些方面入手？请结合普通话谈谈。）

17. 举例说明常见的语流音变现象。（苏州大学 2001、中国人民大学 2003。//南京师范大学 2011：什么是语流音变？常见的语流音变有哪几种？请用汉语实例具体说明。//华南师范大学 2013：普通话中的语流音变现象有哪些情况？举例说明。）

18. 举例说明自由音变和不自由音变。（中国人民大学 2005）

## 参考答案

### 一、名词解释

1. 音高：声音的高低，取决于发音体振动的频率。
2. 音强：声音的强弱，取决于振幅。
3. 音长：声音的长短，取决于发音体振动持续的时间。
4. 音质：声音的品质、特色，取决于发音体振动的音波形式。又叫“音色”。
5. 音素：从音质的角度划分出来的最小的语音单位。
6. 国际音标：国际语音协会（International Phonetic Association）于 1888 年 8 月制订公布的一套记音符号。英文名称是“International Phonetic Alphabet”，简称 IPA。隔几年修订一次。这套音标是

根据“一个音素只用一个符号代表，一个符号只代表一个音素”的原则制定的，记音精确。

7. 元音：发音时气流没有阻碍的音素。

8. 基本元音：在生理发音和物理音响上均有明显个性，足以相互区别，在分析、描写元音音值时能够作为基准而与其他元音对比的一些元音，有 8 个：[i]、[e]、[ɛ]、[a]、[ɑ]、[ɔ]、[o]、[u]。又叫“标准元音”、“正则元音”。

9. 半元音：发音介于元音和辅音之间，摩擦轻微，甚或没有摩擦的音，如 [j]、[w]。

10. 鼻化元音：发音时鼻腔同时共鸣的元音，又叫口鼻元音。如兰州话“门”读 [mə̃]，[ə̃] 就是鼻化元音。

11. 辅音：发音时气流受到不同程度阻碍的音素。

12. 清音：发音时声带不颤动不带音的辅音。

13. 浊音：发音时声带颤动带音的辅音。

14. 音位：在一种语言（或方言）系统里具有辨义功能（或说“能够区别意义或词的语音形式”）的最小的语音单位。

15. 音质音位：以音素为材料，由音质构成的音位叫音质音位。由于音素发音需要占用一定的时段，所以又叫音段音位。

16. 非音质音位：由起辨义作用的音高、音强、音长构成的音位叫非音质音位。由于它们在发音时附加在音素（或音素组合）之上，不单独占用时段，所以又叫超音段音位。

17. 音位变体：构成同一音位的若干个语音变异形式。

18. 区别特征：音位之间借以互相区别的发音特征。也可指音素之间的区别特征。

19. 互补分布：美国描写语言学用语。若干个语言成分的变体不能在同一语言环境中出现，即处于互补分布。在音位分析中，处于互补分布的几个音素或其他的最小语音形式可以（而非必须）归纳为一个音位。

20. 音节：语音中最小的结构单位，也是听觉上能够自然辨别出来的最小的语音单位。

21. 语流音变：语流中一个音由于受到前音、后音或者说话的快慢、高低、强弱等因素的影响而在发音上产生的某种变化。常见的语流音变现象有同化、异化、弱化、脱落、增音等。

22. 元音和谐：主要见于阿尔泰语系和芬兰—乌戈尔语族诸语言等。这些语言中同一个词内的元音需要属于同一类别，词缀（或词尾）的元音需要跟词根（或词干）的元音在类别上保持一致。这是一种特殊的同化现象。

**二、术语比较**

1. 基音/陪音：发音体的振动一般都是复合振动，其中频率最慢的振动所产生的音就是基音，其他频率的振动所产生的音是陪音。乐音的陪音频率是基音的整倍数。

2. 基频/共振峰：发音体振动时产生基音的频率叫基频，用 $F_0$ 表示；语音复合波中由于共鸣作用而能量较强的频率成分叫共振峰。基频决定整个音的音高，共振峰决定整个音的音质。

3. 音素/音位：音素是从音质角度划分出来的最小的语音单位；音位是在特定的语言系统中能够区别意义或区别词的语音形式的最小的语音单位。音素是具体的，音位是概括的。音素是自然语音单位，音位是功能语音单位。音位还包括不是由音素构成的音位，即非音质音位。

【编者按：详见本章相关内容。】

4. 重位/时位：重位是由音强构成的音位。音长也起一定作用，重音多较长。一般称轻重音。时位是由音长构成的音位。一般称长短音。

5. 语流音变/历史音变：前者是语音在语流中产生的变化；后者是语音在不同时期产生的变化。前者是共时音变，需要放在语音环境中考察；后者是历时音变，需要联系时间演变考察。语流音变如果形成固定的模式，也会发展成历史音变。

6. 同化/异化：两种常见的语流音变现象。同化指语流中两个邻近的不同的音，其中一个受到另一个的影响而变得跟它相同或相近。异化指语流中两个邻近的相同或相近的音，其中一个受到另一个的影响而变得不同或不相近。同化是为了顺口，异化是为了避免拗口。

**三、填空**

1. 音高　音强　音长　音质（音色）
2. 声调　语调　轻音　重音
3. 音质
4. 气流是否受到阻碍
5. 舌位前后　舌位高低　唇形圆展　舌面前、高、圆唇
6. 发音部位　发音方法
7. 阻碍方式　气流强弱（送气不送气）　声带是否颤动（清浊）
8. 1888　International Phonetic Alphabet　IPA　符号和音素一一对应
9. 音质音位　非音质音位　是否由音质（音素）构成
10. 调位　重位　时位
11. 音强　音长
12. ［m］　同化（逆同化）

**四、判断正误并说明理由**

1. 正确。j 和 q 不同是因为前者是不送气音，后者是送气音，发音部位、清浊、阻碍方式都相同。送气与否属于发音方法。

2. 错误。从音质角度划分出来的最小的语音单位是音素。音位是从辨义功能角度划分出来的最小的语音单位。

3. 错误。发音方法不同，只能说明它们是不同的音素。至于能否构成不同的音位，还应该放在特定的语言系统中看它们是否具有区别词的形式和意义的作用。如在［n］、［l］互混的方言中，它们属于同一个音位。

4. 正确。音位要放在特定的语言系统中来归纳，不能跨系统归纳。英语/p/音位有［p］、［p‘］两个变体，汉语普通话/p/音位有［p］、［b］两个变体。英语/p/音位和汉语普通话/p/音位，系统不同，变体不同，所以不对等。

5. 错误。音位的条件变体处于互补状态中，自由变体处于互混状态中。

6. 错误。区别特征是音位（或音素）借以互相区别的语音特征，是通过对比分析得出来的，如“清/浊”、“送气/不送气”等，不能说它们是最小的语音单位。最小的语音单位应该是音素或音位。

7. 错误。zh 和 ng 都是书写问题，都是用两个字母来记录一个音素。普通话中没有复辅音。

8. 错误。声调是语言中具有区别意义作用的音节的高低升降的变化，没有区别意义作用的，不叫声调。英语的音节也有高低升降的变化，但不能说英语有声调。

**五、用国际音标注音**

1. [k] [ts‘] [ɕ] [x] [y] [ɛ] [ɚ] [ʅ]

2. [tɕiɛ] [miæn] [tʂʅ] [ɕyɛ] [p‘ɑu] [lan] [kɤ] [tsəŋ] [yæn]

3. [pei$^{214}$] [tɕiŋ$^{55}$] [tə] [sɿ$^{51}$] [xɤ$^{35}$] [yæn$^{51}$]，[ʂʅ$^{51}$] [tʂuŋ$^{55}$] [kuo$^{35}$] [pei$^{214}$] [fɑŋ$^{55}$] [min$^{35}$] [tɕy$^{55}$] [tə] [tai$^{51}$] [piɑu$^{214}$]. [li$^{214}$] [miæn$^{51}$] [iɔu$^{214}$] [ʂu$^{51}$]，[iou$^{214}$] [ts‘ɑu$^{214}$]，[iou$^{214}$] [tɕin$^{55}$] [y$^{35}$]，[iou$^{214}$] [lɑŋ$^{214}$] [lɑŋ$^{214}$] [tə] [t‘iæn$^{55}$] [k‘uŋ$^{55}$]，[i$^{55}$] [tɕiA$^{55}$] [ʐən$^{35}$] [ʂəŋ$^{55}$] [xuo$^{35}$] [tsai$^{51}$] [tɕ‘i$^{35}$] [tʂuŋ$^{55}$]，[in$^{214}$] [ʐən$^{214}$] [tɕ‘iæn$^{55}$] [kuŋ$^{55}$]，[tsuən$^{55}$] [pei$^{55}$] [iou$^{214}$] [ɕy$^{51}$]，[tɕ‘i$^{35}$] [lɤ$^{51}$] [ʐuŋ$^{35}$] [ʐuŋ$^{35}$].

4. [t‘A$^{55}$] [kei$^{214}$] [uo$^{214}$] [kɤ$^{55}$] [kɤ] [mai$^{214}$] [lə] [i$^{55}$] [kɤ$^{51}$] [miæn$^{51}$] [pɑu$^{55}$].

“给”变为阳平 [kei$^{35}$]；“我”可变为轻声 [uo]；第二个“哥”变为 [gə]；“买”变为半上 [mai$^{211}$]；“一”变为阳平 [i$^{35}$]；“个”可变为轻声 [gə]；“面”韵尾 [n] 受后面的 [p] 同化变为 [m]。

**六、分析**

1. [d]：舌尖中、不送气、浊、塞音；　[t]：舌尖中、不送气、清、塞音；
[m]：双唇、浊、鼻音；　[n]：舌尖中、浊、鼻音；
[ts]：舌尖前、不送气、清、塞擦音；　[s]：舌尖前、清、擦音；
[z]：舌尖前、浊、擦音；　[v]：唇齿、浊、擦音；
[k]：舌面后、不送气、清、塞音；　[x]：舌面后、清、擦音；
[p]：双唇、不送气、清、塞音；　[w]：双唇、浊、半元音；
[u]：舌面、后、高、圆唇元音；　[i]：舌面、前、高、不圆唇元音；
[y]：舌面、前、高、圆唇元音；　[e]：舌面、前、半高、不圆唇元音；
[a]：舌面、前、低、不圆唇元音。

2. (1) [ŋ]，(thing)；(2) [ts]，(“在”的声母)；(3) [ɕ]，(“西”的声母)；(4) [tʂ‘]，(“吃”的声母)；(5) [b]，(bed)；(6) [v]，(five)。

3. (1) [o]；(2) [e]；(3) [a]；(4) [u]；(5) [y]；(6) [i]。

4. (1) [y]，圆唇元音，其余为不圆唇元音。(2) [ɛ]，前元音，其余为后元音。(3) [h]，喉音，其余为舌面后音。或 [g]，浊辅音，其余为清辅音。(4) [s]，擦音，其余为塞音。(5) [l]，边音，其余为鼻音。

| 5. | 舌位前 | 舌位高 | 圆唇 |
| --- | --- | --- | --- |
| a | + | +1 | − |
| i | + | +4 | − |
| y | + | +4 | + |
| o | − | +3 | + |
| u | − | +4 | + |
| ɔ | − | +2 | + |

【编者按：舌位前后和唇形圆展两个角度，这6个元音都是二元对立的，即“－前”就一定是后，“－圆唇”就一定是不圆唇。但舌位高低是多值的，这6个元音有“高、半高、半低、低”四种情况，我们分别用4、3、2、1表示。还有一种比较复杂的办法，把“高、半高、半低、低”都作为区别特征，符合的打“+”号，不符合的打“－”号，但这种方法不太经济。】

6. [a]：出现在韵尾 [-i] 或 [-n] 之前，而没有韵头或韵头为 [u]；[ᴀ]：单独出现，或作为韵腹而不带韵尾；[ɑ]：出现在韵尾 [-u] 或 [-ŋ] 之前；[æ]（或记作 [ɛ]）：出现在韵头 [i-] 和韵尾 [-n]、韵头 [y-] 和韵尾 [-n] 之间；[ɐ]：出现在儿化韵或某些轻声音节之中。

7. (1) 属于不同的音位，因为对立，如“米” [$mi^{214}$] /“母” [$mu^{214}$]。

(2) 同一个音位的不同变体，处于互补分布，如“派” [$p‘ai^{51}$] /“胖” [$p‘ɑŋ^{51}$]。

(3) 属于不同的音位，因为对立，如“刀” [$tɑu^{55}$] /“掏” [$t‘ɑu^{55}$]。

(4) 属于不同的音位，因为对立，如“米” [$mi^{214}$] /“你” [$ni^{214}$]。

(5) 同一个音位的不同变体，处于互补分布，如“爸爸” [$pᴀ^{51}bɐ$]，[b] 处在轻声音节之中。

8. (1) [s]，起音；[k]，过渡音；[uː]，领音；[l]，收音。

(2) [i]，起音；[ɑ]，领音；[u]，收音。

(3) [i]，领音；[t]，收音。

(4) [t]，起音；[i]，过渡音；[ɛ]，领音。

(5) [x]，起音；[ɑ]，领音；[u]，收音。

(6) [i]，起音；[ɛ]，领音。

**七、问答**

1. 语音具有生理属性、物理属性、心理属性和社会属性，其中，社会属性是语音的本质属性。这是因为：

(1) 音、义之间的关系是由社会约定俗成的。

(2) 语音系统具有差异性，带有民族特点和地方特色。

(3) 同一个音在不同的语音系统中的地位和作用不同。

(4) 不同的语音系统发展变化不同。

【编者按：详见本章相关内容。】

2. (1) 划分的角度不同。声母、韵母的划分是基于汉语传统上对音节结构分析的角度，处于音节开头的辅音叫声母，声母后面的部分叫韵母；元音、辅音的划分是基于国际上对音素音质分析的角度，发音时气流不受阻的音素叫元音，发音时气流受阻的音素叫辅音。

（2）适用的语言不同。声母、韵母的划分只适用于汉语或汉藏语系的语言，元音、辅音的划分适用于任何语言。

（3）两者的范围不同。声母不等于辅音。就普通话而言，零声母表示没有声母，不是辅音；辅音［ŋ］不能充当声母。韵母也不等于元音。韵母可以是单元音，如 ɑ、o、e 等，也可以是复元音，如 ɑi、uɑi 等，还可以是元音和辅音的组合，如 ɑn、iɑn 等。

3. （1）音位是一种语言或方言系统中具有辨义功能（或说“能够区别意义和词的语音形式”）的最小的语音单位；音素是从音质角度划分出来的最小的语音单位。

（2）相同点：都是最小的语音单位。

（3）不同点：①单位的性质不同；②划分的角度不同；③划分的范围不同；④构成的材料不同。

【编者按：详见本章相关内容。】

4. 归纳音位的主要原则有：①同系统原则。归纳音位要放在特定的语言系统中，这是前提条件。比如，归纳汉语普通话的音位就不能跟上海话混在一起。②对立原则。在相同的语音环境中，如果一个音被另一个替换之后会引起意义上的差别或区别词的语音形式，就是对立，必须分成不同的音位。如普通话［$nan^{35}$］（“男”）和［$lan^{35}$］（“蓝”）意义不同，声母必须分成/n/、/l/两个音位。③互补原则。如果几个音处于互补分布，可以合并成一个音位。如普通话中［a］、［ᴀ］、［ɑ］、［æ］（或记作［ɛ］）的出现是互补的，就合并为一个/a/音位。④互混原则。如果两个音在相同的语音环境中可以互相替换而不会引起意义上的差别，那么它们就是互混分布，可以合并为一个音位。如［n］、［l］在有些方言中是互混的，可以合并为一个音位。⑤相似原则。处于互补或互混分布的几个音，最好在发音特征上相似，才好合并。否则，人们不容易接受。如普通话的［k］［kʻ］［x］和［tɕ］［tɕʻ］［ɕ］，相对的两个出现的环境是互补的，而且后组跟前组有渊源关系，理论上可以合并为一组，但现在一般分为两套，原因是音感差别太大。

另外，在归纳音位系统时，还要兼顾同源（历史来源是否相同）、简明、匀称等附加原则。

5. 区别特征是音素或音位之间借以互相区别的发音特征。狭义的区别特征只指音位的区别特征。

区别特征既可以从物理音响上进行分析，也可以从生理发音上进行分析。由于发音特征比较容易体会和把握，一般从发音上分析。

（1）辅音上，从发音部位（如/p/与/k/）、送气/不送气（如/p/与/pʻ/）、清/浊（如/ʂ/与/ʐ/）、阻碍方式（如/n/与/l/）四个方面进行分析。因为这些方面不同，会造成不同的辅音音位，如括号中的例子。

（2）元音上，从发音部位是舌面还是舌尖（如/i/与/ɿ/）、舌位前后（如/y/与/u/）、舌位高低（如/u/与/o/）、圆唇不圆唇（如/y/与/i/）四个方面进行分析。因为这些方面不同，会造成不同的元音音位，如括号中的例子。

（3）声调上，从高低（如阴、阳平与上声）、平曲（如阴平与上声）、升降（如阳平与去声）三个方面进行分析。因为它们可以造成不同的调位。当然，调位区别特征的对立不是单一的。

6.（1）音位的系统性既表现在聚合关系上，也表现在组合关系上。

（2）由于音位之间的聚合关系，形成一个个聚合群。有的是双向的聚合，有的是单向的聚合。聚合群之间呈现平行对称的特点。如普通话辅音音位：

| | | | | | |
|---|---|---|---|---|---|
| /p/ | /pʻ/ | /m/ | /tɕ/ | /tɕʻ/ | /ɕ/ |
| /t/ | /tʻ/ | /n/ | /ts/ | /tsʻ/ | /s/ |
| /k/ | /kʻ/ | /ŋ/ | /tʂ/ | /tʂʻ/ | /ʂ/ |

横行与横行平行对称，竖行与竖行平行对称。平行对称性是音位系统性的重要表现。

（3）音位的系统性还表现在组合关系上。同聚合群的音位组合特点基本相同。如普通话：

/k/　/kʻ/　/x/　　+ 开口呼、合口呼/ − 齐齿呼、撮口呼

/tɕ/　/tɕʻ/　/ɕ/　　+ 齐齿呼、撮口呼/ − 开口呼、合口呼

7.（1）/f/，只与/x/、/ɕ/、/s/、/ʂ/构成清擦音的单向聚合群，没有同部位的塞音或塞擦音。原因在于语音演变的不平衡性。据清人钱大昕考证，上古汉语没有唇齿辅音声母。到中古，分化出一套唇齿辅音声母“非、敷、奉、微”。由于语音的演变，这组唇齿音中“非、敷、奉”演化合并为一个［f］，“微”演变为零声母。现代的［f］，既可以看作中古唇齿组声母的保留，也可以看作语音演变的先锋。

（2）/l/，只与/t/、/tʻ/、/n/构成舌尖中单向聚合群，没有其他部位的边音，这是语音系统不平衡、不对称的又一例证。

（3）/ʐ/，只与/tʂ/、/tʂʻ/、/ʂ/构成舌尖后单向聚合群，没有其他部位的浊擦音。这个音来源于中古汉语的“日、禅”等母。就现代汉语来说，这种不对称跟对这个音位的处理有关。有人认为，［ʐ］应为无擦通音［ɻ］，如林焘、王理嘉《语音学教程》描写为“卷舌浊通音”，这样就跟其他部位的通音如［j］、［w］、［ɥ］、［ʋ］等构成了“浊通音”聚合群。只是这些通音在普通话中不是音位。

（4）/m/、/n/、/ŋ/在组合上存在不对称性。汉语普通话中，/m/只能充当声母，/ŋ/只能充当韵尾，/n/两者皆可，这是语言演变的结果。中古汉语中，三个音都既可以充当声母，也可以充当韵尾，后来出现了不同的变化。在今天的有些汉语方言里，仍然保留着中古的用法。

音位系统中的不平行、不对称现象，即所谓的“例外”，在语音史的研究中有重要价值，是观察语音演变很好的窗口。

8. 由起辨义作用的音高、音强、音长构成的音位叫非音质音位。主要有：①调位；②重位；③时位。

【编者按：详见本章相关内容。】

9. g、k、h 组与 j、q、x 组出现的条件是互补的，前组只拼开、合两呼，后组只拼齐、撮两呼，而且两组有历史渊源关系，j、q、x 组的一部分是从 g、k、h 组发展出来的。根据互补原则和同源原则，理论上两组完全可以合并为一组。但《汉语拼音方案》和现代汉语教材一般都分为两套，

原因是两组音感差别太大，心理上不容易趋同，不符合语音相似原则，所以分开。因此，分合的取舍取决于依据和目的。

10. 这六个音素在汉语普通话中是六个音位，在英语中是三个音位。

音位是特定的语言（或方言）系统中能区别意义（或词的语音形式）的最小的语音单位。归纳音位应遵循同系统、对立、互补、互混、相似五个基本原则。在做到同系统的前提下，如果几个音素对立就要分成不同的音位，如果几个音素呈互补或互混分布，在音感上又相似，就可以合并成一个音位。

具体到题中的几个音素，在普通话中是互相对立的，替换之后会改变意义，如 bàn（［p］半）、pàn（［p‘］盼）、dàn（［t］但）、tàn（［t‘］叹）、gàn（［k］干）、kàn（［k‘］看）。而在英语中，［p］和［p‘］，［t］和［t‘］，［k］和［k‘］，每组不对立，呈互补分布，如 speak/peak，stop/top，skill/kill，加上音感又比较相似，所以可以合并为三个音位。

11.《汉语拼音方案》规定：jü、qü、xü 这样的音节可以省写为 ju、qu、xu。原因是 u 不能跟 j、q、x 相拼，所以省略后不会混淆。而 n、l 两个声母，既可以跟 ü 相拼，也可以跟 u 相拼，也就是在这个位置上是对立的，必须区分开，否则就会引起混乱。如 nǚ（女），如果省写为 nǔ（努），意思就变了。

12. 实际上，有三种意见，分成三个音位的，如黄伯荣、廖序东的《现代汉语》；合成一个音位的，如《汉语拼音方案》，用一个字母 i 代表；当然也有主张分成两个音位的。下面只讨论题中提到的两种观点。

合并成一个音位有它的道理。［i］、［ɿ］、［ʅ］的出现是互补的，［ɿ］出现在［ts］、［ts‘］、［s］后，［ʅ］出现在［tʂ］、［tʂ‘］、［ʂ］、［ʐ］后，［i］出现在其他环境中；而且有历史渊源关系，“十三辙”归在同一辙“一七辙”里。根据互补、同源和简明等原则，可以合并成一个音位。

归并成两个音位也有它的道理。尽管三个音是互补的，但以今音为据，［ɿ］、［ʅ］发音特征更相似，都是舌尖、高、不圆唇元音。《中华新韵》归纳的“十八韵”里，［ɿ］、［ʅ］归为“支”韵，［i］归为“齐”韵，符合今人的语感。在现代汉语里，［ɿ］、［ʅ］已经不能跟［i］押韵了，而［ɿ］和［ʅ］可以互押。根据语音相似原则和互补原则，可以归并成/i/和/ɿ/（或/ʅ/）两个音位。

13. 主要有两种处理方案，一种以《汉语拼音方案》为代表，将它分解为央元音 e［ə］和卷舌动作 -r 两个成分。从音位角度来看，《汉语拼音方案》不把 er 处理为一个独立的音位，而是看成音位的组合，因为 e 和 r 在《汉语拼音方案》中分属/e/和/r/两个不同的音位，前者包括［ɤ］、［ə］、［e］、［ɛ］4 个变体，后者包括声母［ʐ］和卷舌动作 -r 两个变体。这样处理的好处是简化了音系，元音音位系统中不必出现特殊的卷舌元音，复杂多变的“儿”化韵都一律用在韵母后面加 -r 的方式表示，便于学习和运用；不足是忽略了 er 的整体音值，er 的音值既不是央元音［ə］和卷舌动作 -r 的简单加合，也不同于“儿”化韵，带有整合性。

另一种处理方案以黄伯荣、廖序东的《现代汉语》等高校现代汉语教材为代表，将 er 处理为一个独立的音位/ɚ/。好处是注意到了 er 音值的整体性，不足是未能对“儿”化韵作统一处理。

14.《汉语拼音方案》的一个字母 e，实际代表了北京话的［ɤ］、［ə］、［e］、［ε］四个音素。它们出现的条件分别是：

［ɤ］：单念，或在非轻声音节中充当韵母，如“鹅”［ɤ］、“歌”［kɤ］。

［ə］：在鼻韵尾［-n］、［-ŋ］之前，或在轻声音节中充当韵母，如“很”［xən］、“衡”［xəŋ］、“的”［tə］。

［e］：在韵尾［-i］之前，如“被”［pei］。

［ε］：单念，或在韵头［i-］、［y-］之后，如“欸”［ε］、“接”［tɕiε］、“月”［yε］。

上面四种情况只有单念时对立，其余条件下是互补的。根据音位归纳的对立原则（要分）和互补原则（可合），可以归纳为两个音位：/ɤ/（包括［ɤ］、［ə］、［e］三个变体）和/ε/（包括［ε］一个变体）。《汉语拼音方案》用“e”代表/ɤ/音位，用 ê 代表/ε/音位（只在“韵母ㄝ单用的时候写成 ê”，在 i、ü 后仍写作 e）。可见，除了单独成音节的时候要写成 ê 之外，其他情况都用字母 e 代表，尽管不太精确，却很简明、实用。

再看题目中的问题。北京话的 ie 按理写成 iê 更准确，但《汉语拼音方案》没有这样处理，根据就是这种条件下 e 只能读成［ε］，不会混读成［ɤ］、［ə］或［e］。《汉语拼音方案》是注音工具，要简明，方便学习、使用和输入，这是跟音标不同的地方。

15. 音位组合的情况，汉语方言与普通话有所不同。下面以普通话为例：

（1）辅音音位不能组合，即没有复辅音。一般认为，上古汉语有复辅音，但普通话没有。

（2）元音音位可以组合，存在二合复元音、三合复元音，如 ɑi、ou、uɑi、iou。

（3）元音音位可以跟辅音音位组合，但有较多限制，如 j、q、x 不能拼开、合二呼，g、k、h 不能拼齐、撮二呼；b、p、m、f 除 u 外，不能跟其他合口呼韵母相拼；f 不能拼齐、撮二呼等。

（4）单个音位在组合时的位置不自由。例如，除鼻音 n、［ŋ］外，辅音不能放在音节末尾；［ŋ］不能放在元音前面等。普通话元、辅音组合只有 V、VV、VVV、VC、VVC、CV、CVV、CVVV、CVC、CVVC 这 10 种情况。即使是复元音，组合也不是自由的，韵头只能是［i］、［u］、［y］，韵尾只能是［i］、［u］（o），没有 oɑ、ɑui 或像英语［εə］、［iə］这样的组合。

总起来看，普通话的音位组合限制较多，音节结构相对简单，音节界限比较分明。

16.（1）音节内部同类音素是否连用。有复元音和复辅音的语言，音节结构比没有的复杂。

（2）辅音是否用于音节收尾。辅音可以用于收尾的语言，音节结构比不能的复杂。

（3）单个音素的位置是否自由。单个音素的位置相对自由的语言，音节结构比不自由的复杂。

【编者按：详见本章相关内容。】

17. 语流音变是语流中的一个音由于受到前音、后音或者说话的快慢、高低、强弱等因素的影响而在发音上产生的某种变化。主要有：①同化；②异化；③弱化；④脱落；⑤增音。

【编者按：详见本章相关内容。】

普通话的语流音变现象经常提到的有：①变调；②轻声；③儿化；④语气词“啊”的音变。

【编者按：详见黄伯荣，廖序东．现代汉语（增订四版，上册）．北京：高等教育出版社，2007. 82～89.】

18.（1）语音变化既可以从共时和历时的角度观察，也可以从是否受条件制约的角度观察。前者分为语流音变和历史音变，后者分为自由音变和不自由音变（或称“条件音变”）。

（2）自由音变可以出现在语流音变之中。例如，普通话“价钱”的“钱”轻重两可（《现代汉语词典》第6版，商务印书馆，2012），并不影响理解；西南官话区的很多人口语中［n］、［l］不分，并不影响交际。自由音变也可以出现在历史音变之中。中古四声中的清声母入声字散归今天普通话的阴、阳、上、去四声，有些很难总结出规律，可以看作自由音变。

（3）不自由音变可以出现在语流音变之中。例如，普通话的上声变调，两个上声相连，第一个上声变为阳平，受条件制约，只能如此变化；英语 s-后是送气音要变成不送气音，如 stop 中的［t］，也受条件制约。不自由音变也可以出现在历史音变之中。如汉语从中古的见组和精组声母中产生出 j、q、x，就受韵母等呼的制约，这两组声母只有跟细音拼合时才发展出 j、q、x；从中古汉语到现代汉语存在浊音清化规律，即中古“三十六字母”中的10个全浊的塞音、塞擦音和擦音声母“并、奉、定、澄、从、邪、床、禅、群、匣”全部变为同部位的清音，其中全浊的塞音和塞擦音是变为送气清音还是不送气清音，受声调平仄制约，平声的变为送气的，仄声的变为不送气的，即“平送仄不送”。

# 第三章　语　义

## 一、教学目的与要求

要求学习者了解语义单位的聚合和组合、功能和变化，掌握语义方面的基本概念，具备分析义素、辨析同义词、分化歧义结构的能力。

## 二、教学重点

（一）识记

语言义　言语义　义素　义位　多义词　上下义词　总分义词　类义词　同义词　反义词　语义场　语义结构关系　动核结构　语义指向　语义模糊　歧义　语境义变

（二）理解

1. 义素分析的方法和步骤。
2. 多义词各个义位之间的关系。
3. 语义场的类别。
4. 同义词的差别表现。
5. 构成反义词的条件及反义词的类型。
6. 语义结构关系和语法结构关系的关系。
7. 动核结构的内涵。
8. 语义模糊的成因。
9. 句法歧义的类型及其分化。
10. 语境义变的类型。

（三）运用

1. 会运用义素分析法分析具体的词群。
2. 能对具体语义结构进行语义指向分析。
3. 能够识别歧义类型并会分化。

## 三、教学难点

义素分析；语义场；动核结构；歧义。

# 第一节 语义的构成

## 一、理性意义和附加意义

语义（meaning）是语言形式所表达的内容。语义学（semantics）是研究语言的意义的科学。传统的语义学主要研究词义，也主要限于研究词语的理性意义和附加意义。其实，除了词语以外，其他的语言单位如语素、词组、句子、句组、段落以至篇章都有意义。

理性意义和附加意义一般是就词语而言的。理性意义是词语指称概念的意义，因此又称“概念意义”（conceptual meaning）。附加意义是词语附加在理性意义之上的各种色彩，因此又称“附加色彩”，或称“非理性意义”。

1930 年，英国哲学家奥格登（C. K. Ogden）和里查兹（I. A. Richards）提出了著名的“语义三角”（semantic triangle）理论，即以符号、符号所表示的概念以及符号所代表的事物为三个顶点构成的语义三角形（见图 3－1）。① 在此基础上，苏联语言学家 Л. Новиков 又提出了包括符号、意义、概念、事物四要素在内的语义梯形（见图 3－2）。②

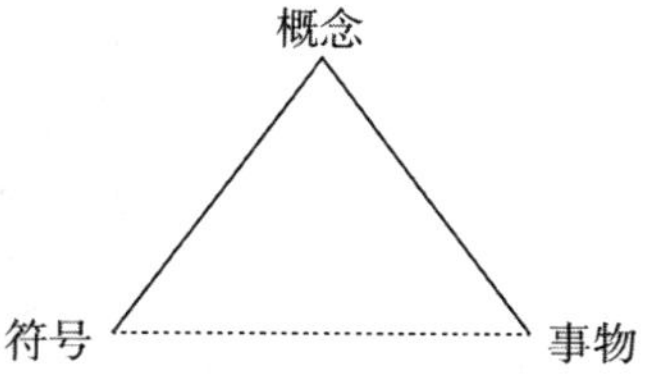


**图 3－1 语义三角形**

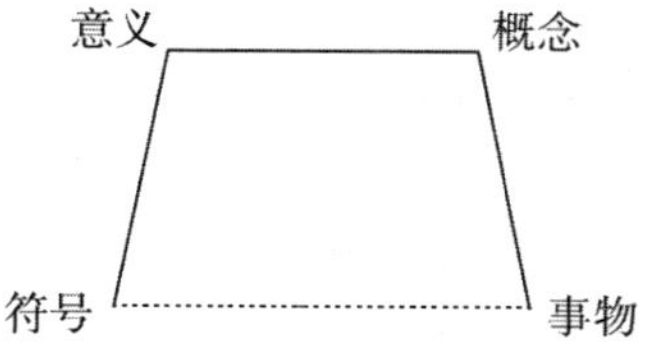


**图 3－2 语义梯形**

无论是语义三角形还是语义梯形，探讨的都是词语符号的概念意义。

词语在指称概念（或事物）的同时，还附加有各种色彩，主要有：时代色彩，如“故”和“所以”；地域色彩，如有些地方把“月亮”叫“月阴”、“月姥姥”等；风格色彩，如“盐”偏于口语色彩，“食盐”偏于书面色彩，“氯化钠”带有浓厚的

---

① C. K. Ogden, I. A. Richards, *The Meaning of Meaning*. London：1930. 9.

② 转引自郝斌．词义结构的神经心理学基础．外语学刊，2004（5）．

术语色彩；形象色彩，“水泥”和“洋灰”尽管指称同一事物，但让人联想到的形象不同；感情色彩，“夸奖”带褒义色彩，“吹捧”带贬义色彩；文化色彩，同样是狗，汉语的“狗”附带不好的评价意义，指人时是骂人的话；英语的 dog 附带“忠诚”的评价意义，指人时并不带有辱骂的意思。

## 二、词汇意义和语法意义

上面所谈的词语的理性意义和附加意义，都是词汇意义（lexical meaning）。词语在组合时还会产生各种关系意义，即所谓的语法意义（grammatical meaning）。例如，在英语句子“He comes here.”中，comes 有现在时、第三人称、单数的意义，这是在组合当中产生的，单独的 come 是没有的，这就是语法意义。再如在汉语中，“纪律严明”是主谓关系，“严明纪律”是述宾关系，“严明的纪律”是偏正关系，单独的“纪律”和“严明”也是没有的，也是语法意义。

## 三、语言意义和言语意义

以上意义都是语言系统中固有的、为某个言语社团共同理解的意义，可以统称为语言意义（linguistic meaning）。语言意义具有概括性、相对稳定性。它是语义的基础部分和核心部分。比如“他昨天买了许多苹果”，“他”指第三人称单数，不指具体人；“昨天”指说话的前一天，不指具体哪一天；“买”是一种购买行为，“了”表示动作完成；“许多”表示数量多，不知到底多少；“苹果”是一种水果类别。整句话表达的意义是，交际的第三方（男性）在说话的前一天买了（不是偷、摘等）为数不少的苹果，这是语言意义。

言语意义（speech meaning）是在一定的交际环境中产生的特定意义和临时意义。它跟语境紧密相关，具有个别性和多变性。如上面提到的例子“他昨天买了许多苹果”，说话人为什么要说这句话？陈述事实？表示羡慕？想去吃？暗示对方聚餐时不用再买苹果？……只有结合交际环境才能得知，这是言语意义，或说语用意义。言语意义以语言意义为基础，并受交际环境制约，所以能够被参与交际的人所理解。言语意义有固化为语言意义的可能，许多词语意义的衍生就是通过这种途经。比如“泰山”，开始仅指某个人的岳父，言其有靠山，属言语意义；后来成为岳父的别称，固化为词义，转化为语言意义。

## 第二节 语义单位

为了研究的方便，将语义划分出一个个大小不等的单位，这就是语义单位，从小到大主要有义素、义位、义丛、义句四种。义位是中心，往下可以区分出义素，往上可以组合成义丛、义句。

### 一、义素

#### （一）什么是义素

对词义的分析，传统的方法是笼统的、概括的。后来，人们借鉴音位的区别特征（distinctive feature）理论，也将词义划分为一个个区别性特征，这就是义素（sememe），或叫语义特征（semantic feature），简称“义征”[①]。例如，“哥哥”与“姐姐”比较，含有［＋人］、［＋亲属］、［＋同胞］、［＋年长］、［＋男性］五个特征（说明：“＋”号表肯定、具有，“－”号表否定、不具有），五个特征就是五个义素。确切地说，义素就是对一群词的词义进行比较分析以后得到的最小的具有区别性的语义单位。一个个词义（义位）可以看作义素的集合。

义素分为共同义素和区别义素。如“哥哥”和“姐姐”，共同义素是［＋人］、［＋同胞］、［＋亲属］、［＋年长］，区别义素是［＋男性］／［－男性］。义素还有本质义素和非本质义素之分，如“男人”与“女人”比较，含有［＋人］、［＋成年］、［＋男性］、［＋长胡子］、［＋力气大］等义素，前三项为本质义素，后面为非本质义素。分析义素时，应抓住本质义素。

应当明确，义素不是自然的语言单位，而是理论上分析出来的语义单位。我们可以借用自然语言来表述这些语义特征，但在语言体系中它们是不能直接观察到的，当它们集合在一起以后，才体现出自然语言的意义。

#### （二）义素分析过程

义素分析采用的是词群比较法，即把两个或两个以上在意义上有共同特点的词放

---

① 彭泽润，李葆嘉. 语言理论. 长沙：中南大学出版社，2002. 书中对“义素”和“义征”有不同的界定，请参看该教材有关部分。

在一起进行比较，找出异同。下面以“男人、女人、男孩、女孩”为例，具体说明义素分析的四个步骤。

1. 提取

通过比较，提取各词的共同义素和区别义素。四个词一起比较，提取共同义素[+人]；“男人”和“女人”比较，提取共同义素[+成年]；“男孩”和“女孩”比较，提取共同义素[+未成年]；“男人”和“男孩”比较，提取共同义素[+男性]；“女人”和“女孩”比较，提取共同义素[+女性]。由于比较范围不同，区别义素也已提取出来，如“男人”和“女人”的区别在于[+男性]/[+女性]，已包含在上述义素之中，因此不必另外提取。其他同此。

2. 简化

运用对立关系，把第一步提取的具有二元对立关系的两个义素进一步合并为一个义素。上面五个义素中，[+成年]/[+未成年]对立，可合并为[±成年]，[+男性]/[+女性]对立，可合并为[±男性]（或[±女性]）。这样，五个义素简化为三个。采取中性表示方法（即不带+、-号），三个义素即是[人]、[男性]（一般用此表示）、[成年]。

3. 表述

用适当的方式将上面分析的结果显示出来。有两种方法，一种是横排式，如下：

男人：[+人]、[+男性]、[+成年]；女人：[+人]、[-男性]、[+成年]；
男孩：[+人]、[+男性]、[-成年]；女孩：[+人]、[-男性]、[-成年]。

一种是矩阵式（或叫矩阵图），如下：

| | [人] | [男性] | [成年] |
|---|---|---|---|
| 男人 | + | + | + |
| 女人 | + | - | + |
| 男孩 | + | + | - |
| 女孩 | + | - | - |

各词的异同一目了然。

4. 检验

分析之后，把各个义素加合起来，看是否跟词义相等。如果义素之和的范围大于词义，就说明分析不足，需要加上某些限定性义素；如果义素之和的范围小于词义，就说明分析过度，需要去掉某些限定性义素。例如，“[男性]、[成年]、[人]”与“男人”（基本义）在内涵和外延上是相等的，所以分析正确。其他类此。

进行义素分析时应注意以下几点：

第一，分析义素要放在一群词中进行，单个的词无法分析，因为义素是通过比较得出的。

第二，一群词中，要有共同义素，这是能够进行义素分析的前提，如“月亮”和“感情”就无法进行义素分析。

第三，共同义素和区别义素的提取都要适度。共同义素的提取既要简明适中，又要跟其他语义类别分开，区别义素提取到能够将各词区分开为止。如“爸爸、妈妈”的共同义素提取 [＋直系亲属]、[＋长一辈]（或把“[＋长一辈]”分解为“[＋长辈]、[＋邻代]”）即可，没必要说 [＋人]。如果加上 [＋成年]，则范围过小，剥夺了某些未成年人由于某种原因当爸爸、妈妈的资格。如果只说 [＋直系亲属]，范围过大，就不能跟“丈夫、妻子”以及“儿子、女儿”等分开。区别义素的提取同样如此，多了要么不经济，要么范围过小；少了又不足以将各词分开。如“爸爸、妈妈”的区别义素提取 [＋男性] / [－男性] 即可，因为凭此已经把两者分开了。

第四，义素分析起初只适用于词的理性意义分析，后来逐渐扩展到附加意义以及语法意义的分析。

### （三）义素分析的价值与不足

义素分析既有理论价值，又有应用价值。其一，可以深化和细化对语义（尤其是词义）的分析，促进人们对一些语义范畴的认识和发现，为语义分析的形式化提供了一条途径，并为语法分析方法提供了借鉴（如语义特征分析法）。其二，有助于辨析类义词、同义词、反义词的同与异。其三，有利于计算机的语义识别和处理。由于在机器词典中，词条不再以词的义项来存贮，而是以义素来存贮，就可以使用较少量的义素，对大量的、难以穷尽枚举的词义作形式化的描述；通过对机器词典中不同义素集合内的各个义素的分析比较，计算机可以比较容易地找出不同单词在词义上的细微差别；通过义素分析法，计算机可以了解到词与词搭配时在语义上要受到什么样的限制。①

但迄今为止，义素分析还很不完善：其一，还没有一种自然语言进行过详尽的义素分析，尚未建立某种语言的义素系统。其二，对具体的词进行义素分析时，选取哪些义素，没有统一的标准。其三，即使是义素相同，用自然语言表述时，也不一定相同。其四，范围还有待扩展。对亲属称谓词等的分析比较成功，但对一些词，如颜色

---

① 冯志伟．自然语言的计算机处理．上海：上海外语教育出版社，1996. 382～385.

词，目前还没有找到理想的分析办法。

### （四）义素分析举例

1. 亲属称谓词

表 3－1 亲属称谓词义素分析表

| | ［血亲］ | ［直系］ | ［同胞］ | ［辈分］ | ［男性］ | ［年长］ |
|---|---|---|---|---|---|---|
| 爷爷 | + | − | − | ↑2 | + | + |
| 奶奶 | + | − | − | ↑2 | − | + |
| 爸爸 | + | + | − | ↑1 | + | + |
| 妈妈 | + | + | − | ↑1 | − | + |
| 哥哥 | + | − | + | = | + | + |
| 姐姐 | + | − | + | = | − | + |
| 弟弟 | + | − | + | = | + | − |
| 妹妹 | + | − | + | = | − | − |
| 儿子 | + | + | − | ↓1 | + | − |
| 女儿 | + | + | − | ↓1 | − | − |

说明：“↑1”表示长一辈，“↓1”表示晚一辈，余者类推，“＝”表示同辈。

2. 类义词

（1）蜡烛：［＋照明用具］、［－用电］、［＋用蜡作燃料］、［＋用于室内］
台灯：［＋照明用具］、［＋用电］、［－用蜡作燃料］、［＋用于室内］
路灯：［＋照明用具］、［＋用电］、［－用蜡作燃料］、［－用于室内］

（2）走：［＋动作］、［＋用脚］、［－双脚同时着地］、［－特意用力］
蹦：［＋动作］、［＋用脚］、［＋双脚同时着地］、［＋特意用力］
跳：［＋动作］、［＋用脚］、［－双脚同时着地］、［＋特意用力］

3. 同义词

（1）tall：［＋高］、［＋修饰有生命力的人或事物］
high：［＋高］、［－修饰有生命力的人或事物］

（2）突然：［＋出乎意料］、［＋形容词］、［－副词］
忽然：［＋出乎意料］、［－形容词］、［＋副词］

（说明：以上分析已将词的搭配特点和词性纳入其中，拓展了义素分析的范围。）

4. 反义词

（1）死：[ +生命]、[ +停止]

　　活：[ +生命]、[ -停止]

（2）深：[ +往下或往里距离]、[ +大]、[ -小]

　　浅：[ +往下或往里距离]、[ -大]、[ +小]

（说明：以上分析的是基本义。）

## 二、义位

### （一）什么是义位

义位（glosseme）是最小的造句时独立使用的语义单位。单义词只有一个义位，如“桌子”。多义词有多个义位，例如：

a. 这口井很深。

b. 他们俩感情深。

c. 夜深了。

三个“深”是同一个词，但意义不同，a 是“向下距离大”，b 是“（感情）亲密、深厚”，c 是“时间晚”，都能够独立使用，也就是说，是三个义位（“深”还有其他义位）。

前面介绍的义素，是理论上分析得出的语义单位，不是自然使用的语义单位。语言中独立使用的语义单位有义位、义丛（大致相当于词组义）、义句（大致相当于句义）等，而义位是最小的。

对义位，有广狭不同的理解。广义的义位，既适用于词义，也适用于不成词的语素义，相当于词典中的义项（semantic item）。例如：

妈　①母亲。②称长一辈或年长的已婚妇女：姑～｜姨～｜大～。③旧时连着姓称中年或老年的女仆：王～｜鲁～。①

“妈”的三个义项只有①能够独立使用，但都作为义位看待。狭义的义位只指能够独立使用的词义，不包括不成词的语素义。上例只有①义才是“妈”这个词的义位。本书所讲的义位是狭义的义位。

也有人将义位理解为词或语素的概括的意义单位，“是一个词或者语素互相联系

① 中国社会科学院语言研究所词典编辑室．现代汉语词典（第6版）．北京：商务印书馆，2012. 860.

的不同的意义的集体”[①]。本书不取这种理解。

义位与词义不同。词义是统称，义位是分称。一个词义可以是一个义位（单义词），也可能包含几个义位（多义词）。

义位与义项不同。义项是词典学术语，是字典、词典里对语素、词、熟语的意义的分项说明，含义较宽，义位只指作为词使用时的一个个意义。

义位与义素不同。义位是义素的集合，义素是对义位的分解。如“男人”指“男性的成年人”，这个义位就是［＋人］、［＋男性］、［＋成年］三个义素的集合。

义位与语素义也不同。语素义包含于义位之中，如“妈”的语素义“长一辈或年长的已婚妇女”包含在“父亲的姐妹”（姑妈）、“母亲的姐妹”（姨妈）等义位之中。

### （二）义位的划分

划分义位时应遵循以下基本原则：

1. “独立”原则

即义位可以独立运用。如多义词“打”，每次使用的只是一个义位，“打刀”使用的是“制造”义，“打枪”使用的是“射击”义，“打毛衣”使用的是“编织”义。不成词的语素的意义不能作为义位，如“打击”中的“打”义就不是义位。

2. “最小”原则

即义位作为整体使用，不能再行分解。“男人”的“男性的成年人”作为一个义位在语言交际中使用，分解的义素［＋人］、［＋成年］、［＋男性］，只是理论上的分析，不是自然语言的使用单位，不符合“独立”原则。“一个男人”是“一个男性的成年人”的意思，虽可独立使用，但不是义位，是义丛，因为不是最小的。

3. “概括”原则

即义位是从各种具体用法中概括出来的意义。不能说“桌子”有圆桌、方桌、课桌、餐桌等不同义位，只有“家具，上有平面，下有支柱，在上面放东西或做事情”[②]这一个义位。

4. “固定”原则

即义位应是脱离具体语境的、言语集团都这样理解的意义。如“笨得跟猪一样”，只是临时的比喻用法，不能据此归纳猪有“笨”的意思。再如“很绅士”之类

---

① 彭泽润，李葆嘉. 语言理论. 长沙：中南大学出版社，2002. 291～292.

② 中国社会科学院语言研究所词典编辑室. 现代汉语词典（第6版）. 北京：商务印书馆，2012. 1718.

的说法目前有蔓延趋势，但“绅士”还没有凝固成“具有绅士风度的”这一形容词义位。

## 三、义丛

义丛（semantic cluster）是由两个或两个以上的义位组合而成的语义单位。一般用词组表达。单义词组只有一个义丛，多义词组有多个义丛，如“学习文件”，既可以是“供学习的文件”（领一份学习文件），也可以是“学习的对象是文件”（下午学习文件），有两个义丛。

义丛的意义等于构成成分的意义加上成分之间的组合关系意义。如“红苹果”的意义就是“红”的意义加上“苹果”的意义，再加上修饰和被修饰的关系。尽管成分相同，语序相同，如果组合关系不同，也会形成不同的义丛，如上举“学习文件”的两个义丛，就在于偏正/述宾关系的不同。

义丛如果作为独立的句子使用，就升级为义句。如，“下午干什么?”“学习文件。”这里的“学习文件”就是义句。

## 四、义句

义句（semantic sentence）是表达一个相对完整意思的语义单位。由句子表达。简单句（如“他来了。”）、复杂句（如“我知道他来了。”）、复合句（如“他来了，一会儿又走了。”）都可表达义句。

如果一个义句只作为更大义句的一个组成部分，那么这个义句则降级为义丛。如在“我知道他来了。”“他来了，一会儿又走了。”中，“他来了”都是义丛。

有的教材把义句叫“表述”。①

# 第三节 语义的聚合

语义的聚合一般只就义位而言。词的义位并不是孤立的，而是处在各种聚合关系

① 如邢福义，吴振国．语言学概论．武汉：华中师范大学出版社，2002. 117.

之中，形成互相联系的语义网络。多义词是同一个词内部义位的聚合，上下义词、总分义词、类义词、同义词、反义词都是不同词之间义位的聚合。

## 一、多义词

### （一）什么是多义词

多义词（polysemous word）是具有两个或两个以上互有联系的义位的词。只有一个义位的词是单义词。如果几个义位之间没有联系，如“一米等于三尺”的“米”和“买了一袋米”的“米”，是同音词，不是多义词。

判定是多义词还是同音词的关键，是看几个义位之间有没有联系。但在这个问题上，人们的理解并不一致。赵元任、吕叔湘等主张要以文化程度高的、读过古书的人的理解为准。[①] 虽然谈的是语素辨认，但与多义词的识别是一致的。例如，“别在桌子上乱刻”、“现在是三点一刻”中的两个“刻”，《现代汉语词典》列在同一词条之下[②]，处理与赵元任、吕叔湘的意见相同。《汉语水平词汇等级大纲》列为“刻（动）”、“刻（量）”两个词条[③]。读过古书、了解古文化的人认为两个“刻”有联系，都与“刻度”有关（古代用漏壶计时，内置有刻度的标尺，一昼夜为 100 刻），所以是一个词的两个义位。而现代一般大众很难把两个“刻”的意义联系起来。就现代汉语而言，我们主张依据现代大众一般语感（modern masses’ general intuition）来判定义位有无联系，即站在共时平面上，看大多数人是怎样理解的，而不是仅凭少数人的理解来判定。如果研究的是古代汉语或古代某种语言的多义词，同样依据当时的大众语感判定。依据现代大众一般语感，上举两“刻”，可以处理为同音词。

### （二）多义词的义位

一个词刚产生的时候一般是单义词，在后来的使用过程中为了满足交际的需要逐渐增加新义，而变成了多义词。当然，也有词义消亡的情况，如“书记”的“办理文书及缮写工作的人员”的意义在现代汉语中已不再使用。但词义发展的总趋势是单义变成多义，多义词的义位逐渐增多。多义词常提到的义位有本义、引申义、比喻

---

① 参见施光亨．语素研究述评．朱一之，王正刚．现代汉语语法研究的现状和回顾．北京：语文出版社，1987. 65～74.

② 中国社会科学院语言研究所词典编辑室．现代汉语词典（第 5 版）．北京：商务印书馆，2005. 774.

③ 国家汉语水平考试委员会办公室考试中心．汉语水平词汇与汉字等级大纲（修订本）．北京：经济科学出版社，2001. 253.

义、借代义、基本义等。

1. 本义

文献记载的词的最初的意义。例如，汉语“兵”的本义是“武器”，“走”的本义是“跑”。应该说，词的最初的意义要远远早于文献记载，因为有声语言的出现要比文字的产生早得多，但由于无稽可考，就以文献为据。本义是词义赖以衍生的基础，也是各个义位能够互相联系的基础。例如“舌头”：①辨别滋味、帮助咀嚼和发音的器官。②为侦讯敌情而活捉来的敌人。①是本义，②由①发展而来。说是“基础”，是指各种派生义衍生的起点，不指词义发展链条上的中间环节。如“打”，不能因为“制造”义衍生出“编织”义，就说“制造”是本义，“敲击”才是本义。

2. 引申义

从某个意义通过类比引申、类同引申等方式发展出来的词的意义。所谓类比引申，指通过类比联想由此及彼地派生词义的方式。与“隐喻”的心理机制密切相关。一般线路是由具体到抽象，由个别到一般。如“深”，由“从上到下或从外到里的距离大”，类推到时间的深度（时间晚）、感情的深度（感情深厚）、内容的深度（内容深奥）等等。空间距离比较具体，其他则比较抽象。所谓类同引申，指从某一基点出发联想到其他事物而派生词义的方式。类同引申的各个义位都有共同的语义基点。例如，从“打”的“敲击、打击”出发，引申出“制造”（打把刀）、“编织”（打毛衣）、“舀取”（打水）、“做某种游戏”（打球、打扑克）等，这些义位有个共同点，即都与手的动作有关，这是它们引申的基础。

引申义产生的方式比较复杂，除了类比引申和类同引申之外，还有泛指引申，词义指称范围由小到大，如“河”，由专指黄河到泛指一切河流；特指引申，词义指称范围由大到小，如“臭”，由泛指一切气味到特指一种难闻的气味；虚化引申，由表示实在的词汇意义到表示较虚的语法意义，如“着”，由表示“附着”实在的动词义到表示“进行体/持续体”较虚的语法意义。

3. 比喻义

通过比喻的方式发展出来的词的意义。刚开始的时候，某个意义可能只是临时的比喻用法，后来这种用法逐渐被社会接受，便凝固为词的比喻义。例如，“酝酿”：①造酒的发酵过程；②比喻做准备工作。显然，②是比喻义。比喻义和由类比引申产生的引申义有近似之处，两者都基于事物之间的相似点，一般都是由具体到抽象。但有区别：产生比喻义的本体更为显豁，本体和喻体的联系更易感知，是一种“显喻”；而由类比引申产生的引申义本体和喻体之间的联系则比较隐蔽，是一种“隐喻”。

4. 借代义

通过借代的方式发展出来的词的意义。一般把借代义看作引申义的一种，我们觉得，借代义不同于引申义。借代义与由类比引申产生的引申义不同，自不待言，与由类同引申产生的引申义也不相同：类同引申义基于语义共同点，借代义基于事物间的相关性。例如，“须眉”是男子外表的特征（须眉皆白），就用“须眉”代“男子”（巾帼不让须眉）；“翻译”本来是“把一种语言文字的意义用另一种语言文字表达出来”的行为，后来用这种行为代“做翻译工作的人”。两例后面的意义都是借代义。由此可见，借代义产生的语义基础不是相同、相似，而是相关。理论上，修辞上的各种借代手段都有可能产生借代义。

引申义、比喻义、借代义可以概括为派生义（或叫转义），与本义相对。派生义不一定都从本义直接发展而来，理论上说，引申义、比喻义、借代义都可能发展出派生义。

需要说明的是，现代认知语言学把词义的派生方式主要分为隐喻和转喻（或称“换喻”）两种：隐喻基于事物之间的相似性，转喻基于事物之间的相关性。上述比喻义属于隐喻，借代义属于转喻；引申义比较复杂，既有隐喻，也有转喻，大体说来，类比引申、虚化引申属于隐喻，类同引申、泛指引申、特指引申属于转喻。

5. 基本义

在某一个时期词的最主要最常用的意义。例如，现代汉语“兵”的基本义是“士兵”，“走”基本义是“行走”。“某一个时期”可以是古代的某一个时间，也可以是现代的某一个时间，总之是使用语言的人观察词的义位的时间立足点。对语言使用者来说，“某一个时期”就是“当代”（当前时间）。比如，对上古人来说，“热水、开水”是“汤”的基本义，“一切气味”是“臭”的基本义；对使用现代汉语的人来说，“汤”的基本义是“食物煮后所得的汁水”，“臭”的基本义专指“臭味”。基本义是通过比较得出的，因此单义词无所谓基本义，当然也可以认为单义词的基本义与唯一的义位重合；多义词的基本义一般只有一个。

### （三）多义词义位之间的关系

许多教材把基本义跟本义、引申义、比喻义、借代义混在了一起。例如，黄伯荣、廖序东主编的《现代汉语》说：

> 有的词有几个义项，几个义项之间的地位并不是平等的，其中至少有一个义项是基本的、常用的；其他的义项一般是由这个义项直接或间接地发展转化来的。前者叫作基本义，后者叫作转义。①

---

① 黄伯荣，廖序东．现代汉语（增订四版，上册）．北京：高等教育出版社，2007. 235.

胡裕树主编的《现代汉语》也说：

从应用上来看，多义词的几个意义并不是完全相等的。其中有一个意义是最常用的、基本的，其他意义则是由这个意义转化、发展出来的。前一种意义叫作基本意义，后一种意义叫作引申意义。[①]

两种说法大体相同，我们以黄、廖本《现代汉语》为例加以分析。这不仅仅是个名称问题。如果这里的"基本义"相当于我们所说的"本义"，那么它不一定就是"基本的、常用的"，因为转义也可能是"基本的、常用的"，如"兵"的本义是"兵器"，但在现代汉语里的常用义是"士兵、战士"；如果这里的"基本义"相当于我们所说的"基本义"，那么它不一定就是词义衍生的起点，也就不能与"转义"相对待，如"巾帼"在现代汉语里的基本义是"妇女"，但不能说"古代妇女戴的头巾和发饰"这个意思是从"妇女"义发展来的。

这种处理至少有两种弊端：

其一，理论上，混淆了共时和历时两个维度，造成不必要的理论混乱。从本义到派生义（包括引申义、比喻义、借代义）是从词义衍生的角度说的，时间上，本义在前，派生义在后，是历时维度；基本义是就词义的共时系统说的，在多义词的各个义位中，最常用、最基本的意义是基本义，其余的都是非基本义。基本义和非基本义只在于地位的主次，不在于时间的先后。

其二，实践上，由于基本义和其他义位是交叉关系，必然导致烦琐的解释。因为本义、引申义、比喻义、借代义都有可能是基本义，也可能不是。例如，"网"的"用绳线等结成的捕鱼捉鸟的器具"义既是本义，也是基本义，而"脸面"的"脸"义（脸面消瘦）只是本义，不是基本义（基本义是"情面，面子"）；"游行"的"广大群众为了庆祝、纪念、示威等在街上结队而行"义既是引申义又是基本义，而"深"的"（感情）深厚"义只是引申义，不是基本义（基本义是"从上到下或从外到内的距离大"）；"包袱"的"比喻某种负担"义（思想包袱）既是比喻义又是基本义，而"窝"的"比喻坏人居住的地方"义只是比喻义，不是基本义（基本义是"鸟兽昆虫居住的地方"）；"须眉"的"男子"义既是借代义又是基本义，而"红领巾"的"少先队员"义只是借代义，不是基本义（基本义是'红色的领巾，少先队员的标志"）。如此看来，基本义与本义、引申义、比喻义、借代义都有交叉关系，如果绞在一起，很难理清头绪。

我们的意见是，把两个维度的现象区别开来，本义和派生义（包括引申义、比

---

① 胡裕树．现代汉语（重订本）．上海：上海教育出版社，1995. 219.

喻义、借代义）相对，这是历时角度；基本义和非基本义相对，这是共时角度。① 如图 3－3 所示。

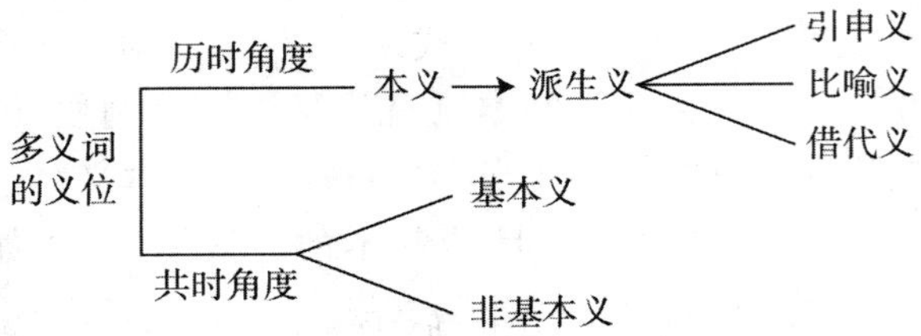


**图 3－3 多义词义位间的历时和共时关系**

## 二、上下义词

上下义词是具有属种关系的一组词。其中表示属概念的词是上义词（hypernym），表示种概念的词是下义词（hyponym）。例如，工人—电工、读—朗读、白—雪白。不具有属种关系的一组词不是上下义词。例如，“中国—北京—颐和园”是总分关系，“博士—硕士—学士”是顺序关系，都不是上下义词。

上下义词具有蕴含关系，下义词蕴含上义词。例如，“电工”必然是“工人”。

上下义词具有传递关系。例如，“植物”是“树”的上义词，“树”是“乔木”的上义词，那么“植物”必然是“乔木”的上义词。

上下义词具有相对性。例如，“植物”是“树”的上义词，却是“生物”的下义词。

上下义词内部关系远近不同。处于相邻层次的上下义词叫直接上下义词，处于相隔层次的上下义词叫间接上下义词。例如，“机动车—汽车”是直接上下义词，“机动车—客车”是间接上下义词。

## 三、总分义词

总分义词是具有整体部分关系的一组词。其中表示整体意义的词是总义词，表示部分意义的词是分义词。例如：身体—头、北京—天安门、房子—窗户。

---

① 有关多义词的讨论详见安华林．多义词的义位及其关系．盐城师范学院学报（社会科学版），2003（3）．

跟上下义词一样，总分义词也具有传递关系、相对性以及远近不同的关系，都可以进入“甲包括乙”格式。但又不同，上下义词是属与种的关系，可以进入“乙是甲”格式，如“电工是工人”；总分义词是整体与部分的关系，不能进入“乙是甲”格式，但可以进入“乙是甲的一部分”格式，如“头是身体的一部分”。

## 四、类义词

类义词是同属于一个较大意义类别、地位平等的一组词。上下义词、总分义词地位不平等，因此不是类义词。一般所说的同义词、反义词也不看作类义词。根据类义词内部的意义关系，可以分为并列类义词、顺序类义词和对立类义词。

1. 并列类义词

并列类义词各词意义之间是平等并列的关系，没有明显的顺序。例如，“锅碗瓢盆”同属厨具类，“笔墨纸砚”同属文具类，“走、蹦、跳”同属腿部动作类，“红橙黄绿青蓝紫”同属颜色类。有些并列类义词的意义并不是各词词义的简单罗列和相加，而有统括义，如“锅碗瓢盆”概括了所有的厨具，包括铲子、勺子等；语序也比较固定。它类似成语又比成语灵活，是介于自由词组和固定词组之间的语言成分，值得研究。①

2. 顺序类义词

顺序类义词的成员表示一定的次序。有两种排序，一种是顺延次序，例如，初一、初二……初十，小学、中学、大学，学士、硕士、博士；另一种是循环次序，例如，春夏秋冬，星期一、星期二……星期日，天干地支配合而成的六十甲子。

3. 对立类义词

对立类义词只有两个成员，分别处在一定关系的两端，两者既互相对立，又互相依存。例如，“老师—学生”是教育与被教育关系，“父母—子女”是养育与被养育关系，“丈夫—妻子”是配偶关系，“买—卖”、“嫁—娶”是相对的行为关系。而且两项互相依存，没有“老师”，自然就无所谓“学生”，反过来也是这样。

有人把对立类义词处理为反义词。两者有共同点：都是两个成员，成员之间具有对立关系。但对立类义词跟通常所说的反义词是有区别的：

（1）两项互为关系，互相依存。例如，社会关系：父母—子女（亲属关系）、老师—学生（教育关系）、丈夫—妻子（婚姻关系）；行为关系：买—卖、嫁—娶。没

① 参看安华林．“四字骈语”初探．信阳师范学院学报（哲学社会科学版），2001（1）．

有一方，另一方也就不存在。反义词突出的是相反或相对的关系，依存关系并不明显。例如，“男”是人的性别属性，不依赖“女”而存在。同样，“大”也不依赖“小”而存在，“大、小”都是跟公认的平均标准相比而言的，比如一般情况下，小西瓜也应该比大桃子要大。即使认为它们有依存关系，也没有对立类义词那么明显。

（2）两项可以互相推导。例如，由“甲是乙的老师”，可以推知“乙是甲的学生”；由“甲是乙的丈夫”，可以推知“乙是甲的妻子”；由“甲娶乙”，可以推知“乙嫁甲”。反过来同理。反义词不能这样推导。比如，有甲、乙两人，不能由“甲是男的”，推知“乙是女的”，也不能由“甲是乙的父亲”，推出“乙是甲的母亲”。有的反义词可以推导，例如，由“甲比乙大”，可以推知“乙比甲小”，但不能证明它们就是对立类义词，因为前面说过，“大、小”是跟平均标准比的，甲比平均标准大，乙比平均标准小，由于传递关系，自然甲比乙大，乙比甲小。在实际语言使用过程中，平均标准是不需要言明的，人们就直接谈论某一事物“大、小”，或把两事物直接对比。

可见，即使把对立类义词归入反义词，也要作为反义词的一个小类，讲明跟一般反义词的不同之处。

## 五、同义词

同义词（synonym）是理性意义相同或相近的一组词。根据理性意义是相同还是相近，同义词又分为等义词和近义词。

1. 等义词

等义词是理性意义完全相同的同义词。例如，语法—文法、土豆—马铃薯、番茄—西红柿、青霉素—盘尼西林。等义词又可分为两类，一类是理性意义和附加色彩都完全相同的等义词，可以叫绝对等义词。语言中这类现象很少，即使在一定时期存在，也会加以淘汰或出现分化。另一类是理性意义相同但在附加色彩等方面不同的等义词，可以叫相对等义词。具体表现在：

（1）造词理据不同。例如，土豆—马铃薯、水泥—洋灰。

（2）词源不同。例如，青霉素—盘尼西林、话筒—麦克风。

（3）时代色彩不同。例如，语法—文法、故—所以。

（4）地域色彩不同。例如，黄瓜—青瓜、月阴—月姥姥。

（5）感情色彩不同。例如，鼓励—怂恿、团结—勾结。

（6）语体色彩不同。例如，死—逝世、休息—休憩。

（7）形象色彩不同。例如，苍穹—碧空、飞奔—奔跑。

（8）搭配对象不同。例如，汉语普通话的“肥—胖”，英语的 tall—high、handsome—pretty。

（9）语法功能不同。例如，突然—忽然、刚才—刚刚。

2. 近义词

近义词是理性意义相近的同义词。近义词的不同表现在以下方面：

（1）意义侧重点不同。例如，破除—解除—消除、稳定—稳固—牢固、精明—精干。再如：

看：[+视线接触物体][+往一定方向]

见：[+视线接触物体][+往一定方向][+有结果]

望：[+视线接触物体][+往一定方向][+向远处]

（2）意义轻重不同。例如，损坏—毁坏、批评—批判、优良—优秀—优异。

（3）范围大小不同。例如，边疆—边境、局面—场面、森林—树林。

（4）个体集体不同。例如，书—书籍、枪—枪支、人—人们。

（5）搭配对象不同。例如，交流—交换、赡养—抚养、宏大—巨大—庞大。

近义词除了理性意义有一些差别外，还可能附加色彩也不同。如“奔走、奔波”都有“为某事而到处活动”的意思，但“奔走”有“快走”的意思，“奔波”没有；“奔波”让人联想到像波浪一样起伏不定，“奔走”没有这样的形象色彩。

一组近义词的不同往往不止一个方面，意义方面的不同会影响搭配对象和语法功能，如“破除迷信、解除武装、消除隐患”不能互换，“一本书”也不能说成“一本书籍”。

## 六、反义词

1. 什么是反义词

反义词（antonym）是理性意义在某方面相反或相对的两个词。理性意义相同，非理性意义相反或相对的两个词是同义词，不是反义词，如“成果—后果”，“鼓励—怂恿”。反义词也不是理性意义完全相反或相对，而是同中有反，在同的基础上相反。

多义词在不同义位上可以有不同的同义词和反义词。例如“漂亮”，在“外表让人赏心悦目”的意义上，有“好看、美丽”等同义词，有“难看、丑陋”等反义词；在“事情做得让人满意”的意义上，有“出色”等同义词，有“窝囊”等反义词。

2. 反义词的构成条件

构成反义词必须具备以下条件：

（1）两项共同属于一个语义范畴。例如，“高—低”都指纵向维度（高度），“长—短”都指横向维度（长度），可构成反义词。但“高”与“短”、“低”与“长”不能构成反义词。

（2）两项处在一种关系的两端。例如，“黑—白”是反义词，但“黑”与“灰”、“灰”与“白”不能构成反义词。“大”与“小”可以构成反义词，但都不能跟“中”构成反义词。

（3）两项只在某个义素上对立。例如，“哥哥”与“弟弟”只在［+年长］/［-年长］上对立，“哥哥”与“姐姐”只在［+男性］/［-男性］上对立，其他方面相同，可以构成反义词；“哥哥”与“嫂子”在［血亲］、［姻亲］、［男性］、［年长］多个义素上都形成对立，所以构不成反义词。

另外，反义词还要求（最好做到）：风格色彩相同，如“父亲—母亲”、“爸爸—妈妈”是反义词，“父亲—妈妈”、“母亲—爸爸”不是严格的反义词；单位相同，是词对词，诸如“好—不好”、“大国—小国”只能叫反义表述，不是反义词；词性相同，如“智慧—愚蠢”不是严格的反义词；音节相同，如“昼—夜”、“白天—黑夜（夜晚）”是反义词，“昼—黑夜”、“夜—白天”难以构成反义词。

3. 反义词的类型

反义词可以分为绝对反义词（又叫“互补反义词”）和相对反义词（又叫“极性反义词”）两类。

绝对反义词的特点是，两项非此即彼、非彼即此，没有中间词。例如，男—女、死—活、动—静、开—关。语言中的“不A不B”（不男不女）、“半A不B”（半死不活）等说法，只是比况性的表述。

相对反义词的特点是，两项非此不一定彼、非彼不一定此，有中间词。例如，大—（中）—小、高—（中）—低、寒冷—（温暖）—炎热、天堂—（人间）—地狱。

## 七、语义场

1. 什么是语义场

语义场理论是德国语言学家特里尔（J. Trier）在《智能义域中的德语词汇》（1931）一书中首先提出的。它与义素分析理论一起，奠定了现代语义学的基础。

语义场（semantic field）是具有共同核心义素的一群词聚合在一起而形成的互相

联系的意义集合。有时简称“义场”或“词场”。所谓“共同核心义素”，是指能将这几个词聚合在一起而区别于其他语义场的义素。如“鼓励、鼓动、怂恿”因都有“激发别人去做某事”这一义素而成为同义词，“高、低”因在“高度”上相对而成为反义词，“红橙黄绿”因同属“颜色”而成为类义词，它们都可形成语义场。

语义场是词义聚合的一种形式，也是词义系统性的一种表现。分析语义场，有助于考察词义的系统性及其相互作用。同一个语义场内各个词的意义既互相联系又互相制约，某个词义（或语素义）发生了变化，就会影响或激发其他词（或语素）的意义也发生相应的变化。如“黑”、“白”、“红”本来表示三种颜色，后来都发展出派生义。“黑”有“卑劣、背叛”义，如“黑心烂肝”、“心肠黑”等，“红”就有“忠贞、高尚”义，如“一颗红心”、“又红又专”；“红”有“喜庆”义，“白”就有“悲伤”义，如“红白事”；“红”有“革命”义，如“红军’、“红色政权”，“白”就有“反动”义，如“白军”、“白匪”、“白狗子”；“黑”有“隐秘”义，如“黑社会”，“白”就有“公开”义，如“真相大白”。

2. 语义场的类型

语义场可以从不同角度加以分类。根据场内各词的地位，可以分为上下语义场和平行语义场两大类。上下语义场是具有上下层次关系或范围大小关系的词义构成的语义场，如前面介绍的上下义词、总分义词构成的语义场。平行语义场是具有平级关系的词义构成的语义场，如前面介绍的类义词、同义词、反义词构成的语义场。

根据场内各词的数量，可以分为二元语义场和多元语义场两大类。二元语义场是只有两个词项构成的语义场，如前面介绍的对立类义词、反义词构成的语义场。多元语义场是三个以上的词项构成的语义场，如前面介绍的上下义词、总分义词、并列类义词、顺序类义词、同义词构成的语义场。

## 第四节　语义的组合

### 一、语义正确组合的条件

义位不仅处在纵向的聚合关系之中，还处在横向的组合关系之中。义位可以组合成义丛、义句以至更大的单位。合格的语义组合，不仅要合乎一种语言的语义规则，而且要符合语法规则和语用规则等。那么，什么样的语义组合才算是正确的呢？情况比较复杂，各种语言也不相同。就一般意义来说，应该具备以下条件：

1. 符合客观事理

语义的正常组合以客观的逻辑事理为基础。如果组合的意义违背客观事理，这样的组合即使合乎语法，也难以被接受。美国语言学家乔姆斯基（N. Chomsky）在他的《句法结构》（1957）里举过这样的例子：Colorless green ideas sleep furiously.（无色的绿色念头在狂怒地睡觉。）再如汉语："丧偶的婴儿在谈恋爱。"这样的组合尽管符合英语或汉语的语法，但语义是荒谬的，因为违背了客观事理，也违背了语义特征的相容性。

但客观世界是复杂的，存在许多特殊情况。如外国一则谜语：一个不是男人的男人用一块不是石头的石头打一只站在不是棍子的棍子上的不是鸟的鸟。谜底：一个太监用一块浮石打一只站在芦苇上的蝙蝠。用看似矛盾的语言形式表达客观世界存在的特殊情形。

2. 符合语法规则

每种语言乃至方言都有自己的语法，不合语法规则不能被接受。例如，"很他吃大"不合汉语语法，"The tree tall"不合英语语法；在汉语普通话中"吃饭、喝茶、吸烟"分别用不同的动词，但在汉语的一些方言里可以同用一个"吃"。因此，符合不符合语法规则，要放在特定的语言（或方言）系统里来判定。

3. 符合语用环境

语义组合不仅要考虑理性意义的搭配是否合理，还要考虑词语的附加意义跟语体、语境是否和谐，相宜者谓之得体，否则就是不得体。不得体也是语义组合不正确的一种表现。例如，说"××总统下榻在钓鱼台国宾馆"得体；而说"阿Q今晚将下榻在未庄的一个破庙里"就显得很滑稽。

4. 符合语音节律

这点对汉语很重要。汉语是韵律性比较强的语言，语义组合时还要符合韵律规则。例如，"种花、种草、种花草、种植花草"都是可以接受的说法，但"种植花、种植草"就是不好的组合；"制法、造法、制造法、制造方法"都可以接受，但"制方法、造方法"却不能被接受。

## 二、组合对语义的选择限制

一个语义组合体对组合成分的语义起着选择限制的作用。比如，多义词在组合之中一般会消除多义。

a. My brother is a bachelor.

b. My sister is a bachelor.

a 句既可理解为“我的哥哥（或弟弟）是个单身汉”，也可理解为“我的哥哥（或弟弟）是个学士”；b 句只能理解为“我的姐姐（或妹妹）是个学士”。因为英语“to be”句式要求主语和表语在语义特征上一致，bachelor 的两个义位，“单身汉”具有［+男性］语义特征，“学士”具有［±男性］语义特征，而 brother 具有［+男性］语义特征，因而两种理解都可以；sister 具有［－男性］语义特征，所以只能理解为“学士”。

即使是歧义结构，在更大的组合中也能消除歧义。“学习文件”有述宾、偏正两种理解，但在下面的组合中可以分化歧义：

a. 下午各单位都学习文件。(述宾)

b. 下午各单位都领学习文件。(偏正)

由于组合对成分的语义有选择限制作用，那么组合就有助于确定一个单位的意义。如汉语“走”是个多义单位，但在组合中可以确定是什么意思。

走路：［+用脚］［+交互向前移动］

走棋：［+用手］［+移动］

走亲戚：［+探望］

走味：［+改变原样］

说走了嘴：［+泄露］

## 三、语义结构

### （一）什么是语义结构

语义结构（semantic structure）是由两个或两个以上可以互相搭配的义位组成的结构。义丛、义句都是语义结构，表现为词组、句子等语言单位。

一个语义结构包含结构体、结构成分和结构关系三个要素。如“我吃苹果”，整个是个结构体，包含“我”、“吃”、“苹果”三个结构成分，靠“施事—动作—受事”的结构关系组合在一起。

语义结构不限于动词和名词性成分组成的结构体，还可以是“N+（的+）N”，如“小明的书”，形成“领有—所属”关系；“A+N”，如“好书”，形成“限制—被限”关系等等。如果把范围限定在谓词（包括动词和形容词）和名词性成分上，就是“述谓结构”，如“花开”、“花红”都是述谓结构。述谓结构是一个谓词和若干个谓项（名词性成分）组成的语义结构。如果把范围进一步限定在动词和名词性成分上，就是“动核结构”。由于目前“动词中心论”占据主流地位，人们比较关注动核结构。

### (二) 动核结构

动核结构 (verb－core structure) 是一个动词与若干个名词性成分所组成的语义结构。由于理论背景不同，有“论元结构”、“题元结构”等不同称呼。在动核结构中，动词处于核心地位，因此又叫“动核”，名词性成分叫“论元”(argument)，或称“谓项”、“变元”、“题元”等。

可以从结构体、结构成分和结构关系三方面来观察动核结构。

动核结构分为基本式和扩展式两种结构体。“我看书”是基本式，“我昨天在教室里看书”是扩展式。

一个动核结构必须包括动词和论元两种结构成分。动词是核心，论元是动词语义关涉的名词性成分。论元分为强制性（必选）论元（有人称为“行动元”，简称“动元”）和非强制性（可选）论元（有人称为“状态元”，简称“状元”）两种。如上例中的“我”、“书”是强制性论元；“昨天”、“教室里”是非强制性论元。

动词和论元靠语义结构关系结合在一起。在这种关系中，名词性成分充当的语义角色形成名词的格 (case)，如在“我昨天在教室里看书”中，“我”是施事，“书”是受事，“昨天”是时间，“教室里”是处所；在“用笔写字”中，“笔”是工具，“字”是结果等等。对格起标记作用的成分叫格标 (case label)，如“在教室里看书”中的“在”是表示处所的格标，“用笔写字”中的“用”是表示工具的格标。

动词和论元的语义结构关系还体现在动词所关涉的强制性论元的数量上，可据此给动词进行价 (valence) 分类：一价动词（只关涉一个强制性论元的动词），如“病”、“睡觉”；二价动词（关涉两个强制性论元的动词），如“吃”、“看”；三价动词（关涉三个强制性论元的动词），如“给”、“赠送”。值得注意的是，尽管在不同的语境里同一个动词所带的名词性成分的数量不同，如问“你看不看书?”可回答“看书。”也可回答“看。”但“看”都是二价动词。

### (三) 语义指向

在一个语义结构中，成分之间会发生各种各样的语义联系。语义指向 (semantic orientation) 是语义结构中词语之间的语义联系，或邻接，或不邻接，主要指非邻接成分之间的语义联系。通俗地说，语义指向就是一个成分在语义上指向哪个成分。举例如下。

1. 状语的语义指向

a. 浓浓地沏了一杯茶 → 沏了一杯浓浓的茶

b. 衣服没有穿破 → 衣服穿过多次，但没有破

例 a 中，状语“浓浓”指向“茶”；例 b 中，状语“没有”指向“破”，而不是“穿”。

2. 补语的语义指向

a. 他喝醉了酒 → 他喝酒，他醉了

b. 他喝干了酒 → 他喝酒，酒干了

c. 他喝完了酒 → 他喝酒，喝完了/他喝酒，酒完了/他喝酒，喝完了，酒也完了

例 a 中，补语“醉”指向主语“他”；例 b 中，补语“干”指向宾语“酒”；例 c 中，补语“完”既可以指向述语“喝”，也可以指向宾语“酒”，还可以兼指“喝”和“酒”，因此有歧义。

3. 副词“都”、“只”的语义指向

a. 小明和小华都买了这套丛书

b. 小明和小华只买了这套丛书

c. 这套丛书只小明和小华买了

d. 这套丛书小明和小华都买了

例 a 中，“都”指向“小明和小华”；例 b 中，“只”指向“这套丛书”；例 c 中，“只”指向“小明和小华”；例 d 中，“都”既可指向“这套丛书”，也可指向“小明和小华”，还可兼指“这套丛书”、“小明和小华”，因此有歧义。

### （四）语义结构关系与语法结构关系

现实的词语组合，具体的语义关系十分复杂，如“打铁”、“打酱油”、“打扑克”、“打篮球”、“打票”、“打官司”等，前后两个词语之间的具体语义关系各不相同，但概括起来，都是“动作—受事”的关系，这就是语义结构关系。语义结构关系是词语在组合中形成的语义层面上的抽象概括的关系。有人称为“隐性语法关系”①。

语法结构关系是词语在组合中形成的语法层面上的抽象概括的关系。有人称为“显性语法关系”②。上举“打×”各例都是述宾关系。

---

① 朱德熙．汉语句法里的歧义现象．中国语文，1980（2）．

② 朱德熙．汉语句法里的歧义现象．中国语文，1980（2）．

语义结构关系和语法结构关系并非一一对应。例如，同是“动作—结果”的关系，“挖洞”是述宾关系，“挖通”是中补关系；同是述宾关系，“挖土”是“动作—受事”关系，“挖坑”是“动作—结果”关系。

相同的语义结构关系有多种结构形式，给表达提供了选择的余地。例如：

我用小刀切碎了一棵白菜。

用小刀我切碎了一棵白菜。

一棵白菜我用小刀切碎了。

我用小刀把一棵白菜切碎了。

一棵白菜被我用小刀切碎了。

我是用小刀切碎一棵白菜的。

以上各句“我”都是施事，“小刀”都是工具，“切”都是动作，“碎”都是结果，“一棵”都是数量，“白菜”都是受事。

## 四、句子的意义

句子的意义有三个不同的层面：

1. 逻辑意义

句子的逻辑意义是由句子实词本身的意义和相互间的语义关系构成的意义，反映的是句子与现实的关系。例如：

a. 小华打破了杯子。

b. 小华把杯子打破了。

c. 杯子被小华打破了。

三个句子在逻辑上是等值的。

2. 语法意义

句子的语法意义是由词语的语法形式所表现出来的意义，主要由词语的语法形态、虚词、语序等表示。如上面举的三个句子的语法形式就不同，a 句是主动宾句，b 句是“把”字句，c 句是“被”字句，表达了不同的语法意义。

3. 语用意义

句子的语用意义是说话人使用句子时的交际意图和句子的交际价值，与语境密切相关。例如，假定小华和小明是姐弟俩，妈妈下班刚到家，小明马上就对妈妈说：“小华打破了杯子。”小明可能是告状，也可能表明此事不是自己干的，带有显示自己是好孩子的意味……说话人是何意图，只能结合语境分析。

## 第五节 语义的模糊

### 一、什么是“模糊”

语义的模糊（fuzziness）指语义所指的范围没有明确的界限。如“高”与“低”，“凌晨、早上、上午、中午、下午、黄昏、夜晚”就没有明确的分界线。模糊性是词义具有的普遍性的现象。但模糊并非含混一片，把握不了。其特点是：边界模糊，中心清晰。

模糊与含糊不同。“含糊”是话语本身不清晰明确。“去行，不去也行”是态度含糊；说话时发音不清晰，让别人不知所云，这是发音含糊。而“高”、“低”、“大”、“小”等词并不含糊，却是模糊词。

模糊性与概括性不同。概括性指词义所指的外延大小。外延大不一定就模糊，如“桌子”就比“课桌”的外延大，但“桌子”的词义并不比“课桌”更模糊。

模糊性与多义性也不同。多义性是语义有多个指向，如“手足”一指“四肢”，二指“兄弟”，都不模糊。多义词的义位也有模糊的，如“深”：①井深；②感情深；③夜深了；……如果一个多义词的义位都是模糊的，这时就可以说这个多义词的词义是模糊的。

语义的模糊问题早就引起了哲学家的注意，但直到1965年美国加利福尼亚大学控制论专家札德（Lofti Zadeh）在论文 *Fuzzy Sets*（《模糊集》）中首创 Fuzziness（模糊）这个概念，并首创模糊数学，模糊现象才真正得到研究。现在模糊问题已经成为哲学、语言学、数学等学科的重要课题，并形成了一些学科和流派。

### 二、语义模糊的成因

1. 客观对象的模糊

一些或一类事物之间具有连续性和渐变性，如从乔木到灌木是逐渐过渡的。用离散性的语义单位去切分这类连续性的事物，就会造成语义上的模糊。语义切分时有三种情况。

（1）语义切分的界限不明确。有时，一端明确，另一端不明确。例如，“月初”，起点明确，止点不明；“月终”，起点不明，止点明确。有时，两端都不明确，例如，

“黎明”、“早晨”、“春天”。

（2）语义切分的范围相连接。例如，“少年”、“青年”、“中年”、“老年”，“红”、“橙”、“黄”、“绿”、“青”、“蓝”、“紫”。

（3）语义界限仅具有相对性。因为客观事物具有相对性，具有过渡的渐进性。例如，“大/小”、“长/短”、“宽/窄”、“远/近”、“好/坏”、“强/弱”、“贫/富”、“美/丑”、“善/恶”等，从A词到B词都有量的渐变性。语义切分的相对性导致词义的模糊性。

2. 主观认识的模糊

可以分为两种情况，一种是不自觉的。由于受认识水平的局限，人们对许多事物的认识还不那么清晰。如“钢”和“铁”，尽管专业上对它们有明确界定，但在日常生活中，“钢”、“铁”不辨的说法很多，例如，“铁轨”、“钢轨”混用，“铁路”实际上是“钢路”，“铁笔”的笔头是钢的，“钢笔”的笔头反而不是钢的，一般是合金的。

另一种是自觉的。客观事物的界限、等级、数据等存在多值情况，如气温，非洲热带沙漠高达76℃，南极洲最冷曾至－88.3℃，在－88.3℃至76℃之间，存在着许许多多气温值。但由于思维的高度概括性，常把“多值”简化为“二值”，许多气温值仅用“冷/热”来概括，高温用“极热、特别热”表达，低温用“极冷、特别冷”表达，即使加上表达中间状况的“温暖”，仍然很“模糊”，却是必须的。当然，必要的时候可用具体数值表达。

3. 语义所指的模糊

有的词语所指复杂。如“东西”，可以指人（这老东西，含贬义/小东西，可指小孩儿），可以指具体物（上街买东西），可以指抽象物（感情这东西/学了不少新东西）……这样“东西”和“非东西”的界限就不清晰了。

有的词语所指特征不明确。如“崚嶒”，形容山高。到底什么样儿？不清楚。鲁迅就描述过这样的窘境：

然而假如有一位精细的读者，请了我去，交给我一枝铅笔和一张纸，说道：“您老的文章里，说过这山是‘崚嶒’的，那山是‘巉岩’的，那究竟是怎么一副样子呀？您不会画画儿也不要紧，就钩出一点轮廓来给我看看罢。请，请，请……”这时我就会腋下出汗，恨无地洞可钻。因为我实在连自己也不知道“崚嶒”和“巉岩”究竟是什么样子……①

① 鲁迅．且介亭杂文二集·人生识字胡涂始．北京：人民文学出版社，1973. 65～66.

有的词语所指的事物是现实中不存在的臆想物。由于是想象之物，所以没有固定之形。如神仙、上帝、阎王爷、天堂、阴间、龙、凤。“妖怪”和“鬼”、“凤凰”和“鸡”就没有固定的界限。

## 三、模糊与精确的相互转化

1. 模糊转向精确

有些具有模糊义的词，在作为语素组成新词后，变得精确了。如“大、小”：

大麦—小麦　大米—小米　大葱—小葱　大脑—小脑

大肠—小肠　大腿—小腿　大提琴—小提琴

但在短语中，语义仍模糊。例如，大房子—小房子、大个子—小个子、大城市—小城市。

2. 精确转向模糊

数词在有些组合中语义变得模糊了。例如，半路、十分、千军万马。

精确义受模糊词限制，变得模糊了。例如，基本上到齐了、三十岁上下、几乎人手一册。

## 四、模糊的作用

模糊与精确是一对相对的概念，在交际中各有用场。日常生活中，模糊词用得较多。例如，说“我是个青年”、“人到中年”就可以了，稍微精确一点儿，说成“我23了”、“我40出头了”。一般不会说“我23岁3个月零5天4小时6分8秒”，太烦琐，也没有必要。但团章对“青年”有明确规定，14岁可入团，过28岁要退团，即界定14～28岁为青年，将“青年”精确化了。

专业术语一般讲求精确。如气象学、天气预报对雨量的规定：小雨——10毫米以下/24小时，中雨——10～25毫米/24小时，大雨——25～50毫米/24小时，暴雨——50～100毫米/24小时。而在日常生活中只凭感觉。专业术语有时也模糊，如“遥控彩电”、“遥控飞机”、“航天遥感”，同一个“遥”，语义范围从几米、一万米左右到一千万米左右不等。

模糊语义广泛运用于文艺作品中，因为文艺作品讲求的就是朦胧、含蓄。白居易《琵琶行》中的诗句“千呼万唤始出来，犹抱琵琶半遮面”，如果译成“喊了一千次叫了一万遍才出来，还怀抱琵琶遮住面部的二分之一”，就成了数学，不是诗。这方面有个由于误解闹出的笑话。杜甫的《古柏行》有两句：“霜皮溜雨四十围，黛色参天二千尺。”宋代数学家沈括指责说：“四十围乃是径七尺，无乃太细长乎？”后来黄朝英出来为杜甫辩解说：“古制以围三径尺，四十围即百二十尺，围者百二十尺即径四十尺，安得云七尺也？……武侯庙柏，当以古制为定，则径四十尺，其长二千尺，宜矣。岂得以太细长讥之乎？老杜号为诗史，岂肯妄为云云也？”①

## 第六节　歧　义

### 一、歧义概说

#### （一）什么是歧义

歧义（ambiguity）是指口头或书面上同一形式的话语片断表达不同意义的现象。所谓“同一形式”，指口头或书面上表达几种意义的形式完全相同。如口语中“这种药可以 zhì（致/治）癌”，书面上“新文学作品（新∧文学作品/新文学∧作品）”，都是“同形”的。口头同形和书面同形有时一致，如“鸡不吃了”。有时不一致：口头上同形，书面上不同形，如“xíngshì 不错”（形式/形势）；书面上同形，口头上不同形，如“old men and women”，口头上说“old ∧ men and women”或“old men ∧ and women”，用不同的停顿位置把意义分开。总起来说，歧义要求口头或书面上至少有一方面是“同形”的。“话语片断”一般为词组或句子。多义词可以产生歧义，但本身并不是歧义。

#### （二）歧义的类型

根据造成歧义的语言因素，歧义可分为词汇歧义、语法歧义、语义歧义、语境歧义四类。

1. 词汇歧义

由于语素或词的多义、同音或同形而产生的歧义。例如：

生物老师讲完了达尔文的进化论，离下课还有一点儿时间，向学生提出一个问题：“最接近人类的动物是什么？”一个刚睡醒的学生抢着大声回答：“虱子！”

因为“接近”可以是“物种起源上相近”，也可以是“距离上挨近”。一词多义

---

① 骆小所．修辞学的性质新论．中国人民大学报刊复印资料编辑部．语言文字学，1994（6）．

造成歧义。

他 shàngdiào 了。

“上吊”还是“上调”？同音异义造成歧义。

弟兄们，干！

“干 gān（干杯）”还是“干 gàn（干活、干工作）”？同形异义造成歧义。

2. 语法歧义

由于语法成分的多功能或语法结构的层次、关系有不同分析而产生的歧义。例如：

菜不热了。

“热”有动词和形容词两种功能。语法成分多功能造成歧义。

寻找孩子的妈妈。

有“寻找/孩子的妈妈”和“寻找孩子的/妈妈”两种不同的层次和关系分析。结构层次和关系不同造成歧义。

3. 语义歧义

由于语义分合关系、语义结构关系或成分语义指向等不同而产生的歧义。例如：

三个友好团体和五个经济团体分别举行酒会。

“分别”情况不同，意思不同。举行酒会的次数可能是 2 次、4 次、6 次、8 次。分合关系不同造成歧义。

鸡不吃了。

“施事—动作”还是“受事—动作”？语义结构关系不同造成歧义。

这种电脑他们都买了。

“都”指向“这种电脑”还是“他们”，意思不同。语义指向不同造成歧义。

语义结构关系、成分语义指向也可以放在语法歧义中分析。

4. 语境歧义

在特定的语境中产生的歧义。例如：

一个乘热气球飞行者，身着异服，夜晚由于故障降落到一个小山村。向一个老太婆问路：“这是哪儿呀？”回答：“这这这是地球！”

《新概念英语》中有一则故事：一位先生看戏，后排有一对情侣窃窃私语，这位先生多次回头示意，对方不理睬。他便抱怨道：“我一句都听不见！”（意思是：台上演员讲的台词由于受你们干扰，我一句也没听清。）对方回答说：“这不关你的事！”（意思是：我们谈我们的私事，与你无关，你毋需听见。）

如果脱离语境，“这是哪儿呀？”“我一句都听不见！”都不会产生歧义，但在上面特定的语境中产生了歧义。

## 二、句法歧义的类型及其分化

### （一）句法歧义的类型及具体分化

句法歧义指一个句法结构不止一种意义的现象。严格地说，应叫“句法多义”。因为“多义”指静态潜在的可能性，“歧义”指动态使用的现实性。但为了跟词的多义现象分开，习惯上称为“歧义”。由于句法结构成分之间既有语法结构关系，又有语义结构关系，因此句法歧义跟语法歧义和语义歧义都有关系。下面按类讲述它们的分化方法。

（1）由于句法关系不同而产生的歧义结构。对这种歧义结构，指明语法结构关系即可分化歧义。例如：

进口汽车：述宾；偏正

想起来：述宾；中补

生物化学：并列；偏正

我们五个人：同位；主谓

（2）由于句法层次不同而产生的歧义结构。对这种歧义结构，指明语法结构层次即可分化歧义。例如：

三个报社的记者：三个/报社的记者；三个报社的/记者

中国历史研究：中国/历史研究；中国历史/研究

the king of England's people：the king /of England's people（英格兰人民的国王）；the king of England's /people（英格兰国王的人民）

（3）由于句法关系和层次都不同而产生的歧义结构。对这种歧义结构，既要指明语法结构层次，又要指明语法结构关系。按通用的层次分析法即可。例如“热爱人民的军队”：

| 热爱 | 人民 | 的 | 军队 |
|---|---|---|---|
| 述 | 宾 | | |
| | 偏 | | 正 |

| 热爱 | 人民 | 的 | 军队 |
|---|---|---|---|
| 偏 | | | 正 |
| 述 | 宾 | | |

（4）由于语法成分多功能而产生的歧义结构。对这种歧义结构，指明语法成分具有哪几种功能即可分化歧义。例如：

你翻过栏杆没有？

当“过”是动态助词时（轻读），表示曾经有过翻栏杆的经历；当“过”是趋向动词时（重读），表示从栏杆上翻过去。

写 de 好

对“写得好不好”的回答，“好”是状态补语；对“写得好写不好”的回答，“好”是可能补语；对“印的好还是写的好”的回答，“好”是谓语。“de”也具有多功能，既可以是表示中补关系的“得”，也可以是构成“的”字结构的“的”。

（5）由于语义结构关系不同而产生的歧义结构。对这种歧义结构，指明有哪几种语义结构关系即可分化歧义。例如：

这个人谁都不认识

可以是“施事（这个人）—受事（谁）—动作（不认识）”，意思是“这个人不认识任何人”；也可以是“受事（这个人）—施事（谁）—动作（不认识）”，意思是“任何人都不认识这个人”。

关心的是母亲

“母亲”是施事时，意思是“母亲关心孩子”；“母亲”是受事时，意思是“孩子关心母亲”。同样可以分析“关心的”这个“的”字结构是动作“关心”的施事还是受事，道理一样。

（6）由于词语的语义特征不同而产生的歧义结构。对这种歧义结构，指明不同的语义特征即可分化歧义。例如：

他烧了一车炭

“烧”既可以是［+获得］，“烧制”的意思；也可以是［+消耗］，“烧掉”的意思，因而有歧义。

（7）由于成分的语义指向不同而产生的歧义结构。对这种歧义结构，指明不同的语义指向即可分化歧义。例如：

他们喝完了酒就走了

“完”既可以指向“喝”，表示“喝”的动作结束了；也可以指向“酒”，表示“酒”尽了。

### （二）句法歧义的分化方法

除了以上针对具体类型的歧义结构的分化方法外，从方法论上看，可以采用以下方法：

1. 词类限定法

对由于语法成分多功能而产生的歧义结构，一般可用这种方法分化。例如，“没有来的人”，如果限定“没有”为动词，第一层次则为述宾关系；如果限定“没有”

为副词，第一层次则为偏正关系，这样就达到了分化的目的。当然这个例子也可采用层次分析法。但如“菜不热了”这样的实例，用层次分析法就无能为力了，用词类限定法更好，指出“热”兼属形容词、动词两个词类，就可以分化歧义。

2. 层次分析法

凡是由于语法结构层次或结构关系不同而产生的歧义结构，都可以采用层次分析法加以分化。例如“关于鲁迅的研究”：

| 关于 | 鲁迅 | 的 | 研究 |
|---|---|---|---|
| 介 | 宾 | | |
| | 偏 | | 正 |

| 关于 | 鲁迅 | 的 | 研究 |
|---|---|---|---|
| 偏 | | | 正 |
| 介 | 宾 | | |

3. 变换分析法

由于语义结构关系不同而产生的歧义结构无法用层次分析法分化，可以采用变换分析法。例如“通知的人还没有来”，如果分别说成“他通知的人还没有来”和“通知他的人还没有来”就没有歧义了。

理论上，只要变换适当，变换分析法可以适用于各种歧义类型。例如，由一词多类产生的歧义“菜不热了”，可以分化为“菜不太热了，热一下再吃吧”和“菜不用热了，就这样吃吧”；由不同的结构层次和结构关系产生的歧义“招待好朋友”，可以分化为“招待一下好朋友”和“把朋友招待好”；由不同的语义特征产生的歧义“烧了一车炭”，可以分化为“烧制了一车炭”和“烧掉了一车炭”。只是方法如果适当了，分析会更简洁。

操作上，遇到一个歧义结构，建议先用层次分析法分化；如果不行，再用变换分析法；如果还不行，再尝试其他方法，如词类分析、语义特征分析、语义指向分析等。

层次分析法、变换分析法和语义特征分析法在后面的“语法”一章里有详细介绍。

## 三、歧义格式

1. 什么是歧义格式

歧义格式是从有歧义的句法结构里概括出来的抽象的语法格式。如从“热爱人民的总理”、“寻找孩子的母亲”等实例中，可提取出“动 + 名 1 + 的 + 名 2”的格式。汉语常见的歧义格式有：

（1）名 1 + 名 2（注：“名 1”表示第一个名词，以此类推，下同）。例如：学生家长、学校商店。

（2）名1+的+名2。例如：教授的父亲、老张的主席。

（3）名1+名2+名3。例如：儿童文学作品、北京大学毕业生。

（4）形+名1+名2。例如：小学生字典、新文学概论。

（5）数量+名1+的+名2。例如：一个报社的记者、两个实验室的实验员。

（6）数量+名1+和+名2。例如：两个组织和团体、一些老师和学生。

（7）名+的+动$^2$（注："动$^2$"表示二价动词，下同）。例如：鲁迅的研究、母亲的回忆。

（8）动$^2$+名。例如：出租汽车、进口彩电。

（9）动$^2$+的+名。例如：通知的人、关心的人。

（10）动$^2$+名1+的+名2。例如：寻找孩子的母亲、咬死猎人的狗。

（11）动$^2$+的+是+名。例如：关心的是母亲、反对的是少数人。

（12）介+名1+的+名2。例如：关于鲁迅的著作、对营业员的意见。

（13）介+名+的+动$^2$。例如：对鲁迅的研究、对记者的采访。

（14）没有+动+的+名。例如：没有得奖的演员、没有穿破的衣服。

（15）动+数量+的+名。例如：运了一个月的粮食、烧了一年的炭。

（16）连+名+都/都不+动$^2$。例如：连领导都批评、连厂长都不认识。

……

2. 歧义格式实现歧义的条件

一种歧义格式实现为歧义是多种因素互相制约的结果。以"动$^2$+名1+的+名2"（咬死猎人的狗）为例。

条件一："动$^2$"必须既能支配"名1"，也能支配"名2"。"看管猎人的狗"没有歧义，因为一般不会理解为"狗看管猎人"。也就是"看管"只支配狗，不支配猎人。

条件二："动$^2$"必须是"名2"能够发出的动作。"打死猎人的狗"、"咬死猎人的鸡"没有歧义，因为狗不能发出"打"的行为，鸡不能发出"咬"的行为。

条件三："名1"和"名2"能够构成领属关系。"咬死鸡的狗"、"咬死猎人的野猪"没有歧义，因为按一般常理，狗不可能属于鸡，野猪不可能属于猎人。

再如"动$^2$+的+名"（通知的人）：

条件一："动"必须是二价动词（或及物动词）。"游泳的人"、"飞的鸟"没有歧义，因为"游泳"、"飞"是一价动词（不及物动词）。

条件二："名"必须既能够发出这种动作，又能够受这个动作支配。"通知的事”、“提的意见”没有歧义，因为“事”发不出“通知”，“意见”发不出“提”；“阅读的人”、“喝的人”也没有歧义，因为“人”不能充当“阅读”或“喝”的受事。

在以上所举两个歧义格式中，必须同时具备上述条件才能产生歧义。可见，一种歧义格式要实现为真正的歧义实例并不容易。在现实的语言生活中，加上语境的制约，歧义没有想象得那么多。研究歧义格式实现歧义的条件，需要涉及许多语法、语义或语用因素，可以深化对语法现象的认识。

### 四、歧义的运用

歧义是客观存在的一形多义现象，在交际中一般会消除。一个有歧义的话语形式，如果说者讲的是甲义，而听者却理解成了乙义，就会导致误解。有时听者故意不按说者的意思理解，就成了曲解。例如：

丈夫在一家服装店里偷了衣服回家，妻子气愤地责问丈夫：“你干这种事的时候，为什么不替我和孩子想想?”丈夫回答说：“当时我想到了，只是店里没有女人和孩子的衣服。”

交际时有效地利用歧义，可以提高言语表达效果，起到幽默、讽刺的作用。例如：

据说，有次一个美国人问作家王蒙：“五十年代的王蒙和七十年代的王蒙，哪些地方相同，哪些地方不同?”王蒙幽默地回答说：“五十年代我叫王蒙，七十年代我还叫王蒙，这是相同的地方；五十年代我二十多岁，七十年代我四十多岁，这是不同的地方。”那个美国人被弄得哭笑不得。①

## 第七节 语境义变

语境义变（contextual meaning change）是指词语等单位的意义在一定的语境中产生了与正常意义不同的意义。主要包括语义感染、语义脱落、语义淡化、语义凸现等现象。

① 周明强．歧义、歧解和用歧的认知问题．语言文字应用，2004（3）．

## 一、语义感染

语义感染是指一个语言单位的意义在特定的语境中受到其他单位的同化而变得跟原来常义不同甚至相反。这是最常见的语境义变。

文学作品中语义感染现象比比皆是。“春蚕到死丝方尽，蜡炬成灰泪始干”（李商隐《无题》），“丝”、“泪”都有临时的双关义或比喻义。唐朝诗人朱庆余向张水部推荐自己，不便明言，写诗道：“洞房昨夜停红烛，待晓堂前拜舅姑。妆罢低声问夫婿，画眉深浅入时无?”（朱庆余《近试上张水部》）表意委婉，言外之意丰富。

如果 A 词经常和 B 词搭配，A 词就会染上 B 词的色彩。例如，“妇女”本是中性词，由于常跟“家庭”、“劳动”、“农村”搭配，让人联想到文化水平不高、经济不独立、傻大黑粗的女性形象，带有一定的贬义色彩。

## 二、语义脱落

语义脱落指一个语言单位的意义在语境的作用下部分或全部地丢失了。

语义脱落主要出现在偏正结构中。结构中的中心语是语义脱落的对象，前面的定语或状语是促使语义脱落的环境。例如：

飞船：“船”脱落义素［+在水面航行］

机器人：“人”脱落义素［+有生命］

干洗：“洗”脱落义素［+用水］

日光浴：“浴”脱落义素［+用水］

在并列结构中也会发生语义脱落现象。例如：

姑娘和少年：“少年”脱落义素［+包括女性］

人和动物：“动物”脱落义素［+包括人］

平常说的偏义复词如“国家”、“动静”、“干净”、“质量”、“忘记”、“窗户”，都存在语素义脱落的现象。

在其他结构中同样存在语义脱落现象。例如：

眼馋：“馋”脱落义素［+用于口腹］

炒地皮：“炒”脱落义素［+用于烹饪］

睡得香：“香”脱落义素［+用于嗅觉］

在某个义素脱落的同时，伴随着意义的转移。

## 三、语义淡化

语义淡化指语义中的一些特征被人们忽略了。例如，在“凯旋”中，“旋”即“归来”，“凯旋”就是“胜利归来”，但“旋”的“归来”义已不显豁，常被说成“凯旋归来”；“报刊”、“书刊”中，“刊”即杂志，但在“报刊杂志”中语义已经淡化。

## 四、语义凸现

语义凸现指在需要的时候通过某种手段使淡化的语义重新显现出来。

采用的手段主要有：

（1）增加同义成分。例如，“报刊杂志”（“杂志”与“刊”同义）、“地方方言”（“地方”与“方”同义）。

（2）增加修饰成分。例如，“［十分］壮观”、“［白白］浪费”、“（成功的）经验”、“（失败的）教训”、“（未开垦的）处女地”。

一种说法如果没有节制地滥用，就会削弱其本身的价值，就像货币会贬值一样。比如“重要”，本来是与“一般”比较来说的，但由于滥用，这也重要，那也重要，就变得不重要了。使用者为了强调某个内容确实重要，就不得不用增加修饰成分的方法加以强化，如“非常重要”、“至关重要”、“最重要”等，甚至用叠用修饰成分的方式，如“非常非常重要”、“最最重要”等。语言是全民的资源，每个人都应该珍惜。

# 本章小结

语义是语言形式所表达的内容。义素是最小的区别性语义单位，义位是最小的能够独立使用的语义单位。义位处在纵向的聚合关系（如语义场）和横向的组合关系之中，多义词、上下义词、总分义词、类义词、同义词、反义词是重要的义位聚合现象，动核结构是重要的语义组合现象之一。在动核结构中，可以观察动词的价和名词的格。动词的价、名词的格以及语义指向是语义学和语法学共同关注的问题。语义结构关系和语法结构关系之间的关系错综复杂。模糊和歧义是语义研究的重要课题。语义单位在一定的语境中会发生语义感染、语义脱落、语义淡化、语义凸现等现象。

**建议阅读文献：**

1. 范晓．动词的“价”分类．语法研究和探索（五）．北京：语文出版社，1991.

2. 符淮青．概念义分析的形式化．汉语学习，1995（6）．

3. 符淮青．词义的分析和描写．北京：语文出版社，1996.

4. 符淮青．同义词研究的几个问题．中国语文，2000（3）．

5. 贾彦德．汉语语义学．北京：北京大学出版社，1992.

6. 荣晶．语义在汉语语法研究中的方法论意义．北京师范大学学报（人文社科版），2000（4）．

7. 邵敬敏．“语义价”、“句法向”及其相互关系．汉语学习，1996（4）．

8. 石安石．语义论．北京：商务印书馆，1993.

9. 税昌锡．语义指向结构模式的多维考察．浙江大学学报（人文社科版），2004（3）．

10. 王艾录．语义干涉和义素脱落．汉语学习，1994（6）．

11. 王建华．语境歧义分析．中国语文，1987（1）．

12. 吴为章．单向动词及其句型．中国语文，1982（5）．

13. 吴为章．动词的“向”札记．中国语文，1993（3）．

14. 徐烈炯．语义学．北京：语文出版社，1990.

15. 张志毅，张庆云．词汇语义学．北京：商务印书馆，2001.

16. 周绍珩．欧美语义学的某些理论与研究方法．语言学动态，1978（4）．

17. 朱德熙．汉语句法里的歧义现象．中国语文，1980（2）．

18. ［英］杰费里·利奇．语义学．李瑞华等译．上海：上海外语教育出版社，1987.

## 知识与技能训练

### 一、名词解释

1. 词义的概括性（苏州大学2000、华南师范大学2013）

2. 词的理性意义（中国人民大学2002）

3. 评价意义

4. 形象意义

5. 文化意义（华中师范大学2000）

6. 语体意义

7. 语义单位（华中师范大学2004）

8. 义素（南开大学2005。//中国传媒大学2006：语义特征。）

9. 义位（暨南大学2005：义项。）

10. 义丛

11. 义句

12. 多义词

13. 语义场（南京师范大学2000、首都师范大学2001、北京师范大学2001、华中师范大学2004）

14. 上下义场（华中师范大学2000：上下义词。//华中师范大学2005：上下义词和类义词。）

15. 类义义场（华中师范大学2003：类义词。//华中师范大学2005：上下义词和类义词。）

16. 同义义场

17. 反义义场

18. 二元义场（华中师范大学2002：异质型二元义场。）

19. 述谓结构（中国人民大学2005）

20. 语义指向（华中师范大学2004、北京语言大学2006。//华中师范大学2008：举例说明什么是语义指向。）

21. 语境义变

## 二、术语比较

1. 语言意义/言语意义

2. 词汇意义/语法意义（首都师范大学2002。//中国人民大学2000：简述语法意义和词汇意义的联系和区别。//南京大学2006：词汇意义。）

3. 隐喻/转喻（中国传媒大学2006）

4. 语义结构关系/语法结构关系（中国人民大学2004：简述语法关系意义和语义关系意义的区别。）

5. 句法同义/句法多义（中国人民大学2004：句法同义。）

6. 歧义/模糊（华中科技大学2002：比较分析语言中的歧义与模糊现象。）

三、填空

1. 语汇意义一般可分为（　　）意义和（　　）意义两大类。（华中师范大学 2008）

2. 词典释义的最小单位是（　　）。

3. 某个时期最常用最主要的意义是词的（　　）。

4. 派生义产生的途径有（　　）和（　　）两种主要衍生方式。

5. “车”是“车队”的（　　）词，“船”是“船舱”的（　　）词。（华中师范大学 2003）

6. 一个述谓结构由一个（　　）和若干个（　　）组成。

7. “他喝完了酒”和“他喝醉了酒”的区别在于，前句补语的语义指向是指向（　　），后句补语的语义指向是指向（　　）。（北京师范大学 2007）

8. 从词义演变的结果看，新义的产生主要有旧义的（　　）、（　　）、（　　）三种情况。（中国人民大学 2003）

四、判断正误并说明理由

1. 词义与概念有密不可分的联系，不表现概念的词义是没有的。（中国人民大学 2001）

2. 同义词和反义词都是有同有异。

3. “大”和“小”是绝对反义词。（南京大学 2002）

4. “动词＋的＋名词”这样的偏正结构，可以表示“名词是动作的施事”和“名词是动作的受事”两种语义关系，在具体的语言片段中，由于词语意义的制约，致使很多情况下只能有一种语义关系。（苏州大学 2001）

5. 理解了组成话语的词和句子的意思，也就理解了话语的意思。（南开大学 2005）

6. 歧义就是人们常说的语义模糊。（中国人民大学 2003）

7. “老年”、“晚上”等词义的模糊性主要是由界限不明确造成的。（南开大学 2004）

五、分析

1. 对下面各组名词进行义素分析。

（1）哥哥　弟弟　姐姐　妹妹（华中师范大学 2004）

(2) 伯父　叔父　舅舅　姑妈　姨妈（北京师范大学2005：对“伯父、叔父、舅舅、姑妈、姨妈”一组词进行义素分析，并结合实例回答：①义素的性质是什么？②义素分析方法的优缺点是什么？）

(3) 蜡烛　台灯　吊灯　路灯

(4) 毛笔　铅笔　圆珠笔　钢笔　粉笔（华中师范大学2000）

2. 分析下列各组动词的义素结构模式。（华中师范大学2002、2003、2004合并）

(1) 切　砍　剁　削

(2) 坐　蹲　站

(3) 走　跑　跳

3. 请用义素分析法对下列词的词义进行辨析和描写。（中国人民大学2003）

优秀　优良　优异　良好

4. 分析下列句子的述谓结构。（华中师范大学2001、2002、2003、2004合并）

(1) 小李昨天给姐姐写了一封信。

(2) 关于校园治安工作，我提出一点看法。

(3) 姐姐今天给了我五十块钱。

(4) 爸爸上个月从美国给我写了一封信。

(5) 老李昨天在新华书店替我买了一本书。

5. 分析多义句法结构。

(1) 指出下列多义句法结构的类型，并用适当的方法加以分化。

①三个实验室的管理员

②招待好朋友

③没有穿破的衣服

④大厅里摆着酒席

⑤王老汉昨天烧了一车炭

⑥连厂长都不认识

⑦通知的人还没有来

(2) “妈妈也应当教育”有没有歧义？如果有，分别采取隐性结构意义分析法（语义分析法）和转换分析法进行分析。（南京师范大学2000）

6. 考察下列各个句子，分析它们的结构特点，并讨论各组成对句子在语义上的异同。为什么？（北京师范大学2007）

(1) 差点儿考上了。—— 差点儿没考上。

(2) 差点儿摔倒了。—— 差点儿没摔倒。

（3）差点儿中奖了。—— 差点儿没中奖。

（4）差点儿淹死了。—— 差点儿没淹死。

**六、问答**

1. 以“鞋子、袜子、靴子”为例，说明义素分析的方法和步骤。（北京语言大学2000：义素分析。）

2. 结合实例对义素分析法的价值和局限性作出评价。（中国人民大学2001：怎样进行义素分析？请结合实例对这种分析法的价值和局限性作出评价。//北京师范大学2005：对“伯父、叔父、舅舅、姑妈、姨妈”一组词进行义素分析，并结合实例回答：①义素的性质是什么？②义素分析方法的优缺点是什么？//山东大学2008：论述义素分析法。）

3. 语义学领域的义素分析法和语法学领域的语义特征分析法有什么联系和区别？（苏州大学2002）

4. 义位的划分需要遵循哪些基本原则？（华中师范大学2004）

5. 多义词的各个义位具有怎样的关系？

6. 举例说明语义场的各种类型。（华中师范大学2003。//华中师范大学2002：二元义场的各种类型。）

7. 试述同义词和反义词之间的对立统一关系。（苏州大学2001）

8. 论述词义的基本特征。（中国传媒大学2006。//北京语言大学2007：词义的基本特点。）

9. 什么是词义的模糊性？成因有哪些？试举例说明。（南京大学2007：结合例子谈谈你对词义的模糊性的认识。）

10. 试述句义的组成。（首都师范大学2002。//南开大学2006：结合实例论述句子的意义是由哪些内容构成的。）

11. 汉语中“动词＋的＋名词”这样的偏正结构可以是单义的也可能是多义的，造成这种情况的原因是什么？（苏州大学2000）

12. 举例说明语境义变的主要类型。

## 参考答案

**一、名词解释**

1. 词义的概括性：指词语的意义概括了它所指的各个具体对象的共同特征的性质。不仅普通词语的意义具有概括性，专有名词的意义同样具有概括性。概括性是词义的本质特性。

2. 词的理性意义：词所反映的人们对客观事物本质特征的概括认识，是词义的基础。又称“概念意义”、“指称意义”、“认知意义”等。

3. 评价意义：词语所反映出来的说话人对所指对象肯定或否定的感情态度的意义。包括显性评价意义（又称感情意义或感情色彩）和隐性评价意义（又称含蓄意义或内涵意义）两种。

4. 形象意义：由造词理据引起的、对事物视觉形象或听觉形象的联想意义。又称“形象色彩”。

5. 文化意义：由造词理据体现的、对相关事物的社会文化背景和意趣情调的联想意义。又称“文化色彩”。

6. 语体意义：某些词语由于经常用于某种特定的语体而形成的某种风格色彩。一般分为口语风格和书面语风格两大类。又称“语体色彩”、“风格意义”等。

7. 语义单位：从语义的角度对语言划分出的单位。从小到大可分为义素、义位（或称“义项”）、义丛、义句（或称“表述”）四种。

8. 义素：构成义位（或“义项”）的语义成分，是从一组相关的词语中抽象出来的区别性语义特征。义素是通过对一组词进行比较而得出的，不是自然的语义单位，具有理论抽象性。又称“语义成分”、“语义特征”、“语义标示”、“语义原子”等。

9. 义位：最小的能够独立运用的语义单位。由语汇形式表示。一般叫“义项”。严格说来，义项指辞书中对字词意义的分项说明，不一定能独立运用，与义位并不等同。

10. 义丛：由两个或两个以上的义位组合而成的语义单位。多由自由词组表示。

11. 义句：表达一个相对完整意思的语义单位。由句子表示。又称“表述”。

12. 多义词：具有多个互有联系的义位的词。

13. 语义场：由具有共同核心义素的多个词构成的互相联系又互相制约的语义聚合体。简称“义场”。从词汇的角度又叫“词汇场”或“词场”。

14. 上下义场：具有属种关系的多个词构成的语义场。如“水果—苹果”。表示属概念的词是上义词，如“水果”；表示种概念的词是下义词，如“苹果”。

15. 类义义场：同属于一个较大意义类别的多个词构成的语义场。如“锅碗瓢盆”构成厨具场。同属于一个类义义场的几个词是类义词。

16. 同义义场：由同义词构成的语义场。同义词有广、狭两义。广义的同义词指理性意义相同或相近的一组词，包括等义词和近义词两种；狭义的同义词只指理性意义相同、非理性意义或用法有别的一组词。相应地，同义义场也有广、狭两种。

17. 反义义场：具有相反或相对意义关系的两个词构成的语义场。同属一个反义义场的两个词互为反义词。

18. 二元义场：由两个同级词语构成的语义场。又可分为关系型和异质型两个小类。关系型二元义场是表示事物之间相互关系的二元义场，如“丈夫—妻子”，可以进行关系推理；异质型二元义场是表示事物之间不同性质的二元义场，如“白天—夜晚”，不能进行关系推理。

19. 述谓结构：由一个谓词和若干个谓项组成的语义结构体。谓词是核心的语义成分，一般由动词或形容词充当；谓项是与谓词发生直接语义关系的语义成分，一般由名词性词语充当。如“他看书”、“桃花红”都是述谓结构。

20. 语义指向：句子中词语之间的语义联系，主要指非连续成分之间的语义联系。如“他们踢赢了球”，补语“赢”指向主语“他们”；“他们踢破了球”，补语“破”指向宾语“球”。

21. 语境义变：词语等单位在一定的语境中产生了与正常意义不同的意义。常见的有语义感染、语义脱落、语义淡化、语义凸现等现象。

**二、术语比较**

1. 语言意义/言语意义：语言意义是语言系统中固有的、为某个言语社团共同理解的意义；言语意义是在一定的交际环境中产生的特定意义和临时意义。语言意义具有概括性、相对稳定性，是语义的基础部分和核心部分；言语意义跟语境紧密相关，具有个别性和多变性。言语意义可以固化为语言意义。

2. 词汇意义/语法意义：词汇意义是词语在词汇系统中的独立的意义，反映的是人们对客观事物本质特征的概括认识以及附加的各种联想意义或色彩意义，包括理性意义和附加意义两种；语法意义是词语在语法系统中的关系意义或功能意义。两者所属范畴不同：前者属于词汇系统，后者属于语法系统。两者特点不同：前者具有独立性，是单个词语就可表达的意义；后者具有依存性，是多个词语在组合或聚合关系中体现的功能意义。词汇意义是语法意义的基础。一般说来，实词既有词汇意义，又有语法意义；虚词只有语法意义。

3. 隐喻/转喻：认知语言学指人类认知发展的两种主要方式，也是词义引申的两种基本方式。隐喻基于事物之间的相似性，由甲事物映射到乙事物。如人们常从空间引申到时间，常把人生看作旅途，就是基于隐喻。转喻（也叫“换喻”）基于事物之间的相关性，由甲事物映射到乙事物。例如，用红领巾代少先队员，“兵”由本义“兵器”发展到“士兵”（拿兵器的人），就是基于转喻。

4. 语义结构关系/语法结构关系：语义结构关系是词语在组合中形成的语义层面上的抽象概括的关系。有人称为“隐性语法关系”。语法结构关系是词语在组合中形成的语法层面上的抽象概括的关系。有人称为“显性语法关系”。两者并非一对一的关系。例如，同是动作·结果的关系，“挖洞”是述宾关系，“挖通”是中补关系；同是述宾关系，“挖土”是动作·受事关系，“挖坑”是动作·结果关系。

5. 句法同义/句法多义：句法同义是不同的句法结构表达相同的结构意义的现象。例如，“小明打破了玻璃”、“小明把玻璃打破了”“玻璃被小明打破了”，结构意义相同：“小明”是施事，“打”是动作，“破”是结果，“玻璃”是受事。句法多义是同一个句法结构形式表达多种结构意义的现象，如“学习文件”，既可以表示偏正关系，也可以表示述宾关系。

6. 歧义/模糊：歧义指口头或书面上同一形式的话语片段表达不同意义的现象。一词多义的现象一般不叫歧义。对“歧义”和“多义”，有人不加区别，有人则把静态的一形多义叫“多义”，把交际时引起歧解的一形多义叫“歧义”。模糊指语义所指的范围没有明确的界限。例如，就汉人身高而言，“高”和“低”之间就没有精确的分界线。其特点是，中心清晰，边界模糊。两者的特点不同：歧义是一形多解，模糊是边界不清。词的多义不一定模糊，如“手足”，一指“四肢”，一指“兄弟”，都不模糊；“深”：①上下距离大（井深）；②（感情）深厚；③时间晚（夜深了）。每个义项都模糊，这时多义词的词义是模糊的。模糊有时也会导致歧义。例如，有一则童话故事叫“小马过河”，小松鼠说河水很深，老水牛说河水很浅，使小马不知所从。小松鼠和老水牛对“深”的理解不同源于模糊。

**三、填空**

1. 理性（或“概念”） 色彩（或“附加”、“非理性”）
2. 义项
3. 基本义
4. 隐喻 转喻
5. 分义 总义
6. 谓词 谓项（或“变元”、“论元”）
7. 喝或酒 他
8. 扩大 缩小 转移

**四、判断正误并说明理由**

1. 错误。虚词只表示语法意义或语气，不表达概念。

2. 正确。同义词同在理性意义，异在附加意义或用法；反义词同在语义范畴、风格色彩等，异（反）在理性意义的某个义素。

3. 错误。“大”和“小”是相对反义词（或“极性反义词”），因为存在不大不小的中间状态，“不大”就不一定“小”，一般用“中”表示。

4. 正确。“通知的人”有两种语义关系，“人”既可以是“通知”的施事，也可以是“通知”的受事。“通知的事”中，“事”是受事，“游泳的人”中，“人”是施事，都只有一种语义关系。

5. 错误。话语的意义包括命题意义（或叫逻辑意义）、语法意义和语用意义。理解了组成话语的词和句子的意思，可能理解了字面意义（命题意义和语法意义），但不一定理解这个话语在特定语境中的特定含义以及说话人的意图即语用意义。此外，话语还可能包含言外之意，如蕴含、预设等。

6. 错误。歧义是口头或书面上同一形式的话语片段表达不同意义的现象；语义模糊是语义所指的范围没有明确的界限。两者属于不同的语言现象。

7. 正确。词义的模糊性最根本的原因在于词义的界限不明确。“老年”、“晚上”都是模糊词。

**五、分析**

1. （1） 哥哥：[ +同胞]、[ +年长]、[ +男性]
弟弟：[ +同胞]、[ -年长]、[ +男性]
姐姐：[ +同胞]、[ +年长]、[ -男性]
妹妹：[ +同胞]、[ -年长]、[ -男性]

（2） 伯父：[ +亲属]、[ +血亲]、[ +长一辈]、[ +父系]、[ +比父亲年龄大]、[ +男性]
叔父：[ +亲属]、[ +血亲]、[ +长一辈]、[ +父系]、[ -比父亲年龄大]、[ +男性]
舅舅：[ +亲属]、[ +血亲]、[ +长一辈]、[ -父系]、[ ±比父亲年龄大]、[ +男性]

姑妈：[＋亲属]、[＋血亲]、[＋长一辈]、[＋父系]、[±比父亲年龄大]、[－男性]

姨妈：[＋亲属]、[＋血亲]、[＋长一辈]、[－父系]、[±比父亲年龄大]、[－男性]

【编者按：“舅舅、姑妈、姨妈”在与父亲、母亲相比时，年龄大小不作为区别性义素。“义素分析方法的优缺点”见后面的问答题。】

（3）蜡烛：[＋照明用具]、[－用电]、[＋用蜡作燃料]、[－固定]、[＋放在台面]、[＋用于室内]

台灯：[＋照明用具]、[＋用电]、[－用蜡作燃料]、[－固定]、[＋放在台面]、[＋用于室内]

吊灯：[＋照明用具]、[＋用电]、[－用蜡作燃料]、[＋固定]、[－放在台面]、[±用于室内]

路灯：[＋照明用具]、[＋用电]、[－用蜡作燃料]、[＋固定]、[－放在台面]、[－用于室内]

（4）毛笔：[＋书写用具]、[＋笔头用毛制成]、[＋用墨汁书写]

铅笔：[＋书写用具]、[＋笔芯用石墨或加颜料的黏土制成]、[＋用笔芯材料书写]

圆珠笔：[＋书写用具]、[＋笔尖是小圆钢珠]、[＋用油墨书写]

钢笔：[＋书写用具]、[＋笔头用金属制成]、[＋用墨水书写]

粉笔：[＋书写用具]、[＋笔身用白垩、熟石膏粉等制成]、[＋用笔身材料书写]

【编者按：为了简明，每词只注出具有的义素。不具备的义素一比便知。】

2.（1）{切} ＝ [＋用刀、＋向下、－用猛力、＋分开、＋物体本身、＋成块状或片状]

{砍} ＝ [＋用刀斧、±向下、＋用猛力、＋分开、＋物体本身、＋成块状]

{剁} ＝ [＋用刀斧、＋向下、＋用猛力、＋分开、＋物体本身、＋成小块或碎末状]

{削} ＝ [＋用刀、±向下、－用猛力、＋分开、＋物体表层、＋成片状]

（2）{坐} ＝ [＋身体动作]、[＋臀部着物]、[－脚部支撑身体重量]、[－直着身体]

{蹲} ＝ [＋身体动作]、[－臀部着物]、[＋脚部支撑身体重量]、[－直着身体]

{站} ＝ [＋身体动作]、[－臀部着物]、[＋脚部支撑身体重量]、[＋直着身体]

（3）{走} ＝ [＋脚部动作]、[＋双脚交互运动]、[＋向前]、[±迅速]、[±用力]

{跑} ＝ [＋脚部动作]、[＋双脚交互运动]、[＋向前]、[＋迅速]、[＋用力]

{跳} ＝ [＋脚部动作]、[－双脚交互运动]、[±向前]、[±迅速]、[＋用力]

3. 优秀：[＋好]、[＋用于成绩]、[－修饰习惯]、[＋修饰人才]、[－修饰品种]、[＋程度2]

优良：[＋好]、[＋用于成绩]、[－修饰习惯]、[－修饰人才]、[＋修饰品种]、[＋程度1]

优异：[＋好]、[＋用于成绩]、[－修饰习惯]、[－修饰人才]、[－修饰品种]、[＋程度3]

良好：[＋好]、[＋用于成绩]、[＋修饰习惯]、[－修饰人才]、[－修饰品种]、[＋程度0]

【编者按：程度0表示基础级，1、2、3表示程度渐高。】

4.（1）“小李”：施事；“昨天”：时间；“给”：格标；“姐姐”：与事；“写”：动作；“一封信”：结果。

（2）“关于”：格标；“校园治安工作”：范围；“我”：施事；“提出”：动作；“一点看法”：受事。

（3）“姐姐”：施事；“今天”：时间；“给”：动作；“我”：与事；“五十块钱”：受事。

（4）“爸爸”：施事；“上个月”：时间；“从”：格标；“美国”：处所；“给”：格标；“我”：与事；“写”：动作；“一封信”：结果。

（5）“老李”：施事；“昨天”：时间；“在”：格标；“新华书店”：处所；“替”：格标；“我”：与事；“买”：动作；“一本书”：受事。

5.（1）①由于层次不同造成的多义。分化：（a）三个/实验室的//管理员；（b）三个//实验室的/管理员。

【编者按：为了排印方便，这里没有用层次分析图解法，应试时最好采用。用“/”表示第一层次，“//”表示第二层次，其余类推。下同。】

②由于结构层次和结构关系都不同造成的多义。分化：（a）招待/（述宾）好//（定中）朋友；（b）招待//（中补）好/（述宾）朋友。

③由于结构层次和结构关系都不同造成的多义。分化：（a）没有/（述宾）穿///（中补）破的//（定中）衣服；（b）没有//（状中）穿/（述宾）破的//（定中）衣服；（c）没有//（状中）穿///（中补）破的/（定中）衣服。

④由于动词的语义特征（或动词的语义小类）不同造成的多义。分化：（a）“摆”具有［＋附着］义，意思是“酒席摆在大厅里”，表示静态存在；（b）“摆”具有［－附着］义，意思是“大厅里正在摆酒席”，表示动态过程。

用变换分析法道理与上相同。原句既可以变换为“酒席摆在大厅里”，表示静态存在，也可以变换为“大厅里正在摆酒席”，表示动态过程。

⑤由于动词的语义特征（或动词的语义小类）不同造成的多义。分化：（a）“烧”具有［＋获得］义，意思是“王老汉昨天烧制了一车炭”；（b）“烧”具有［＋消耗］义，意思是“王老汉昨天烧掉了一车炭”。

⑥由于语义结构关系不同造成的多义，即“厂长”施事、受事两可。可用变换分析法分化：（a）连厂长都不认识（这个人）；（b）连（这个人）都不认识厂长。

⑦由于语义结构关系不同造成的多义，即“人”既可作“通知”的施事也可作“通知”的受事。可用变换分析法分化：（a）（他）通知的人还没有来；（b）通知（他）的人还没有来。

（2）这个结构有歧义。“妈妈”既可以充当施事，意思是“妈妈也应当教育孩子”，也可以充当受事，意思是“妈妈也应当受到教育”。用转换分析法（或叫“变换分析法”）可作如下分化：采取添加的方法，变成“妈妈也应当教育（子女）”，这时“妈妈”只能作施事；采取移位的方法，变成“也应当教育妈妈”，这时“妈妈”只能作受事。

6. 各组成对句子前面一句都是肯定形式，后面一句都是否定形式。在表义上，前面句子都用肯定形式表示否定，后面句子分两种情况。分析如下：

（1）差点儿考上了。（没考上）——差点儿没考上。（考上了）

（2）差点儿摔倒了。（没摔倒）——差点儿没摔倒。（没摔倒）

（3）差点儿中奖了。（没中奖）——差点儿没中奖。（中奖了）

（4）差点儿淹死了。（没淹死）——差点儿没淹死。（没淹死）

（1）和（3）是人们期望发生的事情，肯定形式和否定形式意思相反；（2）和（4）是人们不期望发生的事情，肯定形式和否定形式意思相同。这说明，在人们期望发生和不期望发生的事情上，“差点儿……”这种句式的肯定形式和否定形式的表达功能是有差别的，也说明人们有一种趋利避害的普遍心理。

**六、问答**

1. 义素分析是通过反复比较来提取具有共同核心义素的一组词的义素的方法。既要提取共同义素，也要提取区别义素。这组词靠共同义素聚合在一起，靠区别义素彼此有别。方法是：词群比较法。

步骤：（1）提取，即通过比较词群，提取几个词的共同义素和区别义素。共同义素：[＋护脚的专用物品][＋套穿]。区别义素：[＋长筒][－长筒]、[＋着地][－着地]、[＋防水][－防水]。

（2）简化，即利用对立关系，将上步提取的二元对立义素合并。简化的结果为：[护脚的专用物品]、[套穿]、[长筒]、[着地]、[防水]。

（3）表述，用简化过的义素将词义用适当的方式表达出来。有矩阵图和横排式两法。横排式如下：

鞋子：[＋护脚的专用物品]、[＋套穿]、[±长筒]、[＋着地]、[±防水]

袜子：[＋护脚的专用物品]、[＋套穿]、[±长筒]、[－着地]、[－防水]

靴子：[＋护脚的专用物品]、[＋套穿]、[＋长筒]、[＋着地]、[＋防水]

（4）检验，将每个词的义素综合起来，看是否跟词义相等。共同义素中用“专用”限定，以便与“鞋套”等分开；加“套穿”义素，以便与“木屐”等分开。这样一来，综合起来的义素与词义大体相等了。

2. 义素分析法既具有理论价值，又具有应用价值。①可以深化和细化对语义（尤其是词义）的分析，促进人们对一些语义范畴的认识和发现，为语义分析的形式化提供了一条路子，并为语法的分析（语义特征分析法）提供了借鉴。如汉语“自主”语义特征的发掘，促成自主动词和非自主动词的划分，具有普遍的理论价值。②有助于辨析类义词、同义词、反义词的同与异，可用于语言教学和词典编纂。③有利于计算机的语义识别和处理。a. 由于在机器词典中，词条不再以词的义项来存贮，而是以义素来存贮，就可以使用较少量的义素，对大量的、难以穷尽枚举的词义作形式化的描述。b. 通过对机器词典中不同义素集合内的各个义素的分析比较，计算机可以比较容易地找出不同单词在词义上的细微差别。c. 通过义素分析法，计算机可以了解到词与词搭配时在语义上要受到什么样的限制。

但迄今为止，义素分析法还很不完善：①还没有一种自然语言进行过详尽的义素分析。由于义素与人的认知有关，还没有一个能为大家普遍接受的“X 语义素表”。②对具体的词进行义素分析时，选取哪些义素，没有统一的标准。③即使是义素相同，用自然语言表述时，也不一定相同。④范围还有待扩展。对亲属称谓词等分析比较成功，但对一些词如颜色词，目前还没有找到理想的办法。

3. 从理论源头上看，两者都是受布拉格学派的音位区别特征理论的启发而创建的，可谓同根。两者都与词语的语义特征相关，语法学领域的语义特征分析法是对语义学领域的义素分析法的拓展。

两者的区别在于：

（1）单位的特点不同。义素分析法中的“义素”与词的理性意义联系密切，或者说是理性意义的分解，如“哥哥”的义素是［+同胞］、［+男性］、［+年长］；语义特征分析法中的“语义特征”虽然与词的理性意义相关，但要抽象概括一些，甚至包括语法意义，如“他死了三天了”中，“死”的语义特征是［+完成］、［-持续］、［-状态］。

【编者按：详见马庆株．时量宾语和动词例类．中国语文，1981（2）．】

（2）运用的范围不同。义素分析法运用于语义层面，通过比较有共同语义特征的词群，提取它们的共同义素和区别义素，以辨析相关词语的异同；语义特征分析法运用于语法层面，通过分析词语的语义特征，来观察它对句法结构的影响。如“台上坐着主席团”和“台上唱着梆子戏”，通过比较发现，两句动词的语义特征不同，“坐”具有［+附着］义，“唱”具有［-附着］义，因此造成两句的差别：前者表示静态存在，着眼点是空间；后者表示动态过程，着眼点是时间。

（3）达到的目的不同。语义学领域的义素分析法通过义素的提取来分析词义的构成成分，辨析相关词语的异同，便于词义分析的细密化和形式化；语法学领域的语义特征分析法通过语义特征的提取，看它在语法平面的表现以及对语法结构的制约，最终达到语法分析的目的。语义特征分析法，是将语义和语法结合起来研究的新方法，是语法研究深化的体现。

4. 义位是由语汇形式表示的、最小的能够独立运用的语义单位。划分义位时应遵循以下基本原则：①“语汇”原则。即义位要由语汇形式（包括词和固定词组）表现。自由词组、句子等单位不能划分义位。②“独立”原则。③“最小”原则。④“概括”原则。⑤“固定”原则。

【编者按：②~⑤详见本章相关内容。】

5. 多义词的义位通常讲的有：本义指文献记载的词的最初意义；基本义指词在一定的时期里最常用的意义；引申义指在某个义位的基础上经过推演发展而产生的意义；比喻义指在某个义位的基础上通过比喻的方式而产生的意义；借代义指在某个义位的基础上通过借代的方式而产生的意义。也有人将借代义看作引申义的一种。引申义、比喻义、借代义统称“派生义”或“转义”。

从历时的角度看，本义→派生义。派生义根据派生方式，分为引申义、比喻义、借代义。从最早的源头看，派生义源于本义，但在后来的词义发展过程中，各种派生义理论上都可以再派生出新义。

从共时的角度看，在本义、引申义、比喻义、借代义中有个在某一时期最常用的意义，就是基本义，余者都是非基本义。

派生义可能是从基本义中产生的，也可能不是。而不是像黄伯荣、廖序东主编的《现代汉语》

（高等教育出版社，2007）、胡裕树主编的《现代汉语》（上海教育出版社，1995）所说的，其他意义都是从基本义发展来的。这种说法混淆了共时和历时两个角度。

【编者按：详见本章相关内容。】

6. 语义场是由具有共同核心义素的多个词构成的互相联系又互相制约的语义聚合体。可以从不同角度分类。

根据场内各成员的语义层次关系，可以分为上下义场和平行（或称“同级”）义场。上下义场中，一类是属种关系，如“汽车—客车—公共汽车”；一类是总分关系，如“身体—手”。“客车—货车”是平行义场。

根据场内成员的数量，可以分为二元义场和多元义场。二元义场又可分为关系型和异质型两个小类。例如：“老师—学生”、“买—卖”、“嫁—娶”是关系型二元义场，两者互相依存，可以互相推导；“寒假—暑假”、“死—活”、“对—错”是异质型二元义场，两者互相对立，不能互相推导。多元义场又可分为有序型和无序型两个小类。例如：“学士—硕士—博士”、“春—夏—秋—冬”是有序型多元义场；“琴—棋—书—画”、“煎—炒—烹—炸”是无序型多元义场。

根据场内成员的语义关系，可以分为类义义场、同义义场、反义义场。例如：“笔—墨—纸—砚”、“吹—拉—弹—唱”是类义义场；“番茄—西红柿”、“看—见—望”、“肥—胖”是同义义场；“开—关”、“长—短”是反义义场。

7. （1）按一般的理解，同义词指理性意义相同或相近的一组词，包括等义词和近义词两种；反义词指意义相反或相对的两个词，包括互补反义词（绝对反义词）和极性反义词（相对反义词）两种。

（2）两者有对立的一面。同义词要求理性意义相同或相近，反义词要求理性意义相反或相对，如“对、正确”是同义词，“对、错”是反义词。这点比较明显。

（3）两者也有统一的一面。表现在：

①两者在词性上一般都要求相同。

②同义词有时附加色彩相反。例如：“下榻”有庄重色彩，“睡觉”有随便色彩；“成果”有褒义色彩，“后果”有贬义色彩。

③同义词有时用法相反。普通话中，“胖”用来形容人，“肥”用来形容动物（除非表示讥讽或诙谐，可形容人）。

④反义词要求同属一个语义范畴。例如，“长、短”在横向维度上构成反义词，“高、低”在纵向维度上构成反义词。“长、低”、“短、高”不能构成反义词。

⑤反义词要求附加色彩相同。例如，“昼”对“夜”，“白天”对“夜晚”（或“晚上”），风格色彩、甚至音节都是一致的。

因此可以说，同义词和反义词都是有同有异的，不能只看一面而忽略了另一面。

8. （1）词义具有概括性。一个词义概括了所反映对象的共同的、本质的特征，舍弃了个别的、具体的特征。如“人”，就概括了不同年龄、性别、职业、肤色等各种具体的人，而取其共同的特征：[ +高等动物、+会说话、+能思维、+能制造工具]。专有名词也有一定的概括性。如

“北京”，就概括了北京的历史、现状、人口、文化等各种情况。

（2）词义具有模糊性。词义尽管有精确性的一面，如专业术语，但多数词具有模糊性。词义的模糊性指词义的界限不明确。例如，“大、小”、“快、慢”、“红、绿”、“上午、下午”、“青年、老年”，词义的边界是不确定的，只有一个大致或相对的范围。

（3）词义具有系统性。尽管词义没有语音、语法那么强的系统性，但词义也不是一盘散沙，而有一定的系统性。如词义之间可以构成同义、反义、类义、上下义、总分义等各种聚合关系，形成语义场，同场的成员之间互相影响，从而形成多种子系统。

（4）词义具有民族性。词义的民族性，一方面指一个词义本民族的全体成员理解相同，也即全民性；另一方面指同类事物在不同的语言里用什么词、用几个词来表示可以不同，词义概括的范围也可以不同。例如，汉语里表达“长一辈的父系或母系男性亲属”用“伯父、叔父、姑父、舅父、姨父”不同称呼，英语里只用 uncle 统称。再如，不同民族的颜色词对颜色的切分也不尽相同。

9. 词义的模糊性指词义所指的范围没有明确的界限。特点是中心清晰、边界模糊。

模糊的成因有：①客观对象的模糊。②主观认识的模糊。③语义所指的模糊。

【编者按：详见本章相关内容。】

10. 句子的意义有三个不同的层面：①逻辑意义。②语法意义。③语用意义。

【编者按：详见本章相关内容，或邢福义，吴振国. 语言学概论. 武汉：华中师范大学出版社，2002. 138～140.】

11. 以下分不同情况举例讨论。

（1）关心的人/关心的事：前者是多义的，后者是单义的。原因在于，“人”既可以充当“关心”的施事，又可以充当“关心”的受事，所以有两种意思。如果说成“他关心的人”或“关心他的人”，对“人”施/受两可的情况进行了限定，就只有一种意思了。而“事”是无生命名词，只能充当受事，所以“关心的事”是单义的。其他如“通知的人”、“骂的人”、“批评的学生”是多义的，“提的意见”、“报道的新闻”、“养的鸟”是单义的。也就是说，“动词＋的＋名词”格式是否多义，与名词的语义格和语义特征有关。

（2）关心的人/来的人：前者是多义的，后者是单义的。前者多义上面已从名词的角度进行了分析。从动词角度看，“关心”是二价动词，要求有两个名词性成分作为论元，而在“关心的人”中，“关心”前后没有限定，因此“人”在语义上便具有了施/受两可的可能性，加之“人”具有这种语义条件，所以产生多义。“来的人”中，“来”是一价动词，在语义上“人”只能充当“来”的施事，所以只能是单义的。其他如“唱歌的演员”、“游泳的运动员”、“飞的鸟”也是单义的。也就是说，“动词＋的＋名词”格式是否多义，与动词的价有关。

总之，“动词＋的＋名词”格式是单义还是多义，是名词的格和语义特征、动词的价在这种格式中互相制约的结果。

12. 语境义变是指词语等单位在一定的语境中产生了与正常意义不同的意义。主要类型有：①语义感染；②语义脱落；③语义淡化；④语义凸现。

【编者按：详见本章相关内容。】

# 第四章　词　汇

**一、教学目的与要求**

要求学习者了解词汇的构成、词汇成员的特点及其相互关系，掌握词汇基本概念及相近、相关概念的区别，具备恰当地运用词语的能力。

**二、教学重点**

（一）识记

基本词汇　常用词汇　通用词汇　旧词　新词　方言词　外来词　熟语　缩略词语　造词法　同音词　异形词

（二）理解

1. 基本词汇与常用词汇、通用词汇的关系。
2. 词义的概括性。
3. 同音词与多义词的区别。
4. 汉语吸收外来词的方式。
5. 缩略词语的构成方式。
6. 造词法的类型。

（三）运用

对具体词进行造词法分析。

**三、教学难点**

基本词汇与常用词汇、通用词汇的关系；造词法与构词法的区别。

## 第一节　词汇概说

### 一、词汇的构成

词汇（vocabulary）是一种语言或方言中词和固定语的总汇。固定语主要包括熟语、专用语和客套语。熟语主要有成语（如“守株待兔”）、惯用语（如“拖后腿”)、歇后语（如“外甥打灯笼——照旧”）等，专用语主要有组织机构名称（如“北京大学”）、专有名词（如“第一次世界大战”）、专业术语（如“磁盘驱动器”）等，客套语如“您好”、“对不起”等。

有时，词汇还指一个作家使用的全部词语的汇集，一部作品词语的汇集等，所以有鲁迅的词汇、《战争与和平》的词汇等说法。“词汇”是集合概念，“词”是个体概念。

词是音义结合的定型单位，是表达思想时可以调遣的现成材料，自然是词汇的基本成员。除此之外，固定语也是音义结合的定型单位，在使用时相当于词，可以看作词的等价物，也是词汇的成员。词是由语素构成的，在分析词的结构的时候，少不了语素这一级单位。因此，语素、词、固定语都是词汇单位。

## 二、词语的音义

词语有固定的语音形式。“东（dōng）”、“西（xī）”是两个词，“东西（dōngxi）”不能说成“dōngxī”；“好（hǎo）”如果读成“好（hào）”就成了另外一个词了。固定的轻重音格式也说明词语有固定的语音形式。“白菜”、“粮食”、“明白”都是前重后轻；“阿姨”、“老师”都是前轻后重。英语的轻重音位置也是固定的，teacher 不能说成［tiː'tʃə］，conduct［kən'dʌkt］（v. 引导）不能说成［'kɔndʌkt］（n. 行为）。熟语同样具有固定的语音形式。

词语有固定的意义。词语的意义包括词汇意义和语法意义，词汇意义又有理性意义和附加意义。这些都是人们能够共同理解的。在言语环境里临时产生的语用意义尽管灵活多变，但也是可以从固定意义和语境中推知的，否则人与人之间就难以沟通。理性意义是各种意义的基础和核心，是对客观事物和现象的概括反映。“桌子”、“走”、“大”的词义都具有概括性。即使是专名，如“北京”、“鲁迅”也具有概括性，只不过概括的范围较窄罢了。概括性是词义的根本特点，其他特点如模糊性、民族性等都是在此基础上衍生出来的。主观臆造的词语的意义，如“神仙”、“阎王”、“地狱”、“鬼”等，也是对客观对象的反映，只不过是曲折甚至歪曲的反映。

固定语的意义多数不是各组成部分的简单相加。例如，“北京大学”不等于“北京的大学”，“北京师范大学”也不等于“首都师范大学”；“望子成龙”不是“希望儿子成为一条龙”，而是“希望子女有出息”。它作为音义结合的整体板块使用，与词相同，所以也是词汇的成员。

## 第二节 词汇的分类

对词汇中的所有成员可以从不同角度进行分类。根据所占地位，分为基本词汇和一般词汇；根据使用频率，分为常用词汇和非常用词汇；根据使用范围，分为通用词汇和专用词汇；根据语体风格，分为口语词汇和书面语词汇；根据时间长短，分为旧词和新词；根据通行区域，分为全民词和方言词；根据来源，分为本族词和外来词；根据单位的特殊性，分为熟语、缩略词语等。

### 一、基本词汇和一般词汇

早在19世纪初，丹麦语言学家拉斯克（R. C. Rask）就提出了“基本词汇”概念。20世纪50年代，斯大林在《马克思主义和语言学问题》一书中作了进一步阐述，对我国语言学界影响很大。

一种语言中处于基础地位的词是基本词。所有基本词的总汇构成基本词汇（basic vocabulary）。基本词汇的核心是根词。基本词以外的词的总汇构成一般词汇。

一般认为，基本词汇的特点有：

（1）普遍常用性。由于基本词汇表示的是跟人们日常生活关系极为密切的基本事物、基本动作和基本性状，词义平白、义域宽广、色彩中性，所以不同行业、不同阶层、不同文化背景的人在交际时都离不开它，不仅使用人群具有普遍性，而且适用范围也具有普遍性，适用于口语和书面语的各种语域。常用性反映在量上就是使用频率高，各种词频统计数据可以说明这一点。基本词汇是普遍性和常用性的综合。

（2）历史稳固性。基本词汇是词汇系统中最稳固的部分。例如，汉语的“天”、“地”、“风”、“雨”、“生”、“死”、“大”、“小”、“一”、“二”，从甲骨文时代到现在，历时几千年，基本没有变化。平常说的语言结构要素即语音、词汇、语法三者中数词汇变化最快，是就一般词汇而言的。但不能说基本词汇就没有变化，如古汉语“目”现在叫“眼睛”，“视”现在叫“看”，不过，它们仍然作为基本构词语素存在于合成词当中，如“目前”、“目标”、“项目”、“题目”，“视察”、“视野”、“电视”、“重视”等。

（3）构词能产性。基本词可以作为构词的基础，降级为构词语素构成其他的词。如“人”，可以构成“人民”、“人群”、“人员”、“人工”、“人生”、“工人”、“为人”、“伟人”、“小人”、“新人” 等。但有些基本词的构词能力很弱甚至没有，如“你”、“谁”、“的（de）”、“吗”。

关于基本词汇的三个特点哪个是最根本的特点，人们的看法并不完全一致。葛本仪认为，“在这三个特点（编者按：指‘普遍性’、‘稳固性’、‘是构成新词的基础’）之中，应该说，‘普遍性’又是最根本的”①；刘叔新认为，“历史悠久和社会普遍使用，这两个特征充作确定基本词汇的条件，则是恰当的”②；符淮青认为，“在三个标准（编者按：指‘普遍性’、‘稳固性’、‘是构成新词的基础’）中，构词能力是最重要的一个标准”③；李如龙认为，“常用度和派生能力作为基本词汇的主要特征，还是无可争议的”④。

我们认为，基本词汇应该作为共时的概念来理解，在某个时期，一种语言的词汇系统中处于基础地位的词汇就是基本词汇，而不管它的历史长短和构词能力强弱，显性的表现就是全民在交际时经常使用，因此“普遍常用性”应该是基本词汇的最根本的特点。普遍而经常使用的东西不容易变动，自然使基本词汇具有稳固性；人们乐于使用熟知的基本词作为构成新词的基础，这样又加强了它的稳固性。“历史稳固性”是历时维度，而且时间段也不明确；“构词能产性”不能涵盖所有的基本词。

基本词汇和一般词汇没有绝对的分界线，两者可以互相转化。例如，“电脑”、“手机”出现的时间并不太长，现在已经成为现代汉语的基本词了；“公社”、“工分”已经退出基本词汇的范围，成为一般词了。我们应该动态地看待基本词汇。

## 二、常用词汇和非常用词汇

常用词是在某一个时期经常使用的词。常用词的总汇是常用词汇，其他词构成的集合是非常用词汇。常用词汇和非常用词汇的划分根据词语的使用频率，可以靠词频统计得出。由于词频的高低是渐变的，因此常用词汇和非常用词汇的划分也是相对的，如可以分为最常用词汇、次常用词汇、非常用词汇等。

词频统计依赖一定的语料基础，语料范围不同，结果就会不同。比如可以有口语常用词汇、书面语常用词汇、新闻常用词汇、法律常用词汇等。如果统计的范围足够大，涵盖所有的语言使用领域，就是一种语言的常用词汇。目前还不能完全做到。一

---

① 葛本仪．现代汉语词汇学．济南：山东人民出版社，2001. 5.

② 刘叔新．汉语描写词汇学．北京：商务印书馆，1990. 232.

③ 符淮青．现代汉语词汇．北京：北京大学出版社，1985. 160.

④ 李如龙．谈谈词汇的比较研究．李如龙，苏新春．词汇学理论与实践．北京：商务印书馆，2001. 141.

般所说的常用词汇还只能是“局域”常用词汇。

统计显示，一种语言最常用的词大概就是那三四千个，对语料的覆盖率却达到85%以上，这就意味着，掌握了它们，就能懂得一般语言材料的85%以上的内容①。现代汉语词汇的计量研究和常用词的提取工作取得了一些成果。词频统计的成果如：《现代汉语频率词典》（北京语言学院语言教学研究所编著，北京语言学院出版社，1986年）统计了180万字的语料，收录不同词语31 159条；《现代汉语常用词表（草案）》（国家语委发布，商务印书馆，2008年）统计了2 5亿字的语料，收录不同词语56 008条。常用词提取的成果如：《普通话三千常用词表（初稿）》（郑林曦等编，文字改革出版社，1959年）收词3 624个，1987年的增订本增加到3 996个；《现代汉语三千常用词表》（何克抗、李大魁主编，北京师范大学出版社，1987年）收词3 000个；《汉语水平词汇与汉字等级大纲》（刘英林主编，北京语言学院出版社，1992年）收词8 822个，分为甲、乙、丙、丁四级，甲、乙级词共3 051个，修订本由经济科学出版社于2001年出版。但总起来看，统计的语料范围还不够广泛，数量还不够充足，口语语料所占比例还不高。

常用词汇与基本词汇的角度不同。基本词一定是常用词，但常用词不一定是基本词。如果一个词只在某个领域常用，而不具有普遍性，就不是基本词。如教育行业常用的“预备”、“上课”、“备课”、“口试”、“课件”等就不是基本词。可以认为，基本词是常用词中普遍常用的那一部分。

## 三、通用词汇和专用词汇

通用词汇是一种语言的全体成员都使用的词汇。基本词汇就是通用词汇。“通用”着眼于词语通行的范围广，不一定“常用”，如“天”和“天空”，“书”和“书籍”，都是通用词，但每组后者都没有前者常用；“常用”着眼于词语使用的频率高，受语料范围的限制，常用词不一定是通用词，如“名词”、“动词”、“形容词”、“主语”、“谓语”等在语言研究领域常用，但不是通用词。

专用词汇是一种语言的部分成员使用的词汇。人有性别、年龄、地位、文化程度等方面的差别，不同行业、领域、学科都有自己的词汇，这就形成了只供一部分人使用、只限于某个范围使用的词汇。例如，表示感叹的“哇噻”，表示评价的“酷毙了”、“帅呆了”，中老年一般不会使用。17世纪法国贵族使用的沙龙语言，如把

① 崔永华．词汇文字研究与对外汉语教学．北京：北京语言文化大学出版社，1997. 311.

"日历"叫"未来的记忆"，把"森林"叫"乡村的装饰"，平民也不会使用。学科术语、行业语、隐语、黑话都具有专用性，外行人很少使用甚至不理解。

通用词汇和专用词汇也可以互相转化。通用词语"窗口"、"菜单"已经成为计算机用语，医疗用语"麻痹"已经成为通用词。

## 四、口语词汇和书面语词汇

口语词汇是主要用于口头语体的词汇。风格通俗随便，有的诙谐生动，有的直白粗俗。书面语词汇是主要用于书面语体的词汇。风格庄重典雅，有的书卷气浓厚，有的艺术感染力较强。试比较表 4－1 的词汇。

表 4－1　口语词、中性词和书面语词的比较

| 口语词 | 中性词 | 书面语词 |
| --- | --- | --- |
| 天 | 天、天空 | 苍穹、碧空 |
| 盐 | 食盐 | 氯化钠 |
| 月亮 | 月亮 | 月球 |
| 山药蛋 | 土豆 | 马铃薯 |
| 老婆 | 妻子 | 夫人、太太 |
| 偷看 | | 窥视 |
| 耷拉 | | 下垂 |
| 好看 | 漂亮 | 美丽、妩媚 |

口语词汇和书面语词汇各有自己的使用场合。上体育课时，老师喊一声"立正"，然后讲解"立正"的动作要领："两眼平视，双臂自然下垂，胸部挺起，腹部内收。"学生会按要求做好。如果全部改成口语词，说成"两只眼睛平着看，两条胳膊耷拉下来，胸脯鼓起来，肚子缩回去"，恐怕学生很难做好。

## 五、旧词和新词

旧词是产生历史较长的词。根据它在现代语言中的使用情况，可以分为两类。一

类是在现代语言里仍在使用的词，又分两个小类：①仍然很活跃，生命力很强，感觉不到它的陈旧气息的，可以叫作“传承词”，如“人、杀、大、一”，狭义的旧词不包括这一类；②不那么活跃，在书面语里有时还会用到，带有明显的书面色彩的，可以叫作“文言词”，如“此”、“故”、“之”、“兹”。

另一类是在现代语言里基本不使用的词，也可以分为两个小类：①指称的事物已经消失，这些词语也随之成为旧词，可以叫作“历史词”，如“太监”、“宦官”、“妃子”、“保长”；②指称的事物仍然存在，但已经被新的词语取代，可以叫作“旧彩词”，如“伙夫（炊事员）”、“戏子（演员）”、“薪俸（工资）”、“县令（县长）”。这些词在指称历史现象和营造历史氛围时，比如在历史著作、文艺作品里还会用到。

历史词和旧彩词都可能被重新启用，如汉语的“先生”、“小姐”在新的社会语言条件下又焕发了青春。

新词是产生历史较短的词。新事物、新现象出现后，需要有新的词语指称它们。如汉语的“多媒体”、“宽带”、“网民”、“网虫”、“炒作”、“宅男”、“宅女”都是历史不太长的词。

新词不同于生造词。新词已经被大众接受，成为语言大家庭的成员，而生造词只是个人创造，还没有被社会接受。当然，生造词可以成为新词的来源。

旧词和新词没有严格的时间分界线。其实可以根据词语的时代色彩相对地分为三类：带有明显陈旧色彩的是旧词，带有明显新鲜色彩的是新词，时代色彩不明显的是中性词。

## 六、方言词和外来词

### （一）方言词

方言词（dialectism）是通行于某个地区、作为民族共同语的地域变体运用的词语。与全民词相对，主要出现在口语当中。例如，四川话的“抄手”（馄饨）、“锅魁”（烧饼），山西、陕西一带的“地板”（地）、“婆姨”（妻子），上海话的“绢头”（手帕）、“阿拉”（我），广州话的“雪柜”（冰箱）、“家俬”（家具）等。有人把汉语方言词理解为“普通话从各方言中吸取来的词”①，如垃圾（吴方言）、忽悠（东北方言）、搞（西南官话）等。我们觉得，已经进入普通话的原方言词最好称为

---

① 黄伯荣，廖序东．现代汉语（增订四版，上册）．北京：高等教育出版社，2007. 262.

"方源词"[①]。

方言词是民族共同语词汇的重要来源。就汉语来说，北方话词汇是普通话词汇的基础，并不时地补充、丰富着普通话的词汇，如西南官话的"搞"，东北方言的"忽悠"进入普通话的历史并不太长；同时，普通话还吸收其他方言有表现力的词语，如吴语的"尴尬"、"瘪三"、"阿飞"、"垃圾"、"煞有介事"，粤语的"的士"、"买（埋）单"等。20世纪80年代以来，粤语成为汉语的强势方言，许多粤语词正在加快进入普通话的步伐，如"靓"、"搞定（搞掂）"、"理念"、"架构"。

**（二）外来词**

外来词（alien words/foreignism）指从外民族语言吸收进来的词语。与本族词相对。就输入方而言，叫借词；就输出方来说，叫贷词。它是不同民族语言文化交流的产物。

西方语言之间词语借用比较方便，只需词形转写就可以了。中西语言之间互借就不太方便了，存在一系列语言和文字系统的转换。

借词中有一种借出又借进的特殊现象，也称为"回借"。汉语里的"大风"借入英语，音译为typhoon，指发生在太平洋上的一种强风暴，后来又从英语里借回来，变成了"台风"。"博士"原是汉语词（古代一种传授经学的官员或专精某种技艺的人），蒙语借去读为pakci，意思是"老师，师傅"。汉语又从蒙语借回来，写作"把势"或"把式"，指擅长某种手艺或有某种能耐的人。例如，"他种庄稼是个好把式"。《西游记》三十二回："还是个把势？还是个雏儿？"表示最高一级学位的名称是从日语借回的。

从古到今，汉语从未停止过从其他语言借进词语的步伐，大致有三个高峰期：汉魏六朝伴随着佛教的传播，从梵语借入许多佛教用语；"五四"前后又借进了许多科学文化术语；改革开放后，外来词以更加强劲的势头影响着汉语。同样，汉语也有一些贷词，但不是太多，如"茶（tea）"、"丝绸（silk）"、"功夫（kungfu）"。

汉语是"消化"能力比较强的语言，借词进入汉语，要经过改造，以适合汉语系统。时间一长，就难以分辨是不是外来词，如早期借词"苜蓿"、"石榴"、"狮子"、"胭脂"等。

汉语吸收外来词主要采取以下方式：

（1）借音，形成音译词。直接翻译外来词的语音，用字只记音，不表义。例如，

---

① 刘叔新．汉语描写词汇学．北京：商务印书馆，1990. 245.

打（dozen）、米（meter）、沙发（sofa）、摩托（motor）、麦克风（microphone）。

（2）借义，形成意译词。用汉语语素或语素组合表达外来词的概念。例如，电话（telephone）、电视（television）、话筒（microphone）。由于语素和构词法都是汉语的，所以意译词一般不认为是借词。

意译词中还有一类，如 football—足球、blackboard—黑板、honeymoon—蜜月，汉语与外语语素一一对译，格式相同，有人称为“仿译词”（或“直译词”），一般也不认为是借词。

汉语有较强的意译倾向。原来的一些音译词，后来很多改成了意译词，例如，德律风（telephone）—电话、赛因斯（science）—科学、德谟克拉西（democracy）—民主。有些词音译和意译形式并存，例如，麦克风/话筒、盘尼西林/青霉素。

（3）借形，形成借形词。直接借用外来词的书写形式。

一种是借自日文的借形词。由于日文仍然保留有部分汉字，汉语就把用汉字书写的日语词直接借进汉语，只借形，不借音。例如，手续、场合、客观、绝对、课堂。一般所说的借形词即指借自日文的借形词。这种词和正宗的汉语词很难分别，许多人认为不是外来词。

一种是借自英文或其他西方文字的借形词。例如，VCD、MTV。

以上是三种基本形式，把它们进行不同组合，还会产生许多变式。

（4）半音译半意译。词的一半翻译声音，一半翻译意义。例如，Cambridge—剑桥、New Zealand—新西兰。

（5）音译兼意译。选用的字既标音，又表义。例如，engine—引擎、club—俱乐部、vitamin—维他命。

（6）音译加义类。音译之后添加表示意义类别的语素。例如，beer—啤酒（加“酒”）、card—卡片（加“片”）、bar—酒吧（加“酒”）。

（7）半音译半借形。词的一半翻译声音，一半借书写形式。例如，卡拉 OK（来自英语 karaoke。“卡拉”是日语から的音译，OK 是英语词 orchestra 的缩略之形）。

（8）半借形半意译。词的一半借书写形式，一半意译或加义类。例如，X 射线、B 超、U 盘。

有人把含有西文字母（主要是拉丁字母）的借词称为“字母词”。主要有这样几种形式：①纯字母：WTO（世界贸易组织）、CCTV（中国中央电视台）、RMB（人民币，来自汉语拼音）、HSK（汉语水平考试，来自汉语拼音）；②字母和阿拉伯数字混用：MP3（一种音乐播放器）、3G（英文“3rd Generation”的缩写，指第三代移动通信技术）、PM2. 5（在空中飘浮的直径小于或等于 2. 5 微米的可吸入颗粒物）；③字母和汉字混用：B超（一种医疗诊断仪器）、γ刀（一种医疗手术器械）、AA制（平摊付款或各自付款的办法）；④字母、汉字和阿拉伯数字混用：3K党（来自英语Ku Klux Klan，三个词的本义是指扳动手枪扳机时三个步骤的声响，为学习射击时的口诀。后用来指美国历史上和现代三个不同时期奉行白人至上主义运动和基督教恐怖主义的民间仇恨团体，也是美国种族主义的代表性组织）。“字母词”尽管可以丰富汉语，但如果无限制地滥用，则会冲击汉语，需要加强规范引导。

## 七、熟语和缩略词语

### （一）熟语

熟语（phraseological unit）是在语言长期使用过程中相沿习用形成的、作用相当于词的固定形式。它们的结构或表现为固定词组，或表现为固定短句。特点是：

（1）结构的定型性。一般不能随意颠倒语序，或插入、更换成分。例如，“指鹿为马”不能说成“指马为鹿”、“指鹿成为马”或“指鹿为牛”。

（2）意义的整体性。熟语的整体意义一般不是成分意义的简单相加，多数不能按字面意义理解。例如，“胸有成竹”不能理解为“胸中有现成的竹子”，而是“做事之前有通盘的考虑”。

（3）功能的类词性。尽管熟语的结构比词长，但功能与词相当，充当语言运用的备用材料。

汉语中，熟语主要包括成语，如“朝三暮四”、“本末倒置”；惯用语，如“拖后腿”、“拍马屁”；歇后语，如“千里送鹅毛——礼轻情义重”、“电线杆上绑鸡毛——好大的胆（掸）子”等。

其他语言如英语同样存在熟语，例如，black and blue（青一块，紫一块）、Seeing is believing（眼见为实）、to kill two birds with one stone（一石二鸟/一箭双雕）。

### （二）缩略词语

缩略词语（acronym/abbreviation）是在原有词语的基础上通过节略、缩合等方式而形成的简短形式。又叫“略语”，习惯上叫“简称”。缩略词语与原来说法表达的概念相同，只是形式更为经济，提高了交际效率。

缩略词语主要采用以下方式：

（1）节略。截取原来形式的一部分，略去其余部分。例如，清华大学—清华、中国人民解放军—解放军、laboratory—lab（实验室）。

（2）缩合。挑选有代表性的语素或字母重新组合。例如，中华人民共和国—中国、邮政编码—邮编、the United States of America—USA（美国）、Communication（通信）Satellite（卫星）—Comsat（通信卫星）。

（3）简代。用一个语素代替全称。例如，河南—豫、上海—沪。

（4）标数。把相同的语素或共同的语义特征合在一起用数字概括。例如，陆军、海军、空军—三军、《大学》、《中庸》、《论语》、《孟子》—“四书”。

就汉语的缩略词语来说，如何挑选有代表性的语素，值得研究。按理说，应选处于中心地位的语素，其实不尽然。例如，“北京”简称“京’，为什么“北京大学”不说成“京大”而称“北大”呢？“邮政编码”中，“邮政”简称为“邮”是为了明确，“编码”的中心语素是“码”，为什么不说“邮码”而说“邮编”？是不是都倾向于挑选每个词的第一个语素？也不尽然。例如，“中国共产党委员会”，不说“中委”或“共委”，而说“党委”。我们觉得，一个缩略词语最终定型，是形式的简洁性（用尽量少的语素概括原词意义）、意义的明确性（“师范学校”不说“师学”而说“师范”、“中等学校”不说“中校”而说“中学”，都为了明确）、使用的区别性（“师范”、“师校”、“师专”、“师院”、“师大”形成相互区分的师范教育系列）相互作用的结果。另外还有个心理接受程度的问题，“上海吊车厂”不称“上吊”，“自贡纺纱厂”不称“自纱”，就因为意思不好，不易被人接受。

从结果来看，通过缩略方式得到的单位可能是“语”，可称为“缩略语”，如上面所举的“北大”、“四书”、“USA”；也可能是“词”，可称为“缩略词”，如上面所举的“解放军”、“沪”、“lab”。合称“缩略词语”。

## 第三节 造词法

### 一、造词法类型

造词法是创造新词的方法。当人类认识一种新的事物和现象时，就要给它命名。一个词是怎样从无到有，用什么方法造出来的，就是造词法问题。造词法多种多样，分类列举如下。

#### （一）原生造词法

原生造词法是通过直接给事物命名的方式来创造新词的方法。不以现成的语言材料为基础，或者没有现成的语言材料可以利用，直接用某个语音形式指称某个事物。用这种方法造出的词是以后造词的基础。又有以下方法。

1. 任意法

任意法是把某个语音形式和某个语义内容任意结合起来的造词法。语言符号具有任意性，语音和语义的联系是社会约定俗成的，一般说不出什么理据。例如，“装订成册的著作”，汉语为什么用 shū（书）这个声音、英语为什么用［buk·］（book）这个声音指称，说不出道理。再如，汉语的“猩猩”为什么不用一个音节“猩”，也没有理据。语言中大量的单纯词都是用这个方法造出来的。

2. 摹声法

摹声法是通过模拟自然事物的声音来创造新词的方法。例如，汉语的“猫”、“鸡”、“鸭”、“布谷”、“蛐蛐”、“呼噜”、“哎呀”、“轰隆”，英语的 cuckoo（布谷鸟）、tick（钟表的滴答声），用的都是摹声法。摹声法并不限于拟声词。

**（二）再生造词法**

再生造词法是利用已有的语言材料来创造新词的方法，又有以下方法。

1. 语音再生法

语音再生法是以原有词语的语音为基础创造新词的方法。

（1）叠音法。例如，汉语“妈—妈妈”、“渐—渐渐”、“万—万万”、“通—通通”、“往—往往”，重叠前后的意义或同或异，但都是不同的词。

（2）变音法。有的改变原词的声调，如汉语“好（hǎo）—好（hào）”；有的改变原词的轻重音格式，如汉语“地道（dìdào，名词）—地道（dìdao，形容词）”，英语′content（n. 内容）—con′tent（a. 满意的）；有的改变原词的元音，如英语 blood（n. 血）—bleed（v. 流血）；有的改变原词的辅音，如英语 advise（v. 劝告）—advice（n. 劝告）；有的使原词的语音带上卷舌色彩，如汉语“盖—盖儿”、“尖—尖儿”。

（3）合音法。将原来的两个音节合并为一个音节。如汉语“不用—甭”、“不要—别”。

（4）分音法。将原来的一个音节分化为两个音节。如汉语“孔—窟窿”。

（5）借音法。以语音相同为条件，将已有的词形移用到新的词义上，两词之间意义上没有联系，就是许慎所说的“假借”。如汉语的“我”，本指一种兵器，借来表示第一人称代词。表示兵器的“我”和表示第一人称代词的“我”语音相同，意义上没有联系。

（6）译音法。模仿外语词的语音造词。例如，汉语的音译词“吉普（jeep）”、“马拉松（marathon）”。

译音法和摹声法的共同之处是，都模拟现有的声音造词。但两者不同，摹声法模拟的是事物的声音，不以已有的语音材料为基础，属于原生造词法；译音法模拟的是已有语言的声音，以已有的语音材料为基础，属于再生造词法。

2. 语义再生法

语义再生法是以原有词语的语义为基础创造新词的方法。

（1）声训法。利用语言“声近义通”的特点给事物命名。例如，汉语“桌子”为什么叫“桌”，因为与“卓”声近义通，取其高于几案之义；“椅子”为什么叫“椅”，因为与“倚”声近义通，取其可倚靠之义。

（2）说明法。通过对事物进行描写和说明造词。可以从性质、状态、材料、用途、处所等不同角度加以说明。例如，汉语“雨衣（用来防雨，从用途上加以说明）”、“黑板（颜色是黑的，从性质上加以说明）”，英语 football（用脚踢，说明运动时使用的身体部位）、basketball（往篮里投，说明投向的目标）。

（3）隐喻法。利用事物之间的相似性造词。可以是整个词充当喻体，如汉语“龙头”、“纸老虎”，英语 crane（鹤，比喻“起重机”），可以是词的一部分充当喻体，如“木耳”、“蜂窝煤”。

（4）转喻法。利用事物之间的相关性造词。有的改变了原词的词性，例如，汉语“锁（名词）—锁（动词）”、“编辑（动词）—编辑（名词）”，英语“water（水）—to water（浇水）”、“fire（火）—to fire（点火）”；有的没有改变词性，例如，汉语“舌头”又指“俘虏”。

尽管利用转喻法产生的词一般处理为多义词的派生义，不看作新词，但就表达新义的单位看，毕竟也是词，因此也可以看作新造了一个词。比如，我们可以说，“编辑”这个名词（他是一家报社的编辑）是从“编辑”这个动词（编辑报纸）派生而来的。

3. 语法再生法

语法再生法是利用语法手段在原有词语的基础上创造新词的方法。

（1）复合法。将原有的词语材料组合起来造词。例如，汉语原有“开”和“关”两个词，组合起来造出新词“开关”；英语原有 green 和 house 两个词，组合起来造出新词 greenhouse（温室）。用这种方法造出的词是复合词。

（2）加缀法。在原有词语的基础上添加词缀造词。例如，汉语“虎—老虎”、“盖—盖子”、“绿—绿化”，英语“new（新）—renew（更新）”、“friend（朋友）—

friendly（友好的）/friendship（友谊）”。用这种方法造出的词是派生词。

4. 缩略再生法

主要有两种方法，一种方法是截取原有词语的一部分成词，例如，汉语“中国共产党—共产党—党”，英语 popular—pop（流行）。用这种方法还可以逆向截取成词，如英语 beg（乞讨）原来不成词，从 beggar（乞丐）中截取而成词。另一种方法是提取原有词语的几个部分重新组合成词，如汉语“关心爱护—关爱”，英语 smoke fog—smog（烟雾），radio detection and ranging（无线电探测定位装置）—radar（雷达）。用这种方法造出的词是缩略词。

这里讲的“缩略词”一定是词，前面讲的“缩略词语”可能是词，也可能是语。

## 二、造词法与构词法

构词法是语素构成词的方法。由一个语素构成的词是单纯词。单纯词没有结构问题，只能从语音上分类，如单音的、双音的、多音的，双声的、叠韵的、叠音的等。由两个或两个以上的语素构成的词是合成词，又分复合型、附加型和重叠型三种，重叠型可以看作特殊的复合型。复合型根据语素的结构方式，又有并列式、主谓式、述宾式、偏正式、中补式等多种；附加型根据词缀的位置，主要有前附式和后附式两种；重叠型根据重叠的方式，主要有全部重叠式（如“星星”、“刚刚”）、部分重叠式（如“毛毛雨”、“静悄悄”）和分别重叠式（如“婆婆妈妈”、“病病歪歪”）三种。关于构词法详见“语法”一章。

造词法是讲一个词用什么方法造出来的，是先于词而存在的；构词法是讲一个词的内部结构方式，是后于词而存在的。两者的角度不同。例如汉语的“猫”，从造词法方面看，是用摹声法造出来的，从构词法方面看，是单音节单纯词。再如“领导（动词）”，从造词法方面看，是用复合法造出来的，“领导（名词）”是用转喻法造出来的；从构词法方面看，“领导（动/名）”是双音节的并列式复合词。

当然，两者联系紧密，存在部分重合。如用复合法造的词是复合词，用加缀法造的词是派生词。即使重合的部分，观察的角度也不一样。例如，汉语“木耳”和“银耳”，构词法都是偏正式合成词，两词没有区别；如果从造词法的角度看，尽管用的都是隐喻法，但理据不同，“木耳”侧重处所，义指“木头上长得像耳朵一样的东西”，“银耳”侧重颜色，义指“银色的像耳朵一样的东西”。

# 第四节 词的形式聚合

## 一、同音词

同音词（homophone）是语音相同而意义没有联系的一组词。分为两种情况。

1. 异形同音词

异形同音词是书写形式不同的同音词。例如，汉语的“公式—攻势—工事—公事”，英语的 sea（大海）—see（看见）、son（儿子）—sun（太阳）、two（二）—too（也）、won（赢）—one（一）。

2. 同形同音词

同形同音词是书写形式相同的同音词。例如，汉语的“米（粮食）—米（长度单位）”、“花（鲜花）—花（花钱）”，英语的 counter（计算器）—counter（相反地）、well（好）—well（井）。

同形同音词和多义词都是一形多义，但两者不同：同形同音词是多词同音同形，多义词是一词多义；同形同音词各词意义之间没有联系或人们已经感觉不到联系，多义词的各个意义之间有这样或那样的联系。

同音词在使用中既有积极的一面，也有消极的一面。它可以构成修辞里的双关，例如：

a. 孔夫子搬家——净是书（输）

b. 闲（贤）妻良母——洗衣机广告

c. 默默无蚊（闻）的奉献——灭蚊器广告

但有时会引起误会，应设法消除，例如，汉族姓氏“张”、“章”不分，要说成“弓长张”或“立早章”才能明确。

## 二、同形词

同形词（homograph）是书写形式相同而意义不同的一组词。分为两种情况。

1. 异音同形词

异音同形词是读音不同的同形词。例如，汉语“好（hǎo）—好（hào）”、“地道（dìdào）—地道（dìdao）”，英语 content［ˈkɔntent］（n. 内容）—content［kənˈtent］

（a. 满意的）。

2. 同音同形词

同音同形词是读音相同的同形词。与同形同音词重合。

### 三、异形词

异形词（heterograph）是语音相同、意义相同而写法不同的一组词。就单位来说，异形词是同一个词，只是记录的字形不同；同音词和同形词都是不同的词。例如，汉语（不包括繁简字）“唯一—惟一”、“思维—思惟”、“凌迟—陵迟”、“伶仃—零丁”、“当作—当做”等；英语（英式—美式）centre—center（中心）、metre—meter（米）、colour—color（颜色）、humour—humor（幽默）等。宽泛一点儿的异形词还包括写法不同而读音、意义相同或相近的固定语，如“好高骛远—好高务远”、“名副其实—名符其实”。

异形词一般是规范的对象。

## 第五节 词汇的社会文化研究

词汇是文化的“化石”，是反映社会的“镜子”。除了从语言学的角度进行研究以外，还可以从社会文化的角度对它进行研究。以下略举几个方面加以说明。

### 一、从词源看文化遗迹

刘熙《释名》：“嫂，叟。老者称也。”贾公彦《仪礼注疏》：“名兄妻为嫂者，尊严之称。……嫂犹叟也，叟，老人称也。”人们常说“长嫂为母”。古代社会妇女地位低下，为何对“嫂”如此尊敬？原因在于“长兄为父”。古代中国讲孝悌之道，尊兄必尊嫂。这一称呼反映了尊卑分明的人际关系，浸透了古代伦理思想的基本精神。而英语“嫂”的写法是 sister-in-law。对比可以看出，中国古代是从宗法伦理的角度看待嫂子的，而英国社会是从法律角度、从婚姻关系看待嫂子的，实际反映了中国文化和英国文化的重要差别。

再如，朝鲜语的［sɯŋsɯŋ］原义是“僧”，后来泛指“老师”、“师傅”，可以证明朝鲜族的教育与佛教曾有密切的关系。

## 二、从人名看文化差异

汉族人的姓名排序是：宗姓—辈分—已名，突出的是氏族整体。现在人们已经不再特别重视“辈分”，但姓氏还是不得乱改。西方人的姓名排序一般是：已名—父名—宗姓，突出的是个体。如 John Smith，这个人名字叫 John，姓 Smith。Smith 的姓氏起源与打铁业有关。

另外，在时间、地理顺序方面，汉语和英语也有不同，汉语一般是从大到小，从整体到部分，英语则相反，反映了两个民族思维方式的差异。

## 三、从地名看民族迁移

恩格斯曾对英国许多城市名称进行过考证，认为这些地名是1000 多年前罗马人征服不列颠留下的痕迹。他在《野营》一文里说：“罗马人征服不列颠最永久的纪念碑是把拉丁语言中的词 castra（野营）保留为最初曾经是罗马军队驻地的许多城市的名称或者名称的一部分，例如卡斯特、莱斯特、伍斯特、切斯特、温彻斯特等。”

## 四、从借词看文化交流

汉语“茶”这个词，随着茶叶的出口，16 世纪就传入欧洲，被许多国家借用。由于茶叶输出路线分为两条，一条是从我国西北部的丝绸之路运往欧洲，因而采用了北方方言“茶”的译音，如俄语是 чай ［tʃ‘aːi］，意大利语是 cia ［tʃ‘ia］；另一条是厦门人把茶叶运到爪哇的万丹，然后再用荷兰船运到欧洲各国，因而采用了闽方言“茶”［$te^{35}$］的译音，如英语是 tea，法语是 le thé，德语是 der Tee。由“茶”这个汉语词在各国语言中的译音，可以推知当时中国通过哪些途经与外民族进行贸易往来。

## 五、从熟语看文化信息

比较下列熟语英汉的不同说法：

It rains cats and dogs——*瓢泼大雨*

Love me，love my dog——*爱屋及乌*

Don't put your cart before your horse——不要本末倒置

英语熟语多以动物、牲畜作为喻意的载体，汉语多以自然景物作为载体，反映了畜牧文化和农耕文化的不同。

同一种动物，东西方寄予的感情色彩和评价态度不同，也反映出不同文化的差异。比如狗在西方民族多作为忠实的代表，“狗”这个词也带有褒义的色彩，至少是中性的，所以可以说“You are a lucky dog”（你是一个幸运儿）。而汉语里带“狗”的熟语几乎没有褒义的，例如，狗急跳墙、狗血喷头、狗尾续貂、狗仗人势、猪狗不如、狼心狗肺、狐朋狗友、狗眼看人低、狗嘴里吐不出象牙、狗咬吕洞宾——不识好人心、狗拿耗子——多管闲事……

## 六、从流行词语看社会文化现状[①]

1. “文化”一词的流行

20 世纪 80 年代以来，许多具体琐碎的现象都成了“文化”：食文化、酒文化、茶文化、豆腐文化、快餐文化、T 恤文化、营销文化、环境文化、社区文化、宿舍文化、家庭文化、化妆文化、蟋蟀文化、虫儿文化、狗文化、性文化、厕所文化……

文化本是人类创造的物质财富和精神财富的总和，是一种高层次、大范围、具有抽象意义的现象。现在把它与烟酒茶糖、花鸟鱼虫、肤发面皮以至吃喝拉撒睡等低层次、小范围、具体而琐碎的日常生活现象联系在一起，表面上看是后者上升到了文化的层面，实际上则是把文化具体化、简单化、表面化甚至庸俗化了。“文化”一词的流行，从某种意义上说，恰恰是文化的贬值和文化本体的迷失。在市场经济勃兴的今天，经济利益的驱动使文化带有了商业色彩，过去一直被敬重、被严肃化和崇高化的文化，现在成为某些人追求快捷获利的商业行为。这种无视精华与糟粕，良莠不分、美丑不辨的做法，暴露出当前许多人对待文化的盲目、庸俗态度，也暴露出不少人文化浅薄、粗陋甚至荒诞的一面。

2. 社会称谓的更替

新中国成立以来，社会称谓的变更可以粗分为三个时期：

（1）20 世纪 50 年代—70 年代以“同志”为代表。这个时期的政治气候是强调“阶级斗争”，甚至提出“以阶级斗争为纲，纲举目张”的口号。在这种社会政治环境下，人际关系也注重阶级立场，怕“站错队伍”。称呼别人为“同志”，就是把别

---

① 参见孙曼均．城市流行词语及其社会文化分析．语言文字应用，1996（2）．

人看作自己人，对别人是一种信任。

（2）20 世纪 80 年代以“师傅”为代表。社会进入改革开放时期，国家提出“尊重知识、尊重人才”，知识与技能是全社会崇尚的目标。“师傅”是具有专长的人，它的流行正适合这时人们的心理。

（3）20 世纪 90 年代以后以“老板”为代表。社会进入更加开放的时期，市场经济体制逐渐建立起来，各种形式的经济实体（外资、私营等企业）如雨后春笋，遍地开花。随着新的雇佣关系的出现，“老板”一词应用开来。开始，“老板”的称呼仅用于生意人之间，后来逐渐泛化，连政府机关、企事业单位、群众团体的一把手，甚至公安干警、工商干部、大学里的研究生导师或研究所的课题负责人，都可用“老板”相称。一般人也乐意被称为“老板”，因为“老板”即意味着有钱、有权。“老板”一词的流行自然显示了经济的蓬勃发展，但同时蕴含着人际关系及管理分配模式的重要转变，即从封建的权力等级关系和管理模式向带有金钱、雇佣色彩的资本私有化的人际关系和管理分配模式转变。

从“同志”到“师傅”再到“老板”，这一社会称谓的变化，可以透出经济政治体制、人际关系和社会心态的变化信息。

## 本章小结

词汇是语言的建筑材料，尽管十分重要，但系统性不是太强。从不同角度，可以把词汇分为基本词汇、一般词汇，常用词汇、非常用词汇，通用词汇、专用词汇，口语词汇、书面语词汇，旧词、新词，全民词、方言词，本族词、外来词以及熟语、缩略词语等。构词法研究词语的结构方式，造词法研究一个词语是怎样创造出来的。同音词、同形词、异形词都是词汇在形式方面的聚合。词汇不仅可以从语言学角度进行研究，还可以从社会文化的角度进行研究。

**建议阅读文献：**

1. 曹炜．异形词的界定及其与同义词的区别．汉语学习，2004（1）.
2. 晁继周．论异形词整理的原则．中国语文，2004（1）.
3. 崔希亮．汉语四字格的平起仄收势——统计与分析．修辞学习，1993（1）.
4. 符淮青．现代汉语词汇．北京：北京大学出版社，1985.
5. 葛本仪．现代汉语词汇学．济南：山东人民出版社，2001.

6. 胡明扬．说“词语”．语言文字应用，1999（3）．
7. 蒋绍愚．古汉语词汇纲要．北京：北京大学出版社，1989.
8. 林焘．汉语基本词汇中的几个问题．中国语文，1954（7）．
9. 刘叔新．汉语描写词汇学．北京：商务印书馆，1990.
10. 刘哲，匡国建．建国以来汉语词汇研究综述．语言学通讯，1987（1）．
11. 苏新春．如何划分汉语的基本词汇．广州师院学报（社会科学版），1995（4）．
12. 孙曼均．城市流行词语及其社会文化分析．语言文字应用，1996（2）．
13. 张博．现代汉语同形同音词与多义词的区分原则和方法．语言教学与研究，2004（4）．
14. 张永言．词汇学简论．武汉：华中工学院出版社，1982.
15. 周荐．并列结构内词语的顺序问题．天津师范大学学报（社会科学版），1986（5）．
16. 周荐．汉语词汇研究史纲．北京：语文出版社，1995.
17. 周祖谟．汉语骈列的词语和四声．北京大学学报（哲学社会科学版），1985（3）．

## 知识与技能训练

### 一、名词解释

1. 基本词汇（中国人民大学2002、山东大学2008、南京师范大学2010）
2. 根词
3. 单纯词（中国人民大学2001）
4. 合成词
5. 同音词（中国人民大学2004）
6. 异形词
7. 外来词（北京语言大学2003：借词。）
8. 仿译词（中国人民大学2005）
9. 借形词
10. 缩略词语

## 二、术语比较

1. 基本词汇/常用词汇/通用词汇
2. 合成词/复合词
3. 同形同音词/多义词

## 三、填空

1. 语汇系统包括三种不同层级的语汇单位，分别是（　　）、（　　）和（　　）。（华中师范大学 2003）

2. 词和熟语都具有意义（　　）、形式（　　）的特点。

3. 基本词汇是词汇的核心部分，具有（　　）性、（　　）性、（　　）性和（　　）性。（南开大学 2005）

4. “一朵花”、“花钱”中，两个“花”属于（　　）词；“打毛衣”、“打球”中，两个“打”属于（　　）词。

## 四、判断正误并说明理由

1. 汉语中单音节词一定是单纯词，多音节词一定是合成词。

2. 判断一种语言现象是一词多义还是多词同音，主要看几个意义之间有没有联系。

3. 词典如《现代汉语词典》里的词条都是词。（中国人民大学 2002）

4. 引用成语时常以“俗话说”起句。（南京大学 2002）

## 五、分析

1. 指出下列各组词属于音形关系的哪种情况。

（1）son（儿子）/sun（太阳）；（2）好（好人）/好（爱好）；（3）别（别上校徽）/别（别了，朋友）/别（别说了）/别（别字）/别（别人）。

2. 辨析下面各组是叠音词、重叠词还是重叠式语法形式。

（1）太太；（2）看看；（3）偏偏；（4）花花绿绿；（5）星星；（6）猩猩；（7）个个。

3. 分析下面的汉语外来词采用的手段。

（1）克隆；（2）基因；（3）啤酒；（4）新西兰；（5）英特纳雄耐尔；（6）剑桥；（7）引擎；（8）芭蕾舞。

六、问答

1. 简述基本词汇和一般词汇的关系。(北京语言大学2004)

2. 汉语的词为什么有双音节化倾向?现代汉语的双音节化有什么作用?(华中科技大学2003)

3. 请举例说明重叠词、叠音式单纯词和重叠式词组之间的异同。(华中科技大学2003)

4. 找出10个以上港台词语与大陆词语同形不同义或同义不同形的现象。(华中师范大学2004)

5. 举例说明汉语吸收外来词的方式。

6. 结合汉语的自身特点分析其对外来词的影响。(华中科技大学2002。//中国人民大学2001:汉语在吸收外来词汇成分方面有哪些特点?)

7. 什么叫词语借用过程中的借出再借回现象?它说明什么? (华中科技大学2003)

8. 举例说明汉语缩略词语的主要类型。

## 参考答案

一、名词解释

1. 基本词汇:在一种语言的词汇系统中处于基础地位的词汇。它构成语言词汇的基础,因而也是最主要的部分,通常是表示自然界常见的事物和现象、基本亲属关系、躯体的主要部位、日常生活用品、物质生产资料、人的基本动作、事物的基本性状、数目、方位、时间、语言单位基本关系等的词语的汇集,具有普遍常用性、历史稳固性、构词能产性等特点。基本词汇中的词是基本词。

2. 根词:处于基本词汇核心的词。最能体现基本词汇的特点。汉语的根词一般为单音节。

3. 单纯词:由一个语素构成的词。如“天”、“走”、“大”、“葡萄”、“巧克力”、“book”、“morning”等。

4. 合成词:由两个或两个以上的语素构成的词。如“人民”、“桌子”、“联合国”、“football”、“teacher”等。

5. 同音词:语音形式完全相同但意义没有联系的一组词。如“公式—工事”、“仪表(仪表堂堂)—仪表(机器上的仪表)”、“see—sea”、“well(井)—well(好)”。

6. 异形词:语音相同、意义相同而写法不同的一组词。如“唯一/惟一”、“color/colour”。

7. 外来词:一种语言从其他语言吸收进来的词语。又叫“借词”。

8. 仿译词：不仅引进外语词的意义，而且仿照它的构词方式形成的词。如汉语“蜜月”仿英语 honeymoon 而成。

9. 借形词：直接借用外语词的书写形式的词。狭义的借形词只指从日语中引进的借形词，如“手续”、“客观”；广义的借形词还包括借自西文（主要是英文）的所谓“字母词”，如 CD、IT。

10. 缩略词语：通过节略、缩合等方式形成的原说法的简短形式。从结果上看，有缩略词和缩略语两种情况。

**二、术语比较**

1. 基本词汇/常用词汇/通用词汇：基本词汇是在一种语言的词汇系统中处于基础地位的词汇；常用词汇是在一定的范围内使用频率比较高的词汇；通用词汇是通行于各种语体和语域的词汇。三者有时一致，有时不一致。基本词汇是根据词语在词汇系统中的地位划分的，既要求常用，又要求通用。常用词汇是根据词语的使用频率划分的，要有统计数据支撑。某个领域的常用词不一定是基本词，如“预备、备课、教案”是教育领域的常用词，但不是基本词，也不是通用词。通用词汇是根据词语的分布面划分的，通用不一定常用，如“公社、工分”，现在已经不常用了。即使有些词既通用又常用，也不一定是基本词，如新词语“与时俱进、酷”，还没有进入基本词汇。

2. 合成词/复合词：合成词是由两个或两个以上的语素构成的词；复合词是由词根或含有词根的成分组合而成的词。合成词是由多个语素组合成的，可以是词根和词根，如“道路”，也可以是词根和词缀，如“老虎”；复合词必须是由多个词根或含有词根的部分组合成的，如“道路”、“秋老虎”是复合词，但“老虎”不是。也就是说，复合词只是合成词的一部分。

3. 同形同音词/多义词：同形同音词是书写形式相同、读音相同而意义不同的一组词；多义词是具有多个互有联系的义位的词。相同点是：都用同一个形式表示几个意义，如“深（水深）、深（夜深了）、深（感情深）”，“米（米和面）、米（一米三尺）”。但两者不同：①同形同音词是几个不同的词，多义词是同一个词；②同形同音词的几个意义之间没有联系，多义词的几个意义之间有联系，有派生关系。

**三、填空**

1. 语素 词 熟语（固定语）

2. 凝固 固定

3. 全民 常用 稳固 能产

【编者按：全民性和常用性可以合为“全民常用性”或“普遍常用性”。】

4. 同音（同形同音） 多义

**四、判断正误并说明理由**

1. 错误。汉语的绝大多数单音节词是单纯词，但“儿”缀词如“盖儿”、“鸟儿”等是合成词。多音节词也不一定是合成词，如“沙发、麦克风、盘尼西林”都是单纯词。

2. 正确。多义词和同音词都是一形（口头或书面）多义，区别的关键在于多义词的几个意义之间有派生关系，而同音词的各意义之间没有联系。

3. 错误。目前的汉语词典所收的条目绝大多数是词，但也收录固定语，如“差之毫厘，失之千里”这样的单位，还给不成词的语素立目，如“丽”。

4. 错误。成语一般都有出典，带有书面风格，而且一般不单独成话。即使是来自口头俗语的成语，如“指手画脚”，也很难用“俗话说”起句。谚语等一些来自民间的成句的惯用说法，常用“俗话说”起句，如“俗话说，一个巴掌拍不响……”。

**五、分析**

1. （1）同音不同形；（2）同形不同音；（3）同音又同形。

2. （1）（6）叠音词，因为只有一个语素，不能分解；（2）（7）重叠式语法形式，运用了构形法中的重叠法，改变了词的语法意义；（3）（4）（5）重叠式合成词，运用了构词法中的重叠法，都是语素和语素的重叠，构成了新词。

3. （1）（5）纯粹音译；（2）（7）音译兼意译；（3）（8）音译加义类；（4）（6）一半音译，一半意译。

**六、问答**

1. （1）基本词汇是一般词汇词形和词义衍生的基础。如汉语的“头”，本义是脑袋，“头领”、“头里”、“头脑”、“头绪”等词，无论是词形还是词义，都是在基本词“头”的基础上发展出来的。

（2）两者没有不可逾越的鸿沟。基本词汇可以变为一般词汇，一般词汇也可以成为基本词汇。如20世纪50年代—70年代的汉语基本词“公社”、“社员”，现在成为一般词；存在时间不太长的“电脑”、“手机”大有成为基本词之势。

2. 汉语词的双音化是语言演变的结果。古汉语音系比较复杂，有复辅音声母（上古），有一套全浊声母，有一套以塞音－p、－t、－k收尾的入声，某些辅音充当声母、韵尾相对自由，如ŋ－（岸）、－m（三）。这样一来音节结构的样式就比较多样，尽管词以单音为主，却不会造成大量的同音词。到了近现代，汉语的音系渐趋简化，在普通话里，复辅音、全浊声母、入声塞尾已完全消失，部分见组字和精组字已经合流成舌面声母（如“精/经”、“清/轻”不分），ŋ－不能充当声母，－m不能充当韵尾。这样，同音语素、同音词大量增加，不利于交际。作为补偿手段，便通过增加音节长度来提高词语的区分度，于是出现了大量的双音词。

双音节化给汉语带来了深刻的影响。语音上，逐渐形成以双音词为单位的轻重音模式（“粮食”重轻式，“精神”用重重、重轻区别词义），使汉语的韵律格式重新配置，“买车”、“买汽车”、“购买汽车”可说，一般不说“购买车”，词语在组合时单、双音节调配更为自由多样。语义上，可以分化多义语素，单音的多义语素“火”在每个双音词“失火”、“火红”、“军火”、“发火”中，只有一个意思；双音词比单音词信息含量更为丰富，表意更为精密。词汇上，彻底改变了古汉语以单音为主的词汇面貌，形成了以双音为主的现代汉语词汇新格局。语法上，形成了以复合构词法为主、附加构词法为辅，构词法和造句法大体一致的现代汉语语法基本面貌。

3. 三者的共同点是：都有相同音节的重叠。

不同点是：①重叠的单位不同。重叠词是词内语素重叠，如“星星”、“刚刚”、“花花绿绿”；叠音式单纯词是音节重叠，单个音节没有意义，即不是语素，如“猩猩”、“蛐蛐”；重叠式词组是词的重叠，如“看看”、“跳跳跳（跳跳跳，大家一起跳）”、“红红（红红的太阳）”、“一遍一遍（一遍一遍地说）”。②造成的结果不同。重叠词是利用语素重叠构成的合成词；叠音式单纯词是利用音节重叠构成的单纯词。这两种重叠都是用来构词的。重叠式词组通过词的重叠表达了一定的语法意义或语用意义，如逐指（事事、件件）、动作短暂（随便看看）、尝试（试试就知道了）、反复（你就知道吃吃吃。有厌烦的意味）、性状程度加深（高高兴兴）等。

4. 同形不同义的情况：“太空人”香港有时指“太太不在身边的人”，大陆指宇航员或外星人；“爱人”，大陆指“配偶”，港台是“情人”；“检讨”，港台除了“检查缺点错误”义外，也常用“检验研究”义，大陆主要用于“检查缺点错误”；“同志”，港台隐指同性恋者，大陆指志同道合者；“波”香港可隐喻女性乳房，大陆无此义。

同义不同形的情况：港台的“考量”与大陆的“考虑”相当；港台的“睡房”就是大陆的“卧室”；港台的“架构”与大陆的“框架”大体相当；港台的“亮丽”、“靓丽”就是大陆的“漂亮、美丽”；港台的“作秀”就是大陆的“表演”；港台的“埋单”就是大陆的“结账”。

随着时间的推移，港台词语在逐渐渗入大陆的词汇系统。

5. 汉语吸收外来词主要有三种基本方式，还有许多变化形式。

三种基本方式是：①音译；②意译；③借形。

三种基本方式结合使用还可以产生出许多变化形式：④音译兼意译；⑤音译加义类；⑥半音译半意译；⑦半音译半借形；⑧半意译半借形。

【编者按：详见本章相关内容。】

6. 外来词汇成分进入汉语要适应汉语的特点，或者说要经过汉语的改造。具体表现在以下方面：

（1）音节化倾向。汉语是音节分明的语言，每个音节都是声韵调的统一体。外来词汇成分进入汉语时，语音形式都要变成汉语式的音节，有些本来是音素的形式，进入汉语时也变成了音节，如 jeep（吉普），p 变成了“普”，tank（坦克），k 变成了“克”。

（2）双音化倾向。现代汉语的词汇以双音节为主，外来词多采用双音式，尽管不是必须的，但也表现出一种倾向。如“卡车（car）”、“啤酒（beer）”、“民主（democracy）”，原来都是单音节或三音节以上，进入汉语时通过加义类或意译方式变成了双音节。

（3）表义化倾向。“汉语是语义型语言”（徐通锵语），人们习惯于把每个成分都看作有意义，这样就尽量选用有意义的字眼来翻译外来词，原来采用音译方式的外来词后来许多采用了意译方式，如“赛因斯—科学”、“德律风—电话”，还有音义兼译式、添加义类式等，都与这个特点有关。外来词汇成分进入汉语后，还可以作为新的语素成分构成新词，如“的士（taxi）”本来是个单纯词，这里“的”无义，但在“面的”、“摩的”、“打的”中，却成了构词语素。音节语素化是表义化的一个重要体现。

（4）孤立化倾向。汉语是孤立语，形态变化不丰富。外来词进入汉语后，会丧失形态标志，没有形态变化。如“坦克”不再有单、复数的形态变化。

7. 词语在借用过程中，有一种有趣的现象：一个词语先借出去，过了一定时期，又借了回来，不过前后意义有所变化，就像贷款产生利息一样。如汉语粤方言“大风”，被英语借去成为typhoon，后来又被汉语借回变成了“台风”。这种现象至少说明：

（1）语言接触产生语言成分借用。

（2）借入成分是系统所缺少的、必需的，否则没有必要借用。由于汉语已有“大风”的说法，就没有必要再去借用外语的“大风”，“台风”是汉语没有的。英语借用汉语的“大风”表示“台风”，也是它的系统所缺少的。

（3）借出借进的过程中会产生一些变化，原因在于系统内部要素的互相制约和系统的自我调节，说明语言是一个系统，各个要素处在互相联系又互相区别的网络之中。

8.（1）通过截取方式形成的缩略词语。如“清华大学—清华”、“中国人民解放军—解放军”。

（2）通过挑选方式形成的缩略词语。如“北京大学—北大”、“邮政编码—邮编”。

（3）通过单字替代方式形成的缩略词语。如“北京—京”、“广东—粤”。

（4）通过数字统括方式形成的缩略词语。如“思想好、学习好、身体好—三好”，“象形、指事、会意、形声、转注、假借—六书”。

【编者按：详见本章相关内容。】

# 第五章　语　法

## 一、教学目的与要求

要求学习者了解语法单位的聚合和组合规则、语法形式和语法意义、语法手段和语法范畴，掌握语法基本概念及相近、相关概念的区别，能够运用语法分析方法分析具体的语法现象。

## 二、教学重点

（一）识记

词法　句法　语素　语素组　词　词组　句子　句组　语法形式　形态　零形式　语法手段　内部屈折　孤立语　屈折语　黏着语　复综语　语法意义　语法范畴　句法结构　直接成分　变换分析法　语义特征分析法

（二）理解

1. 比较：①构词语素和构形语素；②词头和前缀；③词尾和后缀；④词根和词干；⑤构词法和构形法；⑥分析手段和综合手段；⑦词组和句子；⑧向心结构和离心结构；⑨句子成分分析法和直接成分分析法；⑩句法同义、句法同构和句法多义。

2. 语法单位的层级关系。

3. 如何确定汉语的词？

4. 构词法常用的手段。

5. 构形法常用的手段。

6. 语言的结构类型。

7. 常见的语法范畴。

（三）运用

会分析构词和构形的具体方式；会用句子成分分析法、直接成分分析法和变换分析法分析具体实例。

## 三、教学难点

构形法；语法范畴；语言的结构类型；变换分析法。

## 第一节 语法和语法学

### 一、“语法”的含义

“语法”（grammar）这一术语在实际的使用中所指可能不同，概括起来主要有三种含义：

1. 语法规则

通常所说的“语言的结构规律”、“语言的结构规则”或“语言的结构方式”，都指语法事实，如“汉语的语法和英语的语法很多地方不一样”。它客观存在而且自成系统，所以有时称“语法系统”。如汉语“经济繁荣”，两词靠主谓关系组配，而“繁荣经济”，词项虽未变，但词项之间的关系变了，成为述宾关系，意义也因此不同。主谓关系和述宾关系就是结构规则，而且可以重复使用。因此语法具有客观性和概括性。

2. 语法研究

人们对语法规则的认识、分析和陈述。全面而系统的研究就是语法学，如“两本书讲的语法不一样”。语法研究带有主观性。一种语言的语法规则只有一套，而对其认识却因人因时而异。因此会存在不同的语法学体系。

3. 语法成果

语法研究形成的著述、教材等，如“我买了一本语法”。语法成果是语法研究的最终体现。

在“语法规则”这个意义上，人们对“语法”仍然存在广、狭不同的理解。

最广义的理解是，“对语言中存在的规则性和不规则性所作的概括描述”①。这里的“语法”不仅指语言中的“规则性”现象，还指“不规则性”现象。19 世纪历史比较语言学后期的“新语法学派”虽冠以“语法”之名，其实研究的是语音历史变化规律，主要是规则性音变，也包括不规则性音变。

较广义的理解是，“语法是语言结构的规律”②。包括语言各种规则性现象，语

① R. R. K. 哈特曼，F. C. 斯托克. 语言与语言学词典. 黄长著，林书武，卫志强等译. 上海：上海辞书出版社，1981. 148.

② 胡裕树. 现代汉语（重订本）. 上海：上海教育出版社，1995. 277.

音、语义都可以有结构之法。

狭义的理解是，“语法是词、短语、句子等语言单位的结构规律”①，也就是“语言的结构方式，包括词的构成和变化、词组和句子的组织”②。因此，语法只是语言符号单位的结构之法，这是目前通行的看法。

对狭义“语法”的定义，一般不提“聚合”。语言符号不仅有组合关系，而且有聚合关系，聚合成群的语法单位体现出相同的语法意义和语法功能，如词类。语法研究的是类的组合关系，而不是一个个具体单位的组合，如汉语“一个人”、“一朵花”、“一张桌子”、“一把椅子”都是“数词＋量词＋名词”关系的具体体现。数词、量词、名词都是聚合而成的类。相同的语法意义类聚成语法范畴，如 tree、tooth 表示单数，trees、teeth 表示复数，都表示“数”这个语法范畴。因此，聚合关系是语法的重要内容。《语言学纲要》（叶蜚声、徐通锵著）说：“语法的组合规则和聚合规则构成一种语言的语法规则”③，这种说法比较全面。《汉语语法专题研究》（高更生著）给“语法”下的定义是“语法是语言中大小音义结合体的组合、聚合规律”④，也很有道理。但对“聚合”应有所限制，同音词、同义词、反义词、类义词等都是聚合群，它们却不是语法的研究对象。语法研究的“聚合”应是能够体现在“组合”上的“聚合”。比如词类，是根据组合功能划分出来的类，每类词的特点都在组合上有所体现。

综上所述，“语法”可以定义为：语法是语言中大小音义结合体的组合规则和体现在组合关系上的聚合规则。

语法具有概括性、生成性、稳固性、系统性、民族性等特点。其中，概括性应是它的最重要的特点。

## 二、语法研究的内容

语法包括词法（morphology）和句法（syntax）两部分。

词法包括构词法（词的结构方式）、构形法（词的形态变化）和词类（词的语法类别）。

句法包括词组（结构方式、结构层次和功能类型）、单句（句子成分、句型和句

① 黄伯荣，廖序东．现代汉语（增订三版，下册）．北京：高等教育出版社，2002. 1.

② 中国社会科学院语言研究所词典编辑室．现代汉语词典（第 5 版）．北京：商务印书馆，2005. 1665.

③ 叶蜚声，徐通锵．语言学纲要（第 3 版）．北京：北京大学出版社，1997. 89.

④ 高更生．汉语语法专题研究．济南：山东教育出版社，1990. 2.

类、结构层次、句法·语义·语用分析)、复句(结构类型、功能类型、层次分析)。

概括起来，语法研究的是语法形式和语法手段、语法意义和语法范畴，或者说，语法研究的是语言符号单位的结构(用什么方式、形成什么关系、组成几个层次)和功能(表达什么意义、有何作用)。

需要说明的是，只有用语法形式表达了语法意义的现象才是语法研究的对象，可用公式表示为：语法形式⟷语法意义。如果不加限定，语法就大而无边了。例如：好 hǎo(形)/好 hào(动)、干 gān(形)/干 gàn(动)。能不能说形容词通过“变读去声”这个语法手段实现“动词”这个语法意义呢？不行！因为它不能类推，“少(shǎo)”变读“少(shào)”，仍是形容词。因此，这里的形容词变读去声成为动词只是个别词汇现象(变音造词法)，不是语法现象。语法现象应该具有规则性、类推性。再如，“一”在去声前要变读为阳平(如“一次”)，在非去声前要变读为去声(如“一米”)，很有规律，可以类推。这种变读是不是语法现象呢？同样不是。这只是语音现象，因为没有表达什么语法意义。可见，语法形式(手段)和语法意义(范畴)是相辅相成的，犹如一枚硬币的两面，不可分割。

## 三、语法学类型

语法学(grammar)是研究语法现象和语法规律的科学。研究语法时采取的观点、方法不同，便形成不同的研究风格和研究取向。主要有以下几类：

1. 实证语法(positivist grammar)和唯理语法(rationalist grammar)

实证语法始于古希腊(当时还没有这个名称)，从词所反映的客观事物出发，着重语法现象的分类。例如说，名词是人或事物的名称，形容词表示事物的特征。唯理语法始于 17 世纪的法国，从词所代表的逻辑概念出发，着重对语法现象的解释。例如说，本质独立存在，附质依附本质而存在。其中，代表本质的词被称为名词，代表附质的词被称为形容词。

2. 历时语法(diachronic grammar)和共时语法(synchronic grammar)

历时语法又称“历史语法”，研究纵的演变的语法现象，如王力的《汉语史稿》中的语法部分；共时语法研究横的静态的语法现象，如朱德熙的《语法讲义》。

3. 规定语法(prescriptive grammar)、描写语法(descriptive grammar)和比较语法(comparative grammar)

规定语法制定条例，指明哪些可用，哪些禁用。传统语法(traditional grammar)一般属于此类。朱德熙等著的《语法修辞讲话》中的语法部分属于规定语法。描写语法对语法现象进行客观的描述，不作是或非的二值评判。结构主义的语法研究多属此类，如赵元任的《汉语口语语法》。比较语法比较两种或数种不同语言的语法。

4. 理论语法（theoretical grammar）和教学语法（pedagogical grammar）

理论语法把语法作为一种规则体系来研究，追求严谨性、科学性、系统性，目的是了解通则，即明理；教学语法把语法作为一种供运用的工具来学习，讲求实用性、明白性、易操作性，目的是学会技能，即致用。朱德熙的《语法答问》属于理论语法，黄伯荣、廖序东主编的《现代汉语》中的语法部分属于教学语法。

5. 形式语法（formal grammar）、语义语法（semantic grammar）和功能语法（functional grammar）

语言是形式和意义相结合的符号系统，又是人类的交际工具，概括地说，语言是形式、意义和功能三维的立体系统。切入点或侧重点不同，便形成不同的研究风格。形式语法侧重研究语言的可见形式（如结构和分布），或用逻辑、数学的形式化方法表述研究过程和结果，如结构主义语法、转换生成语法、蒙塔鸠（Richard Montague）语法。语义语法以语法意义为切入点和重点，力求寻找形式上的验证，有时进行哲学阐释，如中国传统的语法研究以语义为中心，格语法研究名词的语义格。功能语法侧重研究语言的交际功能对语言结构的制约作用，如韩礼德（M. A. K. Halliday）的系统功能语法。近年来兴起的认知语法也可划入功能语法一类。

6. 普遍语法（universal grammar）和个别语法（specific grammar）

普遍语法研究适用于各种语言的普遍性原则，个别语法研究一种语言特有的语法规则系统。美国格林伯格（J. H. Greenberg）的语言共性研究和乔姆斯基（N. Chomsky）的转换生成语法属于普遍语法，对汉语语法、英语语法的研究都属于个别语法。

## 第二节 语法单位

### 一、语法单位的划分

语法单位（grammatical unit）是在进行语法分析时使用的音义结合的单位。它必须是音义结合的符号单位或符号序列，如语素、词、词组、句子等。有音无义或有义无音的单位如音素、音节、义素、义位都不是语法单位。

汉语的语法单位应该分为哪几级？人们的看法还不完全一致。1956 年公布的

《暂拟汉语教学语法系统》持“词、词组、句子”三级说。目前多数教材和专著通行“语素、词、词组（短语）、句子”四级说。[①] 吕叔湘主张“语素、词、短语、小句、句子”五级说[②]；1981年由张志公主持制定的《中学教学语法系统提要》主张“语素、词、短语、句子、句群（或叫‘语段’）”五级说。高更生主张“语素、语素组、词、词组、句子、句组”六级说。[③] 邢福义提出七种语法实体，除语气外，表现为音节的语法单位有六种，包括构件语法单位“语素—词—短语”和表述语法单位“小句—复句—句群”。[④] 郭锐主张“语素、语素组、词、词组、小句、小句组、句子”七级说。[⑤]

流行的四级说，理论上存在一定的问题，词有自己的组合体——词组（短语），语素却没有；对词组来说，词是下级，对句子来说，词和词组又是同级。如何解决这些问题？借鉴目前的研究成果，我们将汉语语法单位分为六级：语素、语素组，词、词组，句子、句组。

### （一）语素

语素（morpheme）是最小的音义结合的语言单位。需要注意的是，“音”不一定是音节，“义”不一定是实在的词汇意义。语素既是词汇单位，也是语法单位，既可以构词，也可以构形，所以语素既可以从词汇角度分类，也可以从语法角度分类。

1. 根据音节多少划分

（1）非音节语素：不成音节的语素。例如，英语-s（books）、-ed（looked）、-ing（reading），汉语“－儿”（盖儿、小鸟儿）。有人认为汉语“甭”、“俩”、“仨”等合音词是两个语素，也就是说，它们是由两个非音节语素构成的词。我们不同意这种看法，因为这样一来，语素就没有固定的语音形式了。

（2）单音节语素：由一个音节构成的语素。例如，英语 book、are、good，汉语“人”、“民”、“美”、“丽”。汉语的语素以单音节为主。

（3）双音节语素：由两个音节构成的语素。例如，英语 student、morning、sofa，汉语“葡萄”、“秋千”、“吉普”、“沙发”。汉语双音节语素多为联绵词、音译词的

---

① 朱德熙．语法讲义．北京：商务印书馆，1982.9～21；黄伯荣，廖序东．现代汉语（增订四版，下册）．北京：高等教育出版社，2007.3；陆俭明．现代汉语语法研究教程（第四版）．北京：北京大学出版社，2013.22.

② 吕叔湘．汉语语法分析问题．北京：商务印书馆，1979.31.

③ 高更生．汉语语法专题研究．济南：山东教育出版社，1990.4.

④ 邢福义．小句中枢说．中国语文，1995（6）．

⑤ 郭锐．汉语语法单位及其相互关系．汉语学习，1996（1）．

构成材料。

（4）多音节语素：由三个或三个以上的音节构成的语素。例如，英语 chocolate、America、democracy，汉语“巧克力”、“盘尼西林”、“布尔什维克”、“英特纳雄耐尔”。

2. 根据构词能力划分

（1）自由语素（free morpheme）：能够单独成词，有的还能够跟别的语素结合成词的语素。又叫“成词语素”。例如，英语 port（又可组成 import），read（又可组成 reader），honey、moon（又可组成 honeymoon）；汉语“人”、“美”、“天”、“的（de）”、“吗”。

（2）黏着语素（bound morpheme）：不能单独成词，只能跟别的语素结合成词的语素。又叫“不成词语素”。例如，英语 un-（可组成 unhappy）、-ly（可组成 hardly），汉语“丽（美丽）”、“颁（颁布）”、“阿－（阿姨）”、“－子（桌子）”。

3. 根据在词里的作用划分

（1）构词语素。主要作用在于构词。又分为：

A. 词根（root）。承载主要词汇意义。例如，英语 blackboard（black、board 都是词根）、friendship（friend 是词根），汉语“莲子”（两个都是词根）、“帘子”（“帘”是词根）。

B. 词缀（affix）。附加在词根之上，表示附加的词汇意义或语法特征，又叫附加语素。根据位置又可分为：

a. 前缀（prefix）。位于词根的前面。例如，英语 im-（impolite）、ex-（export），汉语“老－（老虎）”、“阿－（阿姨）”。

b. 中缀（infix）。位于词根的中间。有人认为汉语“妖里妖气”、“古里古怪”中的“里”是中缀。

c. 后缀（suffix）。位于词根的后面。例如，英语-ly（friendly）、-er（writer），汉语“－子（桌子）”、“－头（石头）”。

（2）构形语素。主要作用在于构成同一个词的不同的形态变化。根据位置又可分为：

A. 词头。位于词干的前面。例如，俄语 про-，читать（读，未完成体）—прочитать（读完，完成体）。英语和汉语词头都不发达。

B. 词嵌。位于词干的中间。例如，菲律宾语-in-，kayn（堆，未完成体）-kinayn（堆完，完成体）。

C. 词尾。位于词干的后面。例如，英语-s（在名词后表示复数）、-ed（在动词后表示过去时）、-ing（在动词后表示进行体）。汉语构形语素不发达，有人把表示群体的“们”，表示时体的“着”、“了”、“过”看作词尾。

4. 根据结合能力划分

（1）独用语素。本身单独成词，不跟其他语素结合。例如，英语 I、of、a，汉语“的（de）”、“了（le）”、“吗”。

（2）一用语素。只跟一个语素组合成词。例如，汉语“菠菜”、“苹果”、“彗星”、“鲫鱼”。有人叫“剩余语素”[①]。英语 cranberry（一种浆果）中的 cran-，布龙菲尔德称之为“独一无二的成分”[②]，霍凯特称之为“独特语素”[③]。

（3）多用语素。能够跟多个语素组合成词。大部分语素都是多用语素。例如，英语 head（头），可以组成 headache（头痛）、headlight（车头灯）、headline（标题）、headless（无头的）；汉语“美”，可以组成“美好”、“美丽”、“和美”、“精美”，“丽”可以组成“丽人”、“丽质”、“美丽”、“亮丽”。

5. 按位置是否固定划分

（1）定位语素。在构词或构形时位置固定。又分为：

A. 前置定位语素。在构词或构形时只能位于词根或词干的前面。包括所有的前缀、词头以及前置的一用语素。

B. 中置定位语素。在构词或构形时只能位于词根或词干的中间。包括所有的中缀和词嵌。

C. 后置定位语素。在构词或构形时只能位于词根或词干的后面。包括所有的后缀和词尾。

（2）不定位语素。在构词或构形时位置不固定。例如：英语 friend，既可以放在前面组成 friendly（友好的），也可以放在后面组成 girlfriend（女友）；汉语“光”，既可以放在前面组成“光明”、“光荣”、“光亮”，也可以放在后面组成“风光”、“观光”、“赏光”。

语素还可以根据意义实虚分为实语素、虚语素，根据意义多少分为单义语素、多义语素，根据相当的词性分为名词性语素、动词性语素、形容词性语素等。

按照通行的说法，确定语素可以采用双向替代法（假定有两个成分，两个成分都能被替代），即用已知语素替代有待确定是不是语素的语言单位，可以被替代就是语素，否则不是语素。例如，“蜡烛”中的“蜡”和“烛”可以分别被其他已知语素

---

① 高更生．汉语语法专题研究．济南：山东教育出版社，1990. 173.

② ［美］布龙菲尔德．语言论．袁家骅等译，北京：商务印书馆，1980. 194.

③ ［美］霍凯特．现代语言学教程（上）．索振羽等译，北京：北京大学出版社，1986. 149.

所替代，如“香烛”、“蜡纸”，所以“蜡烛”是两个语素。而“蝴蝶”就不能被双向替代，所以是一个语素。①

替代法的实质是用重新组词能力来检验一个形式是不是语素。其理论预设是，一个语言成分如果能跟多个成分组合成词，那么它应该是有意义的，也就应该是语素。但问题是，语素的组词能力强弱不等，姑且不说汉语的“俗”、“的（de）”、“了（le）”没有组合能力，就是“苹果”的“苹”、“彗星”的“彗”也只有这一种组合，但又不能说它们不是语素，因为“苹果≠果”、“彗星≠星”，分别只是“果”、“星”的一种。这种限定意义来自“苹”和“彗”，跟“蝴蝶＝蝶”、“蚂蚁＝蚁”不同。可见，替代法是有局限的。所以对语素的判定最根本的还是看这个成分是不是最小的音义结合体。

### （二）语素组

语素组（morpheme－combination）是由两个或两个以上的语素组合起来形成的构词单位。它是合成词的构成材料。

根据能否单独成词，可以分为自由语素组和黏着语素组。能够单独成词的语素组是自由语素组，如“联合”、“联合国”；不能单独成词的语素组是黏着语素组，如“高射（炮）”、“自来（水）”。

根据语素的组合方式，可以分为复合语素组和缀合语素组。由词根和含词根成分组合而成的语素组是复合语素组，如“秋天”、“秋老虎”；由词根和词缀组合而成的语素组是缀合语素组，如“老虎”、“桌子”。

复杂的语素组是有层次的，如“办公室”，语素“办”和“公”先组成语素组“办公”，再跟语素“室”组合成“办公室”，正如复杂词组是由简单词组和词组成的一样。

关于语素组，目前争议较大。一种观点是，不把它作为一级语法单位看待。当前通行的教材一般持这种观点。我们不同意这种处理方式。理由是：①词可以单独成句，也可以组合成句，那么完全可以取消词组这级语法单位，为什么把词组作为语法单位呢？既然词组作为一级语法单位，按同样逻辑类推（语素可以单独成词，也可以组合成词），语素组也应该作为一级语法单位。②语素组是一种客观存在，不能回避事实。如说“语言”是由“语”和“言”两个语素组成的，可以；但说“语言学”是由“语言”和“学”两个语素组成的，则不行；而说是由“语”、“言”、

① 黄伯荣，廖序东．现代汉语（增订四版，上册）．北京：高等教育出版社，2007. 217.

"学"三个语素组成的，却又忽略了内部的层次性。这里的"语言"是什么？只能是语素组（叫什么只是名称问题）。"联合国"、"二人转"中的"联合"、"二人"同理。

另一种观点是缩小语素组的范围。只把语素组定义为"词内部由两个或两个以上处于同一结构层次上的语素所组成的一种构词单位"。① 即认为"火车头"中的"火车"是语素组，而"火车"一词中的"火车"不是语素组，只是两个语素。葛本仪的"合成词素"范围更小，只指合成词的降级使用，也就是说，"合成词素"原来应该是现成的词，在新的组合中被当作构词材料使用，"语言学"中的"语言"是合成词素，"高射炮"中的"高射"不是合成词素。② 我们也不赞成这种观点。理由是：①这种说法不符合理论统一性原则。为什么"火车头"中的"火车"是语素组，而"火车"中的"火车"就不是语素组了呢？与词组类比，我们既说"他买了一件新衣服"是词组，也说"新衣服"、"一件新衣服"、"买了一件新衣服"是词组。既然承认"语言学"中的"语言"是语素组，为什么不能说"语言学"是语素组呢？这个语素组既可以单独构成"语言学"这个词，也可以作为"语言学家"的一部分。处理问题应该保持内部的一致性。②语法单位降级和升级使用是常见的现象。如"好"这个语素，可以升级为词，组成"好事"、"好书"等词组，还可以升级为句子，如问："他的字写得好不好？"回答："好！"反过来，在"他活着别人就不能活的人，他的下场可以看到"中，"他活着别人就不能活"是句子（紧缩句）降级为句子成分。以此观之，不仅合成词可以降级为语素组，而且自由组合（包括语素的自由组合和词的自由组合）也可以降级为语素组。照此道理，我们认为不仅"语言学"中的"语言"是语素组，而且"高射炮"中的"高射"、"二人转"中的"二人"都是语素组，"语言学"、"高射炮"、"二人转"同样也是语素组。

这样一来，从形式上看，语素组似乎等同于合成词。但两者的层级、范围和功能并不相同，语素组是合成词的构成材料，自由语素组既可以独立成词，也可以跟别的语素或语素组一起成词；黏着语素组只能跟别的语素或语素组一起成词。

### （三）词

词（word）是最小的能够独立运用的语言单位，是音义结合的定型单位。可以从结构和功能两大方面来认识。

---

① 李作南．论语素群．内蒙古大学学报（哲学社会科学版），1987（4）．

② 葛本仪．现代汉语词汇学．济南：山东人民出版社，2001. 51～55.

结构上，词是音义结合的定型单位。就是说，某音和某义结合是言语集团共同约定的，是作为现成单位存在于大众语言之中，音义联系不需要临时建立，内部结构也不需要临时组建。如“这个场地东西长 50 米，可以堆放很多东西”，两个“东西”的读音分别是 dōngxī（表示方位）和 dōngxi（表示具体事物），音义关系是固定的，作为整体结构存在于大众的语言之中，词典里有记录。

但是不能反过来说，音义结合的定型单位都是词。语素以及成语、惯用语、专名等固定语也是音义结合的定型单位。词可以从功能等方面加以限定。语素不是造句时独立运用的单位。成语、惯用语、专名等固定语虽然结构和功能相当于词，但不是严格意义上的词，所以被称为“语”。特别是比较长的固定语，如“第一次国内革命战争”（《现代汉语词典》商务印书馆第 6 版收录），人们心理上并不认同它是词。汉语的词与音节的长短有关系。固定语可以处理为类词单位，而不是真正的语法上的词。

功能上，词是最小的能够独立运用的语言单位。所谓“能够独立运用”，是指在造句的时候能够独立运用。有三层意思：

（1）能够单说或单独回答问题，即能够单独成句。例如，“我。”（回答“谁?”）；“苹果。”（回答“那是什么?”）；“去。”（回答“你去不去?”）；“好。”（回答“好不好?”）。

（2）虽然不能单独成句，但能够单独充当句法成分。“袖珍”、“金”、“很”、“难道”、“也”虽然不能单说，但可以单独充当句法成分，如定语、状语。

（3）虽然不能单独成句，也不能单独充当句法成分，但能够单独充当语法标记，表示某种语法意义和结构关系等。例如，在“你拿了我的笔记了吗?”中，“了”、“的”、“吗”也是词。

语言中能够独立运用的单位不仅有词，还有词组、句子等，但词是“最小”的，作为音义定型的整体不能再行分解。例如，“你去不去?”“不去。”“不去”可以分解为“不”和“去”两个词；而“你什么时候去?”“明天。”在造句层面上就不能分解为“明”和“天”两个成分，所以“明天”是一个词。

词的定义是结构和功能各种条件的综合，不能片面理解。

西方语言在书面上采取词式书写，词与词之间一般都有明确的词距，因此确定词相对容易（至少在书面上如此）。而确定汉语的词就不那么容易了。汉人对“字”很明确，对“词”（word）则是“剪不断，理还乱”，这个引自西方的概念跟传统的“字”存在太多的纠葛，加上书面上采取的是字式书写，不用词式书写，导致在对汉语词的确定上见仁见智。鉴于这种状况，我们认为，确定汉语词的时候，应有明确的技术路线：从中心到边缘，先确定语法层面的词和典型词，建立小模型系统，再确定其他层面的词和非典型词，以小模型系统为参照；然后逐步扩大范围，最终建成分层面、分领域、分目的的分词系统。

确定汉语语法层面的词的具体方法有：

第一，一个最小的语言成分 X，如果能够在句法上单独运用，即能够单独成句，或能够单独充当句法成分，或能够单独表示句法意义，就是词；否则不是词。例如，“人”、“看”、“好”、“一”、“个”、“我”、“很”、“和”、“的（de）”、“了（le）”、“吗”都可以单用成词；“首”、“颁”、“丽”、“阿（前缀）”、“子（后缀）”都不能单用成词。“着（zhe）”、“了（le）”、“过（guo）”等成分依附在动词后，表示动词“体”的意义，汉语语法学一般处理为词（助词），就是从造句法层面观察的，与后缀的依附性不同，后缀不能作为词处理，是因为它处在构词法层面。

第二，两个或两个以上最小的语言成分 XY（以两个为例），只有能够在句法上单独运用才能是词，这是不言而喻的。然后可以根据以下具体方法判定：

（1）意义具有整体性。即整体意义不是成分意义的简单加合，XY 的意义 ≠ X 的意义 + Y 的意义，一定是词。例如，“白菜”是词，“白布”、“白纸”不是词；“吃饭”表示“生计”义时是词，表示日常具体饮食行为时不是词；“喝酒”、“吸烟”不是词。

区分词与词组，一般使用扩展法。扩展法的基础是词义的整体性。由于词具有整体意义，因此一般不能扩展，如“白菜”不能扩展成“白的菜”，“火车”不能扩展成“有火的车”。但扩展法的作用是有限的，并不能解决所有的问题。例如，“打破”和“打碎”，都可以扩展为“打得 C/打不 C”，如“这个记录打得破打不破?”“这个杯子打得碎打不碎?”但《现代汉语词典》（商务印书馆第 6 版）只收“打破”，可能因为它有了引申义：“突破原有的限制、束缚等”，一般用于抽象事物，如“打破常规（记录/情面/沉默）”；而“打碎”一般用于具体事物。因此，上面讲的扩展，最好将 X、Y 的意义限定为基本义。由此可见，仅用结构主义的扩展法并不能把词和词组完全分开，对意义整体性的判定还得依赖于言语大众的集体语感。

（2）成分具有依赖性。如果 XY 有一个以上成分是不独立的，那么 XY 最好处理为词。“优良”是词没有问题。“不良”的意思是“不好”，《现代汉语词典》（商务印书馆第 6 版）只收“不良”，不收“不好”，有理据可说，因为“良”不能独立使用，但同类的“不畅”、“不悟”、“不易”等不收，似可商榷。

（3）使用具有高频性。如果 XY 经常作为一个整体结构频繁地使用，说明它们的相关程度高，可以考虑处理为词。如《现代汉语词典》（商务印书馆第 5 版）不收“变成”、“组成”，但第 6 版已收录“组成”。使用的高频性具有量化特征，最好有统计数据支撑。

以上三种方法对确定词的重要性呈递减态势。

汉语里有一种特殊单位，即所谓的“离合词”，如“理发”、“洗澡”、“结婚”、“站岗”，时分时合，合时是词，分时是词组。

## （四）词组

词组（word - combination）是由两个或两个以上的词组合起来形成的造句单位。又叫“短语”（phrase）。词组一般指的是自由词组，固定词组（熟语、专名等）属于词汇单位。

关于词组，后面在介绍“句法结构”时还要详谈，这里只强调几点：

（1）词组与词是大小关系，或说是整体与部分的关系，而不是上下关系。两者都是造句单位，就句子来说，两者是同级的。词组是由词组成的，所以词组一定大于词，比词长。

（2）词组与句子是上下关系，而不是大小关系。不能说句子一定比词组大，因为有独词句。也不能说词组加上句调后都能自主成句，因为存在黏着词组，如“吃了饭”、“打了电话”、“吃完饭”、“拿出一本书”，就不能成为独立的句子。

（3）词组与句子是不同性质的语言单位。词组是造句时备用的静态材料单位，句子是交际时运用的动态言语单位。因此，能不能成句还要取决于诸多语法、语用因素，如“鸟飞”，如果脱离具体的语境，很难成为自足的句子。同理，有些句子或句子中的一部分不能转换为词组，如“都研究生了。”“多么美好呀，生活！”两句都不能转换为词组；“他喜不喜欢这本书？”“你从不从这里出去？”两句中的划线部分都不能转换为词组。这说明词组和句子是不同的语言单位，各有自己的特点。

## （五）句子

句子（sentence）是能够表达相对完整意思、有一个完整语调的基本的言语交际单位。

在言语交际中，人们是一句话一句话说的，所以说句子是“基本的言语交际单位”。一句话就可以表达一个完整的意思，只有一个语调，而不管它是长是短，例如，“谁？”“我。”“鲁迅是在文化战线上，代表全民族的大多数，向着敌人冲锋陷阵的最正确、最勇敢、最坚决、最忠实、最热忱的空前的民族英雄。”长短不等，但都是句子。单句、复句都是句子。

关于句子，说明以下几点：

（1）句子可以由单个的词构成（独词句），也可以由词组构成（多词句），还可以由多个单句形式①构成（复句），所以不一定比词或词组大，但比它们高级，是它们的上级单位。

(2) 句子可以从语言和言语两个角度进行研究。语言的句子把句子作为抽象的结构形式来研究，舍去语用因素，如对句型、句式、句模（句子的语义结构）等的研究；言语的句子把句子放在语用中来研究，研究语用因素对句法形式的影响，如对句类、省略、倒装、话题、焦点等的研究。

(3) 汉语的句子没有明显的形式标志，似断实连，形断意连，似行云流水，有人称为“流水句”。② 原因在于，汉语的句子主要靠“意控”，只要表意允许，在一定的语境中可以说出像“我是鸡蛋，他是火腿”这样“于理不通”的句子，不像西方语言的句子主要靠“形控”，要求主谓一致，主要谓语动词用限定形式。即使是专家，对汉语的单句和复句、复句和句群的划分也大伤脑筋。

### （六）句组

句组（sentence - combination）是由两个或两个以上的句子组合起来形成的交际单位，一般围绕一个语义中心。又叫“句群”或“语段”。

句组是不是语法单位？目前人们的看法还不一致。我们将句组看作最高一级语法单位，是出于以下考虑：①体系的完整性。语素和词都有自己的组合体，句子也应有自己的组合体。增加句组后，三层六级的语法单位体系更为完善。②句组本身的性质。句组实际上是个跨界单位，介于句内语法（通常所说的“句法”）和超句语法（篇章语法）之间，而且和复句存在许多相似之处，人们对其判定还存在许多不确定性。正如篇章语言学可以把句子作为研究的起点一样，我们同样可以把句组作为分析句内语法参照的终点，因为句子的语用分析离不开语境，而句组提供的就是句子的最小上下文语境。

句组与复句的划界有待进一步探讨。黄伯荣、廖序东主编的《现代汉语》（增订三版，下册）举了这样的例子③：

历史是过去的事实。但我更认为历史是过去与现在的无终止的对话。

依据标点，认为上例是句组没有问题。如果把第一个句号改为逗号，就会认为是复句了。但汉语书面语的标点使用带有一定的随意性，而且口语没有标点，显然标点符号不是判定句组与否的唯一标准，最多只能作为参考标准。如何建立一套更科学的

---

① 如复句中的分句。有人把“单句形式”叫“小句”。

② 胡明扬，劲松．流水句初探．语言教学与研究，1989（4）．

③ 黄伯荣，廖序东．现代汉语（增订三版，下册）．北京：高等教育出版社，2002. 182.

判定标准？尚待研究。

## 二、语法单位的层级关系

以上六级语法单位处在三个层次：语素、语素组是构词材料，处于第一层次；词、词组是造句材料，处于第二层次；句子、句组是交际单位，处于第三层次。这六级语法单位又可进一步概括为两个平面：语素、语素组、词、词组是静态的备用材料单位，是构成交际单位的预制件，属于构件平面；句子和句组是动态的言语交际的运用单位，属于表达平面。总之，可以概括为“六级三层两面”的语法单位层级体系。

六级语法单位分为两种性质：语素、词、句子具有基础级性质，语素组、词组、句组具有过渡级性质。

六级语法单位之间具有三种关系：组成关系、构成关系和转化关系。

先说说组成关系。同一层次的两级语法单位之间是组成关系，通俗地说，不是上下关系，而是大小关系、整体与部分的关系：语素“组成”语素组，词“组成”词组，句子“组成”句组。所有带“组”的单位必定是相应基础级的组合体，因此称为“过渡级”。

再说说构成关系。三层语法单位之间不是整体与局部的关系，而是处于不同的层次，下层单位“构成”上层单位的基础级。具体说来，语素、语素组构成词：单个语素构成单纯词，语素组构成合成词；词、词组构成句子：单个词构成独词句，词组构成多词句。例如，“灯”这个语素构成了“灯”这个词（如“一盏灯”），“灯”这个词构成了“灯。”这个句子（如回答“这是什么?”）。尽管形式一样，但层级和功能不同。

最后说说转化关系。语法单位从构件平面转化到表达平面，会发生某些变化，增加或失去某些东西。词和词组转化为句子，会具有指称义或陈述义，增加一些语用因素。例如，词组转化为句子，一般要具备时体范畴或功能语气范畴，有时甚至还要具备数量范畴、趋向范畴、程度范畴等。比如主谓词组“鸟飞”转化为陈述句时，仅仅加上陈述语气还不够，还需要加上别的东西才能自主成句，比如说成“鸟飞了。”“鸟正在飞。”“鸟会飞。”“鸟飞得高。”或回答“鸟飞不飞?”等等。①

语素和语素组要成为表达单位，需要经过两次转化。首先要构成词，然后才能成句。这中间会带来语音、语义和功能上的变化。比如，“妈”作为语素，语音形式是

---

① 黄南松．试论短语自主成句所应具备的若干语法范畴．中国语文，1994（6）．

mā，有“①母亲；②称长一辈或年长的已婚妇女；③旧时连着姓称中年或老年的女仆”① 等义。但作为词的“妈”只有“母亲”义，②③义只存在于“姑妈”、“姨妈”和“鲁妈”等说法当中。“妈”的轻声读法 mɑ 只存在于“妈妈”一词当中。“妈”成为句子后，增加了语气和交际功能，这是作为语素和词的“妈”所没有的。

语法单位从表达平面转化到构件平面同样要发生变化。总而言之，两个平面的语法单位之间并不是简单的“实现”关系，而是“转化”关系。

语法单位层级关系如图 5－1 所示。

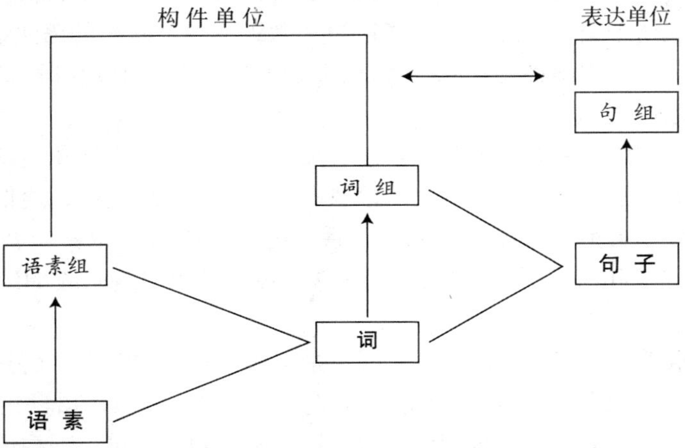


**图 5－1　语法单位层级关系图**

注：黑体表示基础级，楷体表示过渡级；↑表示组成关系，＞表示构成关系，↔表示转化关系。

## 第三节　语法形式和语法手段

任何一个语法单位，都是形式和意义的统一体。语法形式是语法意义赖以存在的物质基础，没有形式，意义便无从存在或体现。语法意义是语法形式所体现的内容，是某一形式之所以成为语法形式的条件。没有语法意义的形式不是语法形式。语法形式和语法意义的统一性，要求我们在研究语法时，贯彻形式和意义相统一的原则，在分析研究语法形式时，应挖掘背后的语法意义。同样，在确定某一语法意义时，也应

① 中国社会科学院语言研究所词典编辑室. 现代汉语词典（第 6 版）. 北京：商务印书馆，2012. 860.

得到语法形式的验证，否则难以成立。分开讨论，只是为了讲述的方便。

本节从形式着眼，看语法单位在组合时或表达语法意义时采用了哪些形式和手段。

## 一、语法形式

语法形式（grammatical form）是指能够把语法单位组织起来并在组织过程中产生语法意义的各种语言材料和方式。

这个定义可以从以下几个方面理解：

（1）语法形式起组织作用，将语法单位联结起来。如“我的朋友”、“我和朋友”中，“的”、“和”将“我”和“朋友”联结起来。

（2）语法形式表达语法意义，而语法意义是在组织过程中产生的。例如，英语“He reads a book.” reads 靠词尾-s 表达现在时、第三人称、单数的意义，这个意义是在组合中产生的，单独的 read 没有这些意义。

（3）语法形式既包括比较实在的语言材料，也包括比较隐含的组织方式。对这一点我们应有足够的认识。略举几例：

英语 desks、tables、trees 等，表示复数意义的语言材料很实在，-s 是其物质形式，读起来有音，写起来有形；表示单数意义则没有明确的物质形式，但不能说没有语法形式，它在与复数形式的对立中而存在，采用的是零形式。所谓零形式，指没有物质材料，通过与其他形式对比来表示语法意义的形式。零形式不等于没有形式。

再如，语序本身并不是语言材料，它依赖于语言材料而存在，对语言材料起着组织作用。如“态度端正”和“端正态度”有不同的语法意义，前者有陈述义，后者有使动义，这是语序不同造成的。所以语序也是一种语法形式。

其他如分布、变换，也是语法形式。

## 二、语法手段

构成语法形式的方法多种多样。把具有共同特点的语法形式概括起来而形成的类别叫语法手段（grammatical device）。如英语名词复数：n. +s，动词过去时：v. +ed，进行体：v. +ing。具体方法虽然不同，但概括起来，都是在词干后面添加词尾，可统称为附加法。下面从构词、构形和构句三方面来介绍语言中常用的语法手段。

## （一）构词法

构词法是单个语素直接成词或多个语素组合成词的方法。单纯词只有一个语素，因而不存在语素组合的问题。合成词的语素组合主要有两种方法。

### 1. 附加法

附加法是在词根或含有词根的语素成分上添加词缀的构词方法。用这种方法构成的词是派生词。派生的情况有的简单，有的复杂。例如：

care ful ly　　　　非 马克思 主义 者

附加法主要有前加法和后加法两种。前加法是添加前缀的构词方法。例如：

汉语：第一　老虎　阿姨

英语：incomplete　renew　unhappy

后加法是添加后缀的构词方法。例如：

汉语：读者　椅子　木头　绿油油　黑咕隆咚

英语：teacher　readable　friendship　widen

### 2. 复合法

复合法是把两个或两个以上的词根或含有词根的语素成分组合起来的构词方法。用这种方法构成的词是复合词。又分并列、偏正、述宾、主谓、中补等方式。例如：

汉语：领导　铁路　司机　地震　说服　秋老虎

英语：blackboard　football　dark - blue（深蓝的）　happy - go - lucky（逍遥自在、随遇而安的）

还有一种重叠法，如汉语“爸爸”、“往往”、“偏偏”、“花花绿绿”，可以认为是比较特殊的复合法。

需要说明的是，以下两种方法通常也放在构词法之中，我们认为它们属于造词法范畴，因为谈的是造出新词的方法，而不是词内语素如何组合的问题。

（1）内部屈折法：通过改变词根内部的语音形式形成新词的方法。例如，英语 food [fud]（n. 食物）—feed [fiːd]（v. 喂）、advise [əd′vaiz]（v. 劝告）—advice [əd′vais]（n. 忠告），汉语“买—卖”、“好（hǎo）—好（hào）”。

（2）重音移动法：通过改变词语内部的重音位置形成新词的方法。例如，英语 pre′sent（v. 赠送）—′present（n. 礼物）。

## （二）构形法

构形法是构成同一个词的不同形态变化的方法。所谓不同形态，指同一个词表示不同语法意义的形式。

1. 附加法

给词干添加构形语素以构成同一个词的词形变化的方法。所谓“词干”，是词的主干，就是词典里能够查到的词的原形，包括词根和词缀。附加法主要有以下三种形式：

加词头：俄语 про-，читать（读，未完成体）—прочитать（读完，完成体）。

加词嵌：菲律宾语-in-，kayn（堆，未完成体）—kinayn（堆完，完成体）。

加词尾：英语 looks—looked—looking。

2. 内部屈折法

利用词根内部的语音变化来构成同一个词的词形变化的方法。采取的手段主要有：

元音交替：foot（单数）—feet（复数）、come（现在时）—came（过去时）。

辅音交替：send（现在时）—sent（过去时、过去分词）。

韵母变化：河南长葛话“抬［꜁tʻai］筐土（未抬）—抬［꜁tʻɛ］筐土（抬过了）、吸［꜀ɕi］袋烟（未吸）—吸［꜀ɕiɛ］袋烟（已吸）”。①

声调变化：陕西商县话“我［ŋɤ$^{53}$］—我们［ŋɤ$^{21}$］、你［ȵi$^{53}$］—你们［ȵi$^{21}$］、他［tʻɑ$^{53}$］—他们［tʻɑ$^{21}$］”。

3. 重音移动法

利用词语内部重音位置的移动来构成同一个词的词形变化的方法。例如俄语：руʹки（手，单数、属格）—ʹруки（手，复数、主格）。

4. 重叠法

利用词的重叠来表示不同语法意义的方法。例如：

汉语：事—事事（逐指）、看—看看（量小或尝试）、高兴—高高兴兴（程度加深）

马来语：guru（教师）—guru guru（各位教师，复数）

印尼语：orang（人）—orang orang（人们，复数）

5. 异根法

利用历史来源不同而词汇意义相同的不同词根来表示不同语法意义的方法。例如英语：

I—me、she—her、we—us（人称代词的格）

good—better、bad—worse（形容词的级）

go—went（动词的时）

---

① 赵清治．长葛方言的动词变韵．方言，1998（1）．

6. 运用辅助词

依靠起辅助作用的词来帮助表达语法意义的方法。这样的词有冠词、助动词、助词等。

英语冠词 the、a（an）帮助名词区分有定和无定。

德语冠词 der、die、das 分别表示名词的阳性、阴性和中性，如 der Deutsche（德国男人）、die Deutsche（德国女人）。

英语的助动词 shall、will 用于动词前表示将来时，如 I shall read the book. He will read the book.

汉语的助词“着”、“了”、“过”用在动词之后（也有人把它们看作词尾），分别表示持续体（或进行体）、完成体和经历体。

这些词跟构形语素所起的作用完全一样，只是不加在词的内部，可以叫“外部形态”。

## （三）构句法

构句法指词与词组合成句法结构表达语法意义的方法。主要手段有：

1. 语序

语序是分析型语言重要的语法手段。试比较：

| 汉语 | 英语 |
| --- | --- |
| 我爱妈妈 | I love my mother |
| 妈妈爱我 | My mother loves me |
| 爱我妈妈 | Love my mother |

上例中，汉语构成不同的句法结构完全依靠语序，词形没有变化；英语在依靠语序的同时，词形也有相应的变化。

2. 虚词

虚词同样是分析型语言重要的语法手段。例如汉语：

爸爸<u>和</u>妈妈（联合结构）　爸爸<u>的</u>妈妈（偏正结构）

汉语使用语气词配合语调一起表达语气。英语没有类似汉语的语气词，而使用结构配合语调表达不同的语气。例如：

有人来<u>吗</u>？（是非问）　有人来<u>吧</u>？（猜测问）　有人来<u>呢</u>？（假设问）

What's this?（特殊疑问句，疑问代词 + 一般疑问结构）

Are you a student?（一般疑问句，“Be”动词提前）

3. 形态

西方语言在词语进入句子时，一般要有形态变化，以显示词语的语法功能。例如英语：

He go there. （×） He goes there. （√）

He went there. （√） He will go there. （√）

但英语词组和句子是两套组织规则。词组内的动词用非限定形式（不定式、分词），句子内的核心动词必须用限定形式，要有形态变化，并跟主语保持一致关系。而汉语的词形变化不丰富，词组和句子用的是一套组织规则。多数人认为，词组和句子的构造规则基本一致是汉语基本的语法特点之一。试比较：

| 汉语 | 英语 |
|---|---|
| 看书的同学正在看书。 | The students to read books are reading books. |

由于汉语专门的构形手段不多，有时需要借用词汇手段，如上例的副词“正在”。

4. 停顿

停顿有时可以用来区分不同的结构，表达不同的语法意义。例如：

old ∧ men and women（偏正）

old men ∧ and women（联合）

你∧想他不想？（单句）

你想，他不想？（复句）

5. 重音

重音也可以用来区别不同的语法结构。例如汉语：

想起来（了）（“起来”重读，为述宾结构）

想·起来（了）（“起来”轻读，为中补结构）

6. 语调

语调有平调、升调、降调、曲调等。同一结构，语调不同，表达的语法意义就会不同。例如：

你去。↘（一般降调，陈述、肯定）

你去！↘↘（强降调，祈使、命令）

你去？↗（升调，疑问、怀疑）

## 三、语言的结构分类

根据语法形式和语法手段给语言分类，就是语言的结构类型分类，包括词法类型和句法类型两大方面。

### （一）语言的词法类型

语言的词法类型是根据词的形态变化的具体方式或采用的语法手段对语言进行的分类。又称形态学分类（morphological classification）。

1. 根据词的形态变化的方式分类

（1）孤立语（isolating language）。又称“词根语”。主要特点是，缺乏形态变化，主要靠语序和虚词表达语法意义。汉语是比较典型的孤立语。

（2）屈折语（inflected language）。主要特点是，通过内部屈折和外部屈折表达语法意义。内部屈折是通过语音交替改变词根的语音形式来表达语法意义，如英语 foot [fut]（脚，单数）/feet [fiːt]（脚，复数），send [send]（送，原形）/sent [sent]（送，过去时或过去分词）。外部屈折主要是通过附加词头、词尾的形式来表达语法意义，如英语 book [buk]（书，单数）/books [buks]（书，复数）。添加的成分和词根（或词干）结合紧密，如俄语 перо（钢笔），-o 是中性名词单数主格的词尾，如果去掉，пер-就不能独立使用了。一种添加形式可以表示多种语法意义，如英语词尾-s，在名词后表示复数（如 trees，树），在动词后表示现在时、第三人称、单数（如 walks，行走）；同一种语法意义可以用不同的形式表示，如上举英语的复数，既可以用内部屈折的方式，也可以用外部屈折的方式。

多数印欧语系语言、闪—含语系语言都属于这种类型。俄语、德语属于典型的屈折语。

（3）黏着语（agglutinative language）。主要特点是，词根不变，通过添加多种附加成分来表达语法意义。与屈折语不同的是：①没有内部屈折；②一个附加形式只表示一种语法意义，一个语法意义也只用一种附加形式表示，可以添加多个附加形式；③附加形式一般自成音节，跟词根（或词干）和其他附加形式结合不紧密，有相当强的独立性。如土耳其语 odalarimdan（从我的一些房间里），其中 oda（房间）是词根，-lar（表示复数）、-im（表示第一人称）、-dan（表示离格）都是词尾。

属于黏着语的还有芬兰语、匈牙利语、哈萨克语、维吾尔语、蒙古语、日语、朝鲜语等。

（4）复综语。又叫“编插语”（incorporating language）或“多式综合语”（polysynthetic language）。主要特点是，以动词词根为中心，在词根的前后可以附加上各种词缀，来表达各种语法意义或词汇意义。因此，一个动词形式会很复杂，相当于其他语言中的一个句子。与其他类型的语言相比，复综语的词根和词缀都不能独立，词缀既可以表示语法意义，也可以表示词汇意义，语言中分不出词和句子这两级单位。如北美洲的契努克语 i－n－i－a－l－u－d－am（我来是为了把这个交给她），其中，－d－（给）是动词词根，其余都是词缀：第一个 i 表示过去时，－n－表示第一人称单数，第二个－i－相当于代词宾语“这个”，－a－相当于另一个代词宾语“她”，－l－表示它前面的代词宾语是间接的，－u－表示动作离开说话人（是“交出去”），－am 表示动作（“来”）是有目的的。

这种类型的语言主要有美洲的印第安语、爱斯基摩人的一些语言，以及古亚细亚语系的楚克奇语等。

2. 根据语法手段分类

根据词进入句子时本身有没有形态变化，可以把语法手段归纳为综合手段和分析手段。

综合手段是用词本身的结构形式发生形态变化的方式来表示语法意义。附加法利用添加词头、词嵌、词尾的方式改变词形；内部屈折法、重音移动法、重叠法、异根法通过改变词根的语音形式表示语法意义。这些都是综合手段。主要利用综合手段表示语法意义的语言是综合语（synthetic language），如俄语。

分析手段是用词外部的形式变化的方式来表示语法意义。语序利用词语相对位置的改变；虚词（包括辅助词）通过添加方式改变了实词的外部形式；停顿、重音、语调都用词外非音质语音成分。利用词外非音质语音成分表达不同意义是各语言都使用的手段。这些都是分析手段。主要利用分析手段表达语法意义的语言是分析语（analytic language），如汉语。古代英语是综合语，现代英语是分析・综合语。

### （二）语言的句法类型

语言的句法类型最常见的是根据句子的基本成分主语（S）、动词（V）、宾语（O）在简单陈述句中的位置所划分的类型。一般分为三种类型。

1. SVO 型语言

这种语言句子的基本格局是按照“主语—动词—宾语”的顺序排列的。例如，汉语普通话的句子“这个学生（S）正在写（V）信（O）”，对应的英语句子是“This student（S）is writing（V）a letter（O）”，都按 SVO 语序排列。属于 SVO 型的语言还有法语、俄语、傣语、苗语、瑶语等。

2. SOV 型语言

这种语言句子的基本格局是按照“主语—宾语—动词”的顺序排列的。例如，日语的句子“この学生は（S，这个学生）手紙を（O，信）書いている（V，正在写）”。属于 SOV 型的语言还有拉丁语、土耳其语、蒙语、藏语、彝语、傈僳语等。

3. VSO 型语言

这种语言句子的基本格局是按照“动词—主语—宾语”的顺序排列的。例如，阿拉伯语的句子“Yaktubu（V，正在写）al – talib（S，这个学生）maktüban（O，信）”。属于 VSO 型的语言还有威尔斯语、古诺尔都语等。

需要说明的是，以上类型划分都是相对的，不管哪种语言都不可能只使用一种语法手段。

## 第四节　语法意义和语法范畴

### 一、语法意义

词语除了具有词汇意义之外，还具有语法意义。语法意义（grammatical meaning）是语法单位在聚合或组合中所产生的各种关系意义。例如，英语 He reads a book. He：代词、主语、第三人称、单数、主格；reads：动词、述语、第三人称、单数、现在时；a book：名词、宾语、单数、不定指。read 和 look、see、think、say 等聚合时产生一种类的意义：表示行为动作；book 和 tree、pen、man、dog 等聚合时也产生一种类的意义：表示人或事物的名称。这些都是语法意义。

### 二、语法范畴

将同一性质的语法意义进一步综合和概括所形成的语法意义的类别，叫语法范畴（grammatical category）。例如，单数、复数进一步概括便是“数”的语法范畴，过去时、现在时、将来时进一步概括便是“时”的语法范畴。语法范畴是比语法意义更为抽象、更为概括的概念。狭义的语法范畴只指词法范畴，广义的语法范畴包括词法范畴、词类范畴和句法范畴。

### （一）词法范畴

词法范畴（morphological category）是通过词形变化所表现出来的语法意义的类别。又称"词形范畴"。常见的有：

1. 数（number）

用词形变化表示的某类词的量的特征。主要表现在名词和人称代词上。

英语、俄语是两数系统，即单数和复数。

我国景颇语是三数系统，人称代词有单数、双数和复数的区别。例如：

| | | | | | | |
|---|---|---|---|---|---|---|
| 单数： | ŋai$^{33}$ | 我 | nɑŋ$^{33}$ | 你 | kj'i$^{33}$ | 他 |
| 双数： | an$^{55}$ | 我俩 | nan$^{55}$ | 你俩 | k'an$^{55}$ | 他俩 |
| 复数： | an$^{55}$t'e$^{33}$ | 我们 | nan$^{55}$t'e$^{33}$ | 你们 | k'an$^{55}$t'e$^{33}$ | 他们 |

汉语的"们"只是个准词尾，分布有限制，与英语表示复数的词尾-s 有所不同，所以汉语没有严格意义上的"数"的范畴。

有些语言动词、形容词也有数的范畴，是由于主谓或定中等关系要求一致所致。利用词汇手段表达数的概念不属于"数"范畴。

2. 性（gender）

用词形变化表示的语法上的性别观念。主要表现在名词上。由于形容词经常修饰名词，也常有"性"的变化。

俄语的名词和形容词分阴性、阳性和中性三种，并用不同的词尾标记。例如：

| 阴性 | 阳性 | 中性 |
|---|---|---|
| -a | -辅音 | -o |
| -я | -ъ | -e |
| -ь | -й | -мя |

德语名词和形容词也分阴、阳、中三性，分别用 die、der、das 三个不同冠词表示。法语名词分阴、阳两性。英语、汉语没有"性"范畴。

用词汇手段表达的自然性别，如汉语的"男"、"女"、"公"、"母"，印尼语的 laki（男）、perempuan（女），不是"性"范畴。

"性"的语法范畴，不一定与生物自然性别相合，各种语言也不尽一致。如德语 das Weib（妇女，中性），das Mädchen（少女，中性）。试比较：

| | 俄语 | 德语 |
|---|---|---|
| 太阳 | солнце（中性） | die Sonne（阴性） |
| 班级 | класс（阳性） | die Klasse（阴性） |

这种情况是因为“性”的范畴反映了古代人对事物的认识，他们的认识和现代人不同，也说明了语言符号的任意性和民族性。

3. 格（case）

用词形变化表示的名词、代词在句子中与其他词的语法关系。

词形范畴中格的数目的多少随语言而有所不同，表达的语法意义也不一定相同。英语的名词只有普通格和所有格，代词有主格、所有格、宾格；俄语有主格、属格、与格、宾格、工具格、前置格六种；芬兰语有20多种格。下面以土耳其语的格为例：

| | | |
|---|---|---|
| saz | 芦苇 | 基础格（相当于主格） |
| sazin | 芦苇的 | 属格（名词主格所属） |
| saza | 给芦苇 | 与格（行为的趋向） |
| sazi | 把芦苇 | 宾格（处置对象） |
| sazda | 在芦苇中 | 位格（空间与时间） |
| sazdan | 从芦苇中 | 离格（离开，分离） |

这里的“格”是用词形变化表示的，可以称为“语法格”，与“语义”一章里讲的“语义格”不同。语义格（如施事、受事、工具等）不需要用词形变化表示，不同语言具有共性，语法格具有民族性。

4. 有定（definiteness）和无定（indefiniteness）

通过一定的语法形式表示名词所指称的事物是确定的还是不确定的，确定的称为有定，不确定的称为无定。

英语用定冠词和不定冠词表示名词的有定和无定。例如，I have just read the book（我刚读完这本书）. the book 是有定的；I bought a book yesterday（我昨天买了一本书）. a book 是无定的。

汉语句子中如果没有特殊的标记，主语位置上的名词一般是有定的，宾语位置上的名词一般是无定的。例如，“客人来了”，“客人”是有定的；“来客人了”，“客人”是无定的。如果带上指示代词“这/那”，则都是有定的。例如，“这本书写得不错。”“我昨天在书店里买到了那本书。”

5. 体（aspect）

用词形变化表示的动作行为进行的状况。“体”为动词所有。

俄语动词分未完成体和完成体。英语动词有普通体（用动词原形表示）、进行体（用“be + 动词的现在分词”表示）和完成体（用“have + 动词的过去分词”表示）。汉语的“着”、“了”、“过”一般认为分别表示持续体（或进行体）、完成体、经历体。

6. 时（tense）

用词形变化表示的动作行为发生的时间与说话时刻的关系。“时”为动词所有。

以英语为例，过去时、现在时与将来时如图5－2所示：

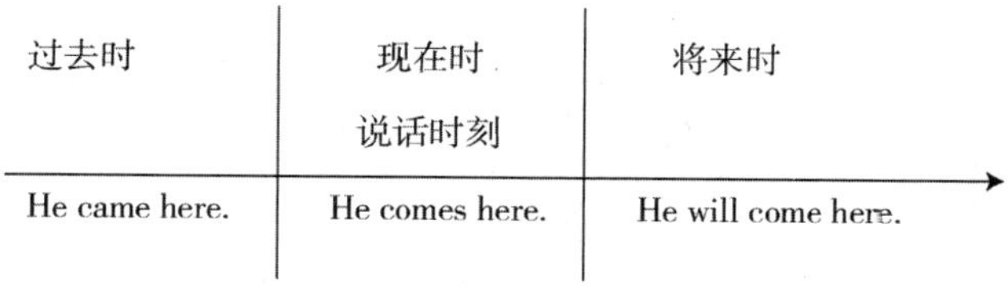


图 5－2　英语中的过去时、现在时和将来时

时和体经常交错使用，如英语 I'm writing a letter. 既是现在时，又是进行体，所以合称为“现在进行时”。其他交错使用的还有：过去进行时、过去完成时、现在完成时、将来进行时、将来完成时、将来完成进行时……

7. 人称（person）

用动词的词形变化表示的动作行为的发出者是说话人、听话人还是第三方。

英语动词 be 在现在时的情况下，随主语人称的不同而有三种形式：am（第一人称单数）、is（第三人称单数）、are（其他情况）。一般动词只在现在时单数的时候有第三人称跟其他人称的对立。

俄语动词表示人称时有丰富的词形变化。例如，читаю“我读”（单数第一人称）、читаешь“你读”（单数第二人称）、читает“他读”（单数第三人称）。

语言中人称代词有第一、第二、第三人称的分别，但不是“人称”范畴。

8. 式（mood）

用动词的词形变化表示的说话者的各种语气。

多数语言都有叙述式、假定式（条件式）和命令式（祈使式）三种“式”范畴。叙述式表示肯定或否定某种行为或动作的存在，假定式表示假定现实中存在某种行为或动作，命令式表示希望或要求实现某种行为或动作。例如，哈萨克语：baramən.“我要去。”（叙述式）barsam…“假如我去的话……”（条件式）barajən！“让我去吧！”（祈使式）

英语的虚拟语气，如“If I were you, I would go there.”是假定式。

汉语用语调和语气词来表示语气，动词本身没有形态变化。

9. 态（voice）

用一定的语法形式表示的动作与主体的关系。一般语言都分主动态（active voice）和被动态（passive voice）。动作由主体发出的是主动态，动作支配主体的是被动态。有些语言还有自动态和使动态等其他“态”范畴。

英语表主动还是被动靠动词的词形变化来区别。例如，Tom saved the boy.（汤姆救了那个男孩子。主动态）The boy was saved by Tom.（那个男孩子被汤姆救下了。

被动态）

汉语表示主动、被动的时候，动词本身没有词形变化，有时会产生歧义，如“王老师已经通知了”。此时，需要借助语境分化。

10. 级（rank）

用词形变化表示的性质或属性的程度差别。有些语言的形容词、副词有级的范畴，一般分原级、比较级、最高级三种。英语中的级如表 5 - 1 所示：

**表 5 - 1　英语中的级**

| 原形 | 比较级 | 最高级 | 备注 |
|---|---|---|---|
| young | younger | youngest | 附加法 |
| good | better | best | 异根法 |
| carefully | more carefully | most carefully | 加辅助词 |

综上所述，数、性、格、有定和无定主要是名词或人称代词的语法范畴。由于一致关系的要求，可能其他词类也会具有这些范畴，却是从属的。时、体、态、式、人称主要是动词的语法范畴。级是形容词和副词的语法范畴。各种语言的词法范畴具有共性，都是通过语法形式（主要是词形变化）来表达不同的语法意义。但也有个性，不同语言语法范畴的数量、内涵不完全相同，使用的语法手段也不完全一致。

### （二）词类范畴

词类范畴（word - class category）一般称为“词类”，是词按照一定标准划分出来的语法类别。词类划分的标准主要有以下几种。

1. 意义标准

即根据词的概括意义划分词类。如名词指人和事物的名称，动词指动作行为，形容词指性质状态。意义标准有语感基础，易于理解，是其优势。但这些意义是类别意义（聚合义），需要先划出类，然后才能归纳得出。如果据此给词分类，在逻辑上就颠倒了顺序；而且，由于人们对意义的理解不同，势必造成随意性大、不易操作的弊端。例如：英语 happy 和 happiness，根据意义应该归在一个词类，但又与语言的使用实际不合。汉语的“刚刚/刚才”、“突然/忽然”，情况相同。

2. 形态标准

即根据词的形态变化划分词类。如果世界上的语言都有严格的形态变化，那么采用这条标准简单易行。但有许多语言并没有严格意义的形态变化，如汉语。即使是有形态变化的语言，也不是每个词都有形态变化，如虚词一般无形态变化。英语的不可数名词没有复数形式，如 water。即使是可数名词也有特殊情况，如 sheep，单、复数同形。形态标准不能贯彻到每一种语言和每一个词，也就是说，形态标准不具有普适性。

3. 功能标准

即根据词的句法功能划分词类。句法功能指词的组合能力和充当句法成分的能力。这是更本质的标准，具有普适性。形态是功能的外在标志，意义是功能的内在依据。

根据句法功能，词首先可分为实词和虚词两大类。实词具有两个特点：指称性，表现为最低限度的命名功能；自主性，表现为在句法结构中独立充当句法成分的功能。与实词相对，虚词也具有两个特点：标记性，标记实词间的语法关系；依附性，依附实词而存在。

目前通行的给词分类的做法是，以功能为主，参考词的意义和形态。

词类是个层级体系，实词和虚词都可以进一步再分类。它还是个原型范畴（prototype category），每个词类里都有典型成员，也有边缘成员。

### （三）句法范畴

句法范畴（syntactic category）是根据词与词在组合时所产生的各种语法意义而归纳出来的类别。一般依据的是实词与实词的组合。

实词与实词的组合，可以归纳为四种关系（语法意义）：陈述关系、支配关系、修饰关系和平行关系。

主谓结构体现陈述关系，述宾结构体现支配关系，定中、状中、中补结构体现修饰关系，联合结构体现平行关系。

需要说明的是，各种语言都有一些特殊的结构，表示特殊的语法意义。例如，汉语的连谓结构，情况就很复杂：

拿本书走了/看完散了——先后动作

上街买菜/坐下来休息——动作＋目的

看着心烦/看书看累了——动作＋结果

含笑回答/低着头说——方式＋动作

……

如何概括连谓结构的句法范畴，值得进一步探讨。

## 第五节 句法结构

### 一、什么是句法结构

句法结构（syntactic structure）指词与词组合时形成的相互联系、相互作用的关系模式及其所依存的物质材料。包括结构体、结构成分、结构关系三个要素，结构成分通过一定的结构关系构成结构体。

“结构”一词是多义的，既指实在的结构体，也指抽象的关系模式。例如，当我们说“东方红”、“太阳升”、“今天星期二”是主谓结构的时候，既指整个结构体，也指其中蕴含的关系模式。

句法结构可以从结构和功能两大方面观察。结构方面，看是由哪些成分组成的——结构成分，这些成分之间是什么样的关系——结构关系，这些成分处在怎样的层次——结构层次。功能方面，看这个结构体作为更大结构体的结构成分时所发挥的语法作用——结构功能。

自由词组和由多词构成的句子是句法结构的具体表现。

### 二、句法结构的类型

句法结构可以从不同角度加以分类。下面分别从结构和功能两方面分类。

#### （一）结构类型

1. 按结构关系分

（1）主谓结构。例如，他去、山河壮丽、the man will come、this book is new。

（2）述宾结构。例如，热爱祖国、喜欢郊游、play football、read letters。

（3）偏正结构。例如，勤劳的人民、认真阅读、十分愉快、old man、come again。

（4）中补结构。例如，看了一遍、高兴得很、go to see a doctor、stay for a long time。

（5）联合结构。例如，今天或明天、调查研究、光荣而艰巨、ladies and gentlemen、come or go。

这是五种基本类型，各种语言大体都有。

2. 按结构层次分

（1）简单结构：只有一个层次。例如，老师和学生、新衣服。

（2）复杂结构：有两个或两个以上层次。例如，这所学校的老师和学生、我刚买的一件新衣服。

### （二）功能类型

1. 按结构体的语法功能分

（1）名词性结构：主要语法功能是充当主语、宾语。例如，这本书、这本书的出版、a new pen。

（2）谓词性结构：主要语法功能是充当谓语。有动词性结构和形容词性结构两种。

①动词性结构：主要语法功能是充当谓语、述语。例如，慢走、学习讨论、read carefully。

②形容词性结构：主要语法功能是充当谓语、定语。例如，很快、快得很、very good。

（3）副词性结构：主要语法功能是充当状语、补语。例如，从现在、于 1980 年、one by one。

2. 按有无中心分

在一个句法结构中，功能上与结构体一致的成分便是中心。

（1）向心结构（endocentric construction）：有中心成分的句法结构。如定中、状中、中补、述宾、联合等结构。述宾结构的中心是述语，联合结构的每个成分都是中心。

（2）离心结构（exocentric construction）：没有中心成分或确定不了中心成分的句法结构。如主谓结构、介宾结构。主谓结构的整体功能很难说跟主语相同还是跟谓语相同，可以归入离心结构。

## 三、句法结构的分析

### （一）句子成分分析法

又叫中心词分析法或多分法。基本观点是，句子是由词组成的，句子成分由词充当，而词的地位不同，有的充当中心，有的作为连带成分和附加成分。主语、谓语是句子的主干，宾语是谓语的连带成分，定、状、补是附加成分。分析时，先定中心成分，再定连带成分，最后定附加成分，分析到词为止。

我们　学校　最近　调　来　了　一位　老师。

（　）　══　［　］　—　〈　〉　（　）　～～

1. 句子成分分析法的优点

（1）利于把握长句的主干结构。

鲁迅　是　在文化战线上，代表全民族的大多数，向着敌人冲锋陷阵的最正确、最勇敢、最坚决、最忠实、最热忱的空前的民族英雄。

（2）利于找出搭配的错误。

参加这次奥运会的运动员均由优秀选手组成。

“运动员”显然不能跟“组成”搭配。应该用“运动员是优秀选手”或“代表团由优秀选手组成”的句式。

2. 句子成分分析法的局限性

（1）抽取的主干成分语义不通甚至与原义矛盾。

a. 他的脸　喝红了。　→＊脸喝。（不通）

b. 他不去。　→他去。（矛盾）

（2）忽略了成分间的层次关系。

a. 我的新大衣是蓝的。

b. 我朋友的大衣是蓝的。

两句“大衣”前的成分层次明显不同：a 句的“我”和“新”分别修饰“大衣”，是多层定语；b 句是“我朋友”修饰“大衣”，是偏正短语作定语，不是多层定语。

忽略层次，主要原因在于不承认词组（短语）能作句子成分。如句子“于福的老婆是小芹的娘”，如果不承认“于福的老婆”是主语，“小芹的娘”是宾语，只说“老婆”是主语，“娘”是宾语，则于理不通。因此，后来不得不承认，词组也可以作句子成分。

实际上，句子成分分析法也不是完全不讲层次，比如要求分析时先定中心成分，再定连带成分（如果有的话），最后定附加成分，就可分出两个或三个层次。只是这种层次分析还不彻底。

### （二）直接成分分析法

1. 直接成分

直接成分（Immediate Constituent）是处在同一个层次、直接发生结构关系的成分。

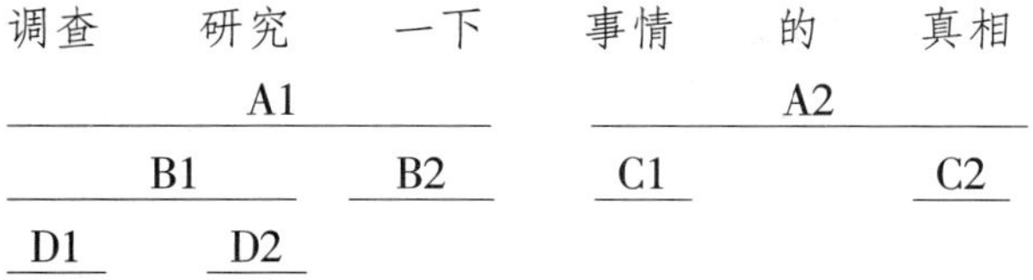


A1 和 A2，B1 和 B2，C1 和 C2，D1 和 D2 是直接成分。

语言的线性特点一定程度上掩盖了层次性，相邻的成分不一定就是直接成分。如上例中的 D2 和 B2、B2 和 C1 都不是直接成分。

2. 直接成分分析法简介

直接成分分析法是对句法结构层层找出直接成分的方法。又叫层次分析法或二分法。英文简称 IC 分析法。此法源于 20 世纪 30 年代的结构主义，引入汉语分析后，具体细节经过了改造，主要有两点：

第一，在直接成分间注明结构关系。例如：

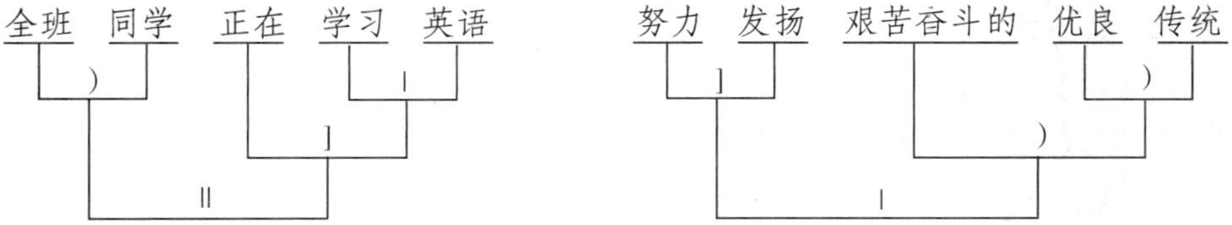


如果只讲层次，不讲关系，两个不同的结构便区别不开。

第二，切分的终极成分是词而不是语素。例如 teacher，原来的直接成分分析法还要再切分为“teach/er”，改进后的直接成分分析法则不必切分。

汉语界常用的具体图解方法有：

（1）分析法（从大到小，层层切分）。例如：

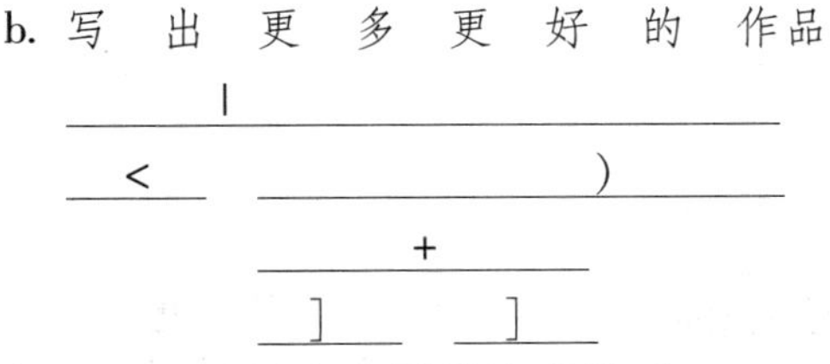


例 b 还可以用文字另外注明关系。

(2) 合成法（从小到大，层层组合）。例如：

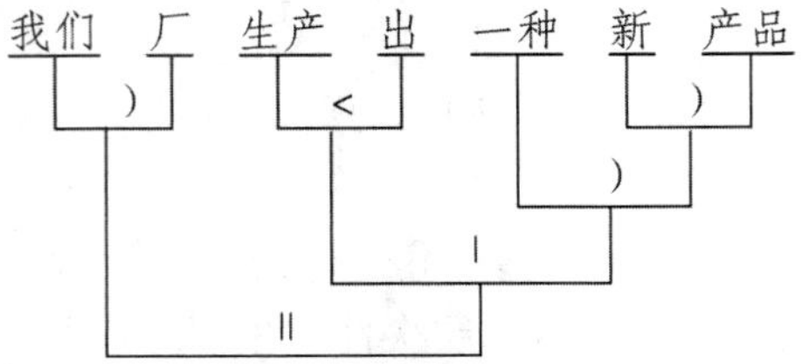


也可用文字注明关系。

直接成分分析法的切分原则是：

(1) 一分为二，层层切分，分析到词为止。多项联合结构可以多分。

工人、农民 和 学生 都 来 了

(2) 切分后的片段应是独立的语法单位。就是说，如果不是词，就应该是词组。

一件 新 大衣　　　　一件 新 大衣

（正确）　　　　（错误）

(3) 切分后的意义应与原来的意义一致。

一朵 大 红 花　　　　一朵 大 红 花

（正确）　　　　（错误）

后一种意义一般要说成“大红的花”。

3. 直接成分分析法的优点

(1) 成分之间层次清晰。

跌 断 了 腿

(2) 可将因结构层次、结构关系不同而造成的多义结构分开。

a. $a_1$ 两个 报社 的 记者　　　　$a_2$ 两个 报社 的 记者

b. $b_1$ 出口 家电　　　　$b_2$ 出口 家电

　述　宾　　　　　定　中

4. 直接成分分析法的局限性

(1) 切分繁杂，不利于总体把握句子的格局。对初学者来说尤其如此。

(2) 对因语义结构关系不同造成的多义结构无能为力。例如：

a. 鸡不吃了。　　　　b. 他谁都不认识。

这种情况需用其他方法化解。

(3) 用来分析汉语的一些特殊结构有些勉强。例如连动式:

上　办公室　去　打　电话　通知　他

a. ________　__________________

b. __________　_______________

c. ____________________　______

林祥楣主编的自考教材《现代汉语》中采用二分法,认为以上三种切分都可以[①]。对连谓(连动)结构,黄伯荣、廖序东主编的《现代汉语》各版本都主张采用多分法。坚持二分,难以统一;坚持多分,则消解了连动结构与联合结构的区别。

再如,对双宾式一般分析为:

给　他　一本　书

述　　宾

述　宾

这种切分的结果是"述宾带宾",而不是"双宾",不符合汉人的语感。叫"双宾",是说一个动词(述语)带两个宾语,一个是间接宾语,一个是直接宾语,两个宾语的地位是平等的。有些方言可以把直接宾语放在前面:把(给)一本书他。如果采用中心词分析法,问题便迎刃而解。分析如下:

给　他　一本书

可以明显地看出一个动词带了两个宾语。因此,各种分析方法既有优势,也有局限性,各有自己的适用范围,很难用一种方法包打天下。

### (三) 变换分析法

1. 什么是变换

层次分析法只能揭示句法结构内部的构造层次和显性的语法关系,不能揭示句法结构内部隐性的语法关系,这就需要引进变换分析法。

变换有广义的,也有狭义的。广义的变换包括肯定/否定、语气、句法结构等的变换。

肯定句和否定句之间可以互相变换。例如:

他是大学生。/他不是大学生。

---

① 林祥楣. 现代汉语(第2版). 北京:语文出版社,1995. 241.

不同语气之间可以互相变换。例如：

他在看书。/他在看书吧？/他在看书吗？

狭义的变换只指不同的句法结构之间的变换。以下介绍的是狭义的变换。

所谓变换（transformation），就是将某一句法结构转变为跟它有相同或相近结构意义的结构。被变换的结构叫基本式，变换后的结构叫变换式。例如，

我打破了花瓶。

→花瓶我打破了。

→花瓶被我打破了。

→我把花瓶打破了。

四句尽管具体的格式不同，但都表示“施事（我）—动作（打）—结果（破）—受事（花瓶）”这样的结构意义。它们之间存在互相变换的关系。变换的基础在于，同一结构意义的不同句法结构之间结构上的互相依存关系。

变换一般使用移位、添加、删除、替换、重写等手段。

（1）移位：主要指结构成分相对位置的改变。例如，我看完了这本书→这本书我看完了。

（2）添加：主要指语法成分的增加，也指补充一些缺位的结构成分。例如，山挖平了→山被挖平了；她被批评了一顿→她被领导批评了一顿（根据语境）。结构成分不确定的，添加时可外加括号以和本来的结构成分相区别。

（3）删除：主要指去掉一些语法成分，也指省略掉一些结构成分。例如，困难被我们克服了→困难克服了。

（4）替换：主要指语法成分的换用，也指词的不同形态的换用。例如，柏油路叫太阳晒化了→柏油路被太阳晒化了。可替换说明“叫”、“被”具有同一性。再如：He saved the boy. →The boy was saved by him. 此句主动态 saved 被 was saved 替换，同时也使用了移位和添加。

（5）重写：指结构成分重复出现。例如，派小王去→派小王，小王去。

变换是句法结构的变换，不是某个具体词组或句子的变换。因此，无论基本式还是变换式都集合着许多实例。如果把有变换关系的两个结构的实例分行排列，就形成了一个变换矩阵。例如：

［A］ $NP_{[处]}$ + V + 着 + NP → ［B］ NP + V + 在 + $NP_{[处]}$

$A_1$台上坐着主席团 → $B_1$主席团坐在台上

$A_2$门口站着人 → $B_2$人站在门口

$A_3$床上躺着人 → $B_3$人躺在床上

$A_4$黑板上写着字 → $B_4$字写在黑板上

$A_5$墙上挂着画 → $B_5$画挂在墙上

变换矩阵里的实例，无论在形式上还是意义上都存在着一系列的平行性：

其一，A 组内部结构形式、结构意义相同。

其二，B 组内部结构形式、结构意义相同。

其三，A 组和 B 组的差异一致，使用的手段也一致。

2. 变换与句法同义

句法同义是指一组句法结构表层形式不同，深层结构意义相同的现象。具有句法同义关系的句法结构称为同义结构。例如，

A. 武松用拳头打死了老虎。

B. 武松用拳头把老虎打死了。

C. 武松是用拳头把老虎打死的。

D. 老虎被武松用拳头打死了。

E. 老虎是被武松用拳头打死的。

F. 用拳头武松打死了老虎。

……

这些句子具体形式不同，但都表示“施事（武松）—工具（拳头）—动作（打）—结果（死）—受事（老虎）”这样的结构意义，是一组同义句。同义句不是具体句子间的同义关系，而是句子格式间的同义关系，如将上面的“武松”换为“张三”、“李四”，“拳头”换成“棍子”、“石头”，“打死”换成“赶跑”、“打伤”，“老虎”换成“狗”、“狼”，句子的结构意义不变。

同义结构之间存在着变换关系。上面六个句子，任何一个句子都可以作为基本式，变换出其他五个句子。

变换把结构意义相同的句法结构联系在一起，显示出它们之间互相沟通的关系，突破了孤立研究的局限，拓展了句法研究的视野。变换也具有重要的实践意义：学习语言的人可以利用它来扩大组词造句的练习范围，培养生成句子的能力；使用语言的人也便于在有变换关系的句式中挑选合适的句子，满足充分表意的需要，提高表达效果。

3. 变换与句法同构

句法同构指一组句法结构在结构格局上完全相同。如下面一组句子：

a. 她把屋子收拾好了。

b. 妈妈把衣服洗干净了。

c. 妈妈把衣服洗得干干净净。

粗略地说，都是 $NP_1$ + 把 + $NP_2$ + V + A 结构，但 a、b 同构，c 与 a、b 并非严格同构，尽管用词与 b 相同，但补语用的是复杂形式。

同构的句法结构外在形式十分相像，其间的细微差别只有通过变换分析才能辨识。例如：

| A | B |
| --- | --- |
| $A_1$台上坐着主席团 | $B_1$台上唱着梆子戏 |
| $A_2$门外站着人 | $B_2$门外敲着锣鼓 |
| $A_3$大厅里挂着画 | $B_3$大厅里跳着舞 |
| $A_4$隔壁睡着人 | $B_4$隔壁打着电话 |

A、B 两组同构，都是 $NP_{1[处]}+V+着+NP_2$ 结构，但有不同的变换式：A 组可以变换为 $NP_2+V+在+NP_{1[处]}$ 结构，B 组不能这样变换；B 组可以变换为 $NP_{1[处]}+正在+V+NP_2$ 结构，A 组不能这样变换。如下：

| A | B |
| --- | --- |
| $A_1$ →主席团坐在台上 | $B_1$ →＊梆子戏唱在台上 |
| →＊台上正在坐主席团 | →台上正在唱梆子戏 |
| $A_2$ →人站在门外 | $B_2$ →＊锣鼓敲在门外 |
| →＊门外正在站人 | →门外正在敲锣鼓 |
| …… | …… |

由变换可知，A 组结构表示存在，表静态，着眼点是空间，$NP_{1[处]}$指明 $NP_2$ 存在的处所；B 组结构表示活动，表动态，着眼点是时间，$NP_{1[处]}$指明行为发生的地点。

如果一种结构两种变换式都可以，就是多义结构。如“山上架着炮”，既可以变换为“炮架在山上”，也可以变换为“山上正在架炮”，但表达的意义不同。

变换分析法也有助于辨识句法同构中结构成分的语义指向。例如：

a. 他们打赢了球。　　　→他们打球，他们赢了。
b. 他们打破了球。　　　→他们打球，球破了。
c. 他们打完了球。　　　→他们打球，打完了。

可见，三个补语的语义指向均不同：a 中的“赢”指向主语“他们”；b 中的“破”指向宾语“球”；c 中的“完”指向动词“打”。

4. 变换与句法歧义

句法歧义指同一个句法结构形式表示几种不同的结构意义的现象，又称“句法多义”。句法歧义是由语言形式的有限性和内容的无限性这一矛盾造成的。不同类型的歧义结构可用不同的方法加以分化，“语义”一章里已经介绍过。这里需要说明的是，变换分析可以分化多种类型的歧义结构。例如：

A. 学习文件（结构关系歧义）　→a. 学习（的）文件
　　　　　　　　　　　　　　→b. 学习（了）文件/（正在）学习文件

B. 招待好朋友（关系兼层次歧义）　→a. 把朋友招待好
　　　　　　　　　　　　　　→b. 招待（一下）好朋友

C. 小王已经问过了（语义关系歧义）→a. 小王已经问过（某人）了
　　　　　　　　　　　　　　→b.（某人）已经问过小王了

变换分析能够比较深入地揭示歧义现象。例如：

通知的人还没有来。　→a.（他）通知的人还没有来。
　　　　　　　　　　→b. 通知（他）的人还没有来。

变换式 a 揭示了“人”是“通知”的受事，b 揭示了“人”是“通知”的施事，说明偏正结构“通知的人”可以兼表两种结构意义，所以是歧义结构。这表明，在“V 的 N”结构中，如果这个 V 可以用同一个 N 作它的施事和受事，就会产生歧义，如“请的人”、“打的人”、“骂的人”、“关心的朋友”；而“游泳的人”、“飞的鸟”（N 只作施事），“买的书”、“提的意见”（N 只作受事）不是歧义结构。

### （四）语义特征分析法

语义特征分析法是通过分析语法单位的语义特征来揭示句法结构的语法意义的方法。

变换分析法侧重于句法结构表层形式的联系，不能揭示造成句法歧义深层次的原因，也不能很好地说明句法同构内部细微差别形成的原因。前面所举“A. 台上坐着主席团”和“B. 台上唱着梆子戏”，同样的结构为什么会分化为 A、B 两组呢？关键在于动词 V 的不同。A 组中的 V 都含有“附着于某物”的意思，B 组中的 V 不具有这样的特征，即：$V_a$：［＋附着］，$V_b$：［－附着］。也就是说，A、B 两组中的 V 不属于同一小类，因而造成了 A、B 同构但语法意义不同。如果一个格式中动词的语义特征是［±附着］，就会导致句法歧义，如“山上架着炮”、“客厅里摆着酒席”。

再举一组例子①：

a. 死了三天了

b. 等了三天了

c. 看了三天了

d. 挂了三天了

---

① 马庆株．时量宾语和动词例类．中国语文，1981（2）．

四例句法同构：V＋了＋T＋了。但语法意义各不相同：例 a 的时量宾语表示动作行为完成以后经历的时间；例 b 的时量宾语表示动作行为持续的时间；例 c 的时量宾语既可以表示动作行为完成以后经历的时间（如“那本小说早看完了，看了三天了”），也可以表示动作行为持续的时间（如“那本小说看了三天了还没看完”）；例 d 的时量宾语既能表示动作行为完成以后经历的时间（如“你们那儿彩灯挂了吗?”“早挂了，挂了三天了”），也可以表示动作行为持续的时间（如“那彩灯太多了，挂了三天了还没挂完”），又能表示由动作行为造成的状态所持续的时间（如“彩灯一直在门上挂着，都挂了三天了”）。这些差别如表 5－2 所示。

**表 5－2　例 a～例 d 的差别比较**

| | 动作完成后经历的时间 | 动作持续的时间 | 动作造成的状态所持续的时间 |
|---|---|---|---|
| a | + | − | − |
| b | − | + | − |
| c | + | + | − |
| d | + | + | + |

虽然 a、b、c、d 同构，为什么语法意义有所不同呢？关键在于动词的语义特征不同：

$V_a$［＋完成，－持续，－状态］　　$V_c$［＋完成，＋持续，－状态］

$V_b$［－完成，＋持续，－状态］　　$V_d$［＋完成，＋持续，＋状态］

语义特征分析能更好地发掘语法形式和语法意义之间微妙的关系，更好地实现语法分析中形式和意义的统一。

## 本章小结

语法是语言符号单位的组合规则，也研究一定的聚合规则，但这种聚合要在组合上有所体现。

一般把语法单位分为语素、词、词组（短语）、句子四级，本书分为语素、语素组，词、词组，句子、句组六级，语素、词、句子是三个基础级，语素组、词组、句组是三个过渡级。

语法现象是语法形式和语法意义的综合体，可以从这两个方面进行研究。

对具体的语法形式进行概括就是语法手段。可以分为构词法、构形法和构句法。构词法和构形法的关键区别在于，构词法构成了另外的词，构形法只改变了同一个词的形态，没有产生新词。

对具体的语法意义进行概括就是语法范畴。狭义的语法范畴只指词法范畴。数、性、格、有定和无定主要是名词或人称代词的语法范畴；时、体、态、式、人称主要是动词的语法范畴；级是形容词和副词的语法范畴。它们的共同点：都是通过词形变化表示语法意义。

可以根据语法形式或语法手段对语言进行分类，这是语言的结构分类，不同于语言的谱系分类。根据形态变化情况，分为孤立语、屈折语、黏着语和复综语；根据语法手段，分为综合语和分析语；根据语序，分为 SVO、SOV、VSO 三类语言。

句法结构是词与词的组合体，可以从结构或功能上进行分类，可以采用多种方法进行分析，如句子成分分析法、直接成分分析法、变换分析法、语义特征分析法等。

**建议阅读文献：**

1. 范晓．三个平面的语法观．北京：北京语言文化大学出版社，1998.
2. 冯胜利．汉语的韵律、词法与句法．北京：北京大学出版社，1997.
3. 高更生．汉语语法专题研究．济南：山东教育出版社，1990.
4. 郭锐．现代汉语词类研究．北京：商务印书馆，2002.
5. 陆俭明．八十年代中国语法研究．北京：商务印书馆，1993.
6. 陆俭明．现代汉语语法研究教程（第四版）．北京：北京大学出版社，2013.
7. 吕叔湘．汉语语法分析问题．北京：商务印书馆，1979.
8. 马庆株．汉语语义语法范畴问题．北京：北京语言文化大学出版社，1998.
9. 沈家煊．不对称和标记论．南昌：江西教育出版社，1999.
10. 石毓智．语法的认知语义基础．南昌：江西教育出版社，2000.
11. 石毓智．肯定和否定的对称与不对称．北京：北京语言文化大学出版社，2001.
12. 徐杰．普遍语法原则与汉语语法现象．北京：北京大学出版社，2001.
13. 徐烈炯．生成语法理论．上海：上海外语教学出版社，1988.
14. 张伯江，方梅．汉语功能语法研究．南昌：江西教育出版社，1996.
15. 朱德熙．语法讲义．北京：商务印书馆，1982.

16. 朱德熙. 语法答问. 北京：商务印书馆，1985.

17. 朱德熙. 现代汉语语法研究. 北京：商务印书馆，1980.

18. [美] 诺姆·乔姆斯基. 句法结构. 邢公畹等译. 北京：中国社会科学出版社，1979.

19. [美] 诺姆·乔姆斯基. 句法理论的若干问题. 黄长著等译. 北京：中国社会科学出版社，1986.

## 知识与技能训练

### 一、名词解释

1. 语法单位（复旦大学 2005、南京大学 2006）
2. 语素（复旦大学 2005）
3. 语素组
4. 词
5. 词组
6. 句子
7. 主谓句
8. 非主谓句（复旦大学 2005）
9. 句组（北京师范大学 2001）
10. 词法（中国人民大学 2005）
11. 句法
12. 派生词（中国人民大学 2003）
13. 语法形式（华中师范大学 2001）
14. 零形式（华中师范大学 2004。//华中师范大学 2000：举例说明什么是异根式和零形式。//华中师范大学 2005：异根式和零形式。）
15. 形态（中国人民大学 2003、北京师范大学 2006、南京师范大学 2011、华南师范大学 2013。//北京师范大学 2001：外部形态。//北京师范大学 2005：你对形态是如何理解的？汉语有没有形态？//武汉大学 2007：谈谈你对一些语言中的“形态”的理解。）
16. 语法手段（南京师范大学 2000、首都师范大学 2002、北京语言大学 2009）
17. 内部屈折（中国人民大学 2000、南京师范大学 2011）

18. 异根法（华中师范大学2000：举例说明什么是异根式和零形式。//华中师范大学2005：异根式和零形式。）

19. 孤立语（华中师范大学2000：词根语。//武汉大学2005：屈折语、黏着语和孤立语。）

20. 屈折语（南京师范大学2000、苏州大学2002、华中师范大学2003、中国人民大学2006、中国传媒大学2006。//武汉大学2005：屈折语、黏着语和孤立语。）

21. 黏着语（中国人民大学2000、南京师范大学2000、苏州大学2001。//武汉大学2005：屈折语、黏着语和孤立语。）

22. 复综语（苏州大学2002）

23. 语法意义（首都师范大学2002、华中师范大学2003、北京语言大学2004）

24. 语法范畴（苏州大学2000、北京语言大学2000、首都师范大学2002、北京师范大学2002、中国人民大学2006、南京师范大学2009、华南师范大学2013）

25. 人称（中国人民大学2001）

26. 词类（中国人民大学2004、南京师范大学2010）

27. 句法结构（首都师范大学2001）

28. 变换分析法

29. 语义特征分析法

## 二、术语比较

1. 构词语素/构形语素（中国人民大学2002：构词语素。//中国人民大学2004：请结合实例说明构词语素和构形语素有什么不同。）

2. 词头/前缀

3. 词尾/后缀

4. 词根/词干（苏州大学2000、2001）

5. 构词法/构形法（苏州大学2000。//北京大学2001：举例说明构词和构形有什么区别。//北京师范大学2002：构词法。）

6. 综合手段/分析手段

7. 词汇词/语法词（南开大学2005）

8. 词组/句子

9. 向心结构/离心结构（华中科技大学2002：向心结构。）

10. 句法同义/句法同构/句法多义（中国人民大学2004、北京语言大学2007：句法同义。）

11. 句子成分分析法/直接成分分析法（首都师范大学2002：直接成分分析法。//武汉大学2004：举例说明什么是句子成分分析法，什么是直接成分分析法。试说明各自的优缺点。//南京大学2007：层次分析法。//南京师范大学2009：直接成分。）

## 三、填空

1. 语言中最小的音义结合体是（　　），最小的能够独立运用的音义结合体是（　　）。

2. 词的结构可以包括词根、（　　）和（　　）。（北京师范大学2003）

3. 根据语素在词中的不同作用，可以把它分成（　　）、（　　）、（　　）三类。（中国人民大学2003）

4. 根据语素在词中的不同作用，一般把词根和词缀叫作（　　）语素，把词尾叫作（　　）语素。（华中科技大学2005）

5. 从语言的形态类型上看，汉语属于（　　）语，阿拉伯语属于（　　）语。（华中师范大学2000）

6. 按照语法结构标准划分语言类型，日语、朝鲜语、土耳其语应属于（　　）语。（南开大学2004）

7. 语言的三种句法类型是：（　　）型语言、（　　）型语言和（　　）型语言。（华中师范大学2008）

## 四、判断正误并说明理由

1. 自由语素和黏着语素都既能互相组合成词，又能独立成词。（北京语言大学2009）

2. 词是最小的有音有义的语言单位。

3. 零形式就是没有形式。

4. 构词法和构形法都能产生新词。（南京大学2002）

5. 英语有“性”的语法范畴。（南京大学2002）

6. 汉语中“他/她/它”是“性”的语法范畴。（北京语言大学2006）

7. 很多种屈折语特别是英语在演变的过程中逐渐减少屈折变化，扩大词序和虚词的作用，因此像汉语这样的孤立语才是最经济、合理的语言。（南开大学2005）

## 五、分析

1. 下列各组分别是哪一级语法单位？你是通过什么方法确定的？分别予以说明。

（首都师范大学 2001）

（1）粗话　咸肉　辣汤　活水

（2）冷眼　咸盐　青苔　青菜

（3）红茶　红糖　黄酒　黄油

2. 分析下面语段的层次，并说明其中含有哪几个词组、哪几个词、哪几个语素。（南开大学 2006）

两本儿书、一份报纸我都收起来了。

3. 指出下列各词中的词缀、词尾、词根和词干。（苏州大学 2002）

（1）学者　（2）老乡　（3）unkindly　（4）blackboards　（5）friendship

4. 下列几组英语片段中的划线部分都是通过一定的语法手段表示了不同的语法意义。请分别说明它们属于什么语法范畴，采用了什么语法手段。（华中科技大学 2002）

（1）the door of the classroom

Jack's room

（2）I have a book

I have three books

（3）They help him

They helped him

5. 下列英语词都在形态上发生了一些变化以表示某种语法意义。请写出这些变化所表示的语法意义及所利用的语法手段。（华中科技大学 2003）

（1）cold　colder

（2）I　my

（3）I　me

（4）breed（培养）　bred

（5）goose　geese

（6）great　greatest

（7）begin　began

（8）children　children's

（9）run　runs

（10）bad　worse

6. 分析下列克伦语的语言现象，指出其中的附加成分及所表示的语法意义。（首都师范大学 2001）

（1）$pu^{31}de^{55}khua^{55}$　弟弟，$pu^{31}de^{55}mu^{31}$　妹妹。

（2）$sh\text{ɔ}^{55}pha^{55}$　公鸡，$sh\text{ɔ}^{55}mo^{31}$　母鸡。

（3）$pho^{55}\theta a^{31}$　孩子，$pho^{55}\theta a^{31}\theta e^{31}$　孩子们。

（4）$sh\text{ɔ}^{55}pho^{55}$　小鸡，$thui^{31}pho^{55}$　小狗。

（5）$a^{31}w\varepsilon^{55}\text{ɔ}^{31}di\text{ʔ}^{55}me^{33}$. 他正吃着饭。

$a^{31}w\varepsilon^{55}\text{ɔ}^{31}me^{33}wi^{33}li^{55}$. 他吃完饭。

$a^{31}w\varepsilon^{55}k\breve{a}^{31}\text{ɔ}^{31}me^{33}$. 他将要吃饭。

7. 用“不、他、请、来”这四个词组句，把其中符合汉语习惯的句子都写出来，并对每个句子的结构进行分析。（中国人民大学2005）

8. 试以变换分析法说明下列句子的意义差异。（中山大学2006）

（1）墙上挂着画。

（2）台上演着梆子戏。

（3）山上架着炮。

9. 用变换分析法说明以下句子在句法意义上的差异。（暨南大学2005）

（1）台上坐着主席团。

（2）台上唱着戏。

（3）台上摆着酒席。

10. 说明以下两组材料的意义差异。（清华大学2008）

（1）狗咬人——人咬狗

（2）客人来了——来客人了

## 六、问答

1. 什么是语法规则？（中国人民大学2001）

2. 谈谈对语法组合规则和聚合规则的理解。（中国人民大学2006）

3. 语法如何体现组合关系？语法的组合关系有哪些特征？请举例说明。（中国人民大学2002。//首都师范大学2001：举例说明句法结构的层次性和递归性。）

4. 词与词的组合有多种类型。请说出最基本的几种结构类型及其所代表的语法意义。（中国人民大学2003）

5. 如何处理语法单位的层级关系？

6. 举例说明语法的单位及其区分的方法。句组是不是语法单位？应如何认识它的重要性？（北京师范大学2002）

7. 举例说明构词法常用的手段。（上海交通大学2006：语言中有哪些构词方法，举例说明。)

8. 举例说明什么是词根，什么是词缀，它们在构词中有何不同特点。(中国人民大学 2003)

9. 举例说明构形法常用的手段。

10. 举例说明汉语中的五种语法形式。(华中师范大学 2002。//华中科技大学 2002：以汉语为例说明词的重叠可以表达怎样的语法意义。//中国人民大学 2006：句法结构中语法意义是用一定的语法形式表达的，列举这些语法形式。)

11. 语言结构类型分类依据的标准是什么？(华中科技大学 2003。//华中师范大学 2001：说明语言结构的形态类型。//北京语言大学 2003：语言谱系分类与类型分类的比较。//复旦大学 2005：根据语言的语法结构，世界上的语言应该分为哪几类？//中山大学 2005：请说明语言的四种形态学类型及其特点。//华南师范大学 2013：根据语法结构类型可以把世界上的语言分为哪几类？)

12. 从语言结构类型学的角度谈汉语词法、句法的特点。(南京大学 2002)

13. 什么是词法范畴？常见的词法范畴有哪些？请举例说明。(苏州大学 2002。//北京语言大学 2001：时和体。)

14. 举例说明语法意义的各种类型。(华中师范大学 2005。//华中师范大学 2008：简述语法意义的类型。)

15. 什么是语法范畴？汉语有没有语法范畴？谈谈你的看法并说明理由。(中国人民大学 2000。//中国人民大学 2004：汉语表示复数的概念时，常常在名词或代词后面加“们”，这是否表示汉语具有“数”的语法范畴？请说明理由。//北京师范大学 2004：举例说明词形范畴的类型并分析汉语在这方面的特点。)

16. “同一语法范畴中的各个变化形式是互相对立的、排斥的。在组合的时候，选择甲就排斥乙或丙。”请谈谈你对这段话的理解和看法。(苏州大学 2000)

17. 词类划分的标准是什么？举例说明。(南京师范大学 2009)

18. 为什么要划分词类？举例说明。(中国人民大学 2001)

19. 与英语（或其他外语）相比，汉语语法划分词类的困难是什么？(首都师范大学 2002。//中国人民大学 2002：从汉语特点和划分词类的依据的角度，谈谈汉语词类划分存在分歧的原因。)

20. 举例说明为什么句法研究不能脱离词类的划分。(中国人民大学 2005)

21. 举例说明动词的论元结构所包含的内容。(中国人民大学 2005)

22. 举例说明一般主语和话题主语的区别。你认为有必要设立“话题主语”吗？(华中科技大学 2002。//南京师范大学 2000：举例分析主语和话题是不是同一个东西。为什么?)

23. 结合实例谈谈结构层次分析法在语法研究中的作用和局限。(中国人民大学2004。//南开大学2005:简论直接成分分析法的优点和局限。)

24. 举例说明句法变换的五种方式。(华中师范大学2000、2003。//华中科技大学2002:举例说明(尽可能多)句式变换的主要形式。)

25. 结合实例说明变换分析法在语法研究中的作用。(中国人民大学2003)

26. 试论语法和语义的结合在汉语研究中的重要性。(首都师范大学2001。//中山大学2008:论述语法意义与语法形式的关系以及如何做到语法意义与语法形式相互印证。)

## 参考答案

### 一、名词解释

1. 语法单位:在进行语法分析时使用的音义结合的单位。一般认为到句子为止。

2. 语素:最小的音义结合的语言单位。又叫“词素”。

3. 语素组:语素和语素组合而成的构词材料单位。又叫“语素群”。

4. 词:最小的能够独立运用的音义结合的定型单位。

5. 词组:词和词按照一定的语义规则和语法规则组合起来的语言符号序列。又叫“短语”。

6. 句子:带有特定语调的、能够表达相对完整意思的基本的言语交际单位。

7. 主谓句:由主谓结构构成的句子。

8. 非主谓句:由单个的词或主谓结构以外的结构构成的句子。

9. 句组:句子和句子组合而成的有一个语义中心的语言运用单位。又叫“句群”。

10. 词法:语素构成词的方法和词的形态变化的方法以及词的功能聚合。包括构词法、构形法和词类三部分。其实,词类兼跨词法和句法两方面,一般放在词法之中。

11. 句法:词语形成词组和句子的方法。包括词组和句子的结构模式、类型划分等。

12. 派生词:在词根或含有词根成分的基础上附加词缀而构成的词。如“阿姨”、“石头”、“teacher”、“carefully”。

13. 语法形式:能够把语法单位组织起来并在组织过程中产生语法意义的各种语言材料和方式。

14. 零形式:没有声音标记,通过与其他形式对比来表示语法意义的形式。如英语 books 用构形语素-s 表示复数,单数 book 采用的就是零形式。

15. 形态:所指范围有不同理解:①狭义的形态指词在表示语法意义时所发生的形式变化,叫构形形态。如英语 I(“我”主格)、my(“我”所有格)、me(“我”宾格)。②指起构词作用的形式变化,叫构词形态。如英语 great(“伟大”,形容词)、greatness(“伟大”,名词)。③除了指词本身形式变化的内部形态外，还兼指用虚词、助动词等造成的构形形态，叫分析形态或外部形态。如英语 He will go there（用 will 表示 go 的将来时）。④还有人（如方光焘先生）把词与词的组合关系认为是广义形态。从本质上看，形态就是词在语言结构中不同用法的标志，是词的功能的表征。如果对形态作狭义的理解，只指表示语法意义的词形变化，一般认为，汉语没有严格意义的形态。如果对形态作广义的理解，还包括构词形态、外部形态、组合关系，那么就不能说汉语没有形态了。

16. 语法手段：表达语法意义的方式，是把具有共同特点的语法形式概括起来而形成的类别。可分为综合性手段和分析性手段两类。

17. 内部屈折：用词根内部的语音变化来构成同一个词的词形变化。例如，英语 foot（“脚”单数）—feet（“脚”复数），利用元音交替；send（“送”现在时）—sent（“送”过去时、过去分词），利用辅音交替。汉语有些方言利用变化声调或韵母的方式表达不同的语法意义。

18. 异根法：语法手段之一。利用历史来源不同的词表示同一个词的不同的语法意义的方法。例如，go（“去”现在时）—went（“去”过去时），good（“好”原级）—better（“好”比较级）—best（“好”最高级）。

19. 孤立语：语言的形态学类型之一。主要特点是：词内没有专门表示语法意义的附加成分；缺乏形态变化，词与词的语法关系主要靠语序和虚词来表达。汉语是比较典型的孤立语。又称“词根语”。

20. 屈折语：语言的形态学类型之一。主要特点是：词内有专门表示语法意义的附加成分，一个附加成分可以表达多种语法意义；附加成分跟词根或词干的结合非常紧密，甚至不易分开；词的语法意义除了用附加成分表达外，还可以用内部屈折表达。多数印欧语系语言、闪—含语系语言都属于这种类型。俄语、德语属于典型的屈折语。

21. 黏着语：语言的形态学类型之一。主要特点是：词内有专门表示语法意义的附加成分；词根不变，通过添加多种附加成分来表达语法意义。与屈折语不同的是：①没有内部屈折；②一个附加成分只表示一种语法意义，一个语法意义也只用一种附加成分表示，可以添加多个附加成分；③每个附加成分一般自成音节，跟词根和其他附加成分结合不紧密，有相当强的独立性。属于黏着语的有土耳其语、匈牙利语、维吾尔语、日语等。

22. 复综语：语言的形态学类型之一。主要特点是：以动词词根为中心，在词根的前后可以附加上各种词缀，来表达各种语法意义或词汇意义。因此，一个动词形式会很复杂，相当于其他语言的一个句子。与其他类型的语言相比，复综语的词根和词缀都不能独立，词缀既可以表示语法意义，也可以表示词汇意义，语言中分不出词和句子这两级单位。这种类型的语言主要有美洲的印第安语、爱斯基摩人的一些语言。又叫“编插语”或“多式综合语”。

23. 语法意义：通过一定的语法形式表示的语法单位的关系意义或功能意义。

24. 语法范畴：将同一性质的语法意义进一步综合和概括所形成的语法意义的类别。狭义的语法范畴只指由词的形态变化表示的词法范畴，广义的语法范畴还包括词类范畴和句法范畴。

25. 人称：用动词的形态变化表示动作行为的发出者是说话人、听话人还是第三方。如英语 am

表示动作行为（这里表示判断）的发出者是说话人“我”。

26. 词类：词的语法分类，即根据语法功能给词划分出来的类别。

27. 句法结构：词与词组合形成的相互联系、相互作用的关系模式及物质材料。一个句法结构必定具备结构体、结构成分和结构关系三个要素。

28. 变换分析法：广义的“变换分析法”指将某一句法结构转变为跟它有联系的另一句法结构的句法分析方法，结构意义可以相同，也可以不同。例如，将肯定句转换为否定句、陈述句转换为疑问句，结构意义就不同。狭义的“变换分析法”只指将某一句法结构转变为跟它有相同或相近结构意义的另一句法结构的句法分析方法。如“他打破了玻璃”可以变换为“玻璃被他打破了”。使用的手段有移位、添加、删除、替换、重写等。

29. 语义特征分析法：通过发掘词的语义特征来对句法结构进行分析的方法。

**二、术语比较**

1. 构词语素/构形语素：构词语素是用来构成不同词的语素，包括词根和词缀；构形语素是用来构成同一个词的不同形态变化的语素，包括词头、词嵌和词尾。前者构成了新词，后者只构成同一个词的不同形态变化。如英语 teachers，teach 是词根，-er 是后缀，都是构词语素；-s 是词尾，表示复数，没有构成新词，是构形语素。

2. 词头/前缀：词头是位于词干前面的构形语素；前缀是位于词根前面的构词语素。虽然用的都是附加法，但词头表示一定的语法意义，前缀表示附加的词汇意义。例如：俄语 читать（“读”，未完成体），лрочитать（“读”，完成体，用词头 лро-表示）；英语 impossible，前缀 im-帮助表达词汇意义；汉语“阿飞”，前缀“阿”在帮助构词的同时，还附加了感情色彩。

3. 词尾/后缀：词尾是附加在词干后面的构形语素；后缀是附加在词根后面的构词语素。虽然用的都是附加法，但前者用来构成同一个词的不同的形态变化，表示语法意义；后者用来构成新词，表示附加的词汇意义，有些兼表语法意义。如英语 readers，-er 是后缀，-s 是词尾；汉语后缀“子”、“儿”，除了构成新词外（比较：盖—盖子—盖儿），还表示带这两个后缀的一般是名词，有些词的“子”或“儿”后缀，带有附加的感情色彩（比较：头子—头儿）。

4. 词根/词干：词根是承载词的主要词汇意义的构词语素，如汉语“帘子”，“帘”是词根，“莲子”，“莲”和“子”都是词根。词干是一个词除去构形语素后剩下的部分，也就是词的“原形”。如英语 readers，词根是 read，词干是 reader；book（“书”，单数）、books（“书”，复数），词根和词干都是 book。

5. 构词法/构形法：构词法是利用构词语素或其他手段构成新词的方法；构形法是利用构形语素或其他手段在词干的基础上构成同一个词的形态变化的方法。前者用的主要是构词语素（词根、词缀），后者用的主要是构形语素（词头、词嵌、词尾）；前者构成了新词，后者不构成新词，而只构成同一个词的不同形态，表达一定的语法意义。

6. 综合手段/分析手段：语法手段根据依靠词内形式变化还是词外形式变化，分为综合手段和分析手段。综合手段是用词本身的结构形式发生形态变化的方式来表示语法意义。附加法利用添加词头、词嵌、词尾的方式改变词形；内部屈折法、重音移动法、重叠法、异根法通过改变词根的语音形式表示语法意义。这些都是综合手段。分析手段是用词外部的形式变化的方式来表示语法意义。语序是利用词语相对位置的改变；虚词（包括辅助词）通过添加方式改变了实词的外部形式；停顿、重音、语调都用词外非音质语音成分。利用词外非音质语音成分表达不同意义是各语言都使用的手段。这些都是分析手段。主要利用综合手段表示语法意义的语言是综合语，如俄语；主要利用分析手段表达语法意义的语言是分析语，如汉语。现代英语是分析·综合语。

7. 词汇词/语法词：词汇词指根据词的同一性原则经过抽象、概括而归纳出来的能独立运用的最小的音义结合体。语法词指词汇词在一定的语法框架中实现了词类可能性的词。如“代表”是一个词汇词，在“人大代表要代表人民利益”中，前者实现为名词，后者实现为动词，是两个语法词。二者在很多时候是一致的，如“桌子”，是一个词汇词，指一种家具；在不同的句法结构中，只有一种实现词类的可能性——名词，所以也是一个语法词。

8. 词组/句子：词组是词和词按照一定的语义规则和语法规则组合起来的语言符号序列；句子是带有特定语调的、能够表达相对完整意思的基本的言语交际单位。词组和句子（指多词句）都是句法结构的具体体现。多数情况下，句子由词组构成，但两者不同。不同之处有：

（1）单位性质不同。词组是静态的备用材料单位，句子是动态的现实表达单位。句子都有语调，与现实世界相联系。

（2）层级不同。词组是成句的材料，是下级，句子是上级。

（3）范围不同。有些句子不是由词组构成的，如独词句；有些句子除去语调后不一定能还原为词组，因为句子多了语用成分。如“怎么了，你?”（倒装句），“又星期六了。”（副词修饰名词），“去吧。”（含语气词），“这事看起来行。”（带插入语）。

（4）词组成句有条件限制，并不自由。如“鸟飞”，仅加上陈述语调还不能自主成句，除非作为“什么飞?”“鸟飞不飞?”的答语。须改为“鸟飞了。”“鸟会飞。”“鸟正在飞。”“鸟在天上飞。”“鸟飞得高。”等才能自主成句。也就是说，词组需要加上时体、情态、时间、空间或其他语用因素才能自主成句。

【编者按：关于完句成分已有不少研究，可查阅相关文献。】

9. 向心结构/离心结构：向心结构是结构体的功能与其中某个结构成分的功能相同的句法结构；离心结构是结构体的功能与其中任何结构成分的功能都不同的句法结构。两者的不同在于有没有“心”，前者有“心”，后者无“心”。

10. 句法同义/句法同构/句法多义：句法同义是指一组句法结构表层形式不同、深层结构意义相同或相近的现象。如“武松把老虎打死了”和“老虎被武松打死了’，一个“把”字句，一个“被”字句，但两句中“武松”都是施事，“老虎”都是受事，“打”都是动作，“死”都是结果。句法同构指一组句法结构在结构格局上完全相同，但深层语法意义可能不同的现象。如“台上坐着主席团”和“台上唱着黄梅戏”，两句都是“$NP_{[处]}$ + V + 着 + NP”结构，但前者表示静态，某处存在某人或某物，后者表示动态，某处进行某事。句法多义指同一个句法结构形式表示几种不同结构意义的现象。又称“句法歧义”。如“鸡不吃了”，“鸡”既可以是施事，表示鸡不吃食了，也可以是受事，表示××不吃鸡了。

11. 句子成分分析法/直接成分分析法：句子成分分析法是先找中心成分，再找连带成分和附加成分的句子分析方法。其基本观点是，句子是由词组成的，句子成分由词充当，而词的地位不同，有中心成分，有连带成分和附加成分。主语、谓语是主干，宾语是谓语的连带成分，定语、状语、补语是附加成分。又叫中心词分析法或多分法。此分析法的主要优点是，利于把握句子的主干，便于教学；主要缺点是，对句子的结构层次分析不够，导致主干的意义可能跟句子的意义不一致。

直接成分分析法是层层找出直接成分的句法结构分析方法。其基本观点是，语言符号的线性背后隐藏着层次性，复杂的句法结构是由简单的结构逐层构成的，在同一个层级上直接发生结构关系的成分就是直接成分，分析时就要把直接成分逐层找出来。又叫层次分析法、二分法或 IC 分析法。此分析法的主要优点是，结构层次分明，避免了一些句子抽取主干成分后不能成立的现象，可以用来分化一些歧义结构。主要缺点是，只分析句法结构的语法结构关系，不分析语义结构关系；跟其他句式的联系不够。

【编者按：详见本章相关内容。】

**三、填空**

1. 语素　词
2. 词缀　词尾

【编者按：广义的“词的结构”还包括词尾等构形语素。】

3. 词根　词缀　词尾
4. 构词　构形（或“变词”）
5. 词根（或“孤立”）　屈折
6. 黏着
7. SVO　SOV　VSO

**四、判断正误并说明理由**

1. 错误。黏着语素一般不能独立成词，通常要跟别的语素组合成词。如“炎”要组合成“发炎”、“炎症”等才能成词。

2. 错误。词是最小的能够独立运用的有音有义的语言单位，语素才是最小的有音有义的语言单位。

3. 错误。零形式尽管没有具体的物质形式，但在与其他物质形式的对比中存在，同样表达了语法意义。

4. 错误。构词法能产生新词，构形法构成同一个词的不同形态，不能产生新词。

5. 错误。英语没有专门的表达“性”的构形手段。一些词如 host/hostess、actor/actress，存在性别对立，但属于构词法范围。

6. 错误。“他/她/它”只是对同一语音形式 tā 在书写上的分化，口语中无法分清，没有形态变化。不利用形态变化表达的意义不是语法范畴。

7. 错误。语言不能分优劣。不同类型的语法结构、语法手段都能很好地组织语言。语言有补偿机制，这方面欠缺，那方面就发达，总体上都能有效地为交际服务。

**五、分析**

1. 判断一个语言单位是词还是词组，可以根据意义的整体性、成分的独立性定夺。如果单位的意义是成分意义的简单相加，成分可以独立运用，则处理为词组；成分不能够独立运用，则处理为词。如果单位的意义不是成分义的简单相加，具有整体性，不管成分独立与否，都处理为词。具体方法是扩展法。举例说明如下：

（1）"粗话" ＝ "粗（粗俗）的话"，尽管可以扩展，但"粗"用的不是本义，不好从字面推知，处理为词。"咸肉" ＝ "咸的肉"，"辣汤" ＝ "辣的汤"，处理为词组。"活水" ≠ "活（活动）的水"，"活水"还要有源头，有整体义，处理为词。

（2）"冷眼" ≠ "冷的眼"，"青菜" ≠ "青的菜"，都是词。"咸盐"有些方言就指盐，而不是"咸的盐"，故而是词。"青苔"尽管意义是成分义的加合，但"苔"不独立使用，因此是词。

（3）"红茶" ≠ "红的茶"，"红糖" ≠ "红的糖"，"黄酒" ≠ "黄的酒"，"黄油" ≠ "黄的油"，扩展前后的内涵和外延不相等，因此都是词。

2. 两本儿书、一份报纸我都收起来　了（附加）

两本儿书、一份报纸　我都收起来（主谓）

两本儿书　一份报纸（联合）我　都收起来（主谓）

两本儿　书（定中）一份　报纸（定中）都　收起来（状中）

两　本儿（数量）一　份（数量）收　起来（中补）

【编者按：应试时以上分析应按层次分析图解法划分层次。】

词组：两本儿书、一份报纸我都收起来；两本儿书、一份报纸；我都收起来；两本儿书；一份报纸；都收起来；两本儿；一份；收起来。（词组之间用分号隔开）

词：两；本儿；书；一；份；报纸；我；都；收；起来；了。

语素：两；本；儿；书；一；份；报；纸；我；都；收；起；来；了。

3.（1）"学"：词根；"者"：词缀（后缀）；"学者"：词干。（2）"老"：词缀（前缀）；"乡"：词根；"老乡"：词干。（3）un-：词缀（前缀）；kind：词根；-ly：词缀（后缀）；unkindly：词干。（4）black：词根；board：词根；-s：词尾；blackboard：词干。（5）friend：词根；-ship：词缀（后缀）；friendship：词干。

4.（1）of 用的是添加虚词，-s 用的是附加法，加词尾，都表示格中的所有格（或叫属格）。（2）book 用零形式，表示单数，books 用附加法，附加词尾-s 表示复数，都表示"数"的范畴。（3）help 用零形式，表示现在时，helped 用附加法，附加词尾-ed 表示过去时，都表示"时"的范畴。

5.（1）比较级，附加法；（2）所有格，异根法；（3）宾格，异根法；（4）过去时，内部屈折法；（5）复数，内部屈折法；（6）最高级，附加法；（7）过去时，内部屈折法；（8）所有格，附加法；（9）现在时第三人称单数，附加法；（10）比较级，异根法。

6.（1）$khua^{55}$ 表示男性，$mu^{31}$ 表示女性。（2）$pha^{55}$ 表示雄性，$mo^{31}$ 表示雌性。（3）$\theta e^{31}$ 表示复

数。(4) pho$^{55}$表“小称”。(5) diʔ$^{55}$表示进行体，wi$^{33}$li$^{55}$表示完成体，kǎ$^{31}$表示将来时。

【编者按：这种题尽管材料比较陌生，但并不难解。方法：反复比较，求同辨异。】

7. (1) 不/请他来。状中—兼语。(2) “不//来/请//他”或“不/来请他”。连谓—状中/述宾；或状中—连谓—述宾。(3) 他/不//来///请。主谓—状中—连谓。(4) 他/请//不///来。主谓—中补—状中。(5) 请//不///来/他。述宾—中补—状中。(6) “请/他/不//来”或“请//他/不//来”。兼语—状中；或中补—述宾/状中。(7) 来//请///他/不？正反问。联合—连谓—述宾。(8) 请他来/不？正反问。联合—兼语。(9) 请///来//他/不？正反问。联合—述宾—中补。(10) 他/来///请//不？正反问。主谓—联合—连谓。(11) 他/请///来//不？正反问。主谓—联合—中补。

【编者按：由于排印不便，未用层次分析图解法。】

8. (1) 可以变换成：画挂在墙上；不能变换成：墙上正在挂画。

(2) 不能变换成：梆子戏演在台上；可以变换成：台上正在演梆子戏。

(3) 既可以变换成：炮架在山上；也可以变换成：山上正在架炮。

通过变换可以看出，(1) 表示静态存在，某处存在某物，着眼点是空间；(2) 表示动态过程，某处发生着某事，着眼点是时间；(3) 有歧义，既可以表示静态存在，也可以表示动态过程。

9. 分析同上题，略。

10. 两组材料都利用了语序变换，但结果不同。(1) 中的两个材料意义差别很大：前一个材料的“狗”是施事，“人”是受事；后一个材料的“人”是施事，“狗”是受事。(2) 中的两个材料意义稍有区别：前一个材料的“客人”是有定的，后一个材料的客人是无定的。

六、问答

1. 语法规则是一种语言组合规则和聚合规则的总和。组合规则是语法单位一个接着一个组合起来的规则，是一种横向组配规则；聚合规则是语法单位的归类的规则，是一种纵向替换规则。

【编者按：详见叶蜚声，徐通锵．语言学纲要．北京：北京大学出版社，1997. 88～89.】

2. (1) 组合规则是语法单位一个接着一个组合起来的规则，是一种横向组配规则。具有线条性、层次性、抽象性、递归性等特点。

(2) 聚合规则是语法单位的归类的规则，是一种纵向替换规则。如词类，就是按相同的语法功能划分的类。

(3) 组合规则和聚合规则是互相联系着的。组合规则体现的是聚合群（即“类”）的组配规则，聚合群的划分要依据组合规则。比如词类、短语的功能类别，都是根据它们在组合关系中的功能来划分的。

3. 语法的组合关系主要体现在以下方面：

(1) 通过语法单位的线性组配体现组合关系。因此，组配方式不同，组合关系就不同。如“鸟飞”是主谓关系，“飞鸟”是偏正关系。

(2) 语法体现的组合关系不是“例”的组合，而是“类”的组合，即同功能的语法单位的组合，是聚合群的组合。因此，语法具有概括性。如“飞鸟”、“走兽”、“落花”、“流水”都是 V +

N 结构，体现的都是定中关系。

语法组合关系的特征有：

（1）单位的实体性。即语法的组合是音义结合体的组合，最小的单位也得是语素。音素等单面单位的组合不是语法的组合。如汉语 b 和 ɑ 相拼组成 bɑ 音节，就不属于语法的组合。

（2）线条性。语法单位的组合在时间维度上呈线性延展，在空间维度上也呈线性排列。如“我爱祖国”只能一个单位一个单位地说，或一个单位一个单位地写。

（3）层次性。复杂的单位是由简单的单位层层嵌套形成的，相邻的单位不一定在同一个层次上。如“调查//研究/一下”，“研究”和“一下”不在同一个层次上。

（4）抽象性。或称“概括性”。一条语法组合规则概括了所有同类的具体实例。

（5）递归性。一种组合关系可以重复使用，生成复杂的结构。如“红花—大红花—鲜艳的大红花——一朵鲜艳的大红花”，重复使用定中关系。

（6）民族性和地方性。不同语言或同一语言的不同方言，语法的组合规则可能不同。如英语 fat 既可以修饰人，也可以修饰动物，而汉语普通话“肥”与“胖”的分工不同；汉语普通话“吃”、“喝”、“吸”后面跟的对象不同，但在一些方言中可以说“吃茶”、“吃酒”、“吃烟”等。

4.（1）主谓结构。主要表示陈述的意义，如今天星期三、太阳升起、The tree is tall。

（2）述宾结构。主要表示支配的意义，如吃苹果、喜欢爬山、to read a book。

（3）偏正结构。主要表示修饰、限制的意义，如高山、慢慢地说、long river、to drive carefully。

（4）中补结构。主要表示补充说明的意义，如来得及时、红得发紫、stay for a long time。

（5）联合结构。主要表示并列的意义，如工人和农民、调查研究、光荣而艰巨、ladies and gentlemen。

5. 关于语法单位，一般的说法是分为四级：语素、词、词组（或短语）、句子。但在处理它们的关系时理论上出现矛盾，如可以说所有的词都是由语素构成的，所有的词组都是由词构成的，但不能说所有的句子都是由词组构成的，因为存在独词句。这在于没有摆正不同语法单位的层级关系。

编者认为，关于语法单位，简单划分可分三级：语素、词、句子；复杂划分可分六级：语素、语素组，词、词组，句子、句组。六级语法单位又分为三层：语素、语素组是构词层，是构词材料；词、词组是造句层，是造句材料；句子、句组是运用层，是交际单位。还可以进一步概括为两面：语素、语素组、词、词组属于构件平面，句子、句组属于表达平面。归纳起来就是“六级三层两面”的语法单位体系。

六级语法单位有两种不同性质：语素、词、句子具有基础级性质，语素组、词组、句组具有过渡级性质。过渡级单位都是基础级单位的组合体。

六级语法单位有三种不同关系：过渡级单位与相应的基础级单位之间是组成关系，即语素“组成”语素组，词“组成”词组，句子“组成”句组；上层单位和下层单位之间是构成关系，即语素、语素组“构成”词，词和词组“构成”句子；构件单位与表达单位之间是转化关系。

【编者按：详见本章相关内容。】

6. 关于语法单位的分级，请见上题，不再赘述。下面以基础级为例谈谈语法单位的主要区分方法。

语素和词：关键看它们能否在句法结构里独立使用，能者是词，不能者是不成词语素。如在“来了一个农民”中，“来”、“了”、“一”、“个”、“农民”在造句时都能独立运用，所以都是词。而单独的“农”和“民”不能独立使用，但都是最小的音义结合体，所以它们只是语素不是词。

有时语素和词形式相同，如“来了一个人”中，有五个词，能否说这个词组是由五个语素组成的呢？最好不这样说，因为这样说就混淆了语素和词的层级。最好表达为：这个词组由五个词组成，每个词由相应的语素构成。区分语法单位的层级关系在理论上是必要的。

词和句子：关键看有没有一个完整的语调，是否可以作为基本的交际单位使用。词只是静态的材料，可以单个构成句子，如“好!”也可以组合起来构成句子，如“你真好!”所以不好说句子一定比词大，只能说句子是词的上级，词是构成句子的材料，是下级。

句组又叫“句群”，是由多个句子组合而成的运用单位。它算不算语法单位，有不同的看法。吕叔湘在《汉语语法分析问题》（商务印书馆 1979 年版）中说：“比句子大的单位是段，大段，全篇（或章，节）。一般讲语法只讲到句子为止，篇章段落的分析是作文法的范围。事实上，句和句之间的联系，段和段之间的联系，往往也应用语法手段（主要是虚词）；但是除此之外还有其他手段，如偶句，排句，问答等等；还常常只依靠意义上的连贯，没有形式标志。因此，篇章段落的分析方法和句子内部的分析方法有较大的差别，语法分析基本上到句子为止，还是有点理由的。”

【编者按：吕先生虽然没有明确提到句组，但应含句组在内。】

我们将句组处理为最高一级语法单位，是出于以下考虑：①体系的完整性。②句组本身的性质。

【编者按：句组作为语法单位的理由，详细论述请参看本章相关内容。这只是编者的观点，可以有不同的看法，但要言之成理，持之有据。】

句组的重要性体现在，人们说话往往不是只说一句，多数时候以句组或多个句组的形式体现；对句子（单句和复句）的语义、语法、语用分析往往要结合句组。

7. 构词法是构词语素按照一定的规则构成新词的方法。单纯词只有一个语素，没有语素组合的问题。合成词的语素组合主要有两种方法：附加法和复合法。此外还有重叠法、内部屈折法、重音移动法、缩减法等。缩减法通过节略缩合的方式构成缩略词。例如，汉语“中国共产党—中共、共产党、党”，“关心爱护—关爱”；英语 smoke fog—smog（烟雾）、radio detecting and ranging—radar（雷达）。

【编者按：详见本章相关内容。】

8. 词根是承载词的主要词汇意义的构词语素；词缀是附加在词根上面表示附加意义（附加感情色彩或语法特征）的构词语素。如汉语的“老师”（前缀 + 词根）、英语的 teacher（词根 + 后缀）。

两者区别：(1) 表义作用不同。词根意义比较实在，承担了主要词汇意义，如“黑板”，两个词根都有实在的意义，“板子”，词汇意义主要在“板”上。词缀意义较虚，主要表示附加色彩和语法特征，如“头子—头儿”，词汇意义基本相同，都指“某集团的最高领导者”，但前者带有贬义，后者带有亲昵的感情色彩。带后缀“－子”、“－头”、“－儿”的词一般为名词，如“桌子”、“帘子”、“垫子”、“塞子”、“石头”、“砖头”、“跟头”、“盖儿”、“画儿”、“活儿”，就是说，这些词缀有标记名词词性的作用。也有少数例外，如“一下子（副词）”、“玩儿（动词）”。带后缀“化”的词一般为动词，如“绿化”、“氧化”、“淡化”、“沙漠化”。

（2）位置自由度不同。词根在构词时位置一般比较灵活，多是不定位语素，如“人”，可构成“人工、人员、人民、工人、伟人、大人”等。词缀在构词时位置一般比较固定，多是定位语素，如“阿－”、“老－”为前缀，“－子”、“－头、”“－儿、”“－化”为后缀。

9. 构形法是构成同一个词的不同形态变化的方法。常用的手段有：①附加法；②内部屈折法；③重叠法；④异根法；⑤重音移动法；⑥运用辅助词。

【编者按：详见本章相关内容。】

10. （1）重叠。名词、量词的重叠表示逐指义（或说“周遍义”），如“事事”、“件件”；动词的重叠表示动量或时量小，如“看看”、“研究研究”，有时表示尝试义，如“试试（看）”，有时表示反复义，如“你天天就知道玩玩玩!”形容词重叠表示程度加深，如“红红”、“高高兴兴”，如果第二音节读阴平并“儿”化后加“的”，则表示程度适中，如“红红儿的（脸蛋）”；数量重叠表示反复“一遍一遍（地说）”、“一次（又）一次（地做）”；副词重叠表示程度加深，如“非常非常（地想你）”。

（2）语序（或叫词序）。语序不同，表达的语法意义不同。如“态度端正”是主谓关系，“端正态度”是述宾关系；“客人来了”中“客人”是定指的，“来客人了”中“客人”是不定指的。

（3）虚词。有无虚词、有不同的虚词，语法意义可能不同。如“他长着一撮山羊胡子”就不能说成“他长着一撮山羊的胡子”，原因是“山羊”后不加“的”表示属性，加“的”后表示领属；“如果天下雨了，我们就不去了。”“因为天下雨了，所以我们不去了。”“既然天下雨了，我们就不去了。”三句意义不同，就在于关联词不同。

（4）停顿。“你想他不想?”是单句；“你想，他不想?”是复句。

（5）重音。“他想起来了”，“起来”轻读，作补语；重读，作宾语。

（6）语调。“你去。”轻祈使；“你去!”重祈使，命令口气；“你去?”商量或怀疑语气。

【编者按：句法结构中表达语法意义的语法形式主要有语序、虚词、停顿、重音、语调。】

11. 根据词的形态变化的方式给语言划分结构类型，主要有四种：孤立语、屈折语、黏着语、复综语。这是狭义的形态学分类。

广义的形态学分类还包括根据语法形式和语法手段给语言划分结构类型，主要有两种：分析语和综合语。

还可以根据句子的基本成分主语（S）、动词（V）、宾语（O）在简单陈述句中的位置来给语言划分结构类型，一般分为三种类型：SVO 型语言、SOV 型语言和 VSO 型语言。

【编者按：每种结构类型的特点请参看本章相关内容。语言的谱系分类请参看第八章“语言的演变”相关内容。】

12. 语言结构类型学分类是从词形变化、语法手段、语序等结构方面对语言所作的分类，以区别于语言的发生学分类（谱系分类）。

从词形变化看，汉语属于孤立语（词根语），缺乏严格意义的形态变化和明显的形态标志。词进入句法结构，或者没有词形变化，即使有形态变化，也不具有强制性和普遍性。例如，表示进行体或持续体可有多种方式，如“他进来时，我吃着饭”，或“他进来时，我正在吃饭”，或“他进来时，我正吃着饭呢”等，不像英语那样必须要用一种形式。

从语法手段看，汉语属于分析语，语序和虚词是主要的语法手段。构词以词根复合为主，构形主要用添加助词（如用“们”表示复数，用“着”、“了”、“过”表示体）和重叠（如“人人”、“件件”、“看看”、“高高兴兴”）等方式，词类没有形式标志。汉语很少使用综合语常用的附加法（加词尾）和内部屈折法，即使使用，也不具有整齐划一性；句法组织主要靠语序和虚词；形成了词法和句法基本一致的格局。

从语序看，汉语属于 SVO 型语言，跟同属于汉藏语言的藏语、彝语、哈尼语、景颇语等 SOV 型不同；汉语普通话的定语放在名词中心语之前，同属于汉藏语的许多语言，形容词作定语时，位于名词中心语之后。

13. 词法范畴是通过词形变化所表现出来的语法意义的概括。这是狭义的语法范畴。常见的有：①数；②性；③格；④有定和无定；⑤体；⑥时；⑦人称；⑧式；⑨态；⑩级。

【编者按：详见本章相关内容。】

14. 语法意义可以从四大方面观察。

（1）词法范畴。（详见上题）

（2）词类范畴。根据语法功能对词进行的分类。首先根据能否单独充当句法成分，分为实词和虚词。然后再根据语法特征对实词和虚词进行下位分类。一般分为名词、动词、形容词、副词、代词、数词、量词、介词、助词、连词、语气词、冠词等。不同语言词类系统不完全相同。

（3）语法结构关系。有人称为“显性语法关系”。由句法形式表示的语法意义，如主谓、述宾、偏正、中补、并列等。

（4）语义结构关系。有人称为“隐性语法关系”。如施事—动作（我去）、动作—受事（吃饭）、动作—结果（写信）、工具—动作（电话联系）、领有—所属（我的朋友）等。

15. 语法范畴是将同一性质的语法意义进一步综合和概括所形成的语法意义的类别。狭义的语法范畴只指由词的形态变化表示的词法范畴，又称“词形范畴”，如数、性、格、时、体、式、人称、态、级等；广义的语法范畴还包括词类范畴和句法范畴。

就广义的语法范畴而言，汉语有语法范畴，既有词类范畴，也有句法范畴。就狭义的语法范畴而言，需要具体分析，不能简单地说汉语有或者没有。

普遍认为，汉语没有严格意义上的词的形态变化，因此也就没有严格意义上的语法范畴。略举几例：

（1）“们”：在汉语中附加在表人的名词和人称代词的后面表示复数，如“我们”、“你们”、“他们”、“老师们”、“朋友们”，但与英语表示复数的词尾-s 有所不同：①不具有普遍性，表物的名词后面不能加“们”，如普通话不说“鸡们”、“树们”、“桌子们”，除非为了拟人的修辞需要。②即使是表人的名词，也不是所有的场合都能加，当前面有表示数量的词语修饰的时候，不能加“们”，如不说“三个同学们”、“许多老师们”、“所有老师们”。③带不带“们”，有时不能构成复数和单数的对立，“同学都来了”和“同学们都来了”是同义的。④有些代词加“们”后不一定是原来形式对应的复数形式，如“我们”有时是“我”的委婉说法。

（2）“着”、“了”、“过”：很多人认为这是汉语的体标记，“着”表示持续体（或“进行体”），“了”表示完成体，“过”表示经历体。但它们不具有强制性，如表示完成体不一定非用“了”不可，如“我吃了饭了”、“我吃过饭了”、“我已经吃罢饭了”等。其他类同。

（3）主动/被动：汉语表达被动态经常用无标记形式，如“书看完了”，当然也有用“被”字的情况，如“树被砍光了”；表达主动态也经常用无标记形式，如“我看完了”。这样就会出现同一句法结构兼表主动、被动的情况，如“老李已经通知了”，既可以是“老李已经通知某人（或某事）了”，也可以是“某人已经通知老李了”，造成歧义。英语用动词的不同形态分化，不会产生歧义。

总之，汉语没有严格意义上的形态变化，即使有形态变化，也不严格，不具有普遍性和强制性。因此可以说，汉语没有严格意义上的语法范畴，但不能说没有语法范畴。

【编者按：此题解答为编者观点，供参考。重点不在于回答“有”或“没有”，而在于说明理由。】

16. 索绪尔认为，语言符号在对比中显示其价值。此符号与彼符号只有能够区别开，才能在符号系统中立足，也才能满足明确表意的需要。形态变化同样如此。同一语法范畴中的各个变化形式互相对立，互相排斥。在组合的时候，选择一种，就排斥另一种。这也是为了明确区分的需要。例如，英语名词“数”范畴，单数用零形式，复数加词尾-s（比较：desk—desks），少数用内部屈折形式（比较：man—men）。用了零形式表示单数，就不能再用零形式表示复数，其余同理。但语言是复杂的，也有极个别例外的情况，如英语 sheep（绵羊），单、复数同形，在组合时并不互相排斥，这反映出语言有不规则的一面。

17. 词类是词的语法分类，是词在语法功能上的聚合。划分词类采用的标准通常有以下几种：

其一，意义标准。根据词表示的意义—抽象的概括意义—给词分类。

其二，形态标准。根据词的形式标记和形态变化来给词分类。

其三，功能标准。根据词充当句法结构成分的能力和词与词的组合能力给词分类。

目前给词分类比较通行的做法是，以功能为主，参考词的意义和形态。

【编者按：详见本章相关内容。】

18. （1）词类是词按语法功能划分出来的类别。

（2）划分词类可以更好地说明词语的搭配规则。一类词可以跟哪类词组合，不能跟哪类词组合，更容易说明。如数量词可以修饰名词，副词一般不能修饰名词等。

（3）划分词类可以更好地说明一类词充当句法成分的能力。如名词经常充当主语和宾语。

（4）划分词类更便于归纳出抽象的句法规则。如“吃饭”、“看书”、“研究语法”都是“动

词 + 名词”格式。一种组合规则是“类”的组合，而不是“例”的组合。总之，语法研究如果没有词类概念，就会寸步难行。

19. 汉语词类划分一直存在分歧，不同的专家语法有不同的词类体系。比如区别词是归入形容词还是另立一类？副词归入实词还是虚词？拟声词和叹词的归属问题等等，都还没有达成共识。这种状况的存在一方面反映了汉语语法研究还不成熟，另一方面也说明汉语本身的特点给词类划分增加了难度。与英语相比，汉语语法有自己的特点，例如：

（1）汉语形态变化不丰富，或者说没有严格意义上的形态变化，划分词类没有形式标志作为依据。而英语名词有数的变化，俄语、德语名词有数、性、格的变化，可以反过来以此为根据确定名词。其他词类也是如此。

（2）汉语词类与句法成分之间没有一一对应的关系，不能仅凭充当的成分来给词分类。如汉语名词经常作主语、宾语、定语，在一定条件下可以作谓语；动词经常作谓语或谓语中心，在一定条件下也可以作主语、宾语、定语；形容词经常作定语、状语、谓语或谓语中心，在一定条件下也可以作主语、宾语。词类与句法成分之间是交叉的，所以不能只看充当了主语、宾语就说是名词。英语词类与句法成分之间基本对应。

（3）汉语词语组合很多靠“意合”，有很大的灵活性，只要表意需要，就可能出现新的组合方式，这也增加了词类划分的难度。如近几年流行的“很 + 名词”组合，像“很淑女”、“很绅士”、“很中国”之类，引起了“很”后词语的词性之争。

汉语的这些特点，给词类划分增加了难度。加之各人依据的标准不同，更带来了分歧。划分词类的依据，从大的方面看分三种：形态标准、意义标准、功能标准。如副词，有人依据意义的虚实，把它归为虚词；有人依据能否单独充当句法成分，把它归为实词。

【编者按：关于汉语语法特点有很多讨论，可参看朱德熙．语法答问．北京：商务印书馆，1985. 4 ~ 9；安华林．论现代汉语语法的特点．信阳师范学院学报（哲学社会科学版），2008（4）.】

20. 句法研究的对象主要是词与词的结构关系、结构层次及结构体的功能。但无论哪种研究，都离不开词类的划分，原因在于语法规则的抽象性。

（1）词类划分使句法描写更为简括、明晰。略举几例：

生活幸福、经济繁荣、孩子聪明……可以用词类序列“N + A”来简明地概括这类句法结构。

一些词进入句子时后面可带动态助词，例如，看了、听过、吃着……若说动词具有这样的特征，就不必一一列举了。

对有些句法结构有不同的层次划分方法，例如，走在路上、飞向蓝天、出生于上海……一种划分是介宾结构作动词的补语，另一种划分是动介先组合，后带宾语。不管哪种划分，在说明时都要以词类为基础。

就结构体的功能而言，常用的名词性结构可以概括“伟大的祖国”、“飞鸟”、“桌子腿”、“经济的繁荣”、“你们的到来”等实例。如果没有名词这一概念，就很难对这类结构作概括说明。

总之，词类是句法分析的基础。

（2）词类划分有助于辨识句法同构现象中的细微差别。例如，“台上坐着主席团”和“台上演着黄梅戏”，两句之所以不同，在于动词的小类不同，“坐”是［+附着］类动词，属于此类的动词还有“站”、“躺”、“蹲”等，“演”是［-附着］类动词，属于此类的动词还有“唱”、“敲”、“打”等。因此形成了两句话结构意义上的区别：前者表示某处存在某事物，后者表示某处进行着某事情。

（3）词类划分有助于区分句法多义现象。例如，“没有得奖的演员”，“没有”兼属动词/副词，既可表示演员都没有得奖，又可表示某个演员没有得奖，因此有歧义。

21. 论元结构是一个动词跟与它有语义联系的名词性成分所构成的语义结构。有“题元结构”、“述谓结构”、“动核结构”等不同称呼。这些称呼尽管理论背景不同，但含义大体相同。

可以从结构体、结构成分和结构关系三方面来观察论元结构。

一个动词和若干个有语义联系的名词项构成一个结构体。分为基本的论元结构和扩展的论元结构两种结构体。“我看书”是基本结构体，“我昨天在教室里看书”是扩展结构体。

一个论元结构必须包括动词和论元两个要素。动词是核心，因此有人叫“动核”。论元是动词语义关涉的名词性成分，分为强制性（必选）的和非强制性（可选）的两种。如上例“我”、“书”是强制性论元（有人称为“动元”或“行动元”），“昨天”、“教室里”是非强制性论元（有人称为“状元”或“状态元”）。

动词和论元靠语义结构关系结合在一起。在这种关系中，名词充当的语义角色形成名词的格，如上例“我”是施事，“书”是受事，“昨天”是时间，“教室里”是处所；在“用笔写字”中，“笔”是工具，“字”是结果等等。

动词和论元的语义结构关系还体现在动词支配的强制性论元的数量上，可据此对动词进行价分类：一价动词，如“病”；二价动词，如“吃”；三价动词，如“给”。

22. 主语是句法平面的概念，跟谓语相对；话题是语用平面的概念，跟说明相对。两者有时一致，如“饭吃完了”，既是主语（受事主语），也是话题；“这个问题我们已经讨论了很多次”，“这个问题”既是主语（大主语，或称为“话题主语”），也是话题。有时不一致，如在“关于这个问题，我们已经讨论了很多次”中，“这个问题”只是话题（“关于”是话题标记），不是主语。

至于有无必要设立“话题主语”，言之成理即可。编者个人不太主张设立“话题主语”。原因是，“话题主语”是一般主语的语用表现，一般主语都可以转成“话题主语”，而且没有形式标志。

23. 层次分析法的作用在于：①使成分之间的结构层次更加清晰；②可以更好地分化因结构层次和结构关系不同而造成的歧义格式；③有助于发现新的语法现象，揭示新的语法规律。

局限在于：①切分繁杂，不利于把握句子的总体格局；②只能揭示语法结构关系，不能揭示语义结构关系；③用来分析汉语的一些特殊结构如连谓结构、双宾结构等有些勉强。

【编者按：详见本章相关内容；参看陆俭明．现代汉语语法研究教程（第三版）．北京：北京大学出版社，2005. 62 ~ 77.】

24. 句法变换是将一种句法结构转变为跟它有相同或相近结构意义的另一句法结构的句法分析方法。一般使用移位、添加、删除、替换、重写等手段。

（1）移位：主要指结构成分相对位置的改变。例如：我看完了这本书→这本书我看完了。

（2）添加：主要指语法成分的增加，也指补充一些缺位的结构成分。例如：山挖平了→山被挖平了；她被批评了一顿→她被（领导）批评了一顿（根据语境补充）。结构成分不确定的，添加时可外加括号以和本来的结构成分相区别。

（3）删除：主要指去掉一些语法成分，也指省略掉一些结构成分。例如：困难被我们克服了→困难被克服了/困难克服了。

（4）替换：主要指语法成分的换用，也指词的不同形态的换用。例如：柏油路叫太阳晒化了→柏油路被太阳晒化了。可替换说明“叫”、“被”具有同一性。再如：He saved the boy. →The boy was saved by him. 同时也使用了移位和添加。

（5）重写：指结构成分重复出现。例如：派小王去→派小王，小王去。

25. 变换分析法的作用主要有：

（1）建立了联系的方法论。变换有助于分析句法同义现象，把结构意义相同的句法结构联系在一起，说明表层结构之间的变换关系，显示出它们之间互相沟通的关系，突破了孤立研究的局限，拓展了句法研究的视野。例如：“武松打死了老虎”可以变换为“武松把老虎打死了”、“老虎被武松打死了”，说明汉语“主—动—宾”句与“把”字句、“被”字句有联系。

（2）有助于分析句法同构。同构的句法结构外在形式十分相像，其间的细微差别只有通过变换分析才能辨识。

【编者按：举例详见本章相关内容。】

（3）有助于分化句法多义。

【编者按：举例详见本章相关内容。】

（4）有助于说明某些成分的语义指向。

【编者按：举例详见本章相关内容。】

（5）变换还具有重要的实践意义。学习语言的人可以利用它来扩大组词造句的练习范围，培养生成句子的能力；使用语言的人也便于在有变换关系的句式中挑选合适的句子，满足充分表意的需要，提高表达效果。

26. 由于信息处理遇到“语义瓶颈”，要求人们更多地关注语义问题；加之语义学、语用学等的拉动，国际语言学界有明显的“语义转向”趋势。

在这种背景下，汉语语法学界开始探索语义和语法结合之路。由于“汉语是语义型语言”（徐通锵语），语法研究和语义结合显得尤为重要。学者们也开始了自觉的理论和实践探索。例如，胡明扬、徐通锵提出“句法语义范畴”理论；胡裕树、范晓提出“三个平面”理论；邢福义提出“两个三角”学说；李葆嘉、邵敬敏提出“语义语法学”构想等等。在语法研究实践中，配价分析法、语义指向分析法、语义特征分析法、语义范畴分析法等，得到了比较广泛的运用。这些都说明，语法和语义结合是当代汉语语法研究之大势。以下略举几例，以显示语法和语义结合的重要性。

对句子成分的分析要结合语义。如“我看完了”、“书看完了”，仅指出“我”和“书”是主语还不够，还应说明它们的语义类型，前者是施事主语，后者是受事主语。但如果仅根据语义，就会把“书”处理成宾语，像黎锦熙的做法。因此语法和语义要做到互相结合。

不相邻的成分在语义上可能有联系。如，浓浓地沏了一杯茶 → 沏了一杯浓浓的茶，圆圆地围了一个圈 → 围了一个圆圆的圈。如果仅划分句法成分，而不说明状语的语义指向，就看不出它跟宾语的语义联系。

动词的语义特征会影响结构意义。如“死了三天了”、“等了三天了”、“看了三天了”、“挂了三天了”，四个说法同构，为什么语法意义不同？关键在于动词的语义特征不同：

死：[ +完成，－持续，－状态]　等：[ －完成，+持续，－状态]

看：[ +完成，+持续，－状态]　挂：[ +完成，+持续，+状态]

【编者按：此例详见马庆株．时量宾语和动词例类．中国语文，1981（2）．】

对兼类词的判断也要联系语义。兼类词的几种词类必须意义不同而又有联系，即具有“异义联系性”。意义完全相同的，如“你去安排一下”和“你的安排很周到”，两个“安排”不是兼类词；再如“胸前别着校徽”和“你别去”，两个“别”也不是兼类词，因为意义没有任何联系。

【编者按：关于兼类词请参看安华林．从两种词表看名、动、形兼类的处理．语言教学与研究，2005（4）．】

总之，语法研究和语义结合符合学科发展的需要，能够更好地揭示语法形式和语法意义互相联系、互相制约的关系，促进汉语语法研究更加深入地发展。

# 第六章　文　字

**一、教学目的与要求**

要求学习者了解文字的性质、文字发展的历史、文字的类型以及文字改革的情况，加深对汉字的认识，借鉴其他国家文字改革的经验，对汉字改革有所思考。

**二、教学重点**

（一）识记

塞姆字母　腓尼基字母　表意文字　表音文字　语素文字　音素文字　音节文字　希腊字母　拉丁字母　斯拉夫字母　阿拉伯字母　谚文　假名　文字改革

（二）理解

1. 对文字性质的认识。
2. 文字的作用。
3. 文字起源和发展的几个阶段。
4. 几种重要字母的谱系。
5. 文字的类型。
6. 文字改革的类型。

**三、教学难点**

对一种文字性质的判断；对中西文中“字”的观念的理解；汉字改革。

## 第一节　文字的性质和作用

### 一、文字的性质

文字（writing）是记录语言的书写符号系统。文字出现之前，语言只能是有声语言，伴随其他非语言的辅助手段；文字出现之后，将诉诸听觉的有声语言转化为诉诸视觉的书面形式，从而形成了书面语言。口语和书面语并存，使人类表达思想的渠道更为多样，语言可以更好地为人类社会服务。有人说，语言使人类脱离了动物，文字使人类迈入了文明（有“文”才“明”）。

对文字的性质，可以从以下几个方面来认识：

（1）文字记录语言。这是文字的根本功能。文字因记录语言的需要而产生、存在和发展，不记录语言的文字既没有产生的可能，也没有存在的必要。判定一种文字属于何种性质的文字，要看这种文字中的单字（一个个独立的书写形式）主要记录的是语音还是语义。单字主要记音的，称为表音文字，单字主要表意的，称为表意文字。

（2）文字是书写符号。文字是一种视觉符号，形体是文字的本质。文字用形体来记录语言，是语言的书面符号。文字符号的能指是字形，所指是字形所记录的语言单位。就客观世界来说，语言是符号，而文字是符号的符号。

语言有音和义两方面，文字也分以形记音和以形表意两种，不同文字选择的道路不同，所以有表音文字和表意文字之别。

（3）文字是复杂的系统。文字系统的各种组成要素互相联系、互相制约。一种文字系统是这种文字中的全部符号、符号变体、组合规则以及聚合群构成的整体。具体内容包括：①笔画系统：笔画形状、笔画数量、笔画顺序；②部件系统：意符、音符、记号，表音文字的音素、音节、符号；③单字系统：不同时期的各种历时字体，同一时期的各种共时字体；④标点符号系统；⑤书写规则系统：笔顺、字顺和行顺，移行规则，大写、小写、省写等。

文字的聚合群有：多音字、多义字，同音字、异体字、异读字，形近字、音近字、义近字。

下面以汉语和英文为例，谈谈对中西文中“字”的看法。

对于汉字，“字”的单位很明确，写出来是一个方块形体，读出来是一个音节，人们的看法相当一致。但对于英文，何为一个字？对此看法就不一样了。总结来看，主要有两种观点。

一种观点认为，英文中的字和词是等价的，一个字就是一个词，所以英文中的字也是形、音、义的统一体。比如，有人认为，“目前大多数文字（拼音文字）一般用一个字去记录语言中的一个词的，字和词是等价的，因此每个字都有形、音、义三个要素”①。“世界上多数文字是拼音文字，这种文字一般是用一个字（不是字母）标记语言中的一个词素或词，字和词素、词大体是对等的。因此，每个字都具有形、音、

① 周静，刘冬冰．语言学概论．开封：河南大学出版社，1999. 238.

义三个要素”[①]。

另一种观点认为，英文中的字就是字母，一个字母就是一个字。[②]

我们同意第二种看法。理由如下：

（1）字是书写单位，“形”是它的本质要素。一个书写单位是一个单字，单字的形体是固定的，形体之间有间隔。判断一种文字的基本单位要根据“形”，不必管这个“形”是否还具有“音”与“义”。汉字按一个个“字”书写，英文按一个个“字母”书写，日文按一个个“假名”书写，它们的形体都是固定的，都是字。如果认为英文词是字的话，就等于取消了“字”的固定形体，因为英文的词形长短不一。

（2）文字是语言的符号，用形体记录语言单位。一个单字可以记录一个音素，如大部分西方文字；也可以记录一个音节，如日文的假名；还可以记录一个语素，如现代汉字。说每个字都具有形、音、义三个要素，既不具有普遍性，又混淆了文字和语言两个层面。记录音素或音节的文字怎么具有“义”呢？之所以产生这种认识，根源在于混淆了符号（文字）和符号所记录的对象（语言）之间的分别。文字符号的能指是字形，所指是所记录的语言单位。任何文字符号都是能指和所指的统一体，因为任何文字都用字形记录语言单位。如果记录的语言单位是音义结合体，如语素，那么可以说这种文字具有形、音、义三个要素，如汉字；如果记录的语言单位只是语音单位，没有跟语义联系起来，就不能说这种文字具有形、音、义三个要素。坚持第一种观点的人会反驳说，英文的字就是词，如 book，不是形、音、义统一体吗？我们认为，这里讲的“形”、“音”和“义”都是词的，属于语言层面，读出来是［buk］，写出来是 book，意思是“书”。就书写来讲，有 b、o、o、k 四个单字，每个单字不单独表义，用四个单字组合才表示“书”的意义。论文字的性质，应该立足于单字。

（3）每种文字都具有形、音、义三要素这种说法，实际上消解了文字的不同性质之间的差别，而且跟文字类型的说法自相矛盾。既然文字都是形、音、义统一体，那么表意文字和表音文字如何区分？音素文字、音节文字从何而来？既然英文的字等同于词，为什么不说它是词文字或表意文字呢？显然，这在理论上是矛盾的。

综上所述，就单字所记录的语言单位来看，古代汉字记录的主要是词，所以是词文字，现代汉字记录的主要是语素，所以是语素文字，都是直接表意、间接记音，所以汉字属于表意体系的文字；英文单字（通常叫“字母”）记录的主要是音素，所以

---

① 王远新．语言学教程．北京：民族出版社，2003. 523.

② 彭泽润，李葆嘉．语言理论（第二版）．长沙：中南大学出版社，2002. 209 ~ 211.

是音素文字，直接记音，主要用单字组合（有时也用单字）间接表意，所以属于表音体系的文字。

汉字和西文各有短长，应该辩证地看待。从结构上看，汉字是平面式构形，笔画、部件不仅繁多，而且富于变化，组合灵活；西文字母笔形简单，组合样式较少。从数量上看，汉字数量庞大；西文字母只有几十个，如英语只有 26 个字母。从跟意义的联系看，汉字跟意义直接联系，所以学习一个汉字，要求形、音、义都掌握；西文字母跟意义没有直接联系，只要学会读、写即可。这些差别导致学习汉字入门难，难写、难认、难记、难输入；西文则入门容易，在短时间内即可学会。但汉字也有它的优势：①每个字的信息含量大，空间占位少。②由于跟意义相联系，不会因为时间和空间的变化而有大的变化，具有较强的超时空性。西方文字要不断地进行正字法改革，以适应语言发展的需要；由于变化快，给人们阅读古代典籍带来困难。③汉字难学也要客观分析。对初学者来讲，确实比西文难。但掌握一定量的基础汉字之后，通过部件组合和类推再学习新汉字就比较容易了。更重要的是，由于现代汉字是语素文字，通过书面文字学习新词比较容易，很多时候甚至不需要专门学习，因为从字义可以大致推知词义；而西文除了一些派生词或用熟悉的词根合成的复合词可以推知词义外，新词的形和义之间的联系一般是没有理据的，需要一个个去学习、记忆。

## 二、文字的作用

### 1. 记录语言的面貌

文字的首要职能是记录语言。有声语言由于时间持续的短暂性和传播范围的有限性，局限性较大。文字出现后，形成了书面语，突破了有声语言在时空上的限制。通过文字，人们不仅可以观察当代语言的状况，还可以了解古代语言的面貌。

### 2. 扩大语言的交际职能

语言是用来交际的，但有声语言只能满足口语交际的需要，不便于知识、经验的积累，不便于信息的广泛传播，不便于深入体悟话语的内容。书面语形成以后，语言便以双渠道（口语和书面语）形式为人类的交际服务，无论在广度上还是深度上都是个突破，今人可以跟古人对话，地球上各个角落的人可以谈心，人们能够广泛地宣传他们的观点和主张。没有书面语的世界是难以想象的。

### 3. 促进语言的发展

语言的书面形式更便于精雕细刻，细细琢磨，因此比口语形式更精密，更完善。口语自觉不自觉地受到书面语的影响，书面语引导和规范口语向精密丰富的方向发展。

4. 反映社会文化

文字是文化的一种载体，本身就是一种文化现象。通过文字，可以窥探很多社会文化现象。比如汉字“王”、“美”、“男”分别反映了古人的帝王观、审美观和生产方式，“货”、“财”、“贷”、“贵”、“贱”反映出古代曾有一个时期用贝壳作为货币。

文字还衍生出以它为本体的文化现象，如书法艺术、民间的剪字、绣字艺术等。

5. 审美娱乐益智

文字还有审美、娱乐和益智的作用。略举几个方面。

书法：以字形为审美对象，通过形体变化、布局疏密、着墨深浅等寄托意趣，给人美感。

析字：“婦”，女人就是扫扫地，干干家务活。

“妇”，女人力量大无边，一推推倒一座山。（相声）

对联：此木为柴山山出，因火生烟夕夕多。

古木枯此木为柴，女子好少女更妙。

琴瑟琵琶八大王一般头面，魑魅魍魉四小鬼各样肚肠。

字谜：征稿（救）　驼背（躬）　男的多（妙）

左看是棵树，右看是棵树，中间还是树（彬）。

智答：最长的英语单词是什么？（smiles，两个字母之间相隔一英里）

5 个字母减去 2 个还余 6 的单词是什么？（sixty）

除了以上所说的之外，文字还有其他方面的作用，如凝聚作用，同样的文字有种向心力和亲和力，比如“汉字文化圈”；像汉字这样的表意文字具有超方言作用，尽管不同方言的差别很大，但都能看懂汉字，这对政权和文化的统一起了很大作用；笔迹学可以用于文物鉴别、刑事侦查等多个方面，如此等等。

## 第二节　文字的起源、发展与字母的演变

### 一、文字的起源与发展

文字的起源与发展过程可以粗略分为前文字时期和文字时期两大阶段。

**（一）前文字时期**

前文字时期指正式文字没有出现的时期。这个时候，人们主要靠实物和图画记事。

1. 实物记事

主要办法有结绳、系珠等。

（1）结绳。《易经》说："上古结绳而治，后世圣人易之以书契。"上古怎样结绳，我们不得而知。美洲秘鲁印第安人的结绳可提供一种样例：有一条主绳，再在主绳上系上各种颜色的绳子，不同的颜色代表不同的意思，如红绳代表兵和战争，黄绳代表金子，白绳代表银子与和平等。绳子上还可以打上不同的结，用来记数，单结表示10，两个单结表示20，一个双结表示100，两个双结表示200等。结绳由专人负责。图6－1所示为一种结绳方式。

**图6－1　结绳方式**

（2）系珠。北美的印第安人常常用树皮、大麻、芦苇等串上一些大小不等、颜色不同的贝壳、珍珠来记载历史、财产、契约等大事。

除此之外，还可用刻木、数豆、鸡毛、令箭等记数记事。

2. 图画记事

实物记事的方法太简陋，人们又想出用图画记事的办法。记事图画比较简单，只标明事物的特征，不用作欣赏，主要是帮助记忆。图画也可传达比较复杂的意思。如图 6 - 2 所示。

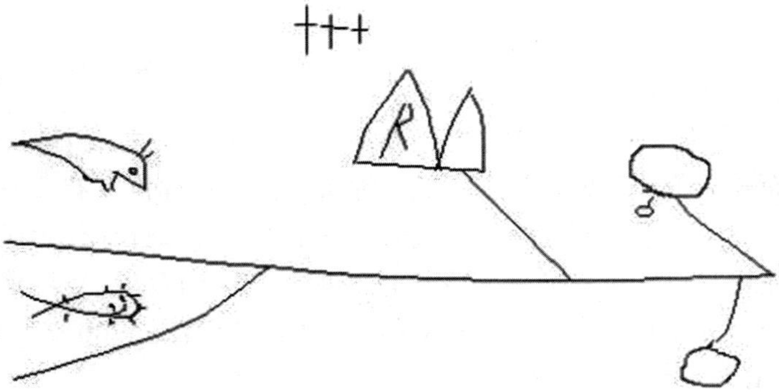


**图 6 - 2　图画记事**

图 6 - 2 是印第安人奥基布娃（Ojibwa）部落的一个女子写在赤杨树的树皮上的给情人的信。左上角的熊是女子的图腾，代表女子自己；左下角的泥鳅是男子的图腾，代表男子。曲线表示应走的道路，帐篷表示聚会的地方。帐篷里画一个人，表示她在那里等候。旁边的三个“十”字，表示周围住的是天主教徒。帐篷后面画大小三个湖，指示帐篷的位置。

记事图画还不是文字，因为没有跟语言里的词形成固定的联系。

### （二）文字时期

一旦记事图画里的某一个图形跟语言里的某一个词建立了固定联系，就成了文字，称为图画文字（pictogram）。对图画文字的形体进行简化和规则化，使之固定下来，就形成了象形文字。普遍认为，象形文字（hieroglyphic writing）来源于图画文字。如“日”（太阳），埃及古文字用☼，汉字甲骨文用 ⊙ ，可以看出图形跟客观事物的联系。世界上几种古老的文字如苏美尔人的楔形文字（又叫“钉头字”）、古代埃及的圣书字以及古代中国的甲骨文，都属于象形文字体系。

象形文字有很大的局限：复杂的事物难以象形，抽象的事物无形可象，说明表形（描摹事物外形）之路难走。于是人们另辟蹊径，在象形文字的基础上去表意或表音，于是形成表意文字（ideographic writing）和表音文字（phonographic writing）。编者认为，表意文字和表音文字不是文字发展的两个先后阶段，而是不同文字选择的两条不同的道路，都是从象形文字发展出来的。表意文字以象形文字为基础，用合成或添加的方式构成新字，如汉字的会意字、形声字用合成法，指事字用添加法；表音文字让象形文字不再表意，而是单纯表音，从而发明了字母。如果不考虑图画文字，可以说，象形文字是文字之母。

文字发展的进程如图 6 – 3 所示。

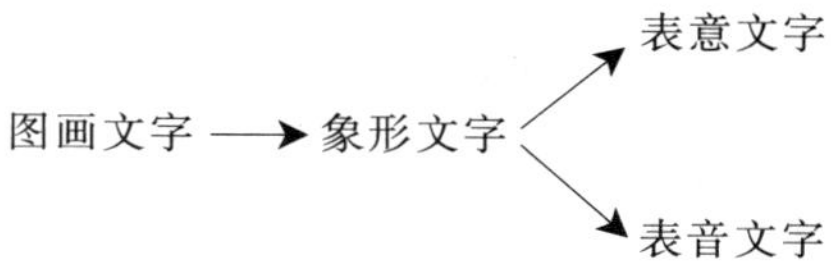


**图 6 – 3　文字发展进程图**

## 二、字母的演变

据考证，最早的字母（alphabet）脱胎于象形文字。

约公元前 20 世纪，在美索不达米亚和埃及两大文化中心之间，也就是现在的叙利亚和巴勒斯坦一带居住着塞姆（Semu，又译为“闪米特”）人，他们在古代埃及圣书字的基础上吸收古代苏美尔人的楔形字的原理，把原来的图画性符号抽象简化后，专门用来表示语言中的声音单位，不再表意，于是形成了拼音文字——塞姆字母。如原来表示“牛头”、“骆驼”、“嘴巴”、“水”、“钩子”的图形都成了拼音字母，几经发展，成为今天的 A、B、O、M、L。塞姆字母后来分化为南北两个系统，南方系统后来消失了，而北方系统又分化出一支——迦南字母（Caraanite alphabet，又译为“卡那安字母”或“卡拉安字母”）。迦南字母的小分支腓尼基字母（Phoenician alphabet）是今天几种重要字母的直接祖先，它大约形成于公元前 13 世纪，目前发现的最早的腓尼基字母是公元前 10 世纪的。

由于古代地中海一带的海上贸易特别发达，腓尼基字母伴随着贸易广泛传播，影响了其他民族的文字的产生和发展。现在使用着的主要拼音字母，几乎都是由腓尼基字母演变而来的。腓尼基字母演变出希腊字母和阿拉马字母等，希腊字母又演变出拉丁字母和斯拉夫字母；阿拉马字母后经巴特字母阶段演变出阿拉伯字母等。[①] 现行主要拼音字母的谱系如图 6 – 4 所示。

---

① 彭泽润，李葆嘉．语言理论（第二版）．长沙：中南大学出版社，2002. 425 ~ 426.

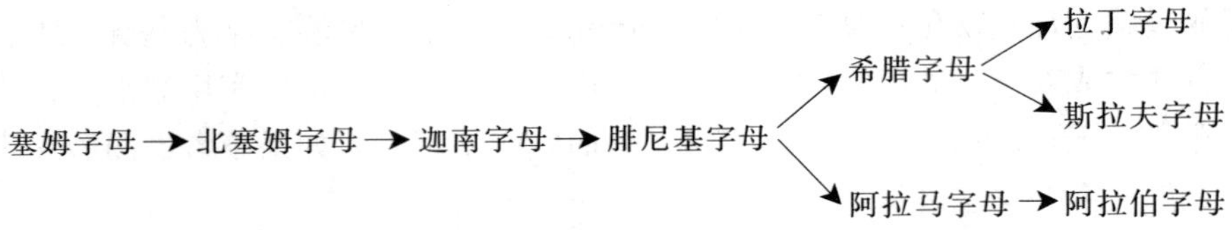


**图6-4　现行主要拼音字母谱系图**

**【补充材料6-1　关于字母演变的另一说法】** 塞姆字母在巴勒斯坦、叙利亚地区流传了千年左右，分化成三个分支：一是卡那安字母（“卡那安”也译作“迦南”，主要包括腓尼基字母和早期希伯来字母）；二是希腊字母；三是阿拉马字母。卡那安字母和希腊字母向西流传，成为今天西欧和非洲许多民族文字字母的祖先。阿拉马字母向东流传，成为中亚、东南亚一些民族文字字母的来源。①

## 第三节　文字的类型

### 一、文字类型的划分

文字可以从结构和功能两方面进行分类。从结构上，即从组成单字的单位的性质上看，有意符（ideogram，文字中跟意义有联系的单位）、音符（phonogram，文字中跟语音有联系的单位）和记号（symbol，文字中跟音义都没有联系的单位）之分。汉字是主要由意符和音符构成的文字系统；英文是主要由音符构成的文字系统。在汉字形体演变的进程中，符号化在逐渐增强，古代的一些意符和音符在现代汉字中变为记号，如“取”、“邓”中的“又”成为一个简化记号，分别来自意符“手”和音符“登”。古代分析汉字构造的“六书”体例已经不能完全适应现代汉字的形体分析，需要另建一套分析理论。

从功能上，即从单字记录语言的功能上看，可以把文字分为表意文字和表音文字两大类型。当一种文字体系中占主体地位的单字对应的是有意义的语言实体单位时，这种文字是表意文字（ideographic writing），分为语素文字（morphemic writing）和词文字（word writing）；当一种文字体系中占主体地位的单字对应的是单纯的语音单位时，这种文字是表音文字（phonographic writing），又称“拼音文字”，分为音素文字

① 邢公畹．语言学概论．北京：语文出版社，1992. 284.

(phonemic writing）和音节文字（syllabic writing)。文字类型如图 6－5 所示。

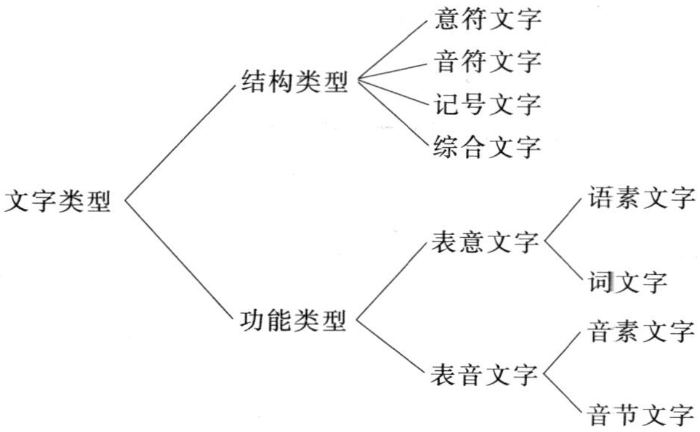


**图 6－5　文字类型**

## 二、文字的功能类型

### （一）表意文字

1. 语素文字

语素文字是用不同的单字形体记录不同语素的文字。即使有些语素同音，也能够用不同的字形区别开来。现代汉字是表意体系的语素文字，基本上一个汉字记录一个语素。同音语素如“实”、“识”、“十”、“时”、“石”、“拾”、“食”等用不同的字表示。

同音语素多，是汉字实行拼音化的一个难题。实行分词连写（词内连写，词间分写）并不能完全解决这一难题。

2. 词文字

词文字是用不同的单字形体记录不同词的文字。古代汉字是词文字，字和词基本对应。随着汉语的双音化甚至多音化，汉字已由主要记录词的文字变为主要记录语素的文字。

### （二）表音文字

1. 音素文字

音素文字是用单字来记录音素的文字。这种文字有一套表示元音和辅音音素的字母，用这些字母或字母的组合来记录词语的声音，通过声音来表达意义。在设计字母的时候，实际上对音素进行了归纳和概括，所以又叫“音位文字”。

（1）希腊字母。希腊字母（Greek alphabet）是希腊人在公元前10世纪以腓尼基字母为基础，根据希腊语的特点增添了元音字母以后形成的音素文字。希腊字母表有17个辅音字母和7个元音字母，如表6－1所示。

表6－1 希腊字母表

| | | | | | | | | | | | | |
|---|---|---|---|---|---|---|---|---|---|---|---|---|
| 大写 | Α | Β | Γ | Δ | Ε | Ζ | Η | Θ | Ι | Κ | Λ | Μ |
| | Ν | Ξ | Ο | Π | Ρ | Σ | Τ | Υ | Φ | Χ | Ψ | Ω |
| 小写 | α | β | γ | δ | ε | ζ | η | θ | ι | κ | λ | μ |
| | ν | ξ | ο | π | ρ | σ | τ | υ | φ | χ | ψ | ω |

（2）拉丁字母。拉丁字母（Latin alphabet）又叫“罗马字母”（Roman alphabet），是公元前7世纪在希腊字母的基础上形成的记录拉丁语的文字。拉丁语随着罗马帝国的灭亡而隐退，但用拉丁字母记载的文献仍然影响着后代。后来，拉丁文字也成了英、德、法、意大利、西班牙、葡萄牙、罗马尼亚诸语言的文字符号。汉语拼音使用了拉丁字母，日文中拉丁字母与汉字、假名一起夹用。

拉丁字母是当今世界记录语言最多、使用范围最广的文字。从地域上看，美洲、澳洲几乎全部，非洲、欧洲的大部分，亚洲的土耳其、越南、印尼、马来西亚、菲律宾等近百个国家和地区都使用拉丁字母。拉丁字母表如表6－2所示。

表6－2 拉丁字母表

| | | | | | | | | | | | | | |
|---|---|---|---|---|---|---|---|---|---|---|---|---|---|
| 大写 | A | B | C | D | E | F | G | H | I | J | K | L | M |
| | N | O | P | Q | R | S | T | U | V | W | X | Y | Z |
| 小写 | a | b | c | d | e | f | g | h | i | j | k | l | m |
| | n | o | p | q | r | s | t | u | v | w | x | y | z |

（3）斯拉夫字母。斯拉夫字母（Slavic alphabet）又叫“基立尔字母”（Cyrillic alphabet），是9世纪时由希腊正教传教士基立尔（Cyril，或译为“基里尔”、“西里尔”）以希腊字母楷书为范本创制的，共有33个字母。使用的国家（或地区）有俄罗斯、乌克兰、保加利亚、塞尔维亚、蒙古等。斯拉夫字母表如表6－3所示。

表6－3　斯拉夫字母表

| | | | | | | | | | | | | | | | | | |
|---|---|---|---|---|---|---|---|---|---|---|---|---|---|---|---|---|---|
| 大写 | А | Б | В | Г | Д | Е | Ж | З | И | Й | К | Л | М | Н | О | П | Р |
| | С | Т | У | Ф | Х | Ц | Ч | Ш | Щ | Ъ | Ы | Ь | Э | Ю | Я | Ё | |
| 小写 | а | б | в | г | д | е | ж | з | и | й | к | л | м | н | о | п | р |
| | с | т | у | ф | х | ц | ч | ш | щ | ъ | ы | ь | э | ю | я | ё | |

（4）阿拉伯字母。阿拉伯字母（Arabic alphabet）只有辅音字母，共28个，元音用附加符号来表示。字母形体因独用或写在词首、词中、词末的位置不同而有所不同。自右向左横行书写。在伊斯兰教的影响下广泛流传，亚洲、非洲的许多国家如埃及、约旦、叙利亚、伊拉克、沙特、阿富汗、伊朗等都使用阿拉伯字母。也有人认为，阿拉伯字母属于音节文字①。阿拉伯字母如图6－6所示。

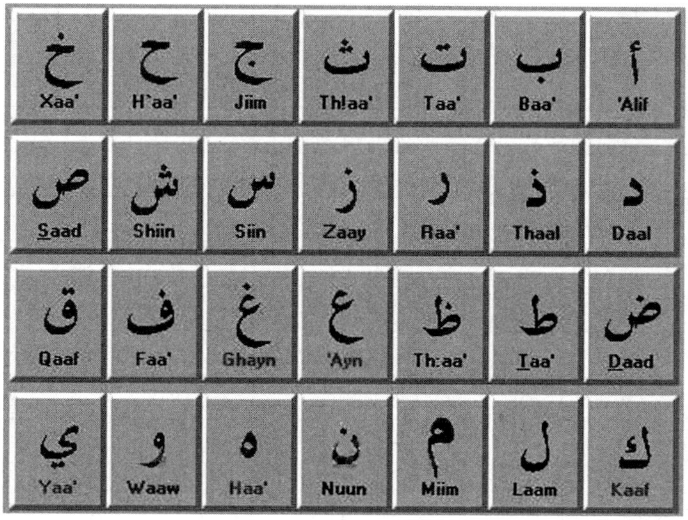


图6－6　阿拉伯字母图

2. 音节文字

音节文字是用单字来记录音节的文字。音节文字类型多样，下举日文的假名和朝鲜的谚文加以说明。

① 彭泽润，李葆嘉．语言理论（第5版）．长沙：中南大学出版社，2009. 224～225.

(1) 日文假名。日文中的假名（kana）是典型的音节文字。它在形体上根据部分汉字设计，分平假名（hiragana）和片假名（katakana）两种。平假名来自汉字草体，片假名来自汉字楷体。日文中的五十音图，是将假名以元音、辅音为分类依据所排列出来的一个音节表，如表6－4所示。

表6－4　五十音图

| 清音表 | | | | | | | | | |
|---|---|---|---|---|---|---|---|---|---|
| 平假名 | | | | | 片假名 | | | | |
| あ | い | う | え | お | ア | イ | ウ | エ | オ |
| a | i | u | e | o | | | | | |
| か | き | く | け | こ | カ | キ | ク | ケ | コ |
| ka | ki | ku | ke | ko | | | | | |
| さ | し | す | せ | そ | サ | シ | ス | セ | ソ |
| sa | ʃi | su | se | so | | | | | |
| た | ち | つ | て | と | タ | チ | ツ | テ | ト |
| ta | tʃi | tsu | te | to | | | | | |
| な | に | ぬ | ね | の | ナ | ニ | ヌ | ネ | ノ |
| na | ni | nu | ne | no | | | | | |
| は | ひ | ふ | へ | ほ | ハ | ヒ | フ | ヘ | ホ |
| ha | hi | fu | he | ho | | | | | |
| ま | み | む | め | も | マ | ミ | ム | メ | モ |
| ma | mi | mu | me | mo | | | | | |
| や | (い) | ゆ | (え) | よ | ヤ | (イ) | ユ | (エ) | ヲ |
| ja | i | ju | e | jo | | | | | |
| ら | り | る | れ | ろ | ラ | リ | ル | レ | ロ |
| ra | ri | ru | re | ro | | | | | |
| わ | (い) | (う) | (え) | (を) | ワ | (イ) | (ウ) | (エ) | ヲ |
| wa | i | u | e | o | | | | | |

| 浊音表 | | | | | | | | | |
|---|---|---|---|---|---|---|---|---|---|
| 平假名 | | | | | 片假名 | | | | |
| が | ぎ | ぐ | げ | ご | ガ | ギ | グ | ゲ | ゴ |
| ga | gi | gu | ge | go | | | | | |
| ざ | じ | ず | ぜ | ぞ | ザ | ジ | ズ | ゼ | ゾ |
| za | dʒi | dzu | ze | zo | | | | | |
| だ | ぢ | づ | で | ど | ダ | ヂ | ヅ | デ | ド |
| da | dʒi | dzu | de | do | | | | | |
| ば | び | ぶ | べ | ぼ | バ | ビ | ブ | ベ | ボ |
| ba | bi | bu | be | bo | | | | | |
| 半浊音表 | | | | | | | | | |
| 平假名 | | | | | 片假名 | | | | |
| ぱ | ぴ | ぷ | ぺ | ぽ | パ | ピ | プ | ペ | ポ |
| pa | pi | pu | pe | po | | | | | |
| 拨音 | | | | | | | | | |
| 平假名 | | | | | 片假名 | | | | |
| ん | | | | | ン | | | | |
| n | | | | | | | | | |

（2）朝鲜谚文。朝鲜的谚文（韩语언문、한글）创制于 15 世纪中叶，现有 40 个字母，其中，辅音 19 个，元音 21 个。拼写时用近似于汉字的部件表示音素，以音节为单位将音素组成方块形。就一个单字看，属于音节文字。朝鲜谚文是东方文字书写形体和西方文字拼合原理相结合而产生的很特殊的拼音文字。谚文字母表如图 6－7 所示。

**元音：**

| ㅏ | ㅓ | ㅗ | ㅜ | ㅡ | ㅣ | ㅐ | ㅔ |
|---|---|---|---|---|---|---|---|
| a | ŏ | o | u | ŭ | i | ɛ | e |

| ㅑ | ㅕ | ㅛ | ㅠ | ㅒ | ㅖ |
|---|---|---|---|---|---|
| ya | yŏ | yo | yu | yɛ | ye |

| ㅘ | ㅙ | ㅝ | ㅞ | ㅚ | ㅟ | ㅢ |
|---|---|---|---|---|---|---|
| wa | wɛ | wŏ | we | ö (or we) | ü (or wi) | ŭi |

**辅音：**

| | ㄱ | ㄴ | ㄷ | ㄹ | ㅁ | ㅂ | ㅅ | ㅇ | ㅈ |
|---|---|---|---|---|---|---|---|---|---|
| initial | k- | n- | t- | r- | m- | p- | s- | ø- | ch- |
| medial | -g- | -n- | -d- | -r- | -m- | -b- | -sh- | -ng- | -j- |
| final | -k | -n | -t | -l | -m | -p | -t | -ng | -t |
| name | kiyŏk | niŭn | tigŭt | riŭl | miŭm | piŭp | shiot | iŭng | chiŭt |

| | ㅊ | ㅋ | ㅌ | ㅍ | ㅎ | ㄲ | ㄸ | ㅃ | ㅆ | ㅉ |
|---|---|---|---|---|---|---|---|---|---|---|
| initial | ch'- | k'- | t'- | p'- | h- | kk- | tt- | pp- | ss- | cc- |
| medial | -ch'- | -k'- | -t'- | -p'- | -h- | -kk- | -tt- | -pp- | -ss- | -cc- |
| final | -t | -k | -t | -p | -t | -kk | ø | ø | -t | ø |
| name | ch'iŭt | k'iŭk | t'iŭt | p'iŭp | hiŭt | ssang-kiyŏk | ssang-tigŭt | ssang-piŭp | ssang-shiot | ssang-chiŭt |

图 6－7　朝鲜谚文字母表

## 第四节　文字改革

### 一、什么是文字改革

文字改革（writing reformation）指对原有的文字符号体系进行修改或替换，使它记录语言更加准确、使用起来更加简便的行为。文字改革属于语言规划的一项重要内容，一般由政府主导。

文字一方面有很大的保守性，当一种文字被社会约定俗成，特别是经过长期的使用与一个民族的文化结下了牢固的关系以后，这个民族便对它产生依恋情结，变动起来不太容易；另一方面又可以对文字进行大幅度的调整和改革，因为文字对语言来说是第二性的符号，一种语言用哪一种文字符号来记录并没有必然的联系，因而进行文字改革是完全可能的。基于这两点原因，文字改革一般不会自发成功，要依靠强大的社会力量甚至政治力量推动才有可能。

## 二、文字改革的类型

文字改革根据改革程度的不同，可以分为三种情况：体制变革、系统替换和局部改进。

1. 体制变革

体制变革指把一种文字体制改换成另一种文字体制的改革。把表意文字改成表音文字，或把表音文字改成表意文字，都是体制变革。不过，把表意文字体制改成表音文字体制的情况居多。

历史上，汉字曾被许多国家借用来记录它们的语言，比如日本、朝鲜、越南。

3 世纪时，汉字在中国西晋时代传到日本，日本人把它当作记音的字母来记录日语。到了 7 世纪，也就是中国唐代，日本出现了以假名为主的夹用汉字的日文。到了明治维新的时候，日本书面语向口语化方向前进，汉字在日文中只被当作“定型字”来使用。现在日文中有 1 945 个常用汉字。

朝鲜在 1945 年 8 月解放后，废除汉字，采用了一套适合记写本民族语言的拼音文字——朝鲜谚文。

越南的文字几经变化，开始采用汉字，后来采用汉字式的字喃，1945 年建国以后，才采用拉丁化拼音文字。

2. 系统替换

系统替换指在同一种文字体制内部不同的形体系统之间互相更换的改革。一般表现为表音文字体制内部的替换。

土耳其曾有 1 000 多年时间用阿拉伯字母拼写土耳其语，但阿拉伯字母并不适合拼写土耳其语，比如存在元音不够用、辅音拼写繁复等缺点。于是，土耳其于 1928 年正式通过了土耳其拉丁化新文字法，只用 30 个字母就有效地取代了旧文字。

印度尼西亚曾经由印度字母改成拉丁字母。

中国的维吾尔族，一段时期曾经把阿拉伯字母改成拉丁字母，1982 年又恢复了阿拉伯字母。

3. 局部改进

局部改进指一种文字系统内部的局部增删、修改完善的改革。这是一种量的变化，而非质的改变。

汉字从古到今形体的演变，废除繁体字和异体字，采用简化字等，都是局部改进。

俄语在9世纪中后期采用基立尔字母作为书写符号，后来逐步修正简化。18世纪彼得大帝再加以修改而成为记录俄语的固定文字。十月革命后又取消了多余的字母。

## 三、汉字改革

从古到今，汉字处在不断的变革与发展之中。历朝历代政府也常以行政命令的形式推动汉字的改革。比如秦始皇著名的"书同文"政策就是一个实例。清末掀起的"切音字"运动，"五四"前后出现的注音字母、国语罗马字，20世纪30年代至50年代推行的"拉丁化新文字"，都对汉字拼音化进行了尝试和探索。1958年，周恩来总理在《当前文字改革的任务》的报告中明确提出了汉字改革的三项任务：简化汉字、推广普通话、制定和推行《汉语拼音方案》。新时期，为适应信息处理的需要，又提出了汉字标准化的目标。

关于汉字改革（Chinese character reformation），可以概括为两个方面的内容，一是量变型改革，二是质变型改革。

1. 量变型改革

量变型改革指保持汉字的表意体制，只进行局部改进的改革。

（1）简化汉字。包括减少笔画和精简字数两个方面。减少笔画方面，主要是废除繁体字，推行简化字。1956年，国务院公布了《汉字简化方案》，1964年归纳成《简化字总表》。如"豐→丰"。精简字数方面，主要是整理异体字。1955年12月，公布了《第一批异体字整理表》。如"窗、窓、窻、牕、牎→窗"。

（2）实行汉字标准化。提出"四定"，即定量、定形、定音、定序。这方面做了不少工作，制定了一些标准。例如，1965年公布《印刷通用汉字字形表》，收字6 196个，主要用于规范印刷业中的汉字字形。1985年公布《普通话异读词审音表》（包括异读字），主要确立异读字词的规范读音。1988年公布《现代汉语常用字表》，包括常用字2 500个，次常用字1 000个，为汉字的常用度分级提供了依据。1988年发布的《现代汉语通用字表》规范了中国大陆的印刷字形标准，收通用字7 000个，是汉字标准化的重要成果之一。2013年6月发布的《通用规范汉字表》是最新的汉字规范化、标准化成果，收字8 105个，其中，一级字3 500个，二级字3 000个，三级字1 605个。

2. 质变型改革

质变型改革指把汉字改换成拼音文字的改革。

清末以来，在历次拼音字母的创制中就已经开始了这方面的试验。1958年制定并颁布了《汉语拼音方案》。上文提到的这些拼音方案，只是将它用作汉字的注音工具，用于汉字不能使用或不便使用的地方。这些都是“量变”。

关于汉字要不要改成拼音文字，主要有两种相反的意见：一种意见认为汉字读写繁难，是普及文化的一大障碍，而且不利于跟世界进行文化交流，不利于信息的传递与处理，必须改；另一种意见认为汉字具有超时空的优势，适应汉语的特点，而且记载了优秀的古代文化，改成拼音文字会中断文化传承，甚至有人认为汉字可以开启思维，训练大脑，因此不能改，也不必改。在这个问题上，国家的方针是：目前不急于下定论，加强整理和研究，主要任务是加强规范化和标准化研究，进一步推广普通话和《汉语拼音方案》。

总之，汉字的质变型改革还在探索之中。

## 本章小结

文字是记录语言的书写符号系统。文字出现之后，人类进入文明史阶段。世界上最早的成系统的文字是象形文字，表意文字和表音文字是文字的两大类型。根据单字记录的语言单位，可以把表意文字分为语素文字和词文字，把表音文字分为音素文字和音节文字。人们会对文字中不适应记录语言需要的部分进行改革。根据程度的不同，文字改革可以分为体制变革、系统替换和局部改进三种。

**建议阅读文献：**

1. 苏培成．现代汉字学纲要（增订本）．北京：北京大学出版社，2001.

2. 周有光．比较文字学初探．北京：语文出版社，1998.

3. ［苏］伊斯特林．文字的产生和发展．左少兴译．北京：北京大学出版社，1987.

# 知识与技能训练

## 一、名词解释

1. 表音文字
2. 音位文字（中国人民大学2004）
3. 音节文字（中国人民大学2005、北京语言大学2006）
4. 字母（中国人民大学2003）
5. 塞姆字母
6. 腓尼基字母
7. 希腊字母
8. 拉丁字母
9. 斯拉夫字母
10. 阿拉伯字母
11. 谚文
12. 假名
13. 表意文字
14. 语素文字
15. 词文字
16. 意音文字（华中师范大学2007：意音文字和表音文字。）
17. 自源文字（中国传媒大学2006）
18. 文字改革

## 二、术语比较

1. 字/字母
2. 记事图画/图画文字（中国人民大学2003：字符与一般的图形符号有什么不同？）
3. 音位文字/音节文字

## 三、填空

1. 根据文字符号与语言的音义关系，可以将文字体系分为（　　）文字和

(　　)文字两类；根据文字符号所代表的语音单位，可以分为(　　)文字和(　　)文字两个小类。(华中师范大学 2006)

2. 现在世界上保存下来比较完整的三种最古老的文字是(　　)、(　　)和(　　)。

3. 腓尼基文字没有元音字母，是(　　)文字，经过希腊人的改进，发展成(　　)文字。

4. 音节文字用一个单字记录一个音节，如日语使用的(　　)、朝鲜语使用的(　　)。

5. 越南从字喃改成拉丁字母的文字改革属于(　　)的改革。

6. 人类文字的发展演变，主要表现在(　　)和(　　)两个方面。(华中师范大学 2008)

## 四、判断正误并说明理由

1. 语言是第一性的，文字是第二性的，因此不同的语言必然具有不同的文字。(苏州大学 2001)

2. 文字的主要作用是记录人类的文化。(华中科技大学 2005)

3. 世界上出现最早的文字是记事图画。(苏州大学 2001)

4. 一个汉字记录的是一个音节、一个语素。

5. 汉字属于语素—音节文字。(南京大学 2002)

## 五、问答

1. 简述文字与语言的关系。(北京语言大学 2009)

2. “字”是传统汉语语言学的术语，有人把一个英文字母看作一个“字”，有人把英文中的一个 word 看作一个“字”。你的看法如何？(南京大学 2006)

3. 简述文字起源和发展的几个阶段。(苏州大学 2000。//中国人民大学 2001：简述文字的发展阶段。)

4. 请列举出四种世界上独立形成的古老的文字体系。(中国人民大学 2004。//北京师范大学 2005：除了汉字以外，比较古老的表意文字还有哪些？当前我国文字工作的主要任务是什么？)

5. 简述语素、音节和字符之间的联系和区别。(中国人民大学 2005)

6. 有人说：“现代西方语言的常用词语有几万到十万个，可是现代常用的汉字只有几千个，可见汉语是多么贫乏。”你如何评价？(华中科技大学 2003)

7. 文字造字方法的总趋势是什么？（中国人民大学 2002）

8. 表音文字和表意文字有何不同？（首都师范大学 2002。//北京师范大学 2006：举例说明汉字这种表意文字和拼音文字有什么异同。）

9. 试论塞姆字母的传播。（南京师范大学 2000）

10. 音位分析对创制拼音文字有什么作用？（中国人民大学 2004）

11. 简述文字改革的理论依据。（首都师范大学 2001）

12. 举例说明文字改革的类型。（中国人民大学 2006：简述文字改革的主要类型。）

## 参考答案

**一、名词解释**

1. 表音文字：基本书写单位（单字，通常称作“字母”）记录音素或音节等语言声音单位的文字类型。又叫“拼音文字”。

2. 音位文字：表音文字的一种，单字（字母）记录音位（音素）的文字。有的只有辅音字母，元音用附加符号表示，如阿拉伯文；有的元、辅音字母兼备，如英文。又叫“音素文字”。

3. 音节文字：表音文字的一种，单字（字母）记录音节的文字。典型的代表是日文的假名。

4. 字母：广义的字母指表音文字中拼写词语语音的基本书写单位。狭义的字母则指辅音文字和音素文字的基本书写单位，而把音节文字的基本书写单位称为音节字符。每个字母有其特定的形体以及若干个书写变体。按照表音性能分为：①表示单个音素的单音字母，如英、德、法语中的 b [b]、d [d] 等；②表示音素组合的复音字母，如英、德、法语中的 x [ks]；③组合起来表示单个音素的组合字母，又可分为二合字母（如英语的 sh [ʃ]、ng [ŋ]）、三合字母（如德语的 sch [ʃ]）和四合字母（如波兰语的 szcz [ʃ]）等。

5. 塞姆字母：由塞姆（又译作“闪米特”）人发明的属于辅音文字系统的字母，是各种字母的源头。又叫“闪米特字母”。约公元前 20 世纪，在美索不达米亚和埃及两大文化中心之间，也就是现在的叙利亚和巴勒斯坦一带居住着塞姆人，他们在古代埃及圣书字的基础上吸收古代苏美尔人的楔形字的原理，把原来的图画性符号进行抽象简化，用来专门表示语言中的声音单位，而不再表意，于是形成了拼音文字“塞姆字母”。

6. 腓尼基字母：腓尼基人使用的字母。大约形成于公元前 13 世纪，来源于塞姆字母。22 个字母，都表辅音。

7. 希腊字母：希腊人在公元前 10 世纪以腓尼基字母为基础，根据希腊语的特点增添了元音字母以后形成的音素文字。字母 24 个，包括 17 个辅音字母和 7 个元音字母。

8. 拉丁字母：公元前 7 世纪在希腊字母的基础上形成的记录拉丁语的文字。又叫“罗马字母”。有 26 个字母，是世界上最通行的字母。

9. 斯拉夫字母：有“基立尔字母”和“格拉戈尔字母”两种样式。基立尔字母是9世纪时由希腊正教传教士基立尔（Cyril）根据斯拉夫语言的语音，以希腊字母楷书为范本创制的，共有33个字母。俄文、保加利亚文等都使用这种字母。格拉戈尔字母有40个，字母名称与排列顺序与基立尔字母相同，一般认为是在基立尔字母的基础上产生的。

10. 阿拉伯字母：记录阿拉伯语的字母。只有辅音字母，共28个，元音用附加符号来表示。字母形体因独用或写在词首、词中、词末的位置不同而有所不同。在伊斯兰教的影响下流传很广，亚洲、非洲有许多语言的文字采用这种字母，如埃及、约旦、叙利亚、伊拉克、沙特、阿富汗、伊朗等都使用阿拉伯字母。

11. 谚文：朝鲜族使用的文字。创制于15世纪中叶。现行朝鲜文有40个字母，其中，辅音19个，元音21个。拼写时用近似于汉字部件的成分表示音素，以音节为单位将音素组成方块形。

12. 假名：日文的字母。以音节为单位。字母表称“五十音图”。形体上根据部分汉字设计，有两种字体：一是平假名，来自汉字草体，二是片假名，来自汉字楷体。

13. 表意文字：基本书写单位（通常称作“字”）记录词或语素等有意义的语言单位的文字类型。通常把古埃及文字、楔形文字、汉字看作表意文字。

14. 语素文字：一种文字体系中，记录语素的单字占主体的文字。如现代汉字可看作语素文字。

15. 词文字：一种文字体系中，记录词的单字占主体的文字。如古代汉字可看作词文字。

16. 意音文字：单字既记录语素又记录音节的文字系统。又叫“语素—音节文字”或“语词—音节文字”。有人把汉字称为“意音文字”。

17. 自源文字：不借鉴其他文字体系，由自己民族创制的文字体系。如汉字就是自源文字。

18. 文字改革：对原有的文字符号体系进行修改或替换，使它使用起来更加简便的行为。

**二、术语比较**

1. 字/字母：习惯上称表意文字的基本书写单位为“字”，称表音文字的基本书写单位为“字母”。从本质上说，“字母”也是字。也有人把“字”理解为相当于表音文字记录词的单位，如英文good是一个字，“字母”只是“字”中的一个书写单位。

【编者按：关于字和字母的讨论，详见本章相关内容。】

2. 记事图画/图画文字：都用图形表示一定的意义。但前者单个图形没有跟语言单位建立固定的联系；在不同的图画里图形和意思会有不同；单个图形在平面上组配。记事图画还属于“画”的范围。后者单个图形跟语言单位建立了固定的联系；图形可以重复使用而表达的意义不变；组合时呈线性排列。图画文字已属于“字”的范围。

3. 音位文字/音节文字：都是表音文字。前者用单字记录语言中的音位，后者用单字记录语言中的音节。

**三、填空**

1. 表意（或“意音”）　表音　音节　音素（或“音位”）

2. 埃及圣书字　苏美尔楔形字　中国的甲骨文

3. 辅音音位（或“辅音”） 全音位（或“音位”、“音素”）

4. 假名 谚文

5. 文字体制

6. 文字体系 文字形体

**四、判断正误并说明理由**

1. 错误。“语言第一性，文字第二性”是就语言和文字的本质说的，并不能得出有什么样的语言就有什么样的文字的结论。事实上，语言相同，文字不一定相同。战国时期，各诸侯国都用汉语，使用的文字却各不相同，所以秦始皇才有必要统一文字。语言不同，也可能使用同一种文字。日本、越南、朝鲜在历史上都曾经使用过汉字，今天有很多信奉伊斯兰教的国家使用阿拉伯文字，但他们的语言不尽相同。

2. 错误。文字的主要作用是记录语言。

3. 错误。记事图画中的一个图形还没有跟语言中的音、义单位建立固定的联系，还不是文字。一般认为，世界上出现最早的成系统的文字是象形文字，也有人说是意音文字。

4. 错误。汉字跟音节、语素的关系相当复杂，多数情况下是一个汉字记录一个音节、一个语素。但也有许多不对应的情况，如“儿化”的“儿”不是一个音节，两个音节以上的单纯词中的单字不记录语素，如“葡萄”。

5. 正确。现代汉字是语素—音节文字，古代汉字严格说来是词—音节文字，构成词的材料是语素，所以也可以说是语素—音节文字。

【编者按：现代汉字称“语素文字”还是称“语素—音节文字”，不同教材的说法可能不同，应试时以指定参考书为准。】

**五、问答**

1. （1）语言是音义结合的符号系统，是人类最重要的交际工具和思维工具；文字是记录语言的书写符号系统，是人类最重要的辅助性交际工具。

（2）文字是为记录语言而产生的，先有语言，后有文字，语言是第一性的，文字是第二性的。

（3）文字产生后便形成了书面语，突破了口语在时间和空间上的限制，扩大了语言的交际职能，有利于人类的文化传承。

（4）文字要适应所记录语言的特点，但语言和文字不是简单的一对一的关系。

2. 人们习惯上把表意文字的单字称为“字”，把表音文字的单字称为“字母”。也有人把表音文字记录词的单位（word）叫“字”，如英文 good，有人就认为是一个字，“字母”只是“字”中的一个书写单位。

编者认为，从本质上看，字是书写单位；从功能上看，字是记录语言的符号。字的根基是“形”，每个字都有独立的形体，空间上可以分开。表音文字靠“形”直接记录语言的声音（音素或音节），间接地表义（用字母组合记录单词，单词有义）；表意文字靠“形”直接记录语言的意义（语素或词），间接地表音（语素或词有音）。就单个形体直接联系的语言要素看，要么表音，要么表义，所以不能说任何文字都是形、音、义的统一体。就英文来说，“字母”也是字，这样说它是表音文字才顺理成章。

3. 文字的起源和发展可以分为两大时期：前文字时期和文字时期。

（1）前文字时期。文字出现之前的时期。主要靠实物记事（如结绳、系珠等）和图画记事。一般认为，前者和文字起源没有关系，记事图画逐渐演变成象形文字。

（2）文字时期。文字产生之后的时期。又分为三个阶段。

第一阶段：象形文字时期。人类最初的文字都是象形文字。用图形描摹外界事物的形象。但象形之法作用有限，有些事物难以象形，抽象事物无形可象。只好另用别的方法。但象形文字是文字之母，表意文字、表音文字都由此衍生。

第二阶段：表意文字时期。以象形文字为基础，采用多种方法表示语言中有意义的单位。如汉字的指事、会意、形声、假借等。形体的基础仍然是象形字，但采用了添加指事符号、合并象形字、借音表义等手段，提高了文字记录语言的能力。

第三阶段：表音文字时期。也以象形文字为基础，但字形不再表义，而是直接表音。单个字符可以表示音素，也可以表示音节。让字形和语义脱钩。

不管哪种文字，都必须记录语言，所以都必须表示语言的音和义。但方式不同：象形文字、表意文字直接表义，间接表音；表音文字相反。

以上发展阶段的先后顺序是一般的看法。编者认为，表意文字和表音文字不分先后，都从象形文字发展而来，只是选择记录语言的途径不同。文字的发展阶段不是"象形文字→表意文字→表音文字"，而是"象形文字→表意文字/表音文字"。

4. 楔形文字。也叫"钉头文字"或"箭头字"。5 500 年前两河流域的苏美尔人创造的笔画酷似楔子或钉头的文字，是人类历史上最古老的文字。后来巴比伦人、亚述人、赫梯人、波斯人等，都使用这种文字记录自己的语言。在长期的使用过程中，楔形字逐渐从表形、表意演进为表音。

圣书字。古埃及人创造的文字。自 5 000 多年前开始书写埃及语达 3 000 多年的古文字系统，是人类最古老的文字之一。分碑铭体、僧侣体和大众体三种字体。有 2 000 多个字符，常用的有 700 多个，在表示具体词语时分别充当意符、音符和类符。音符和类符来源于意符，三者都来源于象形的图形。

甲骨文。中国商周时代刻在龟甲兽骨上的文字。1899 年发现于河南安阳小屯村的殷墟，使用年代距今已有 3 000 多年，是今天可成批识读的最古老的汉字。文字结构虽然还没有脱离象形，但已从独体趋向合体，并大致具备六书条例，运用了同音假借的方法，形声字也大批产生，是经历了相当历史发展时期的一种文字。

玛雅文字。中美洲墨西哥玛雅民族自公元前后开始使用至 16 世纪的古文字，是印第安诸民族中仅见的记录最古文化的文字系统。字符外形像图画，曾被视为象形文字，于第二次世界大战后释读成功。字符约有 270 个，常用的 170 来个，大多为音符，分音素符和音节符，被视为音节文字。也有人把它看作语词·音节文字。

【编者按：当前我国文字工作的主要任务是：加强整理和研究，加强规范化和标准化研究，进一步推广普通话和《汉语拼音方案》。】

5. 语素是最小的音义结合的语言单位，音节是最基本的语音结构单位，字符是最基本的书写单位。一个阿拉伯数字、一个英文字母、一个汉字都是一个字符。语素、音节和字符属于不同的范畴。它们的关系错综复杂，有时一致，有时不一致，而且不同语言中三者的关系还不尽相同。下表以汉字和英文字母为例，以对照表的形式展示它们的联系和区别。

**语素、音节、字符对照表**

| 语素 | 音节 | 字符 | 例子 |
|---|---|---|---|
| 1 | 1 | 1 | 人、I |
| 1 | 非音节 | 1 | 儿（儿化）、-s（表复数词尾） |
| 1 | 2 | 1 | 血（xiě/xuè）、a（[ə]/[ei]） |
| 1 | 1 | 多个 | book |
| 1 | 多个 | 多个 | 葡萄、巧克力、morning |
| 1 | 1 | 2 | my |
| 2 | 1 | 2 | 鸟儿 |
| 2 | 1 | 1 | 米（一种粮食）/米（长度单位） |
| 2 | 2 | 1 | 打（dǎ，打铁）/打（dá，一打） |
| 非语素 | 1 | 1 | 葡 |
| 非语素 | 非音节 | 1 | b、d |

【编者按：关于语素和汉字的关系，请参看吕叔湘．汉语语法分析问题．北京：商务印书馆，1979. 16.】

6. 这种说法是错误的。语言和文字是两个范畴。西方语言多使用音位文字，一般只有几十个，能否说西方语言只有几十个词？这种说法错误的根源在于，混淆了语言和文字的本质区别，误将文字数量等同于语词数量。

7.（1）简化。尽管局部有繁化的情况，但总趋势是简化，形体越来越简单，组合方式越来越单一。如象形文字形体复杂，异体字较多，表意文字则逐渐定型化，到表音文字更加简单，不仅形体简洁，数量也不多。拿汉字来说，从繁体字到简化字，形体也简化了许多。

（2）表音化。象形文字以形象物，以形表义；表意文字通过谐声、假借等方式已带有不少表音成分；表音文字干脆直接表音，与意义已经没有直接联系。

（3）符号化。文字在发展过程中，越来越抽象化、符号化，与原本代表的单位越来越远，越来越成为纯粹的象征性符号。如汉字繁体“雞”，“奚”代表音符有据可寻，而简化字“鸡”，音符“又”纯粹是个简化符号，与声音没有任何联系。

8. （1）与语言要素的联系方式不同。表音文字直接表示语音单位（音位或音节），间接表义；表意文字直接表示语言符号单位（语素或词），间接表音。因此，表音文字需要根据语音的发展适时做出调整，表意文字则具有超时空、超方言的作用。今天的英国人已不能完全读懂莎士比亚，但今天的中国人读《诗经》基本没有问题。

（2）数量多寡不同。由于语言的音位或音节的数量相对较少，所以无论音位文字还是音节文字数量都不多，一般都是几十个，多则几百个，如英文字母 26 个，日文假名有“五十音图”（实际上不到 50 个）。语言中语素和词的数量相对较多，因此表意文字的数量庞大，仅常用字则以千计，如《现代汉语常用字表》收常用字 3 500 个，《现代汉语通用字表》收通用字 7 000 个。

（3）形体繁简不同。表音文字形体相对简单，笔画组合的样式不多，易认易写易记，在短时间内即可学会；表意文字笔画、部件不仅繁多，而且富于变化，组合灵活，不易掌握。如汉字的学习时间就比较长，甚至伴随终生。

（4）信息含量多少不同。就单字而言，表音文字只表音，一般需要通过字母组合表义，因此单个字符的信息含量就小；表意文字则不同，基本上每个字都有意义，而且合体字的内部部件还蕴藏着信息，因此信息含量较大。比对中英文文本，便会有鲜明的印象。

尺短寸长，利弊相伴。不能只看到一种文字的优点而把它捧得高高在上。就初学者来讲，当然是表音文字优于表意文字；但表意文字有了一定的积累，掌握了基本部件和组合规则之后，以后的学习就容易多了。而且表意文字对通过书面学习新词有一定帮助，如“手机”，可以利用原有语素“手”和“机”以及构词方式推知新义。表音文字除非利用原有语素造词才可推知新义，如 greenhouse（温室），单个字符不具有这样的功能。

9. 约公元前 20 世纪，在美索不达米亚和埃及两大文化中心之间，也就是现在的叙利亚和巴勒斯坦一带居住着塞姆（又译“闪米特”）人，他们在古代埃及圣书字的基础上吸收古代苏美尔人的楔形字的原理，把原来的图画性符号抽象简化后，用来专门表示语言中的声音单位，而不再表意，于是形成了表音文字“塞姆字母”。塞姆字母后来分化为南北两个系统，北方系统又分化出两支：迦南字母和阿拉马字母。由迦南字母演变出的腓尼基字母大约形成于公元前 13 世纪，目前发现的最早的腓尼基字母是公元前 10 世纪的。由于古代地中海一带的海上贸易特别发达，腓尼基字母伴随着贸易广泛传播，影响了其他民族文字的产生和发展。如腓尼基字母演变出希腊字母，希腊字母又演变出拉丁字母和斯拉夫字母；阿拉马字母演变出阿拉伯字母等。

【编者按：关于字母演变说法不同，请参看指定教材。】

10. 拼音文字根据单字记录的语音单位，可以分为音位文字和音节文字。音位分析对创制音位文字和音节文字都有作用。

（1）音位理论为创制拼音文字提供基础。音位具有概括性、系统性，以此为基础，使得文字的创制更简明而成系统。

（2）音位分析是创制拼音文字的手段和必经过程。无论是创制音位文字还是音节文字，首先必须要对一种语言的音位系统进行分析，然后看音位是如何组合成音节的。只有这样，才能保证创制的拼音文字经济而有效。例如，《汉语拼音方案》尽管不是拼音文字，但在有些场合下起着拼音文字的作用。当年在设计《汉语拼音方案》的时候，是以普通话音位系统为基础的，如字母 i 之所以能够代表［i］、［ɿ］、［ʅ］三个音素，是因为它们出现的条件是互补的，可以归并为一个音位。日文假名的创制，同样有赖于对日语音位及其组合（音节）的分析。

11.（1）文字是符号，能指（形体）和所指（语音单位或音义结合单位）的结合是约定俗成的，因此可以变更。

（2）文字是记录语言的书写符号，是第二性的。语言发展了，文字也要随着改变。

（3）文字具有保守性，如果出现与语言不适应的地方，就应该改革以与语言相适应。

（4）文字是个系统，某个要素改变了，会引起其他要素跟着变化。

12. 根据改革程度的不同，文字改革可以分为三种情况：

（1）体制变革。把一种文字体制改换成另一种文字体制的改革。往往是把表意文字体制改成表音文字体制。日本、越南、朝鲜都进行过这样的文字改革。

（2）系统替换。在同一个文字体制内部不同的形体系统互相更换的改革。一般表现为表音文字体制内部的替换。土耳其和中国的维吾尔民族进行过这样的文字改革。

（3）局部改进。一种文字系统内部的局部增删、修改完善的改革。这是一种量的变化，而非质的改变。汉字从古到今形体的演变，废除繁体字和异体字，采用简化字，都属于这种改革。

【编者按：详见本章相关内容。】

# 第七章　语　用

### 一、教学目的与要求

要求学习者了解语用知识，掌握语用原则和语用策略，从而提高语用能力，避免语用失误。

### 二、教学重点

（一）识记

语用学　语境　语用意义　蕴含　预设　会话含义　言语行为　合作原则　语用策略　语用失误

（二）理解

1. 语用要素之间的关系。
2. 蕴含和预设的异同。
3. 言语行为的类型。
4. 合作原则的具体内容。
5. 言语交际中可以采取的语用策略。
6. 语用失误的类型。

（三）运用

能够灵活掌握语用原则和语用策略，提高言语交际效果，避免语用失误。

### 三、教学难点

蕴含和预设的异同；言语行为的类型及其区别；言语交际活动中对语用知识的灵活运用。

语用，即语言的使用。语用学（pragmatics）是语言学的一门新兴学科，也是符号学（semiotics）的一个部门。它研究语言符号和符号使用者之间的关系，即研究人们怎样运用语言符号进行交际。它从语言使用的角度，探讨人们在言语交际时出现的种种现象及其规律。

# 第一节　语用要素

## 一、语用要素概说

一次言语交际，必须具备以下要素：发话人（sender）、受话人（receiver）、话语（discourse）和语境（context）。

发话人是言语行为的主体，受话人是言语行为的客体，话语是联系主、客体的媒介，语境是言语行为存在的环境。在实际的言语交际当中，发话人和受话人角色经常互换。四者的关系如图 7－1 所示。（由于语境中有些因素是显性的，有些因素是隐性的，所以图 7－1 用虚线表示。）

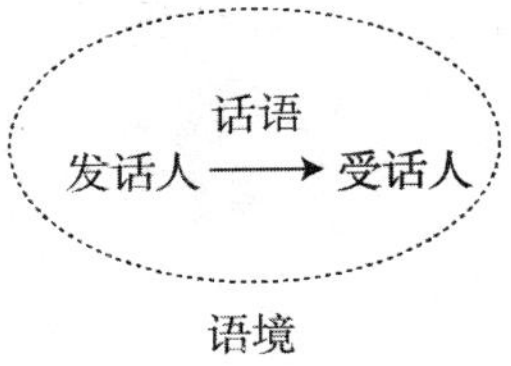


**图 7－1　发话人、受话人、话语和语境的关系**

## 二、语境

到目前为止，人们对“语境”的理解还不尽一致。

王德春说：“语境就是时间、地点、场合、对象等客观因素和使用语言的人、身份、思想、性格、职业、修养、处境、心情等主观因素所构成的使用语言的环境。”①

王建平认为，语境是“交际过程中语言表达式表达某种特定意义时所依赖的各种表现为言辞的上下文或不表现为言辞的主客观环境因素”②。

黄伯荣、廖序东主编的《现代汉语》将语境分为上下文语境和情景语境两种。③

张宁把语境分为语言语境和非语言语境两大类，并进一步细分为：①语句内在语

① 王德春．修辞学探索．北京：北京出版社，1983.

② 王建平．语言交际中的艺术．北京：求实出版社，1989.

③ 黄伯荣，廖序东．现代汉语（增订三版，上册）．北京：高等教育出版社，2002. 302.

境；②语句上下文语境；③现场环境；④背景知识；⑤整个现实世界；⑥所有非现实世界共六个等级。[①]

我们理解的语境是与言语行为密切相关的各种主客观因素构成的交际环境。主要包括三个方面：

（1）言辞语境：一般称为“上下文语境”，如前后词、前后语、上下段等。

（2）情景语境：由交际时的客观情景因素（如时间、地点、场合、人数多少、话题等）和交际者的主观人文因素（如性别、年龄、职业、地位、信仰、修养、情绪、社会关系等）所构成的语境。

（3）社会语境：由交际时的社会、时代因素所构成的语境，如社会风尚、社会心理、时代特征等。

“语境”应该是个动态的概念，每次交际时语境的具体内涵应有不同，所以语境的定义也应该是动态的。我们用“与言语行为密切相关”来限定，把不影响特定的言语交际的其他因素排除在语境之外。比如“整个现实世界”在一次交际中不可能都影响交际，影响的部分要通过言辞语境、情景语境或社会语境表现出来。如果对语境不加限定，把各次影响交际的语境因素都加合在一起理解，结论必然是“语境 = 世界（现实的和非现实的）”。这样就显得太宽泛了。

## 第二节　语用意义

话语除了字面意义之外，还有超出字面意义的“言外之意”，这就是语用意义（pragmatic meaning）。语用意义是在字面意义的基础上通过逻辑推理和语用推理得出的超出常规的目标意义。又可分为逻辑语用意义和会话语用意义两类。

### 一、逻辑语用意义

逻辑语用意义是通过逻辑推理可以从句子中直接得出的语用意义。比如，从“这个外国人到过长城”可以得出“这个外国人到过中国”，因为长城和中国是部分和整体的关系；从“他的哥哥在上大学”可以得出“他有哥哥”，因为“他有哥哥”是说“他的哥哥在上大学”这句话的前提。

---

① 张宁．语境等级与歧义．汉语学习，1988（1）．

逻辑语用意义主要有蕴含和预设两种情况。

1. 蕴含（entailment）

就话语本身表达的意义来说，如果两个句子有甲就必然有乙，而且两者存在上位与下位的关系或整体与局部的关系，就意味着甲蕴含乙。例如：

a. 我看了一场京剧→我看了一场戏（下位→上位）

b. 他不吃鱼→他不吃鲫鱼（上位→下位）

c. 他到过天安门→他到过北京（局部→整体）

d. 这位青年演员唱做俱佳→这位青年演员唱功不错（整体→局部）

2. 预设（presupposition）

就话语本身表达的意义来说，如果两个句子有甲就必然有乙，乙是甲的前提意义或背景意义，就意味着乙是甲的预设。例如：

a. 花儿为什么这样红 > 花儿是红的

b. 这匹马哪只眼睛是瞎的 > 马有一只眼睛是瞎的

c. 昨晚的演出非常成功 > 昨晚有演出

d. 他戒烟了 > 他曾经抽烟

在言语交际活动中，要善于辨识对方话语中暗含的预设，尤其是虚假的预设，以便提高言语交际能力。例如，如果问："你是否停止虐待你的父母了?" 无论回答"停止了"还是"没有停止"，都等于承认虐待过父母。如果没有这样的事情，就要对预设进行否定，如可以说"我对父母一直很好"。

蕴含和预设都是话语自身表达的意义，都可以靠逻辑推理得出，与会话含义靠语境推理得出不同；都是有甲就有乙，这是共同点。两者的区别在于，蕴含是话语的可用上位—下位关系或整体—部分关系推导出的包含性意义，预设是话语赖以成立的前提性意义。比较：

$a_1$. 这篇论文写得非常好→这篇论文写得好（包含性意义）

$a_2$. 这篇论文写得非常好 > （某人）写了一篇论文（前提性意义）

$b_1$. 他的哥哥是大学生→他的哥哥是学生（包含性意义）

$b_2$. 他的哥哥是大学生 > 他有个哥哥（前提性意义）

## 二、会话语用意义

会话语用意义是借助语境通过语用推理才能间接得出的语用意义。一般称为"会话含义"（conversational implicature）。例如：

a. 学生甲：我的钱用完了。(想借钱)
学生乙：你爸爸昨天刚来过。(不想借)
b. 甲：班主任到哪儿去了？
乙：他的自行车放在办公室门口。(人不会走远，可能就在办公室)
c. 甲：喂，你那个朋友怎么样？
乙：现在是吃饭的时候了吧。(回避)
d. 你真会说话！(正常人都会说话，这里只能作超常理解，或夸奖，或讽刺)
e. 车停得不是地方。(任何处所都是“地方”，只能理解为不是应该放的地方)

会话语用意义一般表现为交际动机或交际意图。

## 第三节 言语行为

### 一、什么是言语行为

行为是人受思想支配而表现在外的活动，如打球、开汽车。说话也是人的一种行为。言语行为（speech act）是人们为实现交际目的在具体语境中使用语言的行为。如问“这书是不是你的？”你可以用点头这种身体行为表示肯定回答，也可以用“是的”这种言语行为进行回答，两者是等价的。因此，言语行为和其他行为一样，也是人类重要的行为。言语行为都是信息行为，但不排除非信息行为的伴随。

“言语行为”思想最早由英国人类学家马林诺夫斯基（M. Malinowski）于 1923 年提出。1955 年，英国哲学家奥斯汀（John Langshaw Austin，1911—1960）在哈佛大学做了题为《论言有所为》（*How To Do Things With Words*）的系列演讲（共 12 讲）。1962 年出版成书，1975 年出第二版。他在马林诺夫斯基思想的基础上，发展成为著名的“言语行为”理论。后来美国哲学家塞尔（John R. Searle）又进行了修正和补充。

奥斯汀提出“言语行为三分说”，即：叙事行为（the locutionary act）、施事行为（the illocutionary act）、成事行为（the perlocutionary act）。

### 二、言语行为的类型

言语行为根据是否只传递信息可以分为叙事行为和施事行为，施事行为根据是否产生结果又可分为成事行为和非成事行为。

1. 叙事行为

叙事行为是只陈述客观信息的言语行为，使用者不对信息内容做出其他行为。又叫“言事行为”。其功能是以言指事。完成一个叙事行为大致相当于发出一个有意义的句子。多使用陈述句。如：“春天来了。花开了。”传递别人话语信息的言语行为是典型的叙事行为，如新闻播音员的新闻报道；班长告诉同学们：“老师说明天开运动会。”

2. 施事行为

施事行为是既要传递信息又要完成其他交际任务的言语行为。又叫“做事行为”。其功能是以言行事。如：“我宣布：王华当选班长。”是宣告性做事行为；“今天星期几？”是询问性做事行为；“我认为这样做不好。”是评价性做事行为；“咱们明天再谈吧。”是祈使性做事行为；“我保证完成任务！”是表态性做事行为；“祝你生日快乐！”是表情性做事行为。

叙事行为和施事行为容易混淆。如“我宣布一个通知：老师说明天进行期中测验。”整个句子是宣告性施事行为，但“老师说明天进行期中测验”是传递他人的言语信息，又是叙事行为，所以这个句子是施事行为中包含着叙事行为。从宏观上看，任何一个叙事行为中都蕴含着一种施事行为。比如播音员的报道：“上午在北京人民大会堂举行全国劳模表彰大会。”是叙事行为，但蕴含着“我说……”、“我告诉观众……”、“我报道……”等表述性施事行为，但我们不说这是施事行为，因为施事行为蕴含在叙事行为之中。

3. 成事行为

成事行为是对听话人产生影响、有了结果或反应的言语行为。成事行为必定会在听话人或其他人的思想、感情或行动上产生某种影响或效果。其功能是以言成事。如“看，月食！”是祈使性施事行为，对方听后会往天上看，就变成成事行为了。在做说服性思想工作的时候，要设法促成对方的成事行为按预期的方向发展。

## 第四节　言语交际原则

### 一、合作原则

成功的言语交际，需要交际双方精诚合作。交际中，如果有一方采取不合作态度，交际便无法进行下去。1967 年，美国语言哲学家格赖斯（H. P. Grice）在给哈佛大学的 William James 讲座所做的演讲中，提出了要求交谈参与者共同遵守的一般原则——合作原则（cooperative principle），或称“会话原则”，即：在参与交谈时，要使你说的话符合你所参与的交谈的公认目的或方向。

合作原则是言语交际的基本原则。格赖斯的合作原则包括“量的准则、质的准则、关联准则、方式准则”四项内容。

（1）量的准则：努力使你说的话信息适量。

①所说的话应包含当前交谈目的所需要的信息；②所说的话不应包含超出需要的信息。

（2）质的准则：努力使你说的话是真实的。

①不要说自知是虚假的话；②不要说缺乏足够证据的话。

（3）关联准则：所说的话是相关联的。

（4）方式准则：清楚明白地说出要说的话。

①避免晦涩；②避免歧义；③简练（避免啰唆）；④有条理。

为了表述明确，中国语言学界一般称为“质真、适量、关联、方式”四项准则。

质真准则要求说话人提供的信息内容是真实可靠的。不说自知是虚假的话或缺乏证据的话，否则有欺人之嫌，别人有上当之感。善意的谎言可能是出于礼貌、安全等方面的考虑。骗子说谎，与其说违背了合作原则，不如说利用了合作原则，因为交际时会默认对方讲的是真话，骗子恰恰利用了这一点。

适量准则要求说话人提供的信息量与交际目的相适应。多了使人厌烦，少了使人不明。例如，甲、乙是同事，在同一个办公室办公，有人给甲打来电话。

乙：刚才谁打来的电话？（随便问问）

甲：我的女朋友。她既聪明又漂亮，身高一米七，性格活泼开朗，收入相当可观，还有一套三卧一厅的住房呢。

信息过量，有炫耀的味道。

再看一位母亲和孩子的对话：

母亲：你去哪儿？

孩子：出去一下。

信息不足，不能让母亲满足。

需要说明的是，信息是否适量，应以能否满足交际目的为尺度。同一句话，在一种场合里不适量，在另一种场合里可能是适量的。例如，甲、乙相遇，甲问乙：“你去哪儿？”乙说：“前面。”如果甲只是打招呼，这样的回答是适量的；如果甲出于关心，确实想知道乙到哪儿去，这样的回答就显得信息不足。

关联准则要求说话人提供的信息与对方想获得的信息密切相关，说话人的话语要前后关联。例如，甲说：“你近来看新闻了吗?”乙说：“又下雨了。”这就是常说的“话不投机”。如果说话前言不搭后语，听话人的思维难以跟上，也会阻碍交际。

方式准则要求说话人提供信息的方式要清楚简明。含糊、混乱、啰唆都会影响接收效果。

在实际的言语交际当中，人们常常会违背合作原则。这里的情况很复杂，从动机上看，有无意违背和有意违背（又有善意和恶意之分）两种；从效果上看，有负面效应和正面效应之分。有时出于其他交际原则（如礼貌原则、安全原则等）的考虑，也可能违背合作原则。

## 二、礼貌原则

1983 年，英国语言学家利奇（G. Leech）效法格赖斯，在《语用学原则》一书中提出礼貌原则（the Politeness Principle）及其准则。内容如下：

（1）得体准则：减少表达有损于他人的观点。

①尽量少让别人吃亏；②尽量多使别人得益。

（2）慷慨准则：减少表达利己的观点。

①尽量少使自己得益；②尽量多让自己吃亏。

（3）赞誉准则：减少对他人的贬损。

①尽量少贬低别人；②尽量多赞誉别人。

（4）谦虚准则：减少对自己的表扬。

①尽量少赞誉自己；②尽量多贬低自己。

（5）一致准则：减少自己与别人在观点上的不一致。

①尽量减少双方的分歧；②尽量增加双方的一致。

（6）同情准则：减少自己与他人在感情上的对立。

①尽量减少双方的反感；②尽量增加双方的同情。

礼貌原则概括起来就是：利人损己，扬人抑己，一致和谐。

经常会听到社会称谓中抬高别人的说法，如“副处长”、“副教授”、“副主席”、“副××”等，但在日常交际场合里会去掉“副”字。还有，把护士叫作“大夫”。这些情况看起来违背了质真准则，却是出于礼貌原则的要求。但应注意，尊崇别人也要适度。

格赖斯的合作原则侧重于言语表达从内容到形式的理性层面，利奇的礼貌原则着眼于言语交际的情感和态度的精神层面，前者属于“真”的范畴，后者属于“善”的范畴。

## 三、其他原则

国内有人提出“精神语用原则”，包括安全、礼貌、美感等原则。[①] 我们也曾提出言语交际的“真、善、美”原则。[②]

下面介绍两个比较重要的原则。

1. 安全原则

要求说话不要危及双方的安全，选择最安全的表达方式。

（1）避免敏感的话题。

（2）避免有损对方面子的话题。

（3）避免危及对方生命安全的说法。

（4）保护己方的安全。

医生对垂危病人“说谎”，地下工作者“说谎”，都是出于安全的考虑。

2. 美感原则

要求说出的话优美动听，容易接受，容易产生较强的信息刺激。

（1）要生动形象。例如，“生活是一张无形的网。”“那河畔的金柳，是夕阳中的新娘。”（徐志摩《再别康桥》）都是具体形象的比喻。

（2）要幽默风趣。例如，有一段话是这样写的：“台风：12 级，大风：8 级，和风：4 级，轻风：2 级——耳边风：0 级。”（《中国青年报》1980 年 6 月 6 日）利用修辞中的衬跌手法，看似啰唆，却收到了很好的艺术效果，达到了讽刺的目的。

（3）要新颖独特。新颖的话语容易产生信息刺激，给人强烈的印象。例如，一部小说总结人到中年面临的问题为“五子登科”：妻子、孩子、房子、票子、位子，就很新颖。

（4）要适宜得体。说“××总统昨晚下榻在钓鱼台国宾馆”，得体；说“阿 Q 昨晚下榻在未庄的土谷祠里”，就不得体。

---

① 彭泽润，李葆嘉．语言理论（第 3 版）．长沙：中南大学出版社，2003. 488 ~ 492.

② 安华林．言语交际原则论略．洛阳师专学报，1999（3）．

## 第五节　语用策略

语用策略（pragmatic strategy）是指交际者在交际过程中间接地使自己处于有利地位的方法和技巧。语用策略很多，这里只列举几种。

### 一、艺术修辞策略

艺术修辞策略指采用艺术语言或趣味语言，以取得最佳效果。例如，一则电风扇广告："实不相瞒，本产品是靠吹出来的。"运用了双关手法。据说在一次国共谈判中，双方争论激烈，国方提出一条意见，共方反驳一条。最后，国方一个代表急了，说道："跟你们讲话，简直是对牛弹琴！"共方代表周恩来立即反唇相讥："对！牛弹琴！"利用了拆词，四两拨千斤。

### 二、诙谐幽默策略

幽默就是在善意的微笑中揭露生活中的乖讹和不通情理之处。它的效果应该是引人发笑，但笑过之后又有所思索，有所启迪。

莎士比亚说："幽默和风趣是智慧的闪光。"幽默是促使人际关系良好的润滑剂，它可以帮助人们融洽关系，摆脱尴尬。交际中适当地运用幽默，可以助你成功，帮你渡过难关。

幽默话语的构成方式主要有：

1. 岔误法

语言的逻辑发展不按常规进行，将听众引入理解误区，结果出人意料。例如，某领导刚做完报告，与一位听众对话。

领导：你对我的报告有什么看法？

听众：很精彩。

领导：哪个地方精彩？

听众：最后一句。

领导：为什么？

听众：当你一说"我的报告完了"，大家都转忧为喜，热烈鼓掌了。

2. 对比法

利用内容与形式、理论与实际、愿望与结果等方面的不协调，形成强烈反差而产生幽默。

有个顾客在某饭店吃饭，沙子很多，不得不吐在桌子上。服务员见了很不安，抱歉地说："净是沙子？"顾客摇摇头，微笑着说："不，也有米饭。"顿时，两人都笑开了。

3. 错位法

一个事物的出现、存在总是和周围环境相伴的，一旦换个环境，可能产生不和谐，也形成了产生幽默的契机。例如，众所周知，棺材是个特殊商品，假如当作一般商品当街吆喝出售，则会显得不伦不类。请看这位棺材店老板是如何叫卖的：

各位先生、各位女士，您要买棺材吗？请到我们"福禄寿棺材店"。本店采办上等木料，特聘欧美技师，根据科学原理制成流线型棺材。看着美观，躺着舒服。为开张纪念，买一送一。本店零售批发兼营，竭诚欢迎惠顾！

4. 谬推法

为了还击对方，利用对方的逻辑进行荒谬的推理，产生可笑的结果，达到还击的目的。

鲁迅有一次去理发店理发，老板见他衣冠不整，头发胡子乱蓬蓬的，就给他随便理理。鲁迅付钱时，伸手往口袋里抓一把，随便一扔完事。第二次理发时，鲁迅特意打扮了一番，颇有绅士风度。老板一见来了贵人，便认认真真地理了半天。这时他认出是上次来的那位先生，着实道歉一番。付钱时，鲁迅问明价格，数了又数，分文没有多给。理发店老板有些纳闷儿，说上次理得不好反而多给钱，这次下了大功夫却分文不多。鲁迅先生说："上次你胡乱地理，所以我就胡乱地付钱；这次你认真地理，我当然认真地给钱喽。"

5. 曲解法

针对某点作有意的歪曲理解，以产生幽默的效果。

丈夫在一家服装店里偷了衣服回家，妻子气愤地责问丈夫："你干这种事的时候，为什么不替我和孩子想想？"丈夫回答说："当时我想到了，只是店里没有女人和孩子的衣服。"

6. 双关法

利用同音词或多义词，一语关涉两方面，看似甲，实指乙。

1944 年春天，日寇进犯广西，当时的国民党广西省主席黄旭初闻风丧胆，假托归乡为母亲扫墓，先行逃遁。《新华日报》报道了此事，标题是"桂林危机中，黄旭初扫他妈的墓”。①

7. 夸张法

为了突出某种特征，故意往大处或小处夸。

一位颇为肥胖的女演员高兴地谈到，如果她穿上游泳衣到海中游泳，会使飞过上空的飞机驾驶员吓一跳，他们奇怪怎么多出一个岛屿。

## 三、委婉模糊策略

1. 委婉含蓄

不直接说出本意，而是用含蓄的话语点出。

在纽约国际笔会第四十八届年会上，有人问中国代表、作家陆文夫：“陆先生，您对性文学怎么看?”陆文夫说：“西方朋友接受一盒礼品时，往往当着别人的面就打开来看。而中国人恰恰相反，一般都要等客人离开以后才打开盒子。”

2. 模糊含混

“模糊”与“精确”相对，是指词义所指的界限不确定。“含混”指话语不明确，含糊其词，模棱两可。

外交、社交等场合经常会听到模糊或含混的说法，如“在适当的时候访问贵国”，“我们会采取必要的措施”，“我明天去也行，不去也行”。

1945 年，美国在日本投下两颗原子弹以后，美国新闻界都在猜测苏联有没有原子弹或者有多少。一次，苏联外长莫洛托夫率团访美，在下榻的宾馆门前被一群美国记者围住。有记者问：“苏联究竟有多少原子弹?”莫洛托夫绷着脸仅说了一个词：“足够!”

## 四、提醒暗示策略

用语言或其他方式明确或隐含地提醒对方注意某些方面。

有时，对方没能完全理解你的意思时，你会说“我的意思是……”，“我是说……”，这是在运用提醒策略。若不想正面回答对方则采取“王顾左右而言他”的方法；想结束谈话，用沉默不语或看钟表等方式，这些都是在运用暗示策略。

---

① 周明强．歧义、歧解和用歧的认知问题．语言文字应用，2004（3）．

一天早晨，华盛顿的一位年轻秘书迟到了。看到华盛顿在等他，他很不好意思，企图以手表出了毛病来为自己辩解。华盛顿轻声对他说：“恐怕你得换块表了，不然我就得换秘书了。”

### 五、语码转换策略

语码指同一个语言社团中存在的不同种类的语言或者一种语言的不同变体。语码转换就是选择有利于达到交际目的的语码。在双语制或多语制的社会中，语码转换是常见现象。例如，一个典型的新加坡华人，小时候与父母说福建话，与兄弟姐妹说非正式的新加坡英语；接受教育和做政府事务时用正式的新加坡英语或接近普通话的汉语；上街买东西，更多地说集市上用的马来语变体。

在单语制的社会中，也会经常转换语言变体。语言变体有地域变体（地域方言）、社会变体（因行业、性别、年龄、地位等社会因素而形成变体）、情景变体（因交际时的时间、地点、场合等因素而形成的变体）等。例如，同学们在正规场合说普通话，与老乡谈话一般用方言，回家与父母谈话如果用普通话会引起不满。再如，大人对小孩说：“宝宝乖，宝宝睡觉不吃糖糖。”“看你小手手多脏！”若用这种方式跟成年人说话，则显得不合适。正规场合用随便语体，日常交际用正式语体，这样的语体错位会影响交际效果。

### 六、范围限制策略

将话语限制在一定的范围之内，使交际向着有利于自己的方向发展。

有一家早点店的老板善于动脑筋，过去顾客喝一种特制的饮料时，服务员要问一句：“加不加鸡蛋?”后来老板要求把问话换成“您要一个鸡蛋还是两个鸡蛋?”果然，鸡蛋的消费量大增。

## 第六节 语用失误

语用失误（pragmatic lapsus）指言语交际偏离交际意图、产生了负面效应的情况。

## 一、语用失误的原因类型

根据造成失误的原因，语用失误可以分为水平失误和疏忽失误。

1. 水平失误

水平失误是受交际者能力的局限而导致的失误。

例如，某人把“别墅”读成“别野”。别人说他读错了，他却狡辩说：“大的叫别野，小的叫别墅。”此君读错字是因水平局限所致。

2. 疏忽失误

疏忽失误是由于交际者不小心而出现的失误。

例如，20 世纪 50 年代，一个卖蔬菜的营业员把“阿姨，（白菜）三分钱一斤。”说成“阿姨三分钱一斤。”引起了顾客不满。这是口误。

有时不小心把“辉煌”写成“辉煌 ”、把“安排”写成“按排”。这是笔误。

## 二、语用失误的意义类型

从造成失误的意义角度分类，语用失误可以分为对象意义失误、语句意义失误、色彩意义失误、文化意义失误等。

1. 对象意义失误

对象意义失误指由于交际对象的角色定位不准而导致的失误。例如：

有一个女售货员推销一种新型罐头刀，自己示范一次后，请身旁的一位中年男子试试。中年人一试就把罐头打开了。售货员笑着夸奖说：“这位先生真聪明，一学就会了。”围观者哄堂大笑，中年人愤然离开。

上例中售货员把中年人的心智能力定位成幼儿园的小朋友了。

有人请客，已来三人，差一人迟迟未到。主人着急，自言自语道：“该来的怎么还没来呢？”已来的三人中有一人想，我大概是不该来的了，拔腿便走。主人大急，叫道：“不该走的又走了！”在座的两位中有一人想，那我是该走的了，便愤愤而去。主人更急，嚷道：“我又没说你！”最后一位想，一定是说我喽，也拂袖而去。

请客的人本来是自言自语，但没想到话被第三方听见，接连出现失误。因此，说话还要注意潜在的第三方的存在。

2. 语句意义失误

语句意义失误指由于话语的意义不明而导致的失误。这种失误不能使听话人明确发话人的交际意图。如一个人说“自行车没有锁”，由于“锁”有名词和动词两义而使听话人不明确是哪个意思。

3. 色彩意义失误

色彩意义失误指由于词语的语体、感情、形象等色彩误用而导致的失误。例如：

据说，国民政府时期，山东省政府主席韩复榘在一次演讲中说：“你们都是乌合之众，我站在你们面前演讲，真是鹤立鸡群。”

这是没有注意到“乌合之众”和“鹤立鸡群”的感情色彩而导致的失误。

4. 文化意义失误

文化意义失误指由于对交际对象的文化背景了解不够而导致的失误。

例如，一个中国人对一个英国司机说：“Be more careful!”本想好意提醒对方要“多加小心”，但这句话在英语中有教训的口吻，使人不高兴。

再如，一个大陆游客访问一对台湾夫妇，问台湾男子：“这是你爱人吗?”让对方感到尴尬。因为，“爱人”在大陆指“配偶”，在台湾有“情人”的意思。

语用失误还有其他类型，如根据说的失误还是写的失误可以分为口误和笔误等。

## 本章小结

语言只有在使用中才能发挥其交际职能。每次言语交际必须具备发话人、受话人、话语和语境四个语用要素。语言除了具有固定的、为使用这种语言的人所共同理解的意义之外，还具有特定的、受语境制约的语用意义，有的语用意义可以通过逻辑推理得出，如蕴含和预设，有的语用意义需要通过语用推理得出，如会话含义。言语交际也是人类的一种行为，言语行为可以分为叙事、施事、成事三种主要类型。合作原则是言语交际的基本原则，通常需要遵循，但在实际的交际过程中，出于礼貌、安全、美感等原则的考虑，可能会违背合作原则。交际者会采取各种对自己有利的语用策略，尽量避免语用失误。

**建议阅读文献：**

1. 何兆熊．语用学概要．上海：上海外语教育出版社，1989.

2. 何自然．语用学概论．长沙：湖南教育出版社，1988.
3. 何自然．新编语用学概论．北京：北京大学出版社，2009.
4. 姜望琪．当代语用学．北京：北京大学出版社，2003.
5. 刘焕辉．言语交际学．南昌：江西教育出版社，1986.
6. 索振羽．语用学教程．北京：北京大学出版社，2000.

## 知识与技能训练

### 一、名词解释

1. 语境（北京师范大学2006。//上海交通大学2006：言语环境。）
2. 合作原则
3. 言语行为（清华大学2008）
4. 语言能力（暨南大学2004）
5. 语用策略
6. 语用意义
7. 焦点（华中师范大学2008：焦点和预设。）
8. 预设触发语（华中师范大学2001：举例说明前提触发语及其各种类型。//华中师范大学2002、2003：前提和前提触发语。）
9. 指示语（华中师范大学2003、2004）
10. 话轮（华中师范大学2004）
11. 后天环境论（华中师范大学2001）
12. 中介语（苏州大学2002、华中师范大学2003）
13. 偏误分析（华中师范大学2002）
14. 语用失误

### 二、术语比较

1. 蕴含/预设（北京大学2000。//北京师范大学2001：预设。）
2. 主题/述题（南开大学2004）

### 三、填空

1. “语用学”这一术语是由美国哲学家（　　）提出来的；言语行为理论是由

英国哲学家（　　）提出来的；合作原则是由美国哲学家（　　）提出来的。（华中师范大学 2003）

2. 格赖斯提出的合作原则包括四条准则：（　　）准则、（　　）准则、（　　）准则和（　　）准则。（华中师范大学 2008）

3. 一个小伙子问一个姑娘："你多大了？"姑娘回答："我 300 岁。"姑娘的回答违反了（　　）原则，这句话的会话含义是（　　）。（北京师范大学 2007）

4. 言语行为可以分为（　　）行为、（　　）行为和（　　）行为。（华中师范大学 2003）

5. "你哥哥做菜比你做得还差"，这句话所包含的预设除了"你有哥哥"外，还有（　　）。（北京师范大学 2007）

6. "昨晚的演唱会举办得非常成功"，这句话的预设是（　　），蕴含是（　　）。

7. 第一语言获得理论可以分为（　　）论、（　　）论和（　　）论三种类型。（华中师范大学 2003）

**四、判断正误并说明理由**

1. 任何一次言语交际，都必须具备说话人、听话人、话语、语境四个要素。

2. 言语交际过程中，在任何情况下都必须遵循合作原则。

**五、分析**

1. 请运用关于言语交际原则的理论对以下材料加以分析。（华中师范大学 2003）

一位女乘客上了一辆公交车，见一个男青年身边有一个空座位，就径直走过去。男青年把手一伸，冷冷地说："不能坐。"女乘客恼火地说："这是公交车，我怎么不能坐？"男青年说："座位上有水。"女乘客一看，果然有水。（《武汉晚报》2002 年 11 月 9 日）

2. 下面这段对话中妈妈的意思是什么？你是根据哪一条合作原则推导出来的？（北京师范大学 2005）

孩子：我现在可以出去玩了吗？

妈妈：你的作业做完了吗？

3. 在我国一些医院里，病人及其亲友常把"护士"称为"医生"，而把真正的医生称为"大夫"。就此类现象写一篇 800 字以上的小论文。（华中师范大学 2000）

4. 相声演员笑林在一次演出中，捧哏演员要观众欢迎笑林唱歌。观众鼓掌后笑林说："既然大家这么热情，我就……不唱了。"结果赢得又一阵掌声。请从话语理解策略的角度加以分析。（华中师范大学2001）

5. 一家房地产公司为推销房屋，打出"买房子送家具"的广告。某人闻讯买了一套新房，装修一新后去领家具。房地产商问："你的家具在哪里？我们帮你送。"对于同一广告词，商家和客户为什么会出现不同的理解？请结合所学语言学知识对上述广告词进行分析。（中国人民大学2005）

6. 新飞冰箱生产厂曾经在中央电视台播出一则广告："广告做得好，不如新飞冰箱好！"后来又改为"新飞广告做得好，不如新飞冰箱好！"试分析前后两则广告语的区别以及为什么要这么改为后者。（华中师范大学2004）

7. 分析下列句子的预设和预设触发语。（华中师范大学2004）

（1）他不再打老婆。

（2）请把电扇打开。

（3）他后悔没来开会。

## 六、问答

1. 简述言语交际中"合作原则"和"礼貌原则"的基本内容。（华中师范大学2002。//华中师范大学2000：合作原则的具体内容。//复旦大学2005：数量准则。）

2. 言语交际过程中，为什么有时会故意违背合作原则？试举例说明。

3. 通常说的"言外之意，弦外之音"有哪些情况？举例具体说明。

4. 举例说明常见的语用策略。

5. 举例说明语用失误的类型。

6. 举例说明句子的信息结构。（华中师范大学2002）

7. 试论母语学习的三种理论。（南京师范大学2000）

# 参考答案

## 一、名词解释

1. 语境：与言语行为密切相关的各种主客观因素构成的交际环境。主要包括三个方面：①言辞语境；②情景语境；③社会语境。

【编者按：详见本章相关内容。】

2. 合作原则：在参与交谈时，要使你说的话符合你所参与的交谈的公认目的或方向。这是言语交际的基本原则。它是由美国语言学家格赖斯（H. P. Grice）于20世纪60年代提出的，包括质真、适量、关联、方式四个准则。又称“会话原则”。

3. 言语行为：人们为实现交际目的在具体语境中使用语言的行为。最早由英国人类学家马林诺夫斯基（M. Malinowski）于 1923 年提出。后来英国哲学家奥斯汀（J. L. Austin）在 1955 年的《论言有所为》的系列讲座中，将其发展为“言语行为”理论。包括叙事（或译为“述事、言事”）行为、施事（或译为“行事、做事”）行为、成事行为三类。美国哲学家塞尔（Searle）对此理论又有所发展。

【编者按：详见邢福义，吴振国．语言学概论．武汉：华中师范大学出版社，2002. 247 ~ 254.】

4. 语言能力：分为潜在的语言能力和现实的语言能力。抽象的思维能力和灵活的发音能力相结合，使人类具有潜在的语言能力，这是先天就具备的。现实的语言能力表现在听、说、读、写、译以及对语言的运用诸方面，这是后天的。语言环境的激发对潜在的语言能力转化为现实的语言能力至关重要。

5. 语用策略：交际双方在交际过程中直接或间接地使自己处于有利地位的方法和技巧。

6. 语用意义：在字面意义的基础上通过逻辑推理和语用推理得出的超出常规的目标意义。又可分为逻辑语用意义和会话语用意义。

7. 焦点：焦点是话语的表达重心或表达重点。在会话结构中，说话人传递的信息强度最高的部分就是焦点。焦点的基本形式标志是句子的重音所在。例如：“刚才是谁在说话?”“是张三。”加线部分就是焦点。

8. 预设触发语：话语中某些可以引发预设的特定词语。又叫“前提触发语”。有以下几类：

（1）动词性预设触发语。如，老张戒了烟。预设：老张以前抽烟。

（2）副词性预设触发语。如，他又来了。预设：他来过。

（3）代词性预设触发语。如，谁拿了我的书？预设：有人拿了我的书。

（4）修饰性、限定性预设触发语。如，在考试中他发挥了应有的水平。预设：有考试；他有一定水平。

9. 指示语：话语中跟语境相联系的表示指示信息的词语。它涉及话语所谈论的事物、事件以及它们在时空中的存在方式、运动方式等方面。

【编者按：关于指示语的特征和类型，详见邢福义，吴振国．语言学概论．武汉：华中师范大学出版社，2002. 270 ~ 273.】

10. 话轮：会话局部结构中的最小单位，指一个说话者在会话过程中从开始说话起直到停止说话或者被别人打断、替代为止所说的话。

11. 后天环境论：语言获得的一种理论。以美国行为主义心理学为基础，认为儿童的语言是通过后天的成人语言的刺激和儿童对成人语言的模仿、强化而形成的。早期代表人物是华生（Watson），持机械模仿说；后期代表人物是斯金纳（Skinner），持强化说。

12. 中介语：在母语向目标语迁移的过程中，语言学习者由于认识水平的制约，往往对目标语做了不太正确的理解，建立了一套只属于自己的而且随时都在变化的、跟母语和目标语都不同的语言系统，即中介语。

13. 偏误分析：把学习者的中介语体系与目标语进行比较，从而了解学习者的中介语现状，发现并收集错误，进行分类并寻找原因及对策。

14. 语用失误：言语交际偏离交际意图、产生了负面效应的情况。可以从不同角度进行分类。

**二、术语比较**

1. 蕴含/预设：就话语本身表达的意义来说，有甲就必然有乙，而且两者是上下位关系或整体与局部的关系，就意味着甲蕴含乙。预设虽然也是话语本身表达的意义，却是话语断言意义之外的意义。通俗地说，预设是话语意义赖以存在的前提意义。蕴含（或写为“蕴涵”）和预设（或叫作“前提”）都是话语自身表达的意义，都是有甲就有乙，都可以通过逻辑推导得出，即：甲→乙。这是共同点。两者的本质区别在于：蕴含包含在话语的断言范围之内，预设是话语非断言部分表达的前提意义。比较：

a. 他的哥哥是大学老师→他的哥哥是老师（断言之内，蕴含）

b. 他的哥哥是大学老师 > 他有个哥哥（前提意义，预设）

【编者按：请参看石安石．语义论．北京：商务印书馆，1993．有关部分。】

2. 主题/述题：句子的语用结构的两部分。主题是说明的对象，一般是已知信息；述题是对主题进行说明的部分，一般是未知信息。一般情况下，一个句子中主题在前，述题在后。

**三、填空**

1. 莫里斯和卡尔纳普　奥斯汀　格赖斯

2. 质的（质真）　量的（适量）　关联　方式

3. 合作　我不想告诉你我的年龄

4. 叙事（言事/述事）　施事（做事/行事）　成事

5. 你做菜差

6. 昨晚有演唱会　昨晚的演唱会举办得成功

7. 后天环境　先天决定　先天与后天相互作用

**四、判断正误并说明理由**

1. 正确。自言自语不是交际，或者说自己是听话人；两个人不说话，就没有言语交际。任何交际都处在一定的时空、情景当中。

2. 错误。合作原则是言语交际的基本原则，但有时出于礼貌、安全、美感等原则的考虑，可以有所变通。

**五、分析**

1. 言语交际应遵循合作原则、礼貌原则等，否则交际会出现问题。男青年遵从了合作原则的质真准则，但方式生硬，与对方造成了感情上的对立，违背了礼貌原则中的同情准则，因此使对方产生误解。

女乘客仅从表面看问题，因男青年态度生硬，便误解了对方的善意。在这个特殊语境下，“不能坐”产生了歧义：是客观不能坐还是主观不让坐？男青年讲的是语言义，女乘客却理解成交际意图（误解的）。如果女乘客从同情准则出发，以善求真，也不会产生误解。

2. 妈妈的意思是，孩子做完了作业就可以出去玩，没做完则不行。首先，正常的交际是遵循合作原则的，妈妈的回答也是如此，也就是她回答了孩子的问题。其次，合作原则的关联准则要求，答语应跟问话相关联。由此可以推定，妈妈的答话跟孩子的问话相关联。根据交际语境补充，完整的答话应该是“你的作业做完了吗？做完了就出去玩吧，没做完还不能出去玩。”

3. 这类现象是对礼貌原则的具体运用。礼貌原则的得体准则要求：使别人多受益；赞誉准则要求：对别人多赞誉，抬高对方身份。

在医院里，护士的身份低于医生，为了抬高护士的身份，取得对方的好感，患者或其亲友常以“医生”称之。词语有一定的系统性，它们之间会互相影响。“医生”被用来称呼护士，而真正的医生再称呼“医生”，就有“降级”之嫌，所以用“大夫”称之。

这种现象看起来不符合质真准则的要求，却是对礼貌原则的运用，也是词义之间互相制约的结果。

生活中这种现象并不少见，如副处长常被称为“处长”，副教授常被称为“教授”。如果一味求真，言必称“副”，想想会有什么交际效果。

但抬高身份也要看对象，还要注意适度。比如女性，如果比说话人大不了几岁，最好喊“大姐”之类，而不宜称“阿姨”、“大娘”，因为女性比较忌讳被称“老”。如果是一个可以喊“大哥”的人，你却喊人家“大爷”，会把对方弄得哭笑不得。

【编者按：此题解答只是编者个人想法，应试时还要自己发挥。】

4. 在会话过程中，对话语理解一般有个预期，即根据上文和已知信息可以推知下文。在汉语中，“既然……就……”是个固定格式，表达的是推论因果，一般为顺推，即按照预期的方向发展。正常情况下，“既然热情，就应该回报（这里是唱）”，没想到笑林却来个逆转：“既然大家这么热情，我就……不唱了”，出乎观众意料。出乎意料的说法新颖有趣，自然又赢得一片掌声。

5. 就语表看，“买房子送家具”有两种理解：买房子赠送家具/买房子帮助运送家具，是由“送”的多义造成的歧义。在购销这种语境中，人们最容易想到的是“赠送”，因为“买X赠送Y”是商业活动中最典型的关联。但商家利用非典型关联，给顾客设下陷阱，反映出商业活动中的“诚信危机”。类似的还有“买一送一”。

6. 第一则广告词中的“广告”是个泛称，没有限定，容易理解为所有的广告，结果是新飞冰箱比所有的广告都好。而广告又往往代表商品，进一步的结论是新飞冰箱比所有的商品（包括冰箱）都好，这就有违广告法。第二则广告词对“广告”进行了限定，只将“新飞广告”和“新飞冰箱”进行类比，有“说得好不如做得好”之意，同样达到了宣传的目的，而且在合法的范围之内。

7.（1）预设：他打过老婆。预设触发语：不再。

（2）预设：电扇原来是关着的。预设触发语：打开。

（3）预设：他没来开会。预设触发语：后悔。

六、问答

1. 合作原则又叫“会话原则”，指在参与交谈时，要使你说的话符合你所参与的交谈的公认目的或方向。这一原则由美国语言学家格赖斯（H. P. Grice）于20世纪60年代提出。包括质真、适量、关联和方式四个准则。

礼貌原则由英国语言学家杰弗里·利奇（Geoffrey Leech）提出。包括得体、慷慨、赞誉、谦虚、一致、同情六个准则。

【编者按：关于合作原则和礼貌原则的具体论述，详见本章相关内容。】

2. 合作原则是言语交际的基本原则。但在实际的言语交际当中，出于某种需要，有时人们会故意违背合作原则。举例如下：

例1. 在医院里，医生常常会对垂危病人说假话，违背了质真准则，却是出于对病人生命安全的考虑。

例2. 骗子惯用假话行骗，诱使人们上当。与其说骗子违反了质真准则，倒不如说骗子利用了合作原则。

例3. 甲、乙同坐一个办公室，有人给甲打来电话。

乙：刚才谁打来的电话？（随便问问）

甲：我的女朋友。她又聪明又漂亮，身高一米七，性格活泼开朗，收入相当可观，还有一套三卧一厅的住房呢。

信息过量，违反了适量准则，有炫耀的意味。

例4. 母亲：你去哪儿？

孩子：出去一下。

信息不足，违反了适量准则，含有不愿告诉的意思。

信息不足和信息过量往往会产生会话含义。

例5. 甲：你看张三这个人怎么样？

乙：怎么又下雨了。

“王顾左右而言他”，违反了关联准则，有意避开敏感的话题。

例6. 有一段话语这样写道：“台风：12级，大风：8级，和风：4级，轻风：2级——耳边风：0级。”

违反了方式准则（不简洁），但采用了衬跌手法，取得了幽默讽刺的效果。

出于礼貌原则，也可能会违反合作原则。此处不再举例。总之，人们在言语交际过程中，有时出于安全、礼貌、交际策略等的考虑，可能会违背合作原则。

3. “言外之意，弦外之音”，通常不是指话语的字面意义，而是指语用意义或交际意图。情况很复杂，例如：

（1）蕴含。由“他到过天安门”，可以推知“他到过北京”。

（2）预设。由“他的哥哥在部队当兵”，可以推知“他有个哥哥”。

（3）会话含义（或叫“会话寓义”）。“他的车子还在楼下”，言外之意是他还在楼里或没有走远。

（4）交际意图。学生甲：我的钱用完了。（想借钱）学生乙：你爸爸昨天才来过。（不想借）

4. ①艺术修辞策略。②诙谐幽默策略。③委婉模糊策略。④提醒暗示策略。⑤语码转换策略。⑥范围限制策略。

【编者按：详见本章相关内容。当然还有其他策略，有待读者朋友们自己补充。】

5. 根据造成失误的原因，语用失误可以分为：①水平失误；②疏忽失误。

根据话语的意义类型，语用失误可以分为：①对象意义失误；②语句意义失误；③色彩意义失误；④文化意义失误。

根据是说的失误还是写的失误，语用失误可以分为：①口误；②笔误。

【编者按：详见本章相关内容。】

6. 一般情况下，句子的信息结构是：旧信息—新信息，即旧信息在前，新信息在后。例如，“客人来了。/来客人了。”前句的“客人”是旧信息，后句的“客人”是新信息。

但在一些句子里，新信息会出现在旧信息的前面。如在特指疑问句“谁拿了我的书？”“小李拿了你的书。”问答里，“谁”和“小李”成了信息焦点。

在强调句“是社会主义救了咱穷人。”这句话里，“社会主义”也是新信息。

在其他的特殊句式里，如对比、排比等，都有可能把新信息放在前面。

7. 关于母语学习（语言获得），先后出现过三种代表性理论。

（1）后天论（后天环境论）。代表人物是美国心理学家华生（Watson）和斯金纳（Skinner）。这种理论把语言看成一种像人类其他行为一样的行为，是通过习惯学会的。儿童学会母语要经过“模仿—强化—重复—形成”四个环节。这种理论不太注意儿童获得语言的主动性和先天因素的影响。

（2）先天论（先天能力论）。代表人物是转换生成学派的创始人——美国的乔姆斯基（Chomsky）。这种理论认为，儿童生来就具有一个由遗传因素决定的语言获得装置（Language Acquisition Device，简称 LAD），这个装置具有一套抽象的全人类共有的语法系统（“普遍语法”）和类似语言学家一样的语言分析能力。儿童学习语言就是根据一定的原则把普遍语法的参数赋予具体的值。但 LAD 在大脑中的组织形式如何，现在还是个谜。

（3）认知论（先天能力与后天环境结合论）。又叫“相互作用论”。代表人物是瑞士心理学家皮亚杰（Piaget）。这种理论认为，语言能力是人类普遍认知能力的一部分，语言能力产生于个体认知发展的一定阶段，儿童并没有先天的独立于认知能力之外的语言能力，认知能力和客观环境相互作用才能产生语言能力。

【编者按：三种理论的具体阐述详见邢福义，吴振国．语言学概论．武汉：华中师范大学出版社，2002. 320 ~ 323；彭泽润，李葆嘉．语言理论（第 2 版）．长沙：中南大学出版社，2002. 452 ~ 456.】

# 第八章　语言的演变

**一、教学目的与要求**

要求学习者掌握语言演变的相关知识和概念，了解语言不是孤立的，而是与社会共变的，能够用动态、发展的眼光看待语言，增强对语言使用复杂性的认识。

**二、教学重点**

（一）识记

历史音变　地域方言　社会方言　语系　亲属语言　“世界语”　语言借用　语言并用　语言共用　语言混用　语言转用　语言融合　双语现象　皮钦语　克里奥耳语　类推作用

（二）理解

1. 语言演变的原因。
2. 语言演变的特点。
3. 语言系统演变的具体表现。
4. 语言的谱系分类。
5. 地域方言、社会方言和亲属语言之间的异同。
6. 共同语的层次。

**三、教学难点**

对语言接触过程中几种特殊现象的理解。

语言像任何事物一样，从产生之时起，始终处在不停的运动之中，既有语言要素的变化发展，也有语言系统的变化发展。语言的运动变化可以从两个角度进行观察：从共时的角度，看语言成分在组合中、在语境中、在使用中如何变化，称为“语言的变化”，如前面讲述的语流音变、语境义变；从历时的角度，看语言在不同时期是怎样从一种状态发展到另一种状态的，看社会是怎样促进语言发展变化的，称为“语言的演变”。本章讲述后者。

## 第一节　语言的起源

### 一、关于语言起源的传说

语言起源之谜一直吸引着人类对之进行探讨。各个民族几乎都有关于语言起源的传说。比如汉族传说里讲女娲在造人的时候，就教会了人们说话。最著名的传说当数《圣经》的说法。《圣经·创世纪》第二章说，上帝用泥土造人，取名亚当，还把语言传授给了他。亚当又为万物起了名字。上帝只有一个，为什么世界上会有不同的语言呢?《圣经·创世纪》第十一章解释说，天下的人原先都讲一种语言，后来亚当偷吃了智慧果，他的后代变得越来越聪明，而且彼此可以协调行动，他们要齐心协力修建一座通天塔。这件事触怒了上帝。上帝想，天下的人都说一样的话，如今既能做起这等事来，以后就更没有他们干不成的事了。于是，为了阻止人们继续修建通天塔，就变乱了他们的语言。这些传说还都是前科学的，只能说明人们对这一问题颇感兴趣并试图解说。

### 二、关于语言起源问题的探讨

1. 手势说

这种看法认为，人类最初没有有声语言，只能靠手势交际，有声语言是在手势的基础上产生的。

亚当·史密斯（Adam Smith）是英国经济学家，杜加尔德·斯图瓦尔特（Dugald Stewart）是苏格兰哲学家。两人都认为，人类祖先有一个时期过着一种哑巴生活，唯一的交际工具只有身体的姿势和面部的表情，等到后来观念增多了，再也不能用手势指明的时候，才产生了语言。史密斯相信最先造出的都是动词，因为在他看来，事物可以用手比画，而动作不能；斯图瓦尔特却认为最先造出的是名词，因为动词可以用手势来补充。心理语言学的创始人——德国冯特（Wilhelm Wundt，1832—1920）也主张手势说。

但是，手势说不能解释手势是如何转变为有声语言的，也就是没有具体解释有声语言的真正起源。

2. 感叹说

这种看法认为，有声语言是从抒发感情的各种声音演变而来的。

这种观点最早由古希腊哲学家德谟克利特（Democritius，前 460—前 370）提出的。他认为，人类语言起源于某些具有单纯情感性质的音节。

孔狄亚克（Condillac）是法国的哲学家，曾于 1746 年著《人类认识起源论》，其中第二编专门讨论语言起源的问题。在他看来，人类最初之所以有语言，是由于情感冲动而发出各种叫声，并且伴以各种手势。其后这些叫声变成指称各种事物的声音，就有了语言。人类起初能够发出的声音是有限的，随后一代一代地增加，词汇也逐渐丰富，经过漫长岁月才成为真正的语言。

可是表示情感的声音只能成为一些感叹词，感叹词怎样变成其他的词，怎样发展成完整的语言系统，用这种理论难以解释。

3. 摹声说

这种观点认为，有声语言是人类通过模仿自然界的各种声音逐步演化而来的。

赫尔德（J. G. Herder）是德国的思想家，于 1772 年著《语言的起源》一书。他极力反对“上帝创造语言”这一当时正统的说法，因为语言中存在许多不合逻辑和混乱之处，可以证明语言由人创造。在他看来，语言中一切名词都是由动词变来的，也可以证明语言不是上帝创造的。据他说，上帝会先造名词，因为在逻辑上，这是最理想的程序。

人类如何创造语言？赫尔德认为是由模仿自然界的声音而来。人类能够从许多冲击到他的心灵深处的宛如汪洋大海的感觉中挑选出一个波浪来，紧紧抓住它，把它转变为语词。比如，当人们看见羊这种动物时，便对它的颜色、外形、性情有一个整体印象，这时，它咩咩地叫了。再次看到这种动物时，又听到它咩咩的叫声。“咩咩的叫声”是羊给人最突出的印象。于是，人们就用这种声音来给羊命名。

显然，这种理论只能解释拟声造词，对没有声音的事物、虽能发声但取名不同的事物，依然无法给出圆满的答案。

4. 社会契约说

这种看法认为，原始人起初没有语言，后来大家达成默契，约定了一些事物的名称，久而久之便产生了语言。

卢梭（J. J. Rousseau）是 18 世纪法国的作家、哲学家，著有《论语言的起源》一书，认为语言最初是人类经过详细考虑互相约定形成的，这种约定和社会制度的“民约”一样，都是社会秩序的基础。

上面提到的英国亚当·史密斯和苏格兰杜加尔德·斯图瓦尔特也都认为，语言符号的最初意义是经过人们共同协商确定下来的。

社会契约说注意到了语言符号社会性的一面，这是一种进步。但不能解释在有声语言产生之前，人类是靠什么来约定有声语言的。

以上这些关于语言起源的理论有个共同点，就是忽略了语言符号的任意性和社会的差异性。

19 世纪和 20 世纪这种探讨仍在继续。恩格斯在《自然辩证法》（1876）中提出“劳动创造了语言”的著名论断；鲁迅在《且介亭杂文·门外文谈》中提出“劳动号子说”，称原始先民是“杭育杭育派”作家。

## 第二节 语言演变的原因和特点

### 一、语言演变的原因

语言演变既有社会外部的原因，也有语言内部的原因。

1. 外因

社会外部的原因是语言演变的外因。语言随着社会的变化、发展、统一、分化、接触而发生相应的变化。

社会的变化发展必然在语言中产生反应。如现代汉语词语“人民公社”、“工分”、“阶级斗争”、“贫下中农”、“地富反坏右”、“走资派”、“红卫兵”、“三反”、“四清”等已渐隐退，代之而起的是“承包”、“股票”、“房地产”、“大款”、“手机”、“笔记本”、“卡拉 OK”、“MTV”、“黄赌毒”、“饮食文化”、“知识经济”、“信息高速公路”、“克隆”等新词语。

社会的统一要求语言的统一。秦始皇统一六国，规范了文字，促进了书面语的统一。“五四”时期要求言文一致，兴起“国语运动”，与资本主义在中国的发展有密切关系。欧洲各民族的共同语基本上都是在文艺复兴之后形成的，这与资本主义的兴起有很大关系。

社会的分化也会导致语言的分化。社会的不完全分化会导致地域方言的产生。汉语的方言十分复杂，与中国长期以来是封建小农经济、自足封闭式的生产、生活方式的社会状况紧密相关。移民（因战争、灾荒、军屯等原因）也会促使语言分化，如客家话的形成。即使是统一的社会，由于社会分工的不同，也会形成很多行业、不同的社会集团，便产生了语言分化的另一种现象——社会方言。社会的完全分化会导致亲属语言的产生。英语、德语、法语、意大利语、西班牙语、俄语等都源于“原始印欧语”，后来由于社会完全分化、民族独立，各自形成了独立的语言，它们有亲属关系。

社会的接触导致语言间相互影响和借用。各种语言都有一定数量的外来词便是社会接触的结果。社会接触越频繁，语言间相互借用的情况可能就越多。

2. 内因

语言内部的原因是语言演变的内因。外因为语言演变提供动力，内因决定演变的过程和方向。比如，外来词的借用是因为语言系统出现了“缺位”而与交际需要发生矛盾。借入之后，外来词也要纳入本土语言的音义系统。汉语外来词“沙发”（sofa）已纳入汉语的声韵调系统，词义也有扩大（包括单人沙发）。

语言系统内部各要素之间互相影响，也会促使语言的演变。比如“我”、“你”、“他”三称代词系统，内部相互影响，许多方言的“他”由于“我”、“你”的类推作用而变成上声。类推机制常会使不规则的变成规则的，在语言演变中起着重要的作用。

再如，语音演变能引起词汇、语法的演变。古汉语单音词占优势，那时音位数量较多，组合样式丰富，所以单音词虽多，但同音词并不是很多。如中古汉语“机”（见母，微韵）、“基”（见母，之韵），“交”（见母，肴韵）、“娇”（见母，宵韵），“尖”（精母）、“艰”（见母），各组不同音。后来由于音节结构简化、音位数量减少，每组都同音了。同音词的大量增加，给交际带来了负面影响。解决的办法之一是增加词的长度，由单音词转向双音词。语音的变化促使词汇产生了变化。有了双音词，就有双音词内部构造的问题（构词法）。音节数量的多少对句法结构也有影响。例如，“钢材质量”、“钢的质量”可说，而“钢质量”就难以被人接受；“种植花草”、“种花植草”、“种花草”可说，而“种植花”、“种植草”就不大好说。

## 二、语言演变的特点

1. 规律性

语言的演变不是杂乱无章的，而是有规律可循的，具有演变趋势的可预测性和演变过程的可解释性。比如汉语的历史音变、西方语音演变的“格里木定律”，词义的从单义到多义、从具体义到抽象义，语法单位的从实到虚（虚词、语法形式的产生），都有一定的规律可循。语言演变的总趋势是向着语音简明、词汇丰富、语法精密的方向发展。

2. 渐变性

语言的演变一般表现为渐变，从量变到质变，点滴积累，而不能像革命一样，采取暴风骤雨似的突变，这取决于语言的交际功能。即使单个人变了，但社会不接受，这种变化也不可能扩散，最终对语言不会产生什么影响。医此，一个新要素的产生，要经历从被社会逐渐认可到逐渐扩散的漫长过程。

3. 不平衡性

语言的各个要素以及要素内部的各个成员，演变的速度是不平衡的：词汇最快，语音次之，语法最慢，这与跟社会联系的紧密程度有关。词汇内部，一般词汇变化较快，基本词汇变化较慢；语音内部，单个音素变化较快，音位系统变化较慢，单向聚合群中的音位比双向聚合群中的音位变化要快；语法内部，单个语法成分变化较快，语法结构、语法系统变化较慢。

不平衡性还表现在区域分布上。不同方言演变的速度也不平衡。比如汉语方言，一般说来，北方方言演变较快，南方方言演变较慢。空间的不平衡往往也反映了时间的不平衡。

## 第三节　语言要素的演变

### 一、语音的演变

从一个时代到另一个时代所发生的语音变化叫历史音变（historical sound - change）。从中古汉语到现代普通话，语音系统发生了很大的变化。例如，声母方面就发生了“浊音清化，平送仄不送”的重要变化，即浊声母变成相应的清声母，平声的浊塞音或浊塞擦音归入送气的清塞音或清塞擦音，仄声的浊塞音或浊塞擦音归入不送气的清塞音或清塞擦音。比如：

| | | | | | |
|---|---|---|---|---|---|
| 并母[b] | [b] + 平声 → [p‘] | 皮 | 旁 | 盆 | 频 |
| | [b] + 仄声 → [p] | 倍 | 步 | 拔 | 弼 |
| 定母[d] | [d] + 平声 → [t‘] | 同 | 台 | 徒 | 屯 |
| | [d] + 仄声 → [t] | 队 | 弟 | 电 | 独 |

又如，“该”、“干”、“公”，“记”、“金”、“居”中古都属见母［k］，今天普通话分为［k］、［tɕ］两组。演变规律是：

［k］+洪音→［k］
见母［k］
［k］+细音→［tɕ］

可见，汉语声母的演变跟韵母、声调都有关系。

再如声调方面：

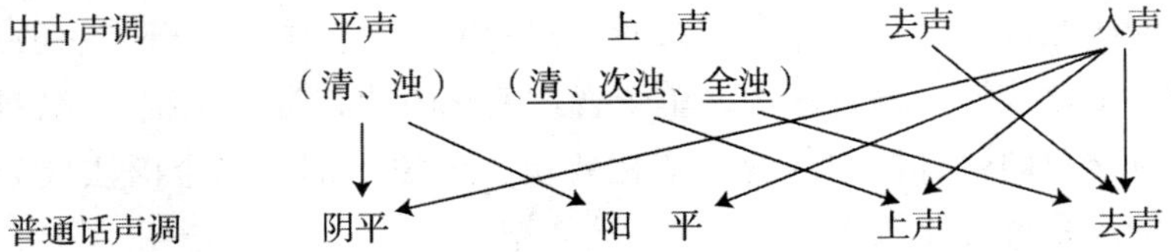


演变规律可以概括为：平分阴阳（中古平声分为普通话的阴平和阳平），浊上变去（中古全浊上声变为普通话的去声），入派四声（中古入声分派到普通话的四声之中）。

英语“元音大变动”是英语历史音变的一个重要方面。这种变动大约始于 1500 年，基本结束于 1750 年。如表 8－1 所示[①]。

**表 8－1　英语“元音大变动”的时代、过程与结果**

| 中古时期英语 | | 演变年代及过程 | | | | | 现代英语 | |
|---|---|---|---|---|---|---|---|---|
| 元音 | 例词 | 1300 年 | 1400 年 | 1500 年 | 1600 年 | 1700 年 | 元音 | 例词 |
| [iː] | rise（n） | | [ɪi] | [ʌi] | | | [ai] | rise |
| [uː] | mouth | | [əu] | [ʌi] | | | [au] | mouth |
| [eː] | feet | | | [iː] | | | [iː] | feet |
| [oː] | goos | | | [uː] | | | [uː] | goose |
| [ɛː] | beeme | | | | [eː] | [iː] | [iː] | beam |
| [ɔː] | ston | | | | [oː] | | [ou] | stone |
| [aː] | name | | | [æː] | [ɛː] | [eː] | [ei] | name |

英语“元音大变动”使得早期现代英语长元音发生了许多根本性的变化：几乎

① 秦秀白．英语简史．长沙：湖南教育出版社，1983. 96.

所有长元音的发音舌位都比以前有所抬高，在抬到顶点时又向双元音过渡；有的则从长元音直接演变为双元音。总之，发生了高化、复化的演变。①

历史音变还可以从共时的角度去观察，即从空间分布上的差异看时间上的演变。例如，汉语入声塞音韵尾的消失是一种历史音变，北京话已经完成了这种变化，但比较各地方言，可以理出入声塞音韵尾消失的大致过程。

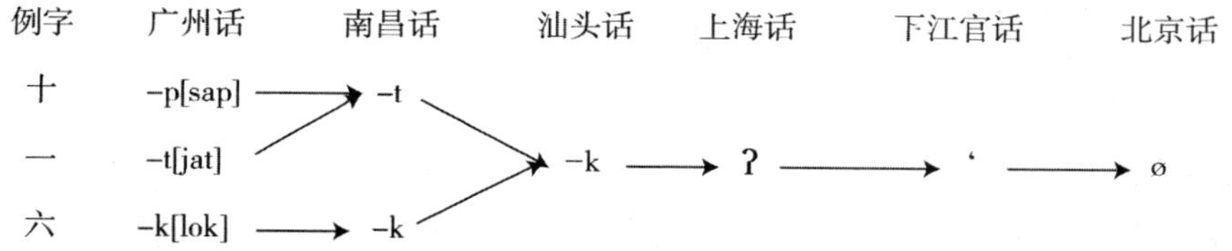


入声塞尾演变的趋势是：逐渐后化、弱化，以至消失。

语音的历史演变具有很强的规律性，如果出现例外，必定有其原因。但语音演变规律受一定的条件限制，超出这个条件，规律便不起作用。条件有：

（1）受相关语音限制。相关语音指相邻的或在同一个音节中的音。例如，汉语普通话里［tɕ］、［tɕʻ］、［ɕ］三个声母是从中古［k］、［kʻ］、［x］和［ts］、［ts］、［s］两套声母演变而来的。但只有［k］组和［ts］组声母跟齐、撮二呼韵母相拼时才变成［tɕ］组，与开、合二呼韵母相拼时并不发生变化。再如，中古声母的浊音清化规律，全浊声母变成送气清音还是不送气清音受声调平仄制约。

（2）受时间限制。语音演变规律是一定历史时期的产物，过了这个时期就不起作用了。例如，从拉丁语发展到法语的过程中，凡是在拉丁语“a”前边的“c［k］”，到法语里都变为“ch［ʃ］”，如 cattum→chat（猫）、campum→champ（田）。这种演变大约到 13 世纪基本结束。此后，这一规律便失去作用。如法语 camp（兵营），cavalier（骑士）等借词中的“c”就不再读“ch［ʃ］”，因为这些法语词是 13 世纪以后从意大利语借来的。

（3）受地域限制。某一演变规律在某一方言中起作用，在另一方言里可能就不起作用，语音演变只在一个区域内进行。例如，汉语声母浊音清化规律，在北方话系统中起作用，在吴方言和老湘语中就不起作用，所以这两种方言至今仍完整地保留着整套的全浊声母，没有发生清化现象。

① 倪明亮．人类语言纵横谈．北京：中信出版社，1990. 60 ~ 61.

## 二、词汇的演变

词汇演变的总趋势是词汇越来越丰富，表义越来越准确。词汇演变可以分为词形的变化和词义的变化两大方面。

### （一）词形的变化

1. 新词产生

新事物出现，要有新词指称它。新词产生的途径，一是发明新词，如“宇宙飞船”、“电脑”、“影碟机”；二是借用外来词，如“麦克风”、“卡拉 OK”；三是赋予旧词以新义，如“菜单”、“病毒”。

2. 旧词消亡

一些历史词当指称的对象消失时，词也就消亡了，如“皇帝”、“太监”、“八旗”等，但在叙述历史现象时还要用上。有的词指称对象并未消失，但附加色彩不恰当，也被新词取代了，如“老妈子→保姆”、“伙夫→炊事员”、“戏子→演员”。

3. 词形改变

古今基本同义的词，可能词形有所变化。主要通过两种方式，一是添加语素，例如：师→老师/师傅，椅→椅子；二是替换原形，例如：面→脸，目→眼睛，木→树。

### （二）词义的变化

1. 词义变化的表现

（1）理性意义的变化。理性意义的变化多种多样，主要表现为以下几种情况。

其一，深化。随着人们对事物认识的深入，词义也在深化。如对“人”的认识：古希腊认为“人是无羽毛的两腿动物。”十七、十八世纪时有人认为“人是能思维、有理性的动物。”美国的富兰克林提出“人是能制造工具的动物”。马克思、恩格斯认为“人是有语言、能思维、会制造和使用生产工具的社会动物。”恩斯特·卡西尔（Ernst Cassirer）把人定义为“符号的动物。”其他如“虹”、“鲸”，今天人们的认识与古人有很大的不同。

其二，增减。词语产生之初，一般是单义的，在使用过程中逐渐增义就成了多义词。例如：“泰山”，本是山名，后来又指岳父；“笔记本”，现在又指笔记本电脑。

词义引申一般通过隐喻和转喻方式。隐喻基于事物之间的相似性，转喻基于事物之间的相关性。例如，“深”，本义是“水深”，后来泛指“从上到下或从外到里的距离大”，再引申为“深奥”、“深刻”、“（颜色）浓”、“（时间）久”等，是通过隐喻方式产生新义的；“兵”，本义是“兵器”，引申为“拿兵器的人——士兵、战士”，“士兵”组成“军队”，“军队”从事“军事、战争”，是通过转喻方式产生新义的。词义引申的一般规律是：从个别到一般，从具体到抽象，从空间到时间。

也有相反的情况，有的词义在使用过程中会减少。还可能是，在一个时期词义增加了，到另一个时期却减少了。例如“惭”，本义是惭愧。《说文·心部》：“惭，愧也。”《孟子·公孙丑下》：“吾甚惭于孟子。”中古产生了“感激”义。《搜神记》卷二十：“不慎堕江，惭君济活。若有急难，当见告语。”江淹《别赋》：“乃有剑客惭恩，少年报士。”现代汉语保留了“惭愧”的意思，如“自惭形秽”，失去了“感激”的意思。从上古到中古，“惭”的词义增生，从中古到现代，“惭”的词义消减。

其三，分合。有的多义词的各个义位逐渐分化，由其他词承担。如英语词 tide，原来有“时间、小时、季节、潮汐”各义，后来分别由 time（时间）、hour（小时）、season（季节）分担各义，现在 tide 的常用义是“潮汐”。

有时，原来意义有分别的词在历史发展的长河中逐渐合并。例如，汉语的“衣”和“裳”。《诗·齐风·东方未明》：“东方未明，颠倒衣裳。”《诗·邶风·绿衣》：“绿兮衣兮，绿衣黄裳。”毛传：“上曰衣，下曰裳。”《说文·巾部》：“常，下裙也。从巾，尚声。裳、常或从衣。”通过借代作用，衣、裳都可泛指衣服。如《诗·豳风·七月》：“七月流火，九月授衣。”北魏郦道元《水经注·江水》：“巴东三峡巫峡长，猿鸣三声泪沾裳。”后来衣、裳渐渐不分，合为“衣裳”，指衣服。“牙”（本指臼齿、大牙）和“齿”（本指门牙、门齿）也发生了合并的变化。

（2）色彩意义的变化。在语言发展的过程中，词语的色彩意义也会发生变化（这里主要指感情色彩）。可能是贬义化。例如“德性”，古代指人的自然至诚的品性，含褒义。《礼记·中庸》：“故君子尊德性而道问学。”近代产生“品性，品质”义，中性词。李渔《风筝误·和鹞》：“就当才貌都有了，那举止未必端庄，德性未必贞静。”现代汉语指让人看不起的品行，含贬义。《现代汉语词典》（商务印书馆第6版第272页）认为“德性”同“德行（déxing）”，对“德行（déxing）”的解释是：“<口>讥讽人的话，表示看不起他的仪容、举止、行为、作风等”。下面的一则小幽默可资证明：

**【补充材料8-1　关于德行的幽默】**公交车很拥挤。突然一个急刹车，小伙子撞到了姑娘的身上。姑娘讥讽地说：“德性！”小伙子回应道：“不！是惯性！”

再如，“飞扬跋扈”原指意气举动越出常轨，不受约束，中性语词。例如，杜甫《赠李白》：“痛饮狂歌空度日，飞扬跋扈为谁雄”。今天多指蛮横放肆，目中无人，含贬义。

词语的色彩意义也可能褒义化。例如“客气”，古代有“言不由衷”、“虚夸浮泛”、“一时的意气”等义，含贬义。《宋书·颜延之传》：“虽心智薄劣，而高自比拟，客气虚张，曾无愧畏。”《史通·杂说中》：“其书文而不实，雅而无检，真迹甚寡，客气尤烦。”近代产生“谦让，讲礼仪”义，含褒义。李渔《玉搔头·媲美》：“你二人都不消客气，寡人决不为旧人情好，薄待新人；也决不为新人义重，冷落旧人。”现代沿袭了近代用法。

2. 词义变化的结果

词义演变的结果从外延上看有扩大、缩小、转移三种情况。

（1）词义的扩大。例如，“江”原来专指“长江”，“河”原来专指“黄河”，现在泛指一切河流；“嘴”原指“鸟口”，现在指一切动物的口。

（2）词义的缩小。例如，“臭”，原指一切气味，如“同心之言，其臭如兰”（《周易》），“与恶人居，如入鲍鱼之肆，久而不闻其臭”（刘向《后汉书》），今天只指一种难闻的气味；“禽”，原指鸟兽，今天只指鸟类；deer，原指动物，今天指鹿。

（3）词义的转移。例如，“闻”，今天已从听觉转到嗅觉；“领袖”已从衣服部件转到人；book，原是一种树木，今天指书。

## 三、语法的演变

1. 语法成分的变化

比较虚的语法成分一般是通过实词虚化形成的，这就是今天常说的“语法化”。如现代汉语的助词“着”、“了”、“过”，介词“把”、“被”等，都由实词逐渐虚化而来。汉语名词的前、后缀到汉代才开始产生。

2. 语法形式和语法手段的变化

古英语中 book 的复数形式是 bec，cow（母牛）的复数形式是 kine，而其他绝大多数名词的复数形式是通过附加词尾“s”的方式形成的。在类推的作用下，两者的复数形式都发生了规则性变化：bec→books，kine→cows，语法手段也由内部屈折法变为附加法。

上古汉语有不少“宾—动”式语序，如：“吾谁欺？欺天乎？”（《论语·子罕》）“我无尔诈，尔无我虞”（《左传·宣公十五年》），后来逐渐变为“动—宾”式。汉语中重叠这种语法手段也是后来才出现的。

3. 语法意义和语法范畴的变化

古英语有丰富的“数”、“性”、“格”的变化，现代英语中“性”已消失，“格”在代词中还有些残留，一般名词只有普通格和所有格的对立。

现代汉语用“着”表示的进行体或持续体，用“了”表示的完成体，用“过”表示的经历体，上古汉语就不具备。

4. 语法系统的变化

古英语形态变化十分丰富，十三四世纪以后开始简化，词序和虚词越来越重要，现代英语已趋向分析语。

古汉语形态成分很少，后来逐渐增加，形成了表示结构意义的结构助词，表示动态意义的动态助词，表示被动的“被”，表示逐指（如“人人”）、量小（如“看看”）、程度加深（如“高高兴兴”）等意义的重叠形式。但现代汉语仍是分析语。

## 第四节　语言的分化

社会的分化导致语言的分化。社会的不完全分化导致方言的产生，社会的完全分化导致亲属语言的出现。

### 一、方言

1. 地域方言

地域方言（regional dialect）是全民共同语的地方变体，是通行于某一区域的交际工具。人口的区域分布，是促使地域方言形成的直接原因。从汉语方言的块状分布中可以看出地理对语言的影响。战争、灾荒、军垦等都可以改变人口分布格局。地理原因只是表面原因，深层原因在于不同人群之间接触少。比如客家人信守“宁卖祖宗田，不改祖宗言”，保持了语言的纯一性。

2. 社会方言

社会方言（social dialect）是全民共同语的社会变体。人的各种社会因素如年龄、性别、职业、阶层等将人划分为一个个社会集团（言语社群），形成了社会方言。阶级习惯语（如沙龙语言）、隐语、行业语都是社会方言的具体表现。

3. 地域方言与社会方言的不同之处

首先，就分布空间看，地域方言具有地方性，方言的区分按不同分布地域的语言特点依地区划定；社会方言的不同则是缘于社会因素，并不绝对受地域的限制。以行业语来说，一种行业并非集中在同一地域，一个地方也不限于一种行业。

其次，就服务对象看，地域方言具有全民性，服务于该区域内的全体成员；社会方言则决定于不同社会成员的特殊需要，只服务于本社群的成员。

最后，就语言特点看，地域方言有自己的语音系统、基本词汇和语法结构；社会方言则只是牵涉到语言要素的一部分，只涉及特定范围内的语音、词汇、语法的一些特定结构，如改变常规的读音、一些特殊的用词、特定的措辞法等。比如过去山西理发社群的行话有一些特殊的用词，把“镜子”说成“隔山照”，“分头”说成“偏圪亮”；或改变词语的常规意义，“木耳”指“耳朵”，“滴水”指“兵”，达到不让外人听懂的目的。①

## 二、亲属语言

方言是语言的低级形式，受制于共同语。如果方言进一步分化以至于完全独立，就成为亲属语言。亲属语言（kinship languages）是从一种语言分化出来的若干种独立的语言。分化前的语言叫“原始母语”。如果把语言按照亲属关系分类，就是语言的谱系分类（genetic classification），也叫发生学分类（genetic classification）。一般分为四个层级：语系—语族—语支—语种（语言）。世界上的语言按亲属关系大致可以分为十二大语系，分别是印欧语系、汉藏语系、乌拉尔语系、阿尔泰语系、高加索语系（又称伊比利亚—高加索语系）、南印度语系（又称达罗毗荼语系）、南亚语系、南岛语系（又称马来—玻利尼西亚语系）、闪—含语系、尼日尔—科尔多瓦语系、尼罗—撒哈拉语系、科依桑语系。其中，印欧语系分为日耳曼、拉丁、斯拉夫、印度—伊朗等九个语族，汉藏语系分为汉语、藏缅、壮侗、苗瑶四个语族。

联合国六种工作语言的系属分别是，英语：印欧语系日耳曼语族，法语、西班牙语：印欧语系拉丁语族，俄语：印欧语系斯拉夫语族，汉语：汉藏语系汉语族，阿拉伯语：闪—含语系闪语族。

日语、朝鲜语系属不明。

中国境内的56个民族，使用130种左右的语言②，分属汉藏、阿尔泰、南亚、南岛、印欧五大语系。

---

① 钱曾怡．方言研究中的几种辩证关系．文史哲，2004（5）．

② 孙宏开．用科学的眼光来看待我国的语言识别问题．语言文字应用，2005（3）．

## 第五节　语言的统一

语言、方言分歧严重，会影响人们交际，需要共同语（common language）作为桥梁。共同语按其使用的范围，可以分出不同的层次。

### 一、区域共同语

区域共同语是通行于一个民族内部的一些地区的交际工具。如粤语、闽南话、潮州话等不仅在大陆的某些地方通行，而且海外、境外的一些华人也把它们作为共同语。

### 二、民族共同语

民族共同语是一个民族全体成员共用的交际工具。如汉语普通话。民族共同语选择哪种方言作为基础方言，取决于政治、经济、文化等多种因素。例如，现代汉民族共同语以北方话为基础方言，主要是政治的原因；英吉利共同语以伦敦地区方言为基础方言，主要是经济的原因；意大利共同语以多斯岗方言为基础方言，主要是文化的原因。

### 三、族际共同语

族际共同语是一个国家内不同民族之间的交际工具。如普通话，国内许多少数民族也把它作为共同的交际工具。

### 四、国际共同语

国际共同语是不同国家交往时使用的交际工具。英语是当今国际交往当中使用最频繁的语言。目前，正式的国际共同语还没有形成，即使是使用范围最广的英语，也没有达到遍及每个国家的程度。

从 17 世纪开始就不断有人设计人工的国际辅助语，方案很多，据统计已超过

500 种。比较著名的有 Volapük、Esperanto、Ido、Interlingua、Occidental、Novial 等。影响最大、最成功的方案是由波兰医生柴门霍夫（Zamenhof）于 1887 年创制的 Esperanto，早期汉译为“万国新语”，又称“爱斯不难读”，现在一般称为“世界语”，意思是“希望者”。它以印欧语言为基础，用拉丁字母拼写，共有 28 个字母，一个字母只表示一个音，重音位置固定；词根从德语、拉丁语和斯拉夫语中选出，并参考这些语言的语法拟定 16 条语法规则，各个词类都有特定的词尾。规则简明，简单易学，流行很广。

## 第六节　语言的接触

社会的接触必然带来语言的接触。语言接触指不同的民族之间互相交往，使不同的语言之间互相影响。民族之间的文化交流、经济往来、政治影响、战争攻防、人口迁徙以及通婚杂居等，都可以引发语言的接触。语言接触的方式、过程和结果是多种多样的，可以概括为语言借用、语言并用、语言共用、语言混用、语言转用等几种类型。

### 一、语言借用

语言借用指一种语言借用其他语言的词汇成分、语音成分或语法成分的现象。

语言借用最常见的是词汇成分的借用，在“词汇”一章里已经谈过。有一种特殊的词语借用现象——回借，指有的词本来是借出的，后来又从其他语言再借回来。例如，汉语“大风”借入英语，译为 typhoon，再借回来，成了“台风”（专指 10 级以上的海洋强热带风暴）；“博士”在汉语中原指一种官职或专精一艺的官职名，借入满语，借回时成了“把式”，借入日语，借回时成了学位的最高一级。

词语还有可能辗转借用，甲语言借给乙语言，乙语言又借给丙语言。

语音成分和语法成分也可以借用。例如，裕固语从汉语借入大量词语后，增加了［ʃ］、［f］两个辅音，还增加了［ai］、［au］、［ei］、［iɛ］、［uo］、［yɛ］等 16 个复元音；白语原来的语序是“主语 + 宾语 + 动词”，后来借入了汉语的“主语 + 动词 + 宾语”的语序；汉语由于受英语的影响，也借入了不少欧化句式。

由于几种语言彼此相邻经常接触，互相借用较多的语言成分，结果使这些不同的语言具有了某些共同的语言特点，就形成了语言联盟。如欧洲巴尔干半岛的语言联盟，包括罗马尼亚语、保加利亚语、阿尔巴尼亚语、匈牙利语、塞尔维亚—克罗地亚语、马其顿语、土耳其语。这些语言有些属于不同语族甚至不同语系，但由于互相借用，在语法上具有许多共性，便形成了语言联盟。语言联盟各成员的语言特点相似是由于地域相邻互相接触的结果，但不一定同源；亲属语言各成员的语言特点相似是由于来源于同一母语，但在地域上不一定相邻，如印度的梵语与欧洲的许多语言。

## 二、语言并用

语言并用指同一语言社团或个人同时熟练地运用两种或两种以上语言的现象。一般称为双语（bilingualism）或多语现象（multilingualism）。例如，新加坡同时以英语、汉语、马来语和泰米尔语作为官方语言；芬兰的许多地区，人们既讲芬兰语，又讲瑞典语；英国威尔士人对内讲威尔士语，对外讲英语。我国许多少数民族常常本族语和汉语并用。我国云南的景颇族一部分人使用景颇语，一部分人使用载瓦语，对整个景颇族来讲，也可以看作语言并用。

双方言（bidialectalism）或多方言现象（multidialectalism）可照此类推。

## 三、语言共用

语言共用指不同的语言社团共同使用同一种语言的现象。如英国、美国、加拿大、澳大利亚共同使用英语。语言共用有时是语言融合的结果。例如，由于满语渐趋消亡，满族和汉族共同使用汉语。

## 四、语言混用

语言混用指不同语言混杂使用的现象。有语码混用、皮钦语、克里奥耳语等。

### 1. 语码混用

语码混用（code-mixing）指不同语言的词语形式夹杂在一起使用的现象。如“I服了you”“hold得住”等说法，就是英、汉夹杂。这种现象目前在汉语的使用中有蔓延的趋势，尤其在网络语言、流行歌曲中更为多见。

### 2. 皮钦语

皮钦语（pidgin）是掌握不同母语的一些人在特殊地区为某种交际需要而混杂形

成的临时的交际工具。俗称“洋泾浜语”。如过去上海、广州出现的洋泾浜英语：“two piece book（两本书）”，“My no can（我不能）”，用汉语的语法、英语的词语组成。由于词汇少，一些事物会用比况的说法，如“grass belong to face（胡子）”。

3. 克里奥耳语

克里奥耳语（creole）是作为某个社会集体的母语使用的、由两种或多种语言混杂形成的正式的交际工具。一般称为“混合语”。海地有以法语为基础的混合语，牙买加有以英语为基础的混合语。非洲也有几种混合语。我国青海省黄南自治州同仁县使用的五屯话，是汉语、藏语和保安语混合的结果；四川甘孜藏族自治州雅江县一带的倒话，由汉语和藏语混合而成；西藏自治区察隅县的扎话，由藏语和格曼语混合而成①。

皮钦语和克里奥耳语的共同点是，都是不同语言混合的结果。区别在于：①皮钦语只作为临时的交际工具使用，没有人把它作为母语；克里奥耳语是正式的语言，有人把它作为母语来学习和使用，地位跟通常的语言完全一样。②皮钦语只有口头形式，没有书面形式；克里奥耳语既有口头形式，也有书面形式。

## 五、语言转用

语言转用指一种语言取代另一种语言的现象。就一个语言社团来讲，就是放弃原来使用的语言，转用另外的语言。一般称为“语言融合”。语言转用有自愿转用和被迫转用两种方式。我国历史上鲜卑族自愿放弃自己的语言，改用汉语，后来融进了汉族的血液。满语也逐渐被汉语取代。被迫转用一般是通过殖民政策强迫推行，如英语、西班牙语的广泛使用，包含着殖民政策的血雨腥风。法国作家都德的《最后一课》，就是对语言被迫转用的生动描写。

# 本章小结

语言处在不断的运动和变化之中，语言要素和语言系统都在缓慢地变化、发展，既有语言内部的原因，也有语言外部的原因。语言在分化、统一、接触的过程中会产生丰富多样的语言现象，比如方言、亲属语言、共同语、双语、语码混用、皮钦语、

---

① 孙宏开．用科学的眼光来看待我国的语言识别问题．语言文字应用，2005（3）．

克里奥耳语等。

**建议阅读文献：**

1. 陈保亚．论语言接触与语言联盟——汉越（侗台）语源关系的解释．北京：语文出版社，1996.

2. 陈建民．中国语言和中国社会．广州：广东教育出版社，1999.

3. 陈松岑．语言变异研究．广州：广东教育出版社，1999.

4. 丁声树．谈谈语音构造和语音演变的规律．中国语文，1952（创刊号）.

5. 郭熙．中国社会语言学．南京：南京大学出版社，1999.

6. 李荣．语音演变规律的例外（1965）．//音韵存稿．北京：商务印书馆，1982.

7. 齐沪扬，陈昌来．应用语言学纲要．上海：复旦大学出版社，2004.

8. 邢欣．都市语言研究新视角．北京：北京广播学院出版社，2003.

9. 徐通锵．历史语言学．北京：商务印书馆，1991.

10. 祝畹瑾．社会语言学概论．长沙：湖南教育出版社，1992.

11. ［德］J. G. 赫尔德．论语言的起源．姚小平译．北京：商务印书馆，1998.

## 知识与技能训练

### 一、名词解释

1. 历史音变（南开大学 2004）

2. 类推作用（北京语言大学 2006。//苏州大学 2001：类推在语法发展过程中起着什么样的作用？//华南师范大学 2013：简述类推作用。）

3. 社群语汇（华中师范大学 2001）

4. 语系（中国人民大学 2005。//南京大学 2007：语言的谱系。）

5. 汉藏语系（南开大学 2005）

6. 印欧语系（苏州大学 2001、南开大学 2004）

7. 亲属语言（首都师范大学 2001、苏州大学 2002、中国人民大学 2003、北京语言大学 2004、南开大学 2006、南京师范大学 2010）

8. “世界语”（苏州大学 2001、暨南大学 2006）

9. 语言融合（北京语言大学 2003、南京大学 2006、南京师范大学 2011。//北京语言大学2000：语言的融合是指两种语言相互影响而结合成一种新的语言，成为不同民族的共同交际语言吗？为什么？//北京语言大学2004、2006：自愿融合。//中国人民大学2006：什么是语言转用？语言转用实现的条件有哪些？）

10. 双语现象（苏州大学2001、中国人民大学2004）

## 二、术语比较

1. 地域方言/社会方言（北京语言大学2000。//中国人民大学2002：社会方言和地域方言的不同表现在哪里？//南京师范大学2010：社会方言和地域方言有什么联系和区别？）

2. 地域方言/亲属语言（华南师范大学2013：亲属语言和地域方言的区别。）

3. 谱系说/波浪说（清华大学2008）

4. 洋泾浜语/克里奥耳语（武汉大学2004。//北京语言大学2000：混合语。//中国人民大学2001、南京师范大学2009：洋泾浜。//中国人民大学2002、中山大学2008：克里奥耳语。//苏州大学2002、中国人民大学2004：什么叫洋泾浜语？什么叫克里奥耳语？两者有何联系与区别？//北京语言大学2004：论述洋泾浜和混合语的产生过程和关系。//北京语言大学2007：洋泾浜与克里奥耳语的区别。）

## 三、填空

1. 人类语言发展的原因主要有（　　）、（　　）、（　　）。（华中师范大学2005）

2. 语言发展的两个基本过程是（　　）和（　　）。（华中科技大学2005）

3. 有的语言随着社会的分化可以变成（　　），它们之间存在语音（　　）。人们正是根据这种关系来确定（　　）的。（华中科技大学2005）

4. 地域方言形成的原因主要是（　　）和（　　）。（华中师范大学2001）

5. 亲属语言中同一语系内部根据亲属关系的远近可以进一步分为（　　）、（　　）和（　　）几个层次。（华中师范大学2005）

6. 英语属于（　　）语系（　　）语族，法语属于（　　）语系（　　）语族，藏语属于（　　）语系（　　）语族。

7. 俄语属于（　　）语系的（　　）语族。（北京师范大学2003）

8. 一般认为，汉藏语系除汉语外还包括（　　）、（　　）、（　　）三个语族。（中国人民大学2003）

9. 几个民族的融合，哪一种语言能成为全社会的交际工具，是由（　　）决定

的。（华中科技大学 2005）

10. 混合语主要有（　　）和（　　）两种类型，其中（　　）可以作为母语使用。（华中师范大学 2002、2005）

11.（　　）是被社团作为母语使用和学习的混合语，（　　）是一个语言社团共同使用的语言，（　　）是语言的地域变体，（　　）是由同一种原始母语分化出来的不同语言。（华中师范大学 2001）

12. 方言和亲属语言都是语言（　　）的结果，而（　　）和克里奥耳语则是语言（　　）所致。（北京师范大学 2007）

13. "世界语"是由（　　）医生（　　）在（　　）年设计创制的一套（　　）的国际辅助语。（华中师范大学 2001）

14. 词汇意义变化的主要三种形式是词义的（　　）、词义的（　　）和词义的（　　）。（南开大学 2004）

**四、判断正误并说明理由**

1. 社会制度的突变可以引起语言的突变。（南开大学 2006）

2. 语言系统内部的各个要素中，一个要素的变化往往会引起有关的其他要素的变化。（华中科技大学 2003）

3. 地域方言是指不同语言由于语音、词汇和语法等方面的差异而在不同的地区形成的地域分支或变体。（华中科技大学 2003）

4. 一种语言和另一种语言的差别较大，而同一种语言内部的几种地域方言差别较小，这是不同语言和不同地域方言的本质区别。（苏州大学 2000）

5. 社会方言属于某一言语集团，具有排他性的特点。（中国人民大学 2003）

6. 在世界语言中，分布最广的语系是汉藏语系。（华中科技大学 2005）

7. 意大利语是日耳曼语族。（南京大学 2002）

8. 我国境内各民族所操的语言均属汉藏语系。（苏州大学 2000。//苏州大学 2001：我国境内各民族所操的语言并不都属汉藏语系。）

9. 在语言成分的借用中，语音和语法成分是不可能被借用的。（华中科技大学 2003）

10. "雷达、拖拉机、扑克、面包"都属于借词。（南开大学 2004）

11. 语言的融合是指不同语言的杂糅、拼合。（华中科技大学 2003）

**五、问答**

1. 语言演变有哪些方面的原因？（北京语言大学 2000、2004：语言演变的内外因。//中国人民大学2001：怎样看待语言内部因素在语言发展演变过程中所起的作用？//首都师范大学2002：影响语言发展变化的因素。）

2. 为什么说社会交际是语言发展的最基本条件？（中国人民大学2002）

3. 结合实例谈谈社会的进步和人类思维的发展对语言发展所产生的影响。（中国人民大学2004）

4. 语言演变有哪些特点或规律？（北京语言大学2003：语言发展的基本规律。）

5. 语言发展的不平衡性具体体现在哪些方面？（华中科技大学2003）

6. 语言的发展演变体现在哪些方面？（中国人民大学2006：语言的发展演变可以从许多方面体现出来。请就此问题作一个全面的论述。）

7. 试述语音演变的规律性及其特点。（复旦大学2005。//北京语言大学2007：语音演变规律的特点。）

8. 举例说明词汇和词义历时发展变化的动因、途径和表现形式。（武汉大学2007）

9. 从古代汉语发展到现代汉语，在语法方面主要发生了哪些变化？（苏州大学2002。//苏州大学2001：从古代汉语发展到现代汉语，在语法的聚合规则方面发生了哪些变化？//暨南大学2007：试论语法组合规则的历史发展。）

10. 什么是共同语？现代汉民族共同语是什么？（南京师范大学2010。//山东大学2005：共同语。）

11. 一种方言成为基础方言应具备哪些条件？（中国人民大学2000。//中山大学2006：一种方言成为共同语的基础方言是由什么因素决定的？请举例说明。//南开大学2006：作为共同语言基础的方言，应该具备什么条件？//南京师范大学2011：什么是基础方言？请举例具体说明成为基础方言的条件有哪些。）

12. 什么是社会方言？社会方言主要包括哪几种类型？（华中师范大学2008。//苏州大学2002、北京语言大学2003、复旦大学2005、南开大学2006、南京师范大学2009：社会方言。）

13. 什么是行业语？试列举10个网络语言中的词语。（华中师范大学2003）

14. 在方言分歧比较严重的社会，如何实现语言的统一？（中国人民大学2003）

15. 共同语对方言的影响主要表现在哪些方面？如何看待这种影响？（中国人民大学2005）

16. 什么是语言规划？语言规划主要包括哪些内容？（华中师范大学2007）

17. 什么是语言的规范化？（中国人民大学2000）

18. 试论语言的发生学分类。（南京师范大学2000。//北京语言大学2000、

2001：谱系分类。//北京语言大学 2003：语言谱系分类与类型分类的比较。//华中科技大学 2003：语言的谱系分类依据的标准是什么？//武汉大学 2004：语言的形态学分类与谱系分类。）

19. 我国境内的语言分属哪几个语系？汉藏语系语言的主要特点是什么？（中国人民大学 2000）

20. 联合国的六种工作语言分别属于哪个语系、哪个语族？

21. 试论语言的混合。（南京师范大学 2000。//华中师范大学 2006：简述什么是语言混合。//中国人民大学 2006：语言混用现象。）

22. 语言的接触对语言的发展会产生怎样的影响？（中国人民大学 2000。//北京语言大学 2001：简述语言接触的原因、类型和过程。//苏州大学 2001、2002：在不同语言的接触过程中，产生借词是常见的现象，但有时也会产生语音、语法规则的借用。请举例说明。//中国人民大学 2008：谈谈语言的接触。//华南师范大学 2013：语言接触有什么结果，试举例分析。）

23. 目前港台有这样一种语言现象，例如："你 read 不 read 这本书？""我 no can 告诉你。"你认为这是什么现象？试分析一下它形成的原因和发展前途。（华中科技大学 2002）

## 参考答案

### 一、名词解释

1. 历史音变：从一个时代到另一个时代所发生的语音变化。

2. 类推作用：在语言演变过程中，有一种经常起作用的力量，使语言朝着整齐划一的方向发展。这种力量就是类推作用。类推能铲除例外，使不规则的规则化、条理化。如英语 book 的复数形式原来是 bec，而大多数名词复数采取后加-s 形式，由于类推作用，books 最终取得了胜利。类推还能创造新形式，如根据"酒吧"，人们类推出"茶吧"、"话吧"、"网吧"、"书吧"等。新语法学派十分强调类推在语言演变中的作用。

3. 社群语汇：为某一社会群体使用的、与其他社群不同的词语总汇。阶级习惯语、行业语、隐语等都含有社群语汇。如山西理发社群的行话把"镜子"说成"隔山照"，"分头"说成"偏圪亮"，"木耳"指"耳朵"，"滴水"指"兵"，达到不让外人听懂的目的。

4. 语系：来源于同一个原始母语的语言归在一起而建立起来的语言大家族。这是语言的谱系分类（或叫"发生学分类"）中的最高层级。世界上的语言可以分为 10 多个语系，如汉藏语系、印欧语系、阿尔泰语系等。

5. 汉藏语系：根据发生学分类法分出的语系之一。由来源于共同的原始汉藏语的语言组成。

主要分布在亚洲东部、中部和东南部，使用人口10亿以上。国内学者一般认为，汉藏语系包括汉语、藏缅、壮侗、苗瑶四个语族的语言。

6. 印欧语系：根据发生学分类法分出的语系之一。由来源于共同的原始印欧语的语言组成。分布在欧洲、亚洲、美洲等地，使用人口约17亿。现存的语言分属日耳曼、凯尔特、拉丁（又称罗曼）、波罗的、斯拉夫、印度—伊朗、希腊、阿尔巴尼亚、亚美尼亚九个语族。

7. 亲属语言：由同一种原始母语分化出来的不同的语言。如汉语和藏语是亲属语言，英语、法语、俄语也是亲属语言。亲属语言内部各语言之间亲疏关系会有不同。

8. “世界语”：人工的国际辅助语。从17世纪开始就不断有人设计，方案很多，据统计已超过500种。影响最大、最成功的方案是由波兰医生柴门霍夫（Zamenhof）于1887年创制的Esperanto，早期汉译为“万国新语”，又称“爱斯不难读”，现在一般称为“世界语”，意思是“希望者”。它以印欧语言为基础，用拉丁字母拼写，共有28个字母，一个字母只表示一个音，重音位置固定；词根从德语、拉丁语和斯拉夫语中选出，并参考这些语言的语法拟定了16条语法规则，各个词类都有特定的词尾。规则简明，简单易学，流行很广。

9. 语言融合：一种语言取代其他语言，成为不同民族共同的交际工具的现象。又叫“语言同化”或“语言替换”。有自愿融合和被迫融合两种方式。就一个语言社团来讲，就是放弃原来使用的语言，转用另外的语言，所以又叫“语言转用”。语言转用实现的条件：族群杂居，密切接触；经济文化，以强胜弱；人口影响，以多胜少。

【编者按：详见邢福义，吴振国．语言学概论．武汉：华中师范大学出版社，2002. 308、311 ~ 312.】

10. 双语现象：同一个语言社团或个人同时熟练地运用两种语言的现象。同一个语言社团或个人同时熟练地运用三种或三种以上语言的现象称“多语现象”。有时两个术语不作细分。双方言、多方言现象道理同此。

**二、术语比较**

1. 地域方言/社会方言：地域方言是全民共同语的地域变体，是通行于某一地域的交际工具；社会方言是全民共同语的社会变体，是为某一言语社群使用的交际工具。

地域方言与社会方言的不同之处是：

（1）就系统性质看，地域方言是个自足的系统，不需要借助其他系统就能完成交际；社会方言是个不自足的系统，只是对共同语某些成分（主要是词语）进行改变，它需要借助某种共同语才能完成交际。

（2）就分布范围看，地域方言具有地方性，方言的区分按不同分布地域的语言特点从地区上划定，分布有一定的空间；社会方言的不同则是缘于社会因素，并不绝对受地域的限制。

（3）就服务对象看，地域方言具有全民性，服务于该区域内的全体成员；社会方言具有社群性，只服务于本社群的成员。

（4）就语言特点看，地域方言有自己的语音系统、基本词汇和语法结构；社会方言则只是牵涉到语言要素的一部分，只涉及特定范围内的语音、词汇、语法的一些特定结构，如改变常规的读音、一些特殊的用词、特定的措辞法等。

【编者按：请参看钱曾怡．方言研究中的几种辩证关系．文史哲，2004（5）．】

2. 地域方言/亲属语言：地域方言是民族共同语的地域变体，是通行于某一地域的交际工具；亲属语言是来源于同一原始母语的若干种独立的语言。虽然前者也来源于同一母语，但不独立，受共同语的制约。如果社会完全分化，地域方言有可能分化为亲属语言。语言本身差别的大小并不一定是区别两者的决定性因素，确定是地域方言还是亲属语言，还要考虑社会、民族等因素。如汉语各方言的差别并不比许多印欧语系语言的差别小，甚至更大，但仍是地域方言，因为上面还有民族共同语的存在。

3. 谱系说/波浪说：谱系说又称“谱系树理论”（family tree theory），由德国语言学家施莱赫尔（August Schleicher）首先提出。1863 年他仿效生物遗传发展的思路，在《达尔文理论与语言学》中将语言间的关系谱系化，认为语言也是有生命的，有生、老、病、死各个演化阶段。一个原始母语（protolanguage）会衍生出若干个儿女语（daughter languages），随着这些儿女语的诞生，这个原始母语也就随之消亡了。之后儿女语会发生同样的分化，衍生出若干个孙儿语……如此便形成了今天世界上的各种语言。有共同来源的各个语言组成亲属语言，可以对它们进行历史比较研究。这个理论模型的特点是只关注语言有规律的分化，而忽略了语言之间横向的相互影响，因而有其片面性。

1872 年，德国另一位语言学家施密特（J. Schmidt）提出“波浪说”，以与“谱系说”抗衡。施密特认为，语言的演变犹如在水塘里扔进一块小石子所产生的波浪那样，由中心向四周扩散。假设有 A、B、C、D、E、F、G 几种语言，D 的变化会扩散到 A、B、C，也会扩散到 E、F、G，使 A、B、C 和 E、F、G 具有 D 的一些特点。离波源越近，受影响的程度越大，因而相互的共同点也就越多。其他语言如 A、B、C、E、F、G 也都可以发生类似 D 那样的变化，结果就使不同的语言之间呈现出一些相同的特点，不同于每一语言自身发展的规律。这是使语言演变规律产生例外的一个重要原因。

谱系说着眼于语言在时间上的有规律的发展，使语言间呈现出清晰的纵向分化关系，便于对有共同来源的语言进行历史比较研究；波浪说着眼于语言在空间上的扩散，强调语言间的相互影响及对语言演变规律的干扰。两个理论模型看似对立，实则互补，各自弥补对方的一些局限，共同促进了人们对语言发展规律的研究。

4. 洋泾浜语/克里奥耳语：洋泾浜语（又叫“皮钦语”，英语 pidgin）是在特殊地区为暂时的交际需要而形成的临时混合语；克里奥耳语（又叫“混合语”，英语 creole）是作为言语社群母语使用的正式混合语。洋泾浜语和克里奥耳语的共同点是，都是由两种（或多种）语言混合的结果。区别在于：①洋泾浜语只作为临时的交际工具使用，没有人把它作为母语；克里奥耳语是正式的语言，有人把它作为母语来学习和使用，地位跟通常的语言完全一样。②洋泾浜语只有口头形式，没有书面形式；克里奥耳语兼具口头和书面两种形式。洋泾浜语一旦作为母语使用，就会升格为克里奥耳语。

**三、填空**

1. 社会原因　认知原因　语言自身原因

2. 分化　统一
3. 亲属语言　对应关系（对应规律）　语言的亲属关系
4. 交际的阻碍　异族语言的影响
5. 语族　语支　语种（语言）
6. 印欧　日耳曼　印欧　拉丁　汉藏　藏缅
7. 印欧　斯拉夫
8. 藏缅　壮侗　苗瑶
9. 社会历史条件
10. 皮钦语（或“洋泾浜语”）　克里奥耳语　克里奥耳语
11. 克里奥耳语　共同语　地域方言　亲属语言
12. 分化　皮钦语（或“洋泾浜语”）　接触
13. 波兰　柴门霍夫　1887　人工
14. 扩大　缩小　转移

**四、判断正误并说明理由**

1. 错误。尽管社会制度的突变会对语言产生巨大影响，但不会使语言产生突变，这是由语言的交际功能决定的。语言的发展具有渐变性特点。

2. 正确。语言是个系统，系统内部的各要素互相影响。

3. 错误。地域方言隶属同一种语言，受这种语言的民族共同语制约，而不是“不同语言”。

4. 错误。语言和地域方言的主要区别在于：语言是独立的，地域方言是民族共同语的地域变体。不能仅凭语言本身差别的大小来判断是语言还是方言，还应结合社会等语言外部的因素加以定夺。

5. 正确。社会方言为某言语集团服务，其他集团不用、少用甚至不懂，因此具有排他性。

6. 错误。在世界语言中，分布最广的是印欧语系。

7. 错误。意大利语属于印欧语系拉丁语族。

8. 错误。我国境内各民族使用的语言分属汉藏、阿尔泰、南亚、南岛、印欧五大语系。另外还有系属未定的语言。

【编者按：“我国境内各民族所操的语言并不都属汉藏语系。”此说法正确。】

9. 错误。在语言成分的借用过程中，词汇成分的借用最为常见，但语音、语法成分也可能被借用。

10. 错误。借词通常指音与义都借自外语的词，意译词一般不看作借词。所以“雷达”、“扑克”是借词，而“拖拉机”、“面包”不是借词。

11. 错误。语言的融合是指一种语言取代其他语言，成为不同民族共同的交际工具的现象。

**五、问答**

1. （1）社会方面的原因。语言反映社会生活，社会促进语言变化。语言随着社会的变化、发展、统一、分化、接触而作出相应的变化。

社会的变化发展必然在语言中产生反应。社会的统一要求语言的统一，促进共同语的形成。社会的不完全分化和社会群体的划分导致地域方言和社会方言的形成。社会的完全分化导致亲属语言的形成。社会的接触导致语言的相互影响和借用，语言成分的借用、双语、皮钦语、克里奥耳语等语言现象的出现都是社会接触的结果。

【编者按：详见本章相关内容。】

（2）认知方面的原因。语言演变还受认知规律制约。比如，词义的引申一般是从具体到抽象。隐喻在语义演变中起着重要作用。如汉语表示人体部位的“头、手、腰、腿、脚”等，都可以用来表示物体作用类似的部位，如“山头、船头、机械手、桌子腿、山腰、山脚”等，其他语言也有类似的情况。表示空间的词通过隐喻表示时间，如“前面、后面、眼前”等。类推也与认知有关。人们心理上倾向于规则化、条理化，类推作用有助于铲除不规则和“例外”。如英语 peas（豌豆）本来是单数形式，由于类推作用，重新分析后成为 pea + s 形式，现在 peas 成了复数形式。古汉语否定句中，代词本来放在动词前面，如《诗经·硕鼠》“莫我肯顾”，但由于“动 + 宾”为强势格式，到现代汉语中“代 + 动”式也类推成“动 + 代”式。

（3）语言内部的原因。社会、认知方面的原因是语言变化的外因。外因是变化的条件。语言内部的原因，如语言和言语的矛盾运动，口语和书面语的相互影响，语言各子系统和子系统内部各单位的相互作用，决定着语言成分和语言系统演变的具体过程和结果。概括起来，形式和意义这一对根本矛盾是推动语言演变的内部动力。举例说来，中古汉语见组声母要不要变成舌面声母，受韵母“等”“呼”制约；全浊声母变成送气清音还是不送气清音，受声调平仄制约。词汇双音化影响词汇结构，也影响句法结构。在一个小系统里，词义引申相互激发，如“红—白—黑”。

【编者按：请参看邢福义，吴振国．语言学概论．武汉：华中师范大学出版社，2002. 291 ~ 293.】

2.（1）语言是人类最重要的交际工具，这一本质决定了语言的生命在于交际，只有实现交际功能才能体现语言的价值。如果一种语言不再作为交际工具使用，那么它的生命就会终结，成为死语言，自然不会有什么发展。

（2）社会交际充分，语言就会走向统一。欧洲各国民族共同语的形成基本上都在资本主义兴起之后。资本主义的大工业生产方式、大市场的物流方式，带来人口的频繁流动和集中，必然要求语言统一。如果社会交际不充分，或交际中断，就会出现方言甚至独立的语言。汉语方言的形成是社会交际不充分的结果。

（3）无论是语言要素的变化，语言系统的发展，还是双语、皮钦语、克里奥耳语等特殊现象的出现，本质上都取决于社会，取决于人。如果没有人的使用，没有社会交往，语言自身又怎能发展变化呢？

3.（1）社会的进步对语言发展会产生巨大影响。新事物出现，必然导致新词语的产生，如“电脑”、“手机”、“太空站”；新的社会现象的出现也需要新词语反映，如“改革开放”、“承包”、“炒股”、“网吧”；科技文化进步使词义产生变化，如“桥”、“纸”，从字形上可以看出，古代的桥以木制的为主，纸多以布、帛、丝、网为原料，与今天的桥和纸大不相同。

（2）人类思维的发展对语言发展也有很大影响。认识水平的提高，使词义更能反映事物的本质，如古人认为鲸是鱼类，现在知道鲸是哺乳动物。抽象能力的增强，使词义更具概括性，语法更加精密化。如我们的古人对不同事物的“白”给予不同的名称，月白为“皎”，日白为“晓”，人白为“晰”，雪白为“皑”，草花白为“皅（bā）”，玉石白为“皦（jiǎo）”等，而今天都只用一个“白”，其他意思则用短语表达，这样更为概括经济。受西方语言的影响，现代汉语长句子的使用越来越多，越来越灵活，使表意更为精密，这也是思维缜密化的一个体现。

4. 邢福义、吴振国主编的《语言学概论》（华中师范大学出版社，2002，294～296）一书中总结为三条规律：渐变律、不平衡律、相关律。

彭泽润、李葆嘉主编的《语言理论》（中南大学出版社，2002，379～387）一书中总结为五条规律：渐变性规律、不平衡性规律、补偿性规律、类推性规律、效率性规律。

渐变性指语言发展变化只能采取逐渐变化的方式，不能突变，这是由交际性质决定的。

不平衡性指语言发展变化的速度表现在各子系统、各变体、不同时期上快慢不同。

相关性和补偿性指语言要素和单位互相关联，一个发生变化，会使其他的也产生变化；这方面消失了，会在其他方面得到补偿。

类推性指语言发展变化有规则化的趋势。

效率性指语言发展变化的目标是提高语言使用的效率，在表义明确的前提下，形式尽量经济。

编者觉得条件性也很重要。所谓条件性指语言发展变化受一定的条件制约，如历史音变受相邻语音、时间、区域等限制。这样语言发展变化才具有可解释性，而不是无规律地乱变。

【编者按：对这些规律的详细解释请看上列文献。】

5. 语言发展的不平衡性指不同时期、语言的各要素及语言的各变体发展变化的速度是不一样的。具体表现在以下方面：

（1）语言各个子系统发展变化不平衡。词汇系统最快，语音次之，语法最慢。这跟与社会变化的联系疏密有关。词汇系统中，一般词汇变化快，基本词汇变化慢。

（2）语言的各个变体发展变化不平衡。如不同的地域方言变化快慢不同。就汉语方言来说，一般是北方方言变化较快，南方方言变化较慢；交通发达的城区变化较快，闭塞的乡村变化较慢。再如，口语比书面语变化快，青年人的语言比老年人的语言变化快。

（3）语言在不同时期发展变化不平衡。社会处于大变动时期，如战乱、大规模的文化交流、社会制度发生巨大变革时，对语言的影响较大。如“五四”运动、新中国建立、改革开放等重大事件，都对汉语产生了很大的影响。

6. （1）宏观上，语言与社会共变。社会的发展变化、统一、分化、接触都会促使语言产生相应的变化。

（2）中观上，语言系统在朝着简明、丰富、精密的方向发展。语音系统越来越简明，词汇系统越来越丰富，语法系统越来越精密。

（3）微观上，语言的发展演变体现在语音、词汇、语法各个要素上。

【编者按：此题只列答题思路，详细内容请读者朋友补充。】

7. 与语言的其他要素相比，语音的历史演变具有更强的规律性。其特点主要表现在两个方面：一是规则性。系统内部具有强烈的一致性，同类的情况要变都变，要不变都不变。如果出现例外，必定有其原因。例如，从中古汉语到现代普通话，全浊声母全部清化，无一例外。二是条件性。规律发生作用不是无条件的，或者说，条件性也是规律性的一个重要方面。条件有：①受相关语音限制；②受时间限制；③受地域限制。

【编者按：关于“条件性”，详见本章有关内容。】

8. 动因：①社会的发展促使词汇的发展。②人们认识水平的提高、心理因素的变化（如求简、求美等）促使词汇的发展。③词汇系统内部的矛盾和调整也会促使词汇的发展。

途径和表现形式：①新词的产生。②旧词的消亡。③词语的替换。④词义的演变：扩大、缩小、转移。词义引申的途径主要是隐喻和转喻。

【编者按：此题只提供思路，有待读者朋友补充完善。】

9. （1）组合规则方面，最显著的是语序的变化。如疑问代词作宾语和人称代词在否定句中作宾语，放在动词之前，这是先秦的常规语序，如“吾谁欺？欺天乎？”（《论语·子罕》）“不吾知也”（《论语·先进》）“忌不自信”（《战国策·邹忌讽齐王纳谏》）。自汉魏以后，特别是南北朝以后，这种语序逐渐变成“动—宾”式。今天有一些词如“自信”、“自夸”、“自杀”，还保留了古代句法的痕迹。偏正结构在定型以前，曾经历了一个“偏正”和“正偏”并存的阶段，如今天很多南方方言还把“公鸡”说成“鸡公”，也是古代语序的遗留。“五四”以后，汉语从西方语言里吸收了一些欧化句式，如复句的正偏式，像“今晚月光却很好，虽然是淡淡的”（朱自清《荷塘月色》）之类。

（2）聚合规则方面，比较明显的变化有以下几点：

①词类方面，出现了新的词类——量词，古汉语“一桌、一椅”现在要说成“一张桌子、一把椅子”；词的句法功能逐渐单一，如“沛公军灞上”、“旦日飨士卒，为击破沛公军”（《史记·项羽本纪》），“军”既可作动词，又可作名词，到现代汉语里只有名词一种用法。

②出现了较虚的构词成分（词缀）和构形成分。如后缀“子”、“头”、“儿”、“化”，表示体的“着”、“了”、“过”，表示被动的“被”，表示复数的“们”等。

③有的语法手段不用了，如通过改变声调来改变词的语法功能的内部屈折法，像“春风（fēng）风（fèng）人”、“春雨（yǔ）雨（yù）人”；产生了新的构词手段，大量运用复合法和附加法构词，这是古汉语少有的；产生了新的构形手段，如附加法，加“了”、“们”等表示一定的语法意义，重叠法，如“天天”、“个个”、“做做”、“蓝蓝”表示不同的语法意义。

④出现了新的语法范畴，如动词的体、名词的数、形容词的程度等。

需要说明的是，从古代汉语到现代汉语，语法的发展不可能是跳跃的，而是渐变的。以上举例只是演变的结果，而没有叙述过程。

【编者按：请参看叶蜚声，徐通锵．语言学纲要．北京：北京大学出版社，1997. 234 ~ 241.】

10. 共同语通常指一个民族全体成员共同使用的语言。也可以指一个社团、区域间交际时甚至在国际交往中人们共同使用的语言。可分区域共同语、民族共同语、族际共同语和国际共同语等不同层次。

现代汉民族共同语是以北京语音为标准音，以北方话为基础方言，以典范的现代白话文著作为语法规范的汉语，即普通话。

11. 基础方言指一种民族共同语形成时作为基础的方言。一种语言的共同语是在某一个方言的基础上形成的。一种方言能否成为基础方言，取决于社会经济、政治、文化、人口等各方面的条件。

汉民族共同语以北方方言为基础，主要是政治的原因；伦敦地区方言成为英吉利共同语的基础方言是由于经济的原因；多斯岗方言成为意大利共同语的基础方言是由于文化的原因。

【编者按：详见叶蜚声，徐通锵．语言学纲要．北京：北京大学出版社，1997. 194～195.】

12. 社会方言是全民共同语的社会变体，是为某一言语社群使用的交际工具。人的各种社会因素如年龄、性别、职业、阶层、文化程度、宗教信仰等将人划分为一个个社会群体（言语社群），不同的社会群体之间使用的语言有各种差异，就形成了社会方言。社会方言主要有阶层语、行业语、隐语、宗教和帮会用语等。

13. 行业语是一个行业内部成员使用而其他行业的人不用或很少使用的特殊用语，一般也叫“行话”。如教育行业的“教案”、“期终考试”、“夹带”，体育行业的“射门”、“投篮”、“手球”，影视广播行业的“导播”、“换场”、“生”、“旦”等。行业语有时也会成为全民词语，如“麻痹”、“突击”等。

网络词语如“登录”、“伊妹儿”、“MM（妹妹）”、“GG（哥哥）”、“斑竹（版主）”、“大虾（大侠）”、“网虫”、“网恋”、“黑客”、“病毒”等。（其他例子自己找）

14. （1）在方言分歧比较严重的社会，实现语言的统一具有重要意义。因为方言歧异，会给人们的交际带来困难，甚至难以交际，这就给人们的生活、工作造成障碍，不利于社会的发展。

（2）建立明确的标准，让人们有据可依。实现语言的统一，就要确立共同语。而共同语要有明确的标准，以便方言区的人模仿、学习。如普通话就有比较明确的标准。

（3）做好宣传。方言是在长期的历史过程中形成的现象，人们的母语就是方言，对方言有特殊的感情，有一种“方言情结”，需要做好宣传工作。推广共同语并不就是消灭方言，两者可以共存，只是使用的场合不同。

（4）讲究方法。在方言分歧比较严重的社会推广共同语不能搞绝对化、一刀切，而应分阶段、分层次地进行，循序渐进，逐渐推广。行政命令和宣传引导相结合，调动广大群众学习共同语的积极性和主动性。

15. （1）共同语引导方言发展的方向，吸引方言向自己靠拢，抑制方言特色生长，最终走向语言的统一。

（2）共同语对方言的影响渗透到语音、词汇、语法各个要素。方言区的人学习共同语要学习语音、词汇、语法各个方面，结果淡化了方言特色，最终影响到整个方言系统。

（3）统一的社会要求语言统一，共同语对方言的影响是必然的，是不以人们的意志为转移的，而且越是经济发达的社会，这种影响就越剧烈。因此，我们应该顺应这种趋势，不必为方言唱挽歌。可以做的工作是，在方言消亡之前，及时调查整理，建立方言档案，以便研究。

16. 语言规划是国家或社会团体为了对语言进行管理而开展的各种工作的统称。在语言的发展过程中，人们并不是消极地任由语言自发地发展，而是主动地采取各种手段和措施，积极推动、引导语言健康地发展，甚至会对语言进行干预，使之出现预期的结果。这些工作就是语言规划。在我国，过去习惯上称为“语文建设”。

语言规划的内容很多，主要包括民族共同语的确立和推广、规范和完善，语言选择，语言协调，语言调查，科技术语的统一和标准化，文字的创制和改革等等。

17. 语言的规范化就是根据语言的发展规律为语言的运用确定语音、词汇、语法各方面的标准，把那些符合语言发展规律的新成分、新用法固定下来，加以推广，使之广泛地为人们的交际服务；而对于那些不符合语言发展规律的成分和用法，根据情况妥善地加以处理。确立规范化标准的时候，要充分考虑这样几个原则：①约定俗成的原则。就是有些说法看似不合逻辑，但已被大众广泛接受和使用，也应该认为是规范的，如“救火”、“打扫卫生”之类。②柔性的原则。语言规则不是法律，不能整齐划一，一律强制执行。刚性的标准可以强制执行，比如要求大众必须使用规范的简化字；但有些标准要有弹性，重在引导。③发展的原则。语言是变动不居的，有了规范化标准也不能一劳永逸，而应随着语言的发展适时作出调整。

18. 语言的发生学分类又叫谱系分类，是按照语言的历史来源和亲属关系的远近来给语言划分的类。凡是具有共同历史来源的语言同属一个语系。语系下面根据亲属关系的远近分为语族、语支、语群、语种（语言）。按照发生学分类法，世界上的语言可以分为十二大语系：印欧语系、汉藏语系（又称“印支语系”）、乌拉尔语系、阿尔泰语系、高加索语系（又称“伊比利亚—高加索语系”）、南印度语系（又称“达罗毗荼语系”或“德拉维达语系”）、南亚语系（又称“澳斯特罗—亚细亚语系”）、南岛语系（又称“马来—玻里尼西亚语系”）、闪—含语系（又称“阿非罗—亚细亚语系”）、尼日尔—科尔多瓦语系、尼罗—撒哈拉语系、科依桑语系。还有些语言系属不明。

【编者按：类型分类和形态学分类，请看第五章相关内容。】

19. 我国境内56个民族使用约130种语言，分属五大语系。属于汉藏语系的有汉语、藏语、壮语、苗语、彝语等；属于阿尔泰语系的有维吾尔语、哈萨克语、蒙古语、赫哲语等；属于南亚语系的有佤语、布朗语、德昂语等；属于南岛语系的有高山族的语言；属于印欧语系的有俄语、塔吉克语。另外，广西的京语和吉林延边地区的朝鲜语系属未定。

汉藏语系语言的主要特点是：有声调系统；词序和虚词是主要的语法手段；大多数语言量词丰富；单音节词根占绝大多数。

20. 英语：印欧语系日耳曼语族；法语：印欧语系拉丁语族；俄语：印欧语系斯拉夫语族；汉语：汉藏语系汉语族；西班牙语：印欧语系拉丁语族；阿拉伯语：闪—含语系闪语族。

21. 语言混合指不同语言混杂在一起的现象。根据混合的程度，可分为三种情况：

（1）语码混用。在同一句话里，不同语码夹杂使用。如“你有事就 call 我”、“I 服了 you”之类。这种情况混合的程度较轻。

（2）洋泾浜语。由两种或多种语言混杂而成的临时的交际工具。如过去的洋泾浜英语，用的是英语的词汇、汉语的语法，例如，two piece book（两本书），My no can（我不能）。这种情况混合的程度居中。

（3）克里奥耳语。由两种或多种语言混杂而成的一种新的正式的交际工具。洋泾浜语一旦成为某些人群的母语，便会升格为克里奥耳语。这种情况混合的程度最重。

22. 语言的接触是指不同民族互相交往，使不同语言互相影响。语言接触会产生一些特殊的语言现象。

（1）语言成分的借用。最常见的是词汇成分的借用。如汉语在不同的历史时期从多种外民族语言中借入词汇成分，如“单于、胭脂”（古突厥语），“玻璃、师子（狮子）”（古波斯语），“佛、菩萨”（古梵语，来自佛经），“沙发、俱乐部”（英语）等。当然也有借出的时候，如“茶、丝”被多种西方语言借用。还有借出又借回的情况，如“大风”借入英语，音译为 typhoon，汉语借回时成了“台风”。

语音成分和语法规则也可能借用。如裕固语从汉语借入大量词语后增加了［ʃ］、［f］两个辅音和［ai］、［au］、［ei］、［iɛ］、［uo］、［yɛ］等 16 个复元音；白语原来的语序是“主 + 宾 + 动”，后来借入了汉语的“主 + 动 + 宾”的语序；汉语的“正在 + VP + 中”（如“正在进行中”）的格式借自日语。

（2）语言联盟。由于几种语言彼此相邻经常接触，互相借用较多的语言成分，结果使这些不同的语言形成了某些共同的特点，便结成语言联盟。如欧洲巴尔干半岛的语言联盟，包括罗马尼亚语、保加利亚语、阿尔巴尼亚语、匈牙利语、塞尔维亚—克罗地亚语、马其顿语、土耳其语，这些语言有些属于不同的语族甚至不同的语系，但由于互相借用而在语法上具有许多明显的共性。与亲属语言不同的是，语言联盟的相似性是由于借用产生的，它们不一定同源，只在地域上邻近。亲属语言一定同源，但地域上不一定邻近。

（3）双语现象。

（4）语言融合。

（5）皮钦语。

（6）克里奥耳语。

【编者按：最后四个术语的解释请参看相关题。请参看邢福义，吴振国．语言学概论．武汉：华中师范大学出版社，2002. 306 ~ 316.】

23. 可以看作语码混用现象，是语言接触的一种结果。所谓语码混用（code-mixing），指不同语言的词语形式夹杂在一起使用的现象。由于港台是双语社会，同时通行汉语（当地叫“华语”或“国语”）和英语，两种语言经常换用，有时就会出现两种语言的词语形式混杂在一起的情况。近些年，大陆的一些歌词中也开始出现这种现象并有所蔓延，原因有二：一是模仿，二是求新。

这种现象的前途无外乎两种：一是消亡，被同一种语码替代；二是形成新的混合语。编者认为，就目前的情势推测，随着汉语国际地位的提升，港台乃至大陆这种语码混用的现象只是暂时的（不一定就是一年两年），成为新的混合语的可能性不大，最终会被汉语这种语码统一。不过，这个过程会是相当漫长的。

# 第九章　语言学的发展

**一、教学目的与要求**

要求学习者了解中外语言学发展的主线，掌握基本史实，能够用历史的眼光评价前人及其成果，达到以古鉴今的目的。

**二、教学重点**

（一）识记

“六书”　反切　洪堡特　施莱赫尔　索绪尔　布龙菲尔德　乔姆斯基　《梵语语法》　《普通语言学教程》　《句法结构》　唯理语法　新语法学派　布拉格学派　哥本哈根学派　描写学派　转换生成语言学

（二）理解

1. 语言学发展的主线。
2. “语言学”和“语文学”的不同。
3. 古希腊语言研究的主要成就。
4. 我国古代语文学的主要成就。
5. 历史比较语言学的主要奠基人及其主要成就。
6. 索绪尔语言理论的主要观点。
7. 转换生成语言学与结构主义语言学的不同之处。

**三、教学难点**

历史比较语言学、结构主义语言学和转换生成语言学的主要理论和方法。

纵观世界语言学的发展史，可以大致清晰地看到这样一条发展脉络：传统语文学时期→历史比较语言学时期→结构主义语言学时期→转换生成语言学时期→多元时期。

## 第一节　传统语文学时期

### 一、总体特点

通常把19世纪历史比较语言学产生以前的语言文字研究称为“传统语文学”或“传统语言学”。

一般认为，传统语言学有三大发源地，即古代印度、古希腊罗马和古代中国。也有人认为有四大发源地，即包括古代阿拉伯。各国的学术传统不尽相同，甚至差别很大，相互之间的借鉴尤其是东西方之间的交流很少。尽管如此，仍然存在许多共性：

（1）历史悠久，各自独立。传统语言学持续两千多年，18世纪末以前都属于这个时期。公元前4世纪，印度学者巴尼尼（Pānini）的《梵语语法》就取得了很高的成就。成书于约公元前3世纪的中国的《尔雅》是世界上第一部语义分类词典。欧洲从18世纪末开始基本转入历史比较语言学时期，而中国没有这个时期。这个传统在中国一直延续到清末，因此中国的传统语文学要比欧洲长一个世纪。

（2）语义中心，解经致用。人们对语言文字的研究主要是给古代的经典文献作诠释和评注，以便让人读懂。中国“小学”的三个门类，都是为语义服务的，语义是整个语文研究的“靶心”，文字学据形（字形）释义，音韵学“因声求义”，训诂学直接通义。即使对虚词的阐释，也是以顺通语义为目的。强烈的语义旨趣与读书解经的实用目的密切相关。中国的语文学主要是因解读儒家经典著作而兴起，印度的《梵语语法》也是为解读佛教经典文献《吠陀》（*Veda*）服务的。

（3）重视文献，轻视口语。侧重书面语研究，研究范围多局限在经典文献，对活的口语研究甚少。扬雄的《方言》是个例外，在2 000多年前，扬雄就对汉语方言进行了调查和整理工作，确实了不起。但总起来看，这种对鲜活语料的研究少之又少。

（4）学科不独立，方法不系统。这时期的研究一般说来比较零散，只涉及一种语言的某些问题或某一方面的问题，不全面也不系统，很少考虑建立完整的体系；没有形成属于语言研究的特有的一套方法，多为直观感悟式研究，有的只能说是体会，具体使用的方法散见于各处，没有从方法论的角度加以总结、推广。

当然，我们不能苛求古人，“后之视今犹今之视昔”。由于以上特点，这时的语言研究习惯上称为“语文学”。有人认为，称“语文学”有贬低的意思。但我们认为，语文学也是语言学的一部分，称“语文学”是为了彰显它的特点。

## 二、主要成就

### （一）古代印度的语文学

印度最古老的宗教文献和文学作品是公元前1500年用古代梵文书写的《吠陀》（*Veda*），而梵语在公元前5世纪就不再用作日常的交际工具了，只在宗教活动和学术活动中使用。久而久之，人们便无法读懂《吠陀》。

公元前4世纪，著名学者巴尼尼（Pānini）在汇集前人研究成果的基础上，撰写成《梵语语法》。由于分为八个部分阐述，所以又称《八章书》。该书用诗歌体写成简练的规则，共计3 996条，当时的人们尤其是僧侣们乐于记诵。

这部著作对梵语的语音结构和语流音变、词形变化和词的结构、词类和句子都进行了精密的分析和描述。丹麦著名的语言史学家威廉·汤姆森（Vilhelm Thomsen，1842—1927）在《十九世纪末以前的语言学史》中指出：“印度教徒语言研究水平之高令人叹为观止，欧洲的语言科学虽然向印度人学到了很多东西，但直到十九世纪尚未达到这样高的水平。”布龙菲尔德在《语言论》中称赞这部著作“是人类智慧的丰碑之一”。

### （二）古代希腊和罗马的语文学

1. 古代希腊哲学家对语言的研究

公元前5世纪左右，希腊哲学家们对词与物的关系进行了讨论。观点可分为两派，一派主张“按本质”，即名称反映事物本质，名与实相符；一派主张“按规定”，即人们按习惯给事物命名，名与实没有必然联系。

公元前4世纪，柏拉图（Plato，约前427—前347）在《对话录》中把词分为静词（或译为“主词”）和动词（或译为“述词”）两个范畴：能被陈述的词叫静词，能对静词陈述的词叫动词。这种观点对以后关于词的分类和各种语法范畴的建立产生了巨大影响。亚里士多德（Aristotle，前384—前322）在两类词之外还分出系词（包括连词、冠词等），并看出了“数”和“格”的分别。但他们的思考还是纯思辨的，属于逻辑的范畴。

2. 古代希腊的语法学

亚里士塔尔库斯（Aristarchos，约前215—前143）是著名的《荷马史诗》的编辑者和批评家，亚历山大里亚学派的主要代表人物。他第一次把词分为系统的8类，即名词、动词、分词、冠词、代词、前置词、副词、连接词。

他的学生狄奥尼修斯·特拉克斯（Dionysius Thrax，前170—前90）在公元前100年写出了第一部系统的描写古希腊语语法的著作《语法术》（*Téchnē grammatikē*，又译为《读写技巧》）。特拉克斯继承了老师8类词的观点，并对每类词逐一定义，形成了相当完备的词类理论。这部著作简要描述了希腊语的结构，提到两个基本的语法单位——句子和词。虽然只有短短的400行，但奠定了传统语法学词法的基础。

迪斯科勒斯（Appollonios Dyskolos）写出了希腊语句法著作《句法论》（*Peri syntāksēos*），区分了相当于后世的“主语”和“谓语”，弥补了《语法术》的不足。

古希腊的语言研究使人类从理性上具备了最基本的语言知识，希腊语法的研究成果构成了西方两千多年传统语法的基本原则，传统语法学的很多术语可以溯源到希腊语法体系。

3. 古代罗马的语法学

罗马人继承了希腊人的语法学说，几乎没有原则上的变动。其贡献在于用希腊语法体系研究拉丁语，并传播了希腊人的语法思想。

古罗马最著名的语法学家瓦罗（M. J. Varro，前116—前27）著《拉丁语》，是第一部拉丁语标准语法。该书分词源学、形态学和句法学三部分。他的贡献是区分了词的屈折形式和派生形式，比较详细地考察了拉丁语的性、数、格的变化体系和结构功能。

古罗马后期最重要的语言学家普里西安（Priscian）在5世纪末所著《语法学》，是罗马语法著作的代表。他的著作直到中世纪还被视为语法学界的权威。

### （三）古代中国的语文学

1. “名”、“实”之争

春秋战国时期，我国古代哲学界发生了与古希腊相似的“名”、“实”之争，参加讨论的有老子、孙子、杨朱、墨子、公孙龙子、荀子等人。荀子提出了著名的“约定俗成”的观点，他说：“名无固宜，约之以命。约定俗成谓之宜，异于约则谓之不宜。名无固实，约之以命。约定俗成谓之实名。”

2. 文字学

《说文解字》，东汉许慎编撰，收字9 353个，另重文1 163个，建立了540个部首，用“六书”解说字形，是我国第一部最完备的字书。汉字部首系统的建立是许慎的重大贡献。

“六书”之说最早出于《周礼·地官·保氏》。西汉末刘歆对其进行了最早的解释，他在《七略》里说：“古者八岁入小学，故周官保氏掌养国子，教之六书，谓象形、象事、象意、象声、转注、假借，造字之本也。”班固承其说。许慎对“六书”之名作了修订，明确了“六书”的含义。《说文解字·叙》说：“周礼八岁入小学，保氏教国子先以六书。一曰指事，指事者视而可识，察而见意，上下是也。二曰象形，象形者画成其物，随体诘诎，日月是也。三曰形声，形声者以事为名，取譬相成，江河是也。四曰会意，会意者比类合谊，以见指撝，武信是也。五曰转注，转注者建类一首，同意相受，考老是也。六曰假借，假借者本无其字，依声托事，令长是也。”①今天所用的“六书”，取许慎所定之名，刘歆所排之序。

3. 训诂学

《尔雅》，著者无考，成书于约公元前3世纪。今本19篇，按义类编排，分释诂、释言、释训、释亲、释宫、释器、释乐、释天、释地、释丘、释山、释水、释草、释木、释虫、释鱼、释鸟、释兽、释畜。前3篇所收是古代一般词语，约占全书的三分之一；后16篇是关于各种名物的训释，约占全书的三分之二。唐初陆德明在《经典释文》叙录里说：“尔，近也；雅，正也。言可近而取正也。”就是用当时通用的词解释一组义同或义近的古语或方言的词。该书是我国最早的一部训解词义的著作。

《方言》，全名是《輶轩使者绝代语释别国方言》，西汉扬雄编撰。该书不仅把许多意义相同或相近的方言词语汇集起来加以解释，而且分别注明各地的说法，各地某些通用的词也有说明，还大致勾画出当时的全国方言区划。它是我国也是世界上第一部方言比较词汇著作。尤其难能可贵的是，它重视民间口语，能以活的语言为对象进行调查研究，这对于两千年前的学者来说，确实不简单。

《释名》，东汉刘熙编撰，用声训之法解释事物命名的由来。今本27篇，分别为天、地、山、水、丘、道、州国、形体、姿容、长幼、亲属、言语、饮食、采帛、首饰、衣服、宫室、床帐、书契、曲艺、用器、乐器、兵、车、船、疾病、丧制。该书完全从声音上探求事物命名的理据，用同音词或近音词解释名称的由来。《释名》可以看作古人探讨名实关系的一次具体实践，是汉语语源学的重要著作。书中记录了不少汉代通用的词语以及词语之间音同或音近的关系，对考证汉末词语及语音系统，有重要的参考价值。

《尔雅》、《方言》、《释名》和《说文解字》合称我国秦汉时期四大训诂学名著，是我国训诂学的基石。到清代乾嘉时期，我国的训诂学达到鼎盛。

---

① 中国大百科全书出版社编辑部．中国大百科全书·语言文字．北京：中国大百科全书出版社，1988. 260.

4. 音韵学

中国古代注音有直音、读若、譬况等方法，直到“反切”的出现，注音才逐渐成熟。“反”和“切”都是拼合的意思，用两个字拼一个字的音，上字取声，下字取韵和调，如“东，德红切”，使注音方法跨进一大步。“反切法”大约兴起于汉代中叶，受梵音的影响而发明，至汉魏间开始风行。

最早的韵书是北魏李登的《声类》（已亡佚）。现存最早的韵书是隋代陆法言等人编纂的《切韵》，分为193个韵部。后代对这部韵书有一些修订，影响最大的是北宋陈彭年等修订的《大宋重修广韵》（1008年），将韵部增至206部。元代周德清编《中原音韵》（1324年），以大都音（今北京音）为准，反映了北方近代汉语的语音面貌。

唐末僧人守温用30个汉字表示30个声母，宋代增至36个。宋元时期出现了不少按字母、韵类和声调排列的图表，这就是韵图。比较有名的韵图有《韵镜》、《七音略》、《切韵指掌图》等。

明清学者在古音研究方面取得了辉煌的成就。代表人物有陈第、顾炎武、江永、钱大昕、戴震、王念孙、段玉裁、章太炎等。

5. 语法学

我国古代没有独立的语法学。虽然清代刘淇的《助字辨略》（1771年）和王引之的《经传释词》（1789年）对虚词进行了较为系统的研究，但一般将其归入训诂学，不算是建立起了传统语法学体系。这种状况直到《马氏文通》才开始改变。马建忠的《马氏文通》（1898年）是第一部系统的汉语语法学著作。

### （四）古代阿拉伯的语文学

阿拉伯语语法的奠基者一般认为是7世纪的阿布尔·阿斯瓦德（Abul Asvad），另一个是萨卡费（Sakafi）。两人通过对《古兰经》的深入研究，初步奠定了阿拉伯语语法的基础。

8世纪，形成了阿拉伯语语法学的两个重要学派，一个是巴士拉学派（Basra school），另一个是库法学派（Kufa school）。两个学派长期对峙。

巴士拉学派的创始人海利勒（’A. al-Khalīl，718—791）编撰了第一部阿拉伯语词典《真主的书》，并建立了阿拉伯语诗律体系。他的学生波斯人西巴维希（Sibawaihi）写出第一部系统的阿拉伯语法著作《书》（*Al – Kitabu*），两卷上千页，既讲词法，也讲句法，把词分为名词、动词和虚词三类，用“施事”“受事”论的格位学说统领全书，论据丰富，完整而成系统。该学派为阿拉伯语语法学奠定了坚实的基础。库法学派的创始人是 A. H. 凯萨依。

10 世纪，两个学派合并成巴格达学派，最重要的代表人物是古太巴（Ibn Qutai-ba），曾编写一本《口语句法指南》。

从 11 世纪到 12 世纪，阿拉伯的语文研究逐渐进入了它的古典时期的末期，大部分精力集中在语法和词典的编纂上面。

16 世纪起，阿拉伯的语文研究开始衰落。

#### （五）17 世纪法国的唯理语法

17 世纪，法国出现一种唯理语法或普遍语法思潮，用逻辑研究语法。属于波尔·罗瓦雅尔学派（或教派）的阿尔诺（A. Arnauld，1612—1694）和朗斯洛（C. Lancelot，1615—1695）合著《普遍唯理语法》，1660 年在巴黎出第一版。其哲学基础是笛卡尔的理性意义。该书是西方第一部语法理论著作，从 17 世纪后半叶起到 19 世纪一直是传统语法学权威性的经典著作。乔姆斯基对其十分推崇。

## 第二节　历史比较语言学时期

19 世纪初期，随着历史比较语言学（historical comparative linguistics）的兴起，语言研究从传统语文学转入严格意义的语言学阶段。整个 19 世纪，历史比较语言学占主导地位。

### 一、兴起

18 世纪，人们开始有意识地搜集世界语言标本，先后出版多种语言标本集。这种工作扩大了研究者的视野，为历史比较语言学提供了材料上的准备。

1786 年，英国的威廉·琼斯（William Jones）在印度加尔各答亚洲皇家学会上宣读了一篇论文，认为梵语与欧洲的许多古代语言有共同的来源。琼斯第一次用历史比较法来研究语言的谱系关系，他的观点具有爆炸性，引起了人们对语言谱系关系的广泛兴趣。

1808 年，德国的史勒格耳（F. Schlegel）写成《论印度人的语言和智慧》一书，第一次用了“比较语法”这个说法。

但两人都只是开拓者。历史比较语言学的奠基者是下面三人：

第一个是丹麦的拉斯克（Rasmus Rask），他在1814年写成《古代北方语或冰岛语起源研究》（1818年出版）一书。他第一个指出日耳曼诸语言与其他印欧语言的词在语音方面存在的共同之处。

第二个是德国的葆朴（Franz Bopp），他在1816年写成《论梵语动词变位系统，与希腊语、拉丁语、波斯语和日耳曼语相比较》。他奠定了印欧语比较语法的基础，被认为是建立比较语法学的第一位学者。

第三个是德国的格里木（Jacob Grimm），他在1819年出版《德语语法》（第一卷）。他创立了“格里木定律”，即原始印欧语到古日耳曼语辅音演变规律：

| | | | | | | |
|---|---|---|---|---|---|---|
| bh | dh | gh | → | b | d | g |
| b | d | g | → | p | t | k |
| p | t | k | → | f | th | h |

## 二、发展

历史比较法的建立和运用促进了语言理论研究的发展。最有代表性的人物是德国的洪堡特（K. W. von Humboldt，1767—1835），他的三卷本巨著——《论爪哇岛上的加维语》（1836—1840年陆续出版）的序言《论人类语言结构的差异及其对人类精神发展的影响》具有极其重要的理论价值：强调语言是个不断运动、不断创造的合理系统；认为语言和言语有区别；确定了语言的结构类型，分为孤立语、黏着语和屈折语等。因而，这篇序言成为语言理论的经典文献，洪堡特也被公认为普通语言学的创始人。

德国的施莱赫尔（August Schleicher，1821—1868）不仅对古印欧语进行了“重建”（reconstruction），而且建立了自然主义语言观。他根据植物学中的谱系学说，创立了语言发展的“谱系树”（family tree）理论。

在19世纪后30年左右的时间里，欧洲的语言学界以青年语法学派（Junggrammatiker，又称“新语法学派”）为主导，主要代表人物是勃鲁格曼（K. Brugmann，1849—1917）。他们在历史比较研究中坚持两个原则：一是语音定律没有例外，例外都是有原因的；二是强调类推作用。这使得历史比较语言学前进了一大步。

# 第三节　结构主义语言学时期

## 一、索绪尔的语言理论

索绪尔（Ferdinand de Saussure，1857—1913），瑞士语言学家，早期从事语言的历史比较研究，后来转用系统的观点研究语言。他去世后，学生巴利（Ch. Bally）和薛施蔼（A. Sechehaye）把他的讲稿整理成《普通语言学教程》，1916 年在日内瓦用法文出版。这标志着语言学进入结构主义语言学（structuralistic linguistics）时期。索绪尔被认为是“结构主义语言学的创始人”、“现代语言学之父”。

索绪尔的语言理论的要点有：①语言是一个符号系统，符号的价值取决于系统。这是索绪尔语言理论的核心。②符号是能指和所指的统一体。③符号处在相互组合的句段关系（现在多称“组合关系”）和相互替换的联想关系（现在多称“聚合关系”）之中。④把语言现象分成言语活动、语言、言语三个部分。⑤划分内部语言学与外部语言学。⑥划分历时语言学和共时语言学。

上述①~③是想建立系统的语言符号理论，也就是结构主义；④~⑥是想划定语言学的研究范围，在这些岔路口上，索绪尔选择的是语言、内部语言学和共时语言学，目的是让语言学有个纯净的研究对象。这些思想对后人产生了深远的影响。

## 二、结构主义语言学派

同是信奉索绪尔的语言学说，由于侧重点不同，形成了三个学派。

1. 捷克的布拉格学派

又称功能学派或布拉格音位学派，主要从功能角度研究语言。代表人物是捷克的雅可布逊（R. Jakobson，1896—1982）和俄国的特鲁别茨科依（H. C. Трубепкой，1890—1938）。该学派对音位学的建立贡献很大。

2. 丹麦的哥本哈根学派

又称语符学派，认为语言单位之间的相互关系是语言学的主要研究对象，研究关系模式是语言学的主要任务。以布龙达尔（V. Brфndal，1887—1942）、叶尔姆斯列夫（L. Hjelmslev，1899—1965）为代表。

3. 美国的描写语言学派

前期代表人物是鲍阿斯（Franz Boas，1858—1942）和萨丕尔（Edward Sapir，1884—1939），他们是开拓者。

中期代表人物是布龙菲尔德（Leonard Bloomfield，1887—1949）。他于1933年出版《语言论》，主张依靠形式特征来描写语言结构，反对用非语言学标准来分析语言，在共时描写中排斥历时因素。这些观点产生了巨大影响，在以后的二三十年里一直是该学派的理论指南。布龙菲尔德因此成为该学派最重要的代表人物。20世纪30年代至50年代，描写语言学在美国语言学界盛极一时，人称“布龙菲尔德世纪”。

后期代表人物是海里斯（Zellig Sabbettal Harris，又译哈里斯）和霍凯特（Charles Francis Hockett）。海里斯的《结构语言学的方法》（1951年）的出版标志着该学派的理论和方法进入成熟期。霍凯特的《现代语言学教程》（1958年）是美国结构语言学的集大成著作。

这个学派的重要成员还有派克（Kenneth Lee Pike）、奈达（E. Nida）、弗里斯（C. C. Fries）、威尔斯（R. S. Wells）、布洛克（B. Bloch）、特雷杰（G. L. Trager）、格里森（H. A. Gleason）、赵元任等。

描写语言学用系统的观点研究语言，创建了“对比分析”、“替换分析”、“分布分析”、“直接成分分析”等语言形式分析方法，有助于语言分析的形式化和科学化。但最大的弱点是只讲形式，排斥语义。

结构主义的三个学派以美国描写语言学派声势最强，对中国语言学的影响最大。

## 第四节　转换生成语言学时期

### 一、乔姆斯基的语言理论

乔姆斯基（Avram Noam Chomsky）是美国当代一位有巨大影响的语言学家，转换生成语法学派的创始人，也是一位勤奋而富有探索精神的学者。1928年12月7日生于美国费城。1957年出版《句法结构》，引发一场“乔姆斯基革命”，标志转换生成语法（transformational-generative grammar）学说的形成。转换生成的语言理论已引起哲学界、心理学界、计算机界、语言学界的普遍关注，是20世纪影响最大的学说之一。

乔姆斯基的理论可分为五个发展阶段：

第一阶段（1957—1965）：古典理论阶段。以 1957 年的《句法结构》为代表。强调语法独立于意义。

第二阶段（1965—1972）：标准理论阶段。以 1965 年的《句法理论要略》为代表。中心问题是语义。

第三阶段（1972—1979）：扩展的标准理论阶段。以 1972 年的《深层结构、表层结构和语义解释》和 1977 年的《形式和解释论文集》为代表。重点在于普遍语法。

第四阶段（1979—1986）：管辖与约束理论（简称管约论或 GB 理论）阶段。以 1981 年的《管辖与约束讲演集》和 1986 年的《语障》为代表。重点转向原则系统的建立。

第五阶段（1986 至今）："最简方案"阶段。以 1992 年的《语言学理论最简方案》为代表。后来又提出"原则与参数"理论。追求理论的简明性。

## 二、转换生成语言学的特点和贡献

1. 特点

与结构主义语言学比较，转换生成语言学有以下特点：

（1）对象与目的不同。结构主义语言学以语言事实为描写对象，旨在说明语言行为；转换生成语言学以造成语言事实的原因为研究对象，旨在探索语言能力。

（2）理论性质不同。结构主义语言学是分类性质的理论，转换生成语言学是解释性质的理论。

（3）研究侧重点不同。结构主义语言学侧重于语言的个性研究，转换生成语言学侧重于语言的共性研究。

（4）研究方法不同。结构主义语言学是经验性的，运用归纳法和比较法；转换生成语言学是非经验性的，采用假设·演绎法。

2. 贡献

乔姆斯基站在 20 世纪后半叶语言研究的最前沿，把语言学带进了崭新的时期：从研究已然的话语转向研究未然的话语；从研究语言行为转向研究潜存于大脑的语言能力（LAD），并采用高度形式化的演绎方法，开辟了语言研究的新路子。其研究思路和研究成果对计算机人工智能的开发、人类心智的探索、语言研究和哲学研究都产生了广泛的影响。今天常用的一些术语，如"表层结构"、"深层结构"、"语言能力"、"生成"、"题元理论"、"语迹"、"空范畴"、"管辖理论"、"约束理论"、"原则—参数"等都来自乔氏学说。另外，乔姆斯基的自我完善、永不止步的学术探索精神也令人敬佩。

## 第五节　多元时期

### 一、概况

20世纪下半叶，语言学进入一个多元时期，历史比较语言学、结构主义语言学仍然占据一席之地，转换生成语言学未能独霸天下，只不过在众多的星辰中较为耀眼罢了，新学科在不断涌现。一方面，学科内部划分越来越细。语言学的分支学科出现了语义学、语用学、篇章语言学（话语分析），仅语法研究就有从属关系语法、配价语法、格语法、蒙塔鸠语法、系统功能语法等。另一方面，兴起了不少交叉学科，如社会语言学、心理语言学、认知语言学、模糊语言学、计算语言学、文化语言学、交际语言学等。下面简要介绍几种交叉语言学科。

### 二、交叉语言学

1. 社会语言学

社会语言学（sociolinguistics）作为一门相对独立的新兴学科，于20世纪60年代中期首先在美国兴起。它研究的是社会里的人的语言。具体地说，它研究的是言语而不是语言，是言语的功能而不是语言的结构，是语言环境和语言变体而不是信息本身，是言语的得体性而不是言语的任意性。社会语言学常用观察法、调查法、实验法、比较法。有的侧重从宏观上研究语言与社会的关系，如语言规划、语言政策等，以美国费什曼（J. A. Fishman）等人的研究为代表；有的侧重从微观上研究人的社会因素对语言结构的影响，以美国拉波夫（William Labov）等人的研究为代表。

2. 心理语言学

心理语言学（psycholinguistics）是20世纪50年代首先在美国兴起的语言学和心理学交叉的一门学科。它主要研究人类个体语言的理解、产生和习得。在我国，心理语言学及其相关的儿童语言研究，可以说发轫于20世纪初，但直到20世纪70年代末80年代初，才受到我国学者的重视。周国光、李宇明、孔令达是这方面研究的早期代表。香港建立了我国第一个儿童语言资料库（香港粤语儿童粤语资料库）。

3. 计算语言学

计算语言学（computational linguistics）也叫“自然语言处理”（natural language

processing)，是计算机诞生后所出现的语言学中一个新的交叉性的分支学科，其主要任务是指导语言信息处理技术的开发，以便建立一个基于某种语言信息理论模型的、能够给出理解自然语言的结果的计算机系统，使人机对话、双语机器翻译、自动生成文摘、情报自动检索、计算机辅助教学等得以逐步实现。计算语言学是从机器翻译开始的，我国是最早开展机器翻译研究的国家之一，20 世纪 50 年代中期就成功地进行过机器翻译实验，当时处于世界先进水平。真正较大规模的、较系统的研究是 20 世纪 80 年代中期以后的事情。现在，字处理（解决汉字输入问题）基本能满足现阶段的需要；词处理（包括自动分词和词性标注）已取得较好的研究成果，已达到 85% 左右的实际使用效果；句处理（主要解决句子意思自动理解问题）也已起步。句处理方面已形成多种处理、理解汉语句子的策略和方案：一是以理性主义为哲学基础的基于规则的处理方法；二是以经验主义为哲学基础的基于语料库的统计方法。但句处理至今未能取得令人满意的成果，重要原因之一是汉语研究所提供的知识远远不能满足汉语句处理的需要。从总体上看，我国计算语言学，或者说自然语言处理与国际水平相比还有较大的差距。

4. 认知语言学

认知语言学（cognitive linguistics）是把语言学和认知科学结合起来的一门新兴学科。其基本假设可以概括为：①心智是体验的产物。②语言能力依附于一般认知能力。③语法是象征符号的清单。④语义不仅仅是客观的真值条件。⑤人建立的范畴大多是“典型范畴”。[①]用认知语言学的基本原理来研究语法，兴起了认知语法学。如戴浩一提出的“时间顺序原则”：语序和时间顺序一致。例如

a. 张三上楼睡觉。(√)　　张三睡觉上楼。(×)

b. 我吃过饭你再打电话给我。(√)　　你再打电话给我我吃过饭。(×)

c. 他开门出去。(√)　　他出去开门。(√)

最后两句虽然表达都没有问题，但意思不同：“他开门出去”是先开门后出去，“他出去开门”是先出去后开门。由此看来，语言结构与客观世界确实具有某种程度的“象似性”（iconicity）。

## 本章小结

语言研究具有悠久的历史。根据研究风格或流派，可以分为传统语文学、历史比

① 沈家煊. 人工智能中的“联结主义”和语法理论. 外国语（上海外国语大学学报），2004（3）.

较语言学、结构主义语言学、转换生成语言学四个主要时期。传统语文学的三大发源地——古代印度、古希腊罗马、古代中国在语言研究方面都取得了辉煌的成就。19世纪初兴起的历史比较语言学使语言学成为独立的学科，整个19世纪几乎是历史比较语言学的天下，学者们的志趣在于寻求语言的谱系关系以及语言的历史比较研究。20世纪初索绪尔《普通语言学教程》的出版标志着结构主义语言学的形成，语言学进入现代时期，把语言作为符号系统来研究成为现代语言学的总体特点。20世纪下半叶乔姆斯基开创的转换生成语言学，使语言研究从语言行为转向语言能力、从语言个性转向语言共性，走出了一条别样的路子。20世纪下半叶以来，学派林立，异彩纷呈，还出现了许多交叉语言学。

**建议阅读文献：**

1. 岑麒祥编著，岑运强评注．语言学史概要．北京：世界图书出版公司北京公司，2008.

2. 冯志伟．现代语言学流派．西安：陕西人民出版社，1999.

3. 胡明扬．西方语言学名著选读．北京：中国人民大学出版社，1988.

4. 赵振铎．中国语言学史．石家庄：河北教育出版社，2000.

5. ［丹麦］威廉·汤姆逊．十九世纪末以前的语言学史．黄振华译．北京：科学出版社，1960.

6. ［法］A. 梅耶．历史语言学中的比较方法．岑麒祥译．北京：科学出版社，1957.

7. ［英］R. H. 罗宾斯．简明语言学史．许德宝等译．北京：中国社会科学出版社，1997.

8. ［瑞士］索绪尔．普通语言学教程．高名凯译．北京：商务印书馆，1980.

9. ［美］布龙菲尔德．语言论．袁家骅等译．北京：商务印书馆，1980.

10. ［美］乔姆斯基．句法结构．邢公畹等译．北京：中国社会科学出版社，1979.

## 知识与技能训练

### 一、名词解释

1. 小学（华中科技大学2005）

2. 巴尼尼

3. 洪堡特

4. 施莱赫尔

5. 索绪尔（苏州大学 2001、中国人民大学 2005、复旦大学 2007。//南京师范大学 2000：写一篇评介索绪尔语言学理论的短文。//南京大学 2009：为什么说索绪尔是“现代语言学之父”？）

6. 布龙菲尔德

7. 乔姆斯基

8. 《句法结构》（苏州大学 2001）

9. 普遍唯理语法

10. 历史比较法（北京语言大学 2003、2006）

11. 新语法学派

12. 结构主义语言学派

13. 布拉格学派

14. 哥本哈根学派

15. 美国描写学派

16. 伦敦学派

17. 转换生成语言学（南京师范大学 2000）

## 二、术语比较

1. 语文学/语言学

2. 形式语言学/功能语言学

## 三、填空

1. 从研究对象的范围看，语言学可以分为（　　）语言学和（　　）语言学。根据研究对象的时间，语言学可以分为（　　）语言学和（　　）语言学。（华中师范大学 2004、2007）

2. 世界语言学的历史可以大致分为（　　）、（　　）、（　　）和（　　）四个时期。

3. 古代语言学有三个传统：（　　）传统、（　　）传统和（　　）传统。（华中师范大学 2008）

4. （　　）世纪（　　）语言学兴起，语言学才成为一门独立的学科。（华中师

范大学 2001）

5. 历史比较语言学的奠基人主要有（　　）、（　　）和（　　）。结构主义语言学的创始人是（　　），其后形成的三个支派是（　　）、（　　）和美国描写语言学派。美国描写语言学派的代表人物布龙菲尔德的代表作是（　　）。转换生成学派的代表人物是（　　），其代表作是（　　）。（华中师范大学 2004、2006、2007。//北京师范大学 2003：《句法结构》的作者是（），是（）学派的代表人物。）

6. 20 世纪 30 年代，在欧洲的丹麦形成了以（　　）为代表的（　　）学派。他们试图建立一门新型的语言学：（　　）。（华中师范大学 2003）

7. 格语法的代表人物是（　　）国的语言学家（　　），其代表作是（　　）。（华中师范大学 2001）

8. 系统功能语言学的主要代表人物是（　　）。他认为语言最基本的功能是（　　）功能、（　　）功能和（　　）功能。（华中师范大学 2000）

9. 心理语言学的主要流派有（　　）论、（　　）论和（　　）论。（华中师范大学 2008）

10. 心理语言学流派中的认知论以（　　）（填国别）心理学家（　　）（填人名）的学说为代表。（华中师范大学 2007）

## 四、判断正误并说明理由

1. 传统语文学尽管存在不足，但仍属语言学的范围。

2. 索绪尔开创的描写语言学标志语言学走向独立的道路。（北京语言大学 2009）

3. 形式语言学和功能语言学是完全对立的，矛盾是不可调和的。

## 五、问答

1. 简述语言学发展的主线。

2. 现代语言学与传统语言学有哪些主要区别？（华中师范大学 2001）

3. 转换生成语言学与结构主义语言学有哪些主要差异和共同特点？（华中师范大学 2002）

4. 当代语言学有哪些主要的特点？（华中师范大学 2000）

5. 什么是应用语言学？应用语言学有哪些主要研究领域？（华中师范大学 2003。//北京师范大学 2001：应用语言学。）

6. 语言信息处理对语言研究有什么影响？（华中师范大学 2004）

7. 下面是近年来新提出的一些语言学理论或学说。试就其中一项作一简要的阐述。

（1）中介语理论；（2）格语法；（3）配价语法；（4）系统功能语法；（5）“句法、语义、语用”三个平面的理论。（苏州大学2001。//华中师范大学2001：简述系统功能语言学的基本理论。//北京语言大学2004：论述语法、语义、语用三个平面的区别和联系。//清华大学2008：中介语。）

8. 在我国语言学界，不少学者提倡要把普通话、汉语方言和古代汉语结合起来研究。你认为这样做有什么好处？（华中师范大学2000）

## 参考答案

### 一、名词解释

1. 小学：中国传统的语文学一般被称为“小学”，围绕阐释和解读先秦经典文献来开展研究，诞生了分析字形的文字学、研究字音的音韵学、解释字义的训诂学。小学过去被认为是经学的附庸。

2. 巴尼尼：Pānini（又译“波尼尼”），公元前4世纪古印度语文学家。所著《巴尼尼经》（又称《梵语语法》）用3 996（一说4 000）条规则，描写梵语语音、形态变化、构词和句法，叙述比较完备，而且概括简明，便于记诵。因全书分为八章，故又称《八章书》。

3. 洪堡特：Karl Wilhelm von Humboldt（1767—1835年），德国语言学家、政治家。对许多语言有兴趣。晚年完成巨著《论爪哇岛上的加维语》（共三册，于1836—1840年出版），序言《论人类语言结构的差异及其对人类精神发展的影响》是他最重要的一篇理论著作。他认为，语言是个不断运动、不断创造的合理系统；语言是形成思想的机制，“内部语言形式”是个人世界观的表现；语言和言语有区别。他还确定了语言的结构类型，创立了比较科学的语言理论。他被公认为普通语言学的奠基人。

4. 施莱赫尔：August Schleicher（1821—1868年，又译“施莱歇尔”），德国语言学家。持自然主义语言观，视语言为有机体，把语言学列为自然科学，并力图用生物学原则研究语言的发展和分类，为自然主义语言学派的创立者。用达尔文生物进化学说研究语言，建立了著名的“谱系树”理论。著有《印度·日耳曼诸语言比较语法纲要》、《达尔文学说和语言学》、《论语言对于人类自然历史的意义》。

5. 索绪尔：Ferdinand de Saussure（1857—1913年），瑞士语言学家。早年从事语言的历史比较研究，1878年即发表了著名的论文《印欧语的原始元音系统》。1907年起在日内瓦大学讲授普通语言学。去世后，讲稿由他的学生巴利和薛施蔼整理成《普通语言学教程》一书，于1916年出版。索绪尔开创的结构主义影响深远，他被称为“结构主义语言学之父”或“现代语言学之父”。

索绪尔的语言理论以涂尔干的社会学说为理论基础，涂尔干的学说又直接导源于孔德，属心理社会学学派。主要观点有：①认为语言是一个符号系统；②把语言现象分成言语活动、语言、言语三部分；③划分共时语言学和历时语言学；④划分句段（组合）关系和联想（聚合）关系；⑤区分外部语言学和内部语言学。

【编者按：根据题型、分值适当增补，如对后来的影响，理论的局限：忽略语义，排斥语言外部因素等。】

6. 布龙菲尔德：Leonard Bloomfield（1887—1949 年），美国语言学家，描写语言学派的代表人物。受行为主义心理学的影响，用“刺激—反应”模式来说明言语行为；主张记录和描写语言事实，把实际观察到的语言现象进行归纳和分类。代表作是《语言论》（1933），其他重要著作还有《语言研究导论》、《供语言科学用的一套公式》、《科学的语言学诸方面》等。

7. 乔姆斯基：Noam Chomsky，生于 1928 年。美国当代有巨大影响的语言学家，也是一位勤奋而富有探索精神的学者。1957 年出版《句法结构》，引发了一场“乔姆斯基革命”，形成了“转换生成语法”学派。转换生成语法是 20 世纪影响最大的学说之一。几十年来，乔氏不断修正和发展他的转换生成语法学说。他的主要贡献有：①区分“语言能力”和“语言运用”，强调语言学要以语言能力为研究对象。提出语言获得的“先天论”假说。②将语法研究纳入对人类认知机制的研究，试图建立一套能够解释人们生成和理解话语心理机制的“普遍语法”，把语言共性作为研究的目标。③运用演绎法而不是归纳法研究语言，提出“假设—验证—再假设—再验证”的研究程序，建立了一套形式化的转换规则。④提出解释力和简明性是衡量一种理论优劣的主要标准。乔氏的影响已经超出了语言学，对现代心理学、语言哲学、计算机科学、人工智能等领域都产生了深远的影响。

8.《句法结构》：美国乔姆斯基著，1957 年由荷兰海牙摩顿出版公司出版。全书共 10 章，分析了以马尔可夫过程为基础的通讯理论模式和以直接成分分析法为基础的短语结构模式，认为这两种模式虽能揭示出一些有关语言结构的情况，但不能说明某些形同实异或形异实同的结构之间的关系，如主动句与被动句。在此基础上提出了转换语法模式，把语法看成是一个能生成无限个句子的有限规则系统。转换语法模式由短语结构规则、转换规则和形态音位规则三套规则构成。提出语法研究最好排除对语义问题的考虑。该书是转换生成语法第一阶段的代表作。有中译本。

9. 普遍唯理语法：又叫“波尔—罗瓦雅尔语法”。17 世纪由法国波尔—罗瓦雅尔女修道院隐士阿尔诺（A. Arnauld，1612—1694）和朗斯洛（C. Lancelot，1615—1695）提出的语言理论，因两人合著的《普遍唯理语法》而得名。探讨语法与逻辑的关系，认为人们具有相同的思维和语言能力，因而有一个统一的思维逻辑模式作为一切语言的基础。逻辑是全人类共同的，语法也应当是共同的、普遍的，因此语法研究应当依据逻辑。语法的任务在于确定一切语言的共同原则及造成差别的原因。

10. 历史比较法：特指为历史比较语言学所使用的方法，通过亲属语言的比较，找出语音对应规律，从而勾勒语言的发展历史，重建原始母语的面貌，进行语言的谱系分类。

11. 新语法学派：又称“青年语法学派”。形成于 19 世纪七八十年代，主要代表人物有德国的勃鲁格曼、奥斯特霍夫、雷斯琴、保罗，丹麦的维尔纳、汤姆逊等。该学派认为语言变化都有规律，提出“语音规则没有例外，例外都是有原因的”这一著名观点；强调类推在形成新的语言形式和语音·形态变化中的作用；主张研究活的语言和方言，重视语言材料的搜集和分析。但过高估计心理联想的作用，将个人心理活动看作语言发展的主要原因；孤立地处理语言演变现象。

12. 结构主义语言学派：20 世纪 30 年代至 50 年代在欧美各国盛行一时。其理论受索绪尔和博杜恩·德·库尔特内的影响。包括四个重要支派：①捷克斯洛伐克的布拉格学派；②丹麦的哥本哈根学派；③美国的描写学派；④英国的伦敦学派。每个学派的研究重点和具体成果均有不同，但都认为：语言作为系统而存在；各成分处在关系之中，系统不是成分的机械总和；系统结构由关系构成，关系统辖成分。主张采用形式的方法或数学的方法来研究语言。哲学基础主要是逻辑实证论。

13. 布拉格学派：又叫“功能学派”。结构主义语言学派之一。1926 年 10 月成立于捷克斯洛伐克的布拉格，主要成员有捷克的马泰修斯、特尔恩卡，俄国的特鲁别茨科依、雅可布逊（后入美国国籍）等人。代表刊物是《布拉格语言学会会刊》和《词与文》。受索绪尔和博杜恩·德·库尔特内学说的影响，主张从结构和功能的角度研究语言，特别注重语言的功能。主要成就在音位学领域，如雅可布逊和哈勒一起提出了音位的 12 对区别特征；还提出了“语言联盟”的理论。

14. 哥本哈根学派：又叫“语符学派”。结构主义语言学派之一。1931 年成立了哥本哈根语言学会，1939 年出版《语言学学报》。主要代表人物是叶尔姆斯列夫、布龙达尔、乌尔达尔。该学派认为语言是由纯粹抽象的关系联结起来的符号系统。语言单位之间的相互关系是语言学的主要研究对象，研究关系模式是语言学的主要任务。把语言符号分为表现方面和内容方面，两方面又各分为实体和形式。语符学是研究这两方面的形式的。提倡演绎分析法，按数学理论和方法制定出一套严格的分析程序来确定语言形式的关系，试图建立一个普遍适用的形式化的语言理论。

15. 美国描写学派：又叫“美国结构主义”。结构主义语言学派之一。形成于 20 世纪二三十年代，是在调查和研究美洲印第安语的基础上发展起来的，以面向实际语言材料、注重语言形式的结构描写而著称。先驱者是鲍阿斯、萨丕尔，早期代表人物是布龙菲尔德，后期是哈里斯、霍凯特、弗里斯、布洛克、特雷格等。这一学派接受了索绪尔学说的基本观点，注重口语和共时描写，注重形式回避意义，在结构分析中运用分布和替代、直接成分分析的方法，着重分析技术而不太重视理论。

16. 伦敦学派：又叫“弗斯学派”。结构主义语言学派之一。形成于 20 世纪 40 年代，以伦敦为活动中心，主要代表人物是弗斯和韩礼德。弗斯在斯威特、琼斯、索绪尔和马林诺夫斯基等人的语言学思想的基础上，提出了独特的理论，认为语言研究必须注重它的社会功能部分，语言学的目的是说明意义（情景意义和形式意义）；区分语言的结构和系统，以此作为语言描写的横轴和纵轴；创造了超音段语音系统和语言环境的理论。韩礼德进一步发展了弗斯的语境和系统学说，建立了系统功能语法。也有人称之为“新弗斯学派”。

17. 转换生成语言学：又叫“转换生成语法”。由美国乔姆斯基创立的语言学派。以 1957 年《句法结构》的出版为形成标志。乔氏在批评结构主义语言学的基础上，借鉴数理逻辑理论，用递归原理来说明有限的规则是如何生成无限的句子的。在这一理论中，转换是必要的操作程序，生成是语法的根本属性。探索的根本问题是，确定普遍语法和个别语法的各种形态，描写和说明人类的语言能力，用有限的、明确的、形式化的规则系统模拟语言能力。其理论可分为五个发展阶段。

【编者按：详见本章相关内容。】

**二、术语比较**

1. 语文学/语言学：18世纪末以前的语言文字研究总体说来，重视书面文献，不重视活的口语；为读书解经服务；侧重规定性，而不重描写性和解释性；研究对象零散，而不重系统建构；没有形成科学的系统的方法论。因此，一般把这个时期的语言研究称为“语文学”。与此相对，人们把19世纪初历史比较语言学兴起以来的语言研究称为“语言学”。也有人主张都叫“语言学”，不过有“传统”和“现代”之分。

2. 形式语言学/功能语言学：形式语言学指注重语言形式研究的语言学，主要包括结构主义语言学、转换生成语言学等。功能语言学指注重语言功能研究的语言学。严格地说，功能语言学不是一个学派，而是一种大体一致的语言研究取向，都主张从社会和人、从交际功能的角度来研究语言。法国以马尔丁内为代表的功能语言学，英国以弗斯为代表的“弗斯学派”和以韩礼德为代表的系统功能语法，以及20世纪下半叶兴起的认知语言学，都可以归入功能语言学。

**三、填空**

1. 普通（一般） 具体（个别） 共时 历时（历史）

2. 传统语言学（传统语文学） 历史比较语言学 结构主义语言学 转换生成语言学

3. 古希腊罗马 古代印度 古代中国

4. 19 历史比较

5. 拉斯克 葆朴 格里木 索绪尔 布拉格学派 哥本哈根学派 《语言论》 乔姆斯基《句法结构》

6. 叶尔姆斯列夫 哥本哈根 语符学

7. 美 菲尔墨 《格辨》（英文名是：*The Case for Case*）

8. 韩礼德 概念 人际 语篇

9. 先天 后天 认知

10. 瑞士 皮亚杰

**四、判断正误并说明理由**

1. 正确。不能因为传统语文学（或叫“传统语言学”）存在不足，就不承认它在语言学中的学科地位，应正确处理好继承和创新的关系。

2. 错误。索绪尔开创的结构主义语言学标志语言学进入现代语言学时期。历史比较语言学的兴起标志语言学走向独立的道路。

3. 错误。尽管功能语言学是作为形式语言学的对立面而出现的，但两者是互补的。语言具有结构形式，需要从形式的角度进行研究；语言具有交际功能，需要从功能的角度进行研究。如果两者能够结合，优势互补，必将推动语言学的发展。

**五、问答**

1. （1）传统语言学时期。18世纪末以前。传统语言学有四大源头：古代印度、古希腊罗马、古代阿拉伯和古代中国。古印度巴尼尼的《八章书》（《梵语语法》）在梵语研究方面取得了很高的成就；古希腊罗马奠定了传统语法学的基础；古代中国在“小学”研究方面成就卓著。17世纪时法国形成了普遍唯理语法。

（2）历史比较语言学时期。19 世纪。英国的威廉·琼斯和德国的史勒格耳是先驱，丹麦的拉斯克、德国的葆朴、格里木是奠基者。19 世纪后 30 年左右的时间，以“新语法学派”为代表。这个时期，德国的洪堡特建立了普通语言学。

（3）结构主义语言学时期。20 世纪前半叶。1916 年，瑞士索绪尔的《普通语言学教程》出版，标志结构主义语言学形成。有布拉格学派、哥本哈根学派、美国描写语言学派、伦敦学派等重要派别。

（4）转换生成语言学时期。20 世纪下半叶以后。1957 年，乔姆斯基出版《句法结构》，创立转换生成语言学派。转换生成理论本身后来又有多次修改和发展。从这个理论中又衍生出格语法、解释语义学等几个支派。

另外，20 世纪下半叶以后，语言学进入多元发展时期，多种学科、学派共存共荣，如语用学、社会语言学、文化语言学、心理语言学、认知语言学、计算语言学、系统功能语法、配价语法等，共同推进语言学科的发展。

也有人按时期将语言学的发展分为古代语言学、近代语言学、现代语言学、当代语言学。

【编者按：详见邢福义，吴振国．语言学概论．武汉：华中师范大学出版社，2002. 41～62.】

2.（1）研究目的不同。传统语言学注疏经典文献（哲学的，宗教的），为读书解经服务，实用性强；现代语言学“只为语言而研究语言”（索绪尔语大意），追求语言学科的独立性。

（2）研究对象不同。传统语言学重视书面文献，不重视活的口语；现代语言学两者兼顾，尤其是口语的地位得到了前所未有的提高，如美国描写语言学就是起源于印第安口语调查。

（3）研究性质不同。传统语言学属于规定性质，规定一个个规则条例，让人们遵循；现代语言学属于描写性质，对语言事实进行归纳和分类，详细描写，是什么就描写什么，而不作是与非的判断。20 世纪下半叶以来的现代语言学（有人称为“当代语言学”），更加注重在描写基础上的解释。乔姆斯基提出“观察充分，描写充分，解释充分”的观点，中国学者邢福义也有类似的提法。转换生成语言学、认知语言学都很注重解释。

（4）研究方法不同。传统语言学属于“原子主义”式的零散的研究，不太注重系统建构，没有形成一套独立的研究方法；现代语言学就是在批判“原子主义”式的研究的基础上建立起来的，强调结构论和系统观，形成了一套科学的系统的方法论，如分布、替换、层次分析、变换分析等。

3. 两者差别主要表现在：

（1）哲学基础不同。转换生成语言学的哲学基础是心智主义（又叫“心灵主义”），把语言学看作认知心理学的一部分，通过研究语言揭示人类的心理机制和心理过程；结构主义语言学的哲学基础是逻辑实证论，用严格的发现程序和分析技术来描写人类的语言行为。

（2）研究对象不同。转换生成语言学以人的内在的语言能力为研究对象；结构主义语言学以人的外在的语言行为（语言运用）为研究对象。

（3）研究目标不同。转换生成语言学以建立人类语言共同的规则——普遍语法为目标，属于语言共性研究；结构主义语言学以详细描写具体语言的种种现象为目标，属于语言个性研究。

（4）研究方法不同。转换生成语言学用的是以“假设—验证”为手段的演绎法，追求语言规则充分的解释力；结构主义语言学用的是以“对比、替换”等为手段的归纳法，追求语言事实描写的详细度。

两者也有共同点：都属于形式语言学范畴，不太重视语义（转换生成语言学后来加强了语义的研究）、语用的研究，结合社会因素研究语言不够，都属于索绪尔讲的“内部语言学”；讲究研究过程和研究结果表述的形式化、符号化等。

4.（1）学科内部划分越来越细。例如，仅语法学就出现了转换生成语法、系统功能语法、格语法、配价语法、蒙塔鸠语法、切夫语法、关系语法、空间语法、词汇函项语法等多种研究路向。语音学内部出现了音系学，音系学内部出现了非线性音系学。

（2）学科之间交叉越来越多。兴起了许多交叉学科或边缘学科。如社会语言学、文化语言学、心理语言学、神经语言学、计算语言学、计算风格学、语料库语言学、数理语言学等。

（3）多元互补。不同学派、不同研究路向、不同研究风格互相促进，共同繁荣。结构主义语言学仍占一席之地，转换生成语言学虽是“大户”，却未能独霸天下，其他学派纷纷登场，寿命长短不一。方法手段上也是各显其能，经验方法、结构方法、数理方法、实验方法等都有用武之地。

（4）多维态势。研究一个问题，不再像过去那样就事论事，而是多视角、多侧面地多维立体研究。中国学者提出的“三个平面”、“两个三角”理论，都主张在研究语法时要结合语义、语用，甚至还要上联古代汉语，横系普通话或方言。

（5）语义转向。随着语言研究向深度扩展，语义这个老大难问题开始凸显在学者们面前，加之信息处理需求的拉动，国际语言学界不约而同地转向语义。转换生成语法在标准理论阶段已开始解决语义问题，格语法、配价语法都跟语义有密切的关系。以至有学者提出要建立“语义语法学”。

【编者按：关于“语义语法学”的论述，详见李葆嘉．理论语言学——人文与科学的双重精神．南京：江苏古籍出版社，2001. 248 ~314.】

（6）目标扩大。传统语言学研究只为人服务，而且只是掌握母语的人。随着国际交流日益频繁，语言研究不仅要为母语学习者服务，而且还要为外语学习者服务。不仅为人服务，还要为机器服务，为信息处理服务，达到“人—机”两用的目标。

5. 应用语言学有广、狭两义。狭义的应用语言学只指语言教学，尤其是外语教学。广义的应用语言学指语言学知识及其研究成果应用的一切领域，即语言学与其他学科相互交叉渗透所产生的一切边缘学科的应用部分。主要研究领域有：①语言教学，包括母语教学和外语教学，也可包括辞书编纂和翻译等。②语言规划，包括语言文字的规范化、标准化等。③语言艺术风格研究，包括作家作品语言风格、影视语言风格、新闻语言风格等的研究。④语言信息处理，包括计算机文字处理、自然语言理解、人机对话、情报检索、机器翻译等。

【编者按：详见邢福义，吴振国．语言学概论．武汉：华中师范大学出版社，2002. 350 ~361.】

6.（1）信息处理要求语言研究要全面发展。语言信息处理涉及语言文字的各个方面，语音、文字的计算机输入、存储和传输是信息处理的基础，词汇、句法、语义是信息处理的核心内容。哪一个环节没有研究好，都会影响信息处理的效果。比如，目前语义还是个“瓶颈”问题，这就影响了机器翻译、自然语言的生成和理解。

（2）信息处理要求语言研究更加深入细致。传统的语言研究面向人，人可以调动语言的和非语言的各种知识来帮助理解话语，因此可以粗糙一些，简略一些，有些人们都知道的内容不必细讲；而计算机没有语境知识和社会文化背景，没告诉过它的，它理解不了，更不会创造。这就要求面向机器的语言研究必须深入细致，周到全面。比如未登录词，像人名、地名、组织名等，机器词库没有的，它就识别不出来。再如，有些字段有时成词，有时不是词，像“吃饭”，表生计时是词（“他没了工作，吃饭成了问题”），表具体进食行为时不是词（“他正在吃饭”），如果不作人工标注或制定详细规则，机器在分词时会统一处理。人可借助语境区别不同情况，但机器不行。

（3）信息处理要求语言研究成果形式化、规则化、程序化、算法化。机器语言是一种人工语言，而不是自然语言。研究成果再先进，如果用自然语言表述，机器也不能理解，因此，必须转换成机器能够理解的机器语言。

总之，信息处理对语言研究提出了不少新课题，促使语言研究往更加全面、深入、细致，力求形式化、规则化的方向发展。

7.（1）关于语言学习的一种理论。在母语向目标语迁移的过程中，语言学习者由于认识水平的制约，往往对目标语做了不太正确的理解，建立了一套只属于自己的而且随时都在变化的、跟母语和目标语都不同的“过渡”语言系统，即中介语系统。

“中介语”有时用作社会语言学术语，又叫“法通语”，指一种辅助语言，用来使讲不同语言的人群之间得以进行日常交谈。

“中介语”有时用作机器翻译术语，指为了加速从一种语言自动翻译成另一种语言而提出和构建的一个中介表征式。方法是，为源语言提供一个高度抽象的表征式，囊括了所有目标语所需的句法和语义信息。

（2）“格语法”中的“格”指语义格，是动词和名词的语义关系中名词所充当的语义角色。“格语法”理论形成于20世纪60年代，由美国的菲尔墨（J. Fillmore）创立，由转换生成语法派生而来。认为即使在没有形态变化的语言中也存在格，可以通过前置词、后置词等其他方式表达出来。因此，有必要区分各种语言中表现不同的格形式与所有语言中普遍存在的格关系。菲尔墨列举的格，主要有施事、工具、给予、结果、方法、对象等。

（3）“价”原是化学术语，由法国特斯尼埃尔（L. Tesnière）引入语言学，并成为依存语法的一个重要概念，指句法结构中动词与直接依存于该动词的名词性词语之间形成的组配种类和数目。“配价语法”理论形成于20世纪50年代末，由特斯尼埃尔创立。他把动词的价分为零价、一价、二价、三价四种类型。后来人们在研究过程中认为名词、形容词也有价，这是对配价语法的发展。德国学者对“配价”的研究也取得了很大成绩。

（4）系统功能语法又叫“系统功能语言学”或“功能主义语言学”。功能主义语言学不是一种统一的理论，只是一股学术思潮，是以与乔姆斯基为代表的形式主义语言学相对立的面貌出现的。这一思潮的共同点是，否定语言的自足性，认为语言的结构形式是由语言的社会功能决定的，需要联系社会文化和语言环境等外部因素来解释语言现象。影响最大的是英国韩礼德的理论体系，通常说的“系统功能语法”就是指韩礼德的学说。他认为语言系统是一个由多项选择构成的网络，内部结构分为三个层次：语义层、语汇—语法层和音系层，构成上下衔接的三个系统。语义层包括概念功能、人际功能和语篇功能；语汇—语法层包括单位、类别、结构、系统四个范畴和级别、精度、标示三个阶；音系层主要描写语音结构。近几年，属于这个阵营的认知语言学影响越来越大，研究认知对语言的制约，重点研究句法象似性。

【编者按：详见邢福义，吴振国．语言学概论．武汉：华中师范大学出版社，2002. 58～60.】

（5）“三个平面”理论萌芽于1981年胡裕树主编的《现代汉语》（增订本）。该书在讲到语序时指出：“必须区分三种不同的语序：语义的、语用的、语法的。”这种思想在胡附、文炼的《句子分析漫谈》（1982）一文中得到了进一步的阐释。1985年，胡裕树、范晓发表《试论语法研究的三个平面》一文，明确提出语法研究的句法·语义·语用相互结合的“三个平面”理论，标志该学说正式形成。

句法平面研究：①次序排列形式；②虚词添加形式；③层次分合形式；④语音节律形式；⑤结构中的词类形式；⑥词的分布形式；⑦词的形态变化。

语义平面研究：①动核结构；②动词的“价”；③名词的格；④语义指向；⑤歧义；⑥词语的语义特征；⑦词义的选择限制。

语用平面研究：①主题和述题；②表达重心和焦点；③语气；④口气；⑤评议；⑥句型或句式的变化。

“三个平面”的区别在于，句法（有人叫“语法”）平面着重探讨语法成分的外在表现形式和语法结构的组织形式，重在“语表”；语义平面着重探讨语法形式所表达的语法意义，重在“语里”；语用平面着重探讨语法成分或结构在交际中的功能，重在“语值”。联系在于，“三个平面”都统一在语法的范畴之中。跟语法无关的语义、语用问题，不属于“三个平面”的内容。

【编者按：关于“三个平面”理论，详见高顺全．三个平面理论的历史发展与深化．云梦学刊（社科版），1997（3），又载中国人民大学报刊复印资料编辑部．语言文字学，1998（2）．】

8. 邢福义在总结自己和中国当代语法学界的研究成果与学术追求的基础上，在1989年湖北省语言学会第五届年会上，正式提出语法研究“两个三角”的理论。基本内容是，普通话、方言、古代汉语（简称“普、方、古”）构成一个大三角，研究任何一角，都要联系其他两角。在研究具体某一个角时，也应注意语表形式（简称“语表”或“表”）、语里意义（简称“语里”或“里”）、语用价值（简称“语值”或“值”）相结合，三者构成一个小三角。语表：语言的外在表现形式；语里：语言的内在语义内容；语值：语言的交际价值。这样，在研究任何语法现象时，既有形式与内容相结合的静态研究（表—里），又有联系语言使用的动态研究（值），构成多维立体的研究模式。

普通话、汉语方言、古代汉语三者结合起来研究的好处是：

（1）在方法论上突破了孤立片面的狭隘视野，建立了联系的观点，构成多角互相验证的研究模式。

（2）从汉语发展史看，古汉语是源，普通话和方言都是流。由于语言演变的不平衡性，古汉语的很多现象没有在普通话中保存，却在方言中得到了程度不等的保留。如古入声，广州话完整地保留了三个入声塞尾：[-p]、[-t]、[-k]，南昌话保留了两个：[-t]、[-k]，汕头话保留了一个：[-k]，上海话变成一个喉塞音，下江官话只是喉门略微紧张，长沙话只有一个独立的调类，普通话完全消失。通过方言材料的排比，可以梳理出古入声演变的大致线路：逐渐后化、弱化，以至于消失。因此，普、方、古结合研究，可以通过共时现象研究历时现象，也可以通过历时现象反观共时现象。

（3）多视角研究必然促使语言事实的发掘更加深入，得出的结论更加全面、科学、可信。例如，邢福义先生的《说“您们”》，结合古汉语和方言语料，得出“您们”有存在价值的结论。

【编者按：请参看邢福义．从静态片断分析到动态多角验证分析．中国语文，1992（6）；畔子．语法研究中的“两个三角”和“三个平面”．世界汉语教学，1994（4）．】

# 参考文献


［1］安华林．言语交际原则论略．洛阳师专学报，1999（3）．

［2］安华林．“四字骈语”初探．信阳师范学院学报（哲学社会科学版），2001（1）．

［3］安华林．汉语的简称．信阳师范学院学报（哲学社会科学版），2002（2）．

［4］安华林．论语法单位的层级关系．濮阳教育学院学报，2002（2）．

［5］安华林．多义词的义位及其关系．盐城师范学院学报（人文社会科学版），2003（3）．

［6］安华林．从两种词表看名、动、形兼类的处理．语言教学与研究，2005（4）．

［7］安华林．词的确定和汉语拼音正词法的处理．北华大学学报（社会科学版），2006（2）．

［8］安华林．论现代汉语语法的特点．信阳师范学院学报（哲学社会科学版），2008（4）．

［9］《语文建设》编辑部．下定决心，搞好中国语言文字使用情况调查——调查办公室负责人答本刊记者问．语文建设，1999（5）．

［10］岑麒祥．语言学史概要．北京：北京大学出版社，1988．

［11］岑运强．语言学概论（第二版）．北京：中国人民大学出版社，2009．

［12］崔永华．词汇文字研究与对外汉语教学．北京：北京语言文化大学出版社，1997．

［13］戴庆厦等．中国少数民族语言文字应用研究．昆明：云南民族出版社，1999．

［14］董任．现代汉语“语素组”简论．盐城教育学院学报，1987（2）．

［15］冯志伟．自然语言的计算机处理．上海：上海外语教育出版社，1996．

［16］冯志伟．现代语言学流派．西安：陕西人民出版社，1999．

［17］符淮青．现代汉语词汇．北京：北京大学出版社，1985．

［18］高更生．汉语语法专题研究．济南：山东教育出版社，1990．

［19］高名凯，石安石. 语言学概论. 北京：中华书局，1987.

［20］葛本仪. 现代汉语词汇学. 济南：山东人民出版社，2001.

［21］郭谷兮. 语言学教程. 西安：陕西人民教育出版社，1987.

［22］郭锐. 汉语语法单位及其相互关系. 汉语学习，1996（1）.

［23］郝斌. 词义结构的神经心理学基础. 外语学刊，2004（5）.

［24］胡明扬，劲松. 流水句初探. 语言教学与研究，1989（4）.

［25］胡裕树，范晓. 试论语法研究的三个平面. 新疆师范大学学报（社会科学版），1985（2）.

［26］胡裕树. 现代汉语（重订本）. 上海：上海教育出版社，1995.

［27］黄伯荣，廖序东. 现代汉语（增订二版）（上册）. 北京：高等教育出版社，1997.

［28］黄伯荣，廖序东. 现代汉语（增订三版）（上、下册）. 北京：高等教育出版社，2002.

［29］黄伯荣，廖序东. 现代汉语（增订四版）（上、下册）. 北京：高等教育出版社，2007.

［30］黄南松. 试论短语自主成句所应具备的若干语法范畴. 中国语文，1994（6）.

［31］李葆嘉. 理论语言学——人文与科学的双重精神. 南京：江苏古籍出版社，2001.

［32］李荣. 中国的语言和方言《中国语言地图集》图［AI］说明稿. 方言，1989（3）.

［33］李如龙. 谈谈词汇的比较研究 .//李如龙，苏新春. 词汇学理论与实践. 北京：商务印书馆，2001.

［34］李作南. 论语素群. 内蒙古大学学报（哲学社会科学版），1987（4）.

［35］林焘，王理嘉. 语音学教程. 北京：北京大学出版社，1992.

［36］林祥楣. 现代汉语（第2版）. 北京：语文出版社，1995.

［37］刘伶，黄智显，陈秀珠. 语言学概要. 北京：北京师范大学出版社，1984.

［38］刘叔新. 汉语描写词汇学. 北京：商务印书馆，1990.

［39］陆俭明. 八十年代中国语法研究. 北京：商务印书馆，1993.

［40］陆俭明. 新中国语言学50年. 当代语言学，1999（4）.

［41］陆俭明. 现代汉语语法研究教程（第三版）. 北京：北京大学出版

社，2005.

[42] 陆俭明. 现代汉语语法研究教程（第四版）. 北京：北京大学出版社，2013.

[43] 吕叔湘. 汉语语法分析问题. 北京：商务印书馆，1979.

[44] 罗常培，王均. 普通语音学纲要. 北京：科学出版社，1957.

[45] 骆小所. 修辞学的性质新论. 语言文字学（中国人民大学报刊复印资料），1994（6）.

[46] 马庆株. 时量宾语和动词例类. 中国语文，1981（2）.

[47] 眸子. 语法研究中的“两个三角”和“三个平面”. 世界汉语教学，1994（4）.

[48] 倪明亮. 人类语言纵横谈. 北京：中信出版社，1990.

[49] 彭泽润，李葆嘉. 语言理论（第2版）. 长沙：中南大学出版社，2002.

[50] 彭泽润，李葆嘉. 语言理论（第3版）. 长沙：中南大学出版社，2003.

[51] 彭泽润，李葆嘉. 语言理论（第5版）. 长沙：中南大学出版社，2009.

[52] 钱曾怡. 方言研究中的几种辩证关系. 文史哲，2004（5）.

[53] 秦秀白. 英语简史. 长沙：湖南教育出版社，1983.

[54] 瞿霭堂. 语言思维和语言接触. //邹嘉彦，游汝杰. 语言接触论集. 上海：上海教育出版社，2004.

[55] 沈家煊. 人工智能中的“联结主义”和语法理论. 外国语（上海外国语大学学报），2004（3）.

[56] 施光亨. 语素研究述评. //朱一之，王正刚. 现代汉语语法研究的现状和回顾. 北京：语文出版社，1987.

[57] 石安石. 语义论. 北京：商务印书馆，1993.

[58] 税昌锡. 语义指向结构模式的多维考察. 浙江大学学报（人文社会科学版），2004（3）.

[59] 孙宏开. 用科学的眼光来看待我国的语言识别问题. 语言文字应用，2005（3）.

[60] 孙曼均. 城市流行词语及其社会文化分析——语境的逻辑功能. 语言文字应用，1996（2）.

[61] 索振羽. 语用学教程. 北京：北京大学出版社，2000.

[62] 王德春. 修辞学探索. 北京：北京出版社，1983.

[63] 王建平. 语言交际中的艺术. 北京：求实出版社，1989.

［64］王远新．语言学教程．北京：民族出版社，2003．

［65］伍铁平．从语言学的领先地位谈到它在方法论上对哲学研究的意义．北京师范大学学报，1988（3）．

［66］伍铁平．普通语言学概要．北京：高等教育出版社，1993．

［67］伍铁平．语言学是一门领先科学——论语言与语言学的重要性．北京：北京语言学院出版社，1994．

［68］邢公畹．语言学概论．北京：语文出版社，1992．

［69］邢福义．从静态片断分析到动态多角验证分析．中国语文，1992（6）．

［70］邢福义．小句中枢说．中国语文，1995（6）．

［71］邢福义．说“您们”．方言，1996（2）．

［72］邢福义，吴振国．语言学概论．武汉：华中师范大学出版社，2002．

［73］杨国章．原始文化与语言．北京：北京语言学院出版社，1992．

［74］叶蜚声，徐通锵．语言学纲要．北京：北京大学出版社，1981．

［75］叶蜚声，徐通锵．语言学纲要（第3版）．北京：北京大学出版社，1997．

［76］叶蜚声，徐通锵．语言学纲要（修订版）．北京：北京大学出版社，2010．

［77］张宁．语境等级与歧义．汉语学习，1988（1）．

［78］张倩，陈建华．全国硕士研究生入学考试历年真题解析——语言学概论．济南：齐鲁书社，2010．

［79］张庆云，张志毅．义位的模糊性．语言文字学（中国人民大学报刊复印资料），1994（6）．

［80］赵清治．长葛方言的动词变韵．方言，1998（1）．

［81］赵元任．语言问题．北京：商务印书馆，1980．

［82］赵振铎．中国语言学史．石家庄：河北教育出版社，2000．

［83］周静，刘冬冰．语言学概论．开封：河南大学出版社，1999．

［84］周明强．歧义、歧解和用歧的认知问题．语言文字应用，2004（3）．

［85］朱德熙．汉语句法里的歧义现象．中国语文，1980（2）．

［86］朱德熙．语法讲义．北京：商务印书馆，1982．

［87］《辞海》编辑编委会．辞海·语言学分册．上海：上海辞书出版社，1987．

［88］戚雨村，董达武，许以理，陈光磊．语言学百科词典．上海：上海辞书出版社，1993．

［89］中国大百科全书出版社编辑部．中国大百科全书·语言文字．北京：中国大百科全书出版社，1988．

［90］国家汉语水平考试委员会办公室考试中心．汉语水平词汇与汉字等级大纲（修订本）．北京：经济科学出版社，2001．

［91］王力．古汉语常用字字典（第4版）．北京：商务印书馆，2005．

［92］中国社会科学院语言研究所词典编辑室．现代汉语词典（修订本）．北京：商务印书馆，1996．

［93］中国社会科学院语言研究所词典编辑室．现代汉语词典（第5版）．北京：商务印书馆，2005．

［94］中国社会科学院语言研究所词典编辑室．现代汉语词典（第6版）．北京：商务印书馆，2012．

［95］［美］布龙菲尔德．语言论．袁家骅等译．北京：商务印书馆，1980．

［96］［美］P. B. 邓斯，E. N. 平森．言语链——说和听的科学．曹剑芬，任宏谟译．北京：中国社会科学出版社，1983．

［97］［美］霍凯特．现代语言学教程（上、下）．索振羽等译．北京：北京大学出版社，1986．

［98］［美］J. H. Greenberg．语言学是一门领先的科学．傅怀存译．国外语言学，1983（2）．

［99］［瑞士］索绪尔．普通语言学教程．高名凯译．北京：商务印书馆，1980．

［100］［英］R. R. K. 哈特曼，F. C. 斯托克．语言与语言学词典．黄长著等译．上海：上海辞书出版社，1981．

［101］C. K. Ogden，I. A. Richards. *The Meaning of Meaning*. London：1930.

# 附录一　语言学术语汉英对照表

（此处只列教材中出现的术语）

阿拉伯字母　Arabic alphabet
半元音　semi-vowel
被动发音器官　passive articulator
鼻化元音　nasalized vowel
鼻音　nasal
比较语法　comparative grammar
比较语言学　comparative linguistics
边擦音　lateral fricative
边音　lateral
编插语　incorporating language
编码　encode
变换　transformation
变元　argument
表意文字　ideographic writing
表音文字　phonographic writing
不送气音　unaspirated sound
擦音　fricative
层次性　hierarchy
层级体系　hierarchical system
颤音　trill
超音段音位　suprasegmental phoneme
成事行为　the perlocutionary act
重建　reconstruction
传递　transfer
传统语法　traditional grammar
传统语文学　traditional philology
唇音　labial
词　word
词法　morphology
词法范畴　morphological category
词根　root
词汇　vocabulary
词汇学　lexicology
词汇意义　lexical meaning
词类范畴　word-class category
词文字　word writing
词缀　affix
词组　word-combination
地域方言　regional dialect
递归性　recursion
动核结构　verb-core structure
短语　phrase
对立分布　contrastive distribution
多方言现象　multidialectalism
多式综合语/复综语　polysynthetic language
多义词　polysemous word
多语现象　multilingualism
发话人　sender
发送　transmit

发音部位　place of articulation
发音方法　manner of articulation
发音器官　vocal organ /articulator
反义词　antonym
方言词　dialectism
非音质音位　non-qualitative phoneme
分析语　analytic language
符号　sign/symbol
符号学　semiotics
辅音　consonant
副语言　paralanguage
概念意义/理性意义　conceptual meaning
格　case
格标　case label
个别语法　specific grammar
功能语法　functional grammar
共时　synchrony
共时语法　synchronic grammar
共时语言学　synchronic linguistics
共同语　common language
孤立语　isolating language
规定语法　prescriptive grammar
国际音标　International Phonetic Alphabet, IPA
国际语音协会　International Phonetic Association
汉字改革　Chinese character reformation
合作原则　cooperative principle
喉音　glottal
后缀　suffix
互补分布　complementary distribution
话语　discourse
换位　metathesis
会话含义　conversational implicature
基本词汇　basic vocabulary
基立尔字母　Cyrillic alphabet
级　rank
计算语言学　computational linguistics
记号　symbol
假名　kana
价　valence
交际　communication
教学语法　pedagogical grammar
接收　receive
结构主义语言学　structuralistic linguistics
解码　decode
聚合关系　paradigmatic relation
具体（个别）语言学　particular linguistics
句法　syntax
句法范畴　syntactic category
句法结构　syntactic structure
句子　sentence
句组　sentence-combination
卷舌元音　retroflexed vowel
开放性　opening
克里奥耳语/混合语　creole
口语　spoken language
口元音　oral vowel
拉丁字母　Latin alphabet
离心结构　exocentric construction
理论语法　theoretical grammar
理论语言学　theoretical linguistics
礼貌原则　the politeness principle
历时　diachrony

历时语法 diachronic grammar
历时语言学 diachronic linguistics
历史比较语言学 historical comparative linguistics
历史音变 historical sound-change
历史语言学 historical linguistics
论元 argument
罗马字母 Roman alphabet
描写语法 descriptive grammar
描写语言学 descriptive linguistics
模糊 fuzziness
内部言语 internal speech
能指 signifier
逆同化 regressive assimilation
黏着语 agglutinative language
黏着语素 bound morpheme
女儿语 daughter languages
皮钦语 pidgin
片假名 katakana
平假名 hiragana
普遍语法 universal grammar
普通语言学 general linguistics
谱系分类/发生学分类 genetic classification
谱系树 family tree
歧义 ambiguity
亲属语言 kinship languages
青年语法学派/新语法学派 Junggrammatiker
清音 voiceless sound
区别特征 distinctive feature
屈折语 inflected language
人称 person
任意性 arbitrariness
认知语言学 cognitive linguistics
弱化 reduction
萨丕尔—沃尔夫假说 Sapir-Whorf hypothesis
塞擦音 affricate
塞音 stop
闪音 flap
上义词 hypernym
舌尖音 apical
舌尖元音 apical vowel
舌面音 dorsal
舌面元音 dorsal vowel
舌叶音 laminal
社会方言 social dialect
社会语言学 sociolinguistics
神经语言学 neurolinguistics
生成性 generativity
施事行为/做事行为 the illocutionary act
时 tense
实证语法 positivist grammar
式 mood
世界语 Esperanto
受话人 receiver
书面语 written language
熟语 phraseological unit
数 number
数理语言学 mathematical linguistics
双方言 bidialectalism
双语现象 bilingualism
顺同化 progressive assimilation

斯拉夫字母　Slavic alphabet
送气音　aspirated sound
缩略词语　acronym/abbreviation
所指　signified/ reference
态　voice
题元　theme
体　aspect
条件变体　conditioned variant
通音　approximant
同化　assimilation
同形词　homograph
同义词　synonym
同音词　homophone
图画文字　pictogram
脱落　loss
外部语言　external speech
外来词　alien words/foreignism
唯理语法　rationalist grammar
文化语言学　cultural linguistics
文字　writing
文字改革　writing reformation
无擦通音　frictionless continuant
无定　indefiniteness
希腊字母　Greek alphabet
下义词　hyponym
线（条）性　linearity
向心结构　endocentric construction
象似性　iconicity
象形文字　hieroglyphic writing
小舌音　uvular
心理语言学　psycholinguistics
形式语法　formal grammar
形态学分类　morphological classification
性　gender
叙事行为/言事行为　the locutionary act
言语　parole/speech
言语行为　speech act
言语意义　speech meaning
言语作品　speech works
意符　ideogram
义丛　semantic cluster
义句　semantic sentence
义素　sememe
义位　glosseme
义项　semantic item
异化　dissimilation
异形词　heterograph
音长　length
音符　phonogram
音高　pitch
音节　syllable
音节文字　syllabic writing
音品　nuance
音强　intensity
音色　timbre
音素　phoneme
音素文字/音位文字　phonemic writing
音位　phoneme
音位变体　allophone
音位系统　phonological system
音质　quality
音质音位　qualitative phoneme
应用语言学　applied linguistics
有定　definiteness

语法/语法学 grammar
语法单位 grammatical unit
语法范畴 grammatical category
语法手段 grammatical device
语法形式 grammatical form
语法意义 grammatical meaning
语境 context
语境义变 contextual meaning change
语流音变 contextual sound change
语码混用 code-mixing
语素 morpheme
语素文字 morphemic writing
语素组 morpheme-combination
语言 language
语言获得装置/语言习得机制 Language Acquisition Device，LAD
语言相对论/语言相关论 linguistic relativity
语言学 linguistics
语言意义 linguistic meaning
语义 meaning
语义场 semantic field
语义结构 semantic structure
语义三角 semantic triangle
语义特征 semantic feature
语义学 semantics
语义语法 semantic grammar
语义指向 semantic orientation
语音 sound
语音学 phonetics
语用策略 pragmatic strategy
语用失误 pragmatic lapsus
语用行为 pragmatic act
语用学 pragmatics
语用意义 pragmatic meaning
预设 presupposition
元音 vowel
元音和谐 vowel harmony
原始母语 protolanguage
原型范畴 prototype category
蕴含 entailment
增音 epenthesis
直接成分 Immediate Constituent
中缀 infix
主动发音器官 active articulator
转换生成语法 transformational-generative grammar
浊音 voiced sound
自然语言处理 natural language processing
自由变体 free variant
自由语素 free morpheme
字母 alphabet
综合语 synthetic language
组合关系 syntagmatic relation

# 附录二　外国人名汉外对照表

（此处只列教材中出现的人名）

阿布尔·阿斯瓦德　Abul Asvad
阿尔诺　A. Arnauld
奥格登　C. K. Ogden
奥斯汀　John Langshaw Austin
巴利　Ch. Bally
巴尼尼　Pāṇini
鲍阿斯　Franz Boas
柏拉图　Plato
葆朴　Franz Bopp
勃鲁格曼　K. Brugmann
布龙达尔　V. Brφndal
布龙菲尔德　Leonard Bloomfield
布洛克　B. Bloch
柴门霍夫　Zamenhof
德谟克利特　Democritius
迪斯科勒斯　Appollonios Dyskolos
狄奥尼修斯·特拉克斯　Dionysius Thrax
杜加尔德·斯图瓦尔特　Dugald Stewart
恩斯特·卡西尔　Ernst Cassirer
冯特　Wilhelm Wundt
菲尔墨　J. Fillmore
费什曼　J. A. Fishman
弗里斯　C. C. Fries
格拉蒙　M. Grammont
格赖斯　H. P. Grice
格里木　Jacob Grimm
格里森　H. A. Gleason
格林伯格　J. H. Greenberg
古太巴　Ibn Qutaiba
哈勒　M. Halle
海里斯　Zellig Sabbettal Harris
海利勒　'A. al-Khalīl
韩礼德（哈里迪）　M. A. K. Halliday
赫尔德　J. G. Herder
洪堡特　K. W. von Humboldt
华生　Watson
霍凯特　Charles Francis Hockett
孔狄亚克　Condillac
拉波夫　William Labov
拉斯克　R. C. Rask
朗斯洛　C. Lancelot
里查兹　I. A. Richards
利奇　Geoffrey Leech
卢梭　J. J. Rousseau
马林诺夫斯基　M. Malinowski
蒙塔鸠　Richard Montague
米勒　G. Miller
奈达　E. Nida
帕西　P. Passy
派克　Kenneth Lee Pike

皮亚杰　J. P. Piaget
普里西安　Priscian
乔姆斯基　Avram Noam Chomsky
萨卡费　Sakafi
萨丕尔　Edward Sapir
塞尔　John R. Searle
施莱赫尔　August Schleicher
施密特　J. Schmidt
史勒格耳　F. Schlegel
斯金纳　Skinner
斯托尔姆　J. Storm
斯威特　H. Sweet
索绪尔　Ferdinand de Saussure
汤姆森　V. L. P. Thomsen
特雷杰　G. L. Trager
特里尔　J. Trier
特鲁别茨科依　Н. С. Трубепкой
特斯尼埃尔　L. Tesnière
瓦罗　M. J. Varro
威尔斯　R. S. Wells
威廉·琼斯　William Jones
威廉·汤姆森　Vilhelm Thomsen
韦弗　W. Weaver
沃尔夫　Whorf
西巴维希　Sibawaihi
薛施蔼　A. Sechehaye
雅可布逊　R. Jakobson
亚当·史密斯　Adam Smith
亚里士多德　Aristotle
亚里士塔尔库斯　Aristarchos
叶尔姆斯列夫　L. Hjelmslev
叶斯柏森　J. O. H. Jespersen
札德　Lofti Zadeh

# 附录三　国际音标表

**辅　音　表**

| 发音方法 \ 音标 \ 发音部位 | | | 双唇 | 唇齿 | 齿间 | 舌尖前 | 舌尖中 | 舌尖后 | 舌叶 | 舌面前 | 舌面中 | 舌面后（舌根） | 小舌 | 咽头 | 喉 |
|---|---|---|---|---|---|---|---|---|---|---|---|---|---|---|---|
| 塞 | 清 | 不送气 | p | | | | t | ʈ | | ȶ | c | k | q | | ʔ |
| | | 送气 | $p^h$ | | | | $t^h$ | ʈ$^h$ | | ȶ$^h$ | $c^h$ | $k^h$ | $q^h$ | | ʔ$^h$ |
| | 浊 | 不送气 | b | | | | d | ɖ | | ȡ | ɟ | g | ɢ | | |
| | | 送气 | $b^h$ | | | | $d^h$ | ɖ$^h$ | | ȡ$^h$ | ɟ$^h$ | $g^h$ | ɢ$^h$ | | |
| 鼻 | 浊 | | m | ɱ | | | n | ɳ | | ȵ | ɲ | ŋ | ɴ | | |
| 颤 | 浊 | | ψ | | | | r | | | | | | ʀ | | |
| 闪 | 浊 | | | | | | ɾ | ɽ | | | | | ʀ | | |
| 擦 | 清 | | ɸM | f | θ | s | | ʂ | ʃ | ɕ | ç | X | χ | ħ | h |
| | 浊 | | β | v | ð | z | ɹ | ʐ | ʒ | ʑ | j | ɣ | ʁ | ʕ | ɦ |
| 边擦 | 清 | | | | | | ɬ | | | | | | | | |
| | 浊 | | | | | | ɮ | | | | | | | | |
| 边通 | 浊 | | | | | | l | ɭ | | | ʎ | | | | |
| 塞擦 | 清 | 不送气 | | pf | tθ | ʦ | | tʂ | ʧ | ʨ | | | | | |
| | | 送气 | | $pf^h$ | tθ$^h$ | ʦ$^h$ | | tʂ$^h$ | ʧ$^h$ | ʨ$^h$ | | | | | |
| | 浊 | 不送气 | | bv | dð | ʣ | | dʐ | ʤ | ʥ | | | | | |
| | | 送气 | | $bv^h$ | dð$^h$ | ʣ$^h$ | | dʐ$^h$ | ʤ$^h$ | ʥ$^h$ | | | | | |
| 无擦通音半元音 | 浊 | | wɥ | ʋ | | | ɹ | ɻ | | | j（ɥ） | ɰ（w） | ʁ | | |

## 元 音 表

| 腔开闭 | 舌位高低 | 舌位前后 唇形 类别 | 舌尖元音 | | | | | 舌面元音 | | | | | | |
|---|---|---|---|---|---|---|---|---|---|---|---|---|---|---|
| | | | 前 | | | 后 | | 前 | | 央 | | | 后 | |
| | | | 不圆 | 圆 | 中性 | 不圆 | 圆 | 不圆 | 圆 | 不圆 | 中性 | 圆 | 不圆 | 圆 |
| 闭 | 高 | 最高 | ɿ | ʮ | | ʅ | ʯ | i | y | ɨ | | ʉ | ɯ | u |
| | | 次高 | | | | | | ɪ | ʏ | | | | | ɷ |
| 半闭半开 | 中 | 高中（半高） | | | | | | e | ø | ɘ | | ɵ | ɤ | o |
| | | 正中 | | | ɚ | | | E | | | ə | | | |
| | | 低中（半低） | | | | | | ɛ | œ | ɜ | | ɞ | ʌ | ɔ |
| 开 | 低 | 次低 | | | | | | æ | | | ɐ | | | |
| | | 最低 | | | | | | a | ɶ | | A | | ɑ | ɒ |

## 声 调 表

| 声 调 | 例 字 | 汉语拼音方案 | 国际音标 |
|---|---|---|---|
| 阴平 | 妈 | mā | ma ˥（ma$^{55}$，$_{\text{c}}$ma，ma$^{1}$） |
| 阳平 | 麻 | má | ma ˧˥（ma$^{35}$，$_{\underline{\text{c}}}$ma，ma$^{2}$） |
| 上声 | 马 | mǎ | ma ˨˩˦（ma$^{214}$，$^{\text{c}}$ma，ma$^{3}$） |
| 去声 | 骂 | mà | ma ˥˩（ma$^{51}$，ma$^{ɔ}$，ma$^{4}$） |

注：以上各表取自岑运强．语言学概论（第二版）．北京：中国人民大学出版社，2009. 60 ~ 62．这里略有改动。

# 附录四　三种记音符号对照表

| 拼音字母 | 注音符号 | 国际音标 | 拼音字母 | 注音符号 | 国际音标 | 拼音字母 | 注音符号 | 国际音标 |
|---|---|---|---|---|---|---|---|---|
| b | ㄅ | [p] | z | ㄗ | [ʦ] | ia | ㄧㄚ | [iA] |
| p | ㄆ | [pʰ] | c | ㄘ | [ʦʰ] | ie | ㄧㄝ | [iɛ] |
| m | ㄇ | [m] | s | ㄙ | [s] | iao | ㄧㄠ | [iɑu] |
| f | ㄈ | [f] | a | ㄚ | [A] | iou | ㄧㄡ | [iou] |
| v | ㄪ | [v] | o | ㄛ | [o] | ian | ㄧㄢ | [iæn] |
| d | ㄉ | [t] | e | ㄜ | [ɤ] | in | ㄧㄣ | [in] |
| t | ㄊ | [tʰ] | ê | ㄝ | [ɛ] | iang | ㄧㄤ | [iɑŋ] |
| n | ㄋ | [n] | i | ㄧ | [i] | ing | ㄧㄥ | [iŋ] |
| l | ㄌ | [l] | －i（前） | ㄭ | [ɿ] | ua | ㄨㄚ | [uA] |
| g | ㄍ | [k] | －i（后） | ㄭ | [ʅ] | uo | ㄨㄛ | [uo] |
| k | ㄎ | [kʰ] | u | ㄨ | [u] | uai | ㄨㄞ | [uai] |
| ng | ㄫ | [ŋ] | ü | ㄩ | [y] | uei | ㄨㄟ | [uei] |
| h | ㄏ | [x] | er | ㄦ | [ɚ] | uan | ㄨㄢ | [uan] |
| j | ㄐ | [ʨ] | ai | ㄞ | [ai] | uen | ㄨㄣ | [uən] |
| q | ㄑ | [ʨʰ] | ei | ㄟ | [ei] | uang | ㄨㄤ | [uɑŋ] |
| / | ㄬ | [ȵ] | ao | ㄠ | [ɑu] | ueng | ㄨㄥ | [uəŋ] |
| x | ㄒ | [ɕ] | ou | ㄡ | [ou] | ong | ㄨㄥ | [uŋ] |
| zh | ㄓ | [ʈʂ] | an | ㄢ | [an] | üe | ㄩㄝ | [yɛ] |
| ch | ㄔ | [ʈʂʰ] | en | ㄣ | [ən] | üan | ㄩㄢ | [yæn] |
| sh | ㄕ | [ʂ] | ang | ㄤ | [ɑŋ] | ün | ㄩㄣ | [yn] |
| r | ㄖ | [ʐ] | eng | ㄥ | [əŋ] | iong | ㄩㄥ | [yŋ] |

注：此表取自黄伯荣，廖序东．现代汉语（增订五版上册）．北京：高等教育出版社，2011. 29．这里略有改动。